KB156219

제4판

글로벌 무역학개론

INTRODUCTION TO INTERNATIONAL TRADE

오원석·박광서·이병문

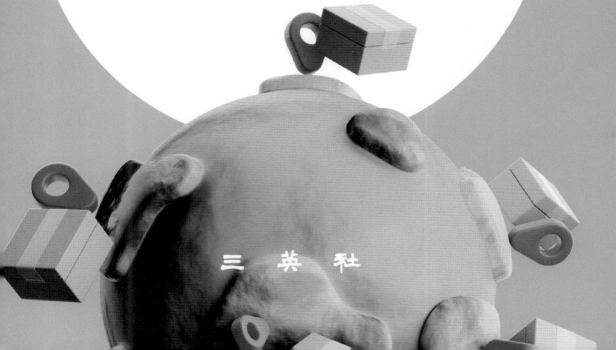

三英社

최근 무역환경은 4차산업혁명시대의 도래와 함께 미·중, 미·러 등 정치적인 갈등과 그에 따른 무역분쟁이라 할 수 있다. 이들 무역환경의 변화는 국가와 기업에게는 글로벌 공급망의 위기를 초래하였고, 그 어느 때 보다 경제안보의 중요성을 강조하고 있다고 할 수 있다. 이에 저성장시대에 살고 있으며 무역이 국가경제의 큰 축을 차지하고 있는 우리 입장에서는 글로벌공급망 관리라는 큰 과제의 해결과 더불어 4차 산업혁명시대의 디지털무역이라는 도전적인 요소를 우리 경제발전에 어떻게 활용하여야 할지에 대한 고민을 함께하여야할 시점이라 할 수 있다.

이번 개정판은 무역학을 전공하고 있거나 무역학을 처음 접하는 초심자들도 쉽게 이해할 수 있도록 저서를 독자편의(readers' friendly)에 맞추어 개정하였으며, 최근 무역관련 규범의 변경내용 등을 수정 및 반영하여 보았다.

이를 위해 먼저 이전 개정판과 달리 글자체와 여백 등 편집 양식 및 색상 등을 모두 변경하였고, 이를 통해 독자들의 장시간 학습에도 문제가 없도록 학습 효율성을 제고 하였다. 또한 최근 무역관련 규범의 명칭 및 조문의 변경과 그 내용 변경 등을 반영하여 보았다. 이와 더불어 최근 FTA 등 경제통합의 확대에 따른 신규 체결한 경제통합체 및 가맹국 등의 현황을 모두 업데이트하였다. 마지막으로 매번 개정판마다 등장하게 되는 저서 내용의 오탈자를 다시금 점검하고 이를 수정하는 작업을 시도하였다. 저자로서 오탈자와의 전쟁은 끝이 없는 작업인지라 혹시 모를 오탈자와 내용 오류 부분이 발견된다면 출판사 또는 저자에게 언제든지 연락을 부탁드리는 바이다.

끝으로 이 책의 네 번째 개정판의 발간을 허락해주신 도서출판 삼영사의 고성익 사장님께 심심한 감사를 전해드리고 싶다. 그리고 원고정리와 교정 작업에 수고를 아끼지 않은 삼영사 편집부 여러분에게 감사의 말을 전한다. 아울러 이 책을 대학의 교육현장에서 교재로 또는 수험서로 사용하다 오류 부분을 발견하고 수정 요청을 해주신 교·강사 및 독자 여러분께 감사의 마음을 표하고자 한다.

2024년 7월

저자 씀

차례

차례

Part. 2 국제무역이론 및 국제무역정책

차례

Part. 3　국제금융 및 국제무역환경

Chapter 5　국제금융 / 85

차례

차례

Chapter 15 　글로벌 경영관리 / 421

PART 1

글로벌 무역학 일반

Chapter 1

글로벌 무역의 의의

글로벌 무역의 의의

제1절 ▶ 글로벌 무역의 개념

일반적으로 무역(global trade)이란 언어, 관습, 법률, 제도 등이 서로 상이한 국가에 거주하는 당사자들 사이에서 이루어지는 국제상거래라고 정의할 수 있다. 이렇게 국경을 달리하는 서로 다른 국가에 거주하는 거래 당사자들 사이에서 발생하는 무역은 상호 경제적 이익을 얻기 위하여 이루어지는 일종의 국제상거래로서 경제행위라고 할 수 있다. 여기서 국제상거래라 함은 좁은 의미에서 서로 다른 국가에 거주하는 당사자들 사이에 이루어지는 거래로 그 거래의 대상을 유형재에 국한한 상품의 수출입, 즉 유형무역(visible trade)을 의미한다. 이러한 유형재의 무역은 국제수지에서 상품수지로 표시된다. 그러나 현대 무역거래의 대상은 기술·서비스·자본이동을 수반하는 플랜트수출, 특허·상표·노하우 등 지식재산권의 국제라이센스, 합작투자, 판매점 내지 대리점 등 다양한 형태의 상거래로 확대되고 있다. 따라서 넓은 의미의 무역은 서로 다른 국가에 거주하는 당사자들 사이에 상품의 교역뿐만 아니라 모든 경제교류, 즉 상품·자본·노동·기술 그리고 용역 등 무형무역(invisible trade)을 포괄하는 모든 국제적인 상거래를 의미한다. 상기 무형무역 중 용역의 국가간 거래는 운송·보험·관광 등의 국제간 서비스거래형태로 발생되며, 이를 무역외거래(invisible trade)라고 하는데, 국제수지에서 서비스수지로 나타난다. 그리고 자본의 국제거래는 자본거래(capital trade)라고 불리며, 국제수지상 자본수지로 나타난다.

한편 무역을 때로는 외국무역, 국제무역 또는 세계무역으로 구분하는 경우도 있다. 외국무역(foreign trade)은 자국을 중심으로 외국과의 교역을 주관적인 입장에서 말할 때 사용되는 용어이며, 예를 들어 한국을 기준으로 대미무역, 대일무역, 대중무역 등을 말한다. 그리고 국경의 대부분이 바다와 접하고 있는 해양국가에서는 외국무역 대신 해외무역(overseas trade)이라는 용어를 쓰기도 한다. 이와 대조적으로 국제무역(international trade)은 국제간의 교역을 객관적인 입장에서 말할 때 사용되는데, 특정한 국가를 중심으로 하지 않고 특정 지역 내에 있는 국가간의 무역을 한 묶음으로 하여 사용하는 의미이다. 예를 들어 아시아의 국제무역 또는 유럽의 국제무역이라고 한다. 마지막으로 세계무역(world trade)은 국제무역이 세계 일부의 무역현상을 지칭하는 데 반해서, 세계경제의 입장에서 세계 전체의 무역관계를 총칭할 경우 사용된다. 그러나 이러한 구별은 어디까지나 임의적인 것이고 실제로는 서로 혼용되어 쓰이며, 무역 대신에 통상(commerce)이라는 용어도 흔히 사용된다.

상기의 서로 다른 국가간의 교역이라는 개념의 무역과는 달리 내국무역이라는 용어가 있다. 이는 국내에 있는 외국인과의 상거래를 의미한다. 내국무역은 일반적인 무역처럼 외국으로 재화나 용역이 국외로 나가는 것이 아니며, 대금의 수취방법도 외환이 사용되어 국제수지상으로 무역외수지로 간주된다.

제2절 ▶ 글로벌 무역의 특징

무역도 국제상거래라는 하나의 경제행위이므로 본질적으로 국내 상거래와 다를 바 없다. 그러나 무역은 앞에서 살펴본 바와 같이 그것이 국경을 넘어 이루어지는 상거래라는 점에서 다음과 같은 특유의 성질을 갖는다.

1 해상의존성

무역은 예로부터 바다를 주된 무대로 하여 해운의 발달과 깊은 인과관계를 가지면서 발전되어 왔다. 무역이라는 용어가 의미하듯이 해운과 무역은 불가분의 관계를 갖는다. 이는 해양국가의 무역에만 국한되지 않고 프랑스나 독일과 같은 전형적인 대륙국가에서도 총무역액의 대부분이 해상무역에 의존하고 있다.

　중세의 범선무역시대를 모험상인(merchant adventurer) 시대라고 부르는 것도 무역이 해운, 보험 등과 종합된 상거래임을 시사하는 것이라 하겠다. 그 후 해운에서 보험이 분리되었으며, 해운도 운송수단이 발달함에 따라 해상운송, 육상운송, 항공운송, 내수로 운송 등으로 세분화되었다. 그러나 오늘날에 있어서도 무역에서의 해상운송은 그 비중이 크므로 이들 일체의 운송방식을 통칭하는 개념으로 간주된다. 즉, 무역의 해상의존성은 절대적이라 하겠다.

2 기업위험성

　무역의 기업위험성은 운송수단의 발달과 보험제도의 발달로 인하여 과거에 비하여 상당히 경감되어 왔으나, 무역거래는 국내 상거래와 달리 영업상의 위험을 많이 내포하고 있다. 즉, 장기간의 운송·보관 중에 상품 그 자체에 생기는 물리적 위험(physical risk) 또는 운송위험(transportation risk), 상품대금의 지급불능·지급거절이라는 신용위험(credit risk), 다른 나라의 상품과 함께 경쟁적으로 거래됨에 따라 상품의 수급에서 발생하는 시장위험(market risk), 상품대금결제가 외국통화(외환)로 이루어지므로 외환시세의 변동에 따른 환위험(foreign exchange risk) 등은 국내 상거래에서는 생각할 수 없는 기업위험들이다.

3 산업연관성

　무역은 국내 중요산업이 필요로 하는 원자재를 세계 각국으로부터 수입하여 국내기업에 공급하고, 국내에서 생산된 상품은 해외시장에 수출함으로써 산업의 원료 및 상품을 국내에서 세계 전체로 배급하는 기능을 한다. 이렇듯 무역은 국제분업을 촉진하여 생산요소의 효율적인 이용과 산업의 특화를 가능케 하여 우수하고 저렴한 상품의 국제적 배분을 원활히 한다. 특히 수출은 국내기업에 광활한 해외시장을 제공함으로써 대량생산에 따른 규모의 경제를 가능하게 한다. 나아가서 고용수준을 향상시키며, 국민경제발전의 선도적 역할을 하게 된다. 무역을 통한 국민경제와 세계경제의 연결이라는 점에서 무역은 어느 국가에 있어서도 그 나라의 전체 산업에 영향을 주므로, 무역과 산업의 연관성은 더 없이 크다 하겠다.

◢ 국제관습성

상관습이란 어떤 지역, 업종 또는 거래에서 정규적으로 준수되는 거래관행 또는 거래방법을 말한다. 국제무역에서는 국가마다 상관습이 서로 다르다. 따라서 무역당사자는 해당 거래에서 준수될 것이라는 기대에 부응하는 국제상관습을 창출하여 특정 지역, 업종 또는 거래에서 계약이행과정의 표준화를 효율적으로 촉진시켰다. 특히 국제상업회의소나 기타 관련된 국제민간기구가 상관습을 통일규칙으로 성문화하여 매매당사자가 이를 채택하는 경우 효율적으로 사용할 수 있도록 하였다. 예를 들어 국제상업회의소의 정형거래조건의 해석에 관한 국제규칙(Incoterms), 신용장통일규칙(UCP), 추심에 관한 통일규칙(URC), 조정·중재규칙(ICC Rules of conciliation and Arbitration), 런던보험자협회의 협회적하약관(ICC), 협회선박기간약관(ITC-Hulls) 등이 있다.

제3절 글로벌 무역의 주체와 객체

◢ 글로벌 무역의 주체

글로벌 무역의 주체(subject)는 계속·반복적으로 무역사업을 영위하는 주체, 즉 무역거래자를 말한다. 무역업은 국제간의 거래인 무역을 일정한 목적과 계획을 가지고 짜임새 있게 지속적으로 경영하는 것이다. 사업은 사람(who), 사업대상(what) 및 영업(how) 등 세 가지의 요소가 결합된 것이다. 무역업을 시작하고자 하는 사람(who)은 어떠한 사업대상(what, item)을 어떠한 방식(how)으로 사업을 진행할 것인가에 대한 사업계획을 수립(PLAN)하고, 사업을 수행(DO)하고, 평가(SEE)하는 절차를 반복하게 된다.

대외무역법상[1] 무역의 주체는 무역업자(수출 또는 수입을 하는 자), 무역대리업자(외국의 수입자 또는 수출자의 위임을 받는 자), 무역위임자(수출입을 위임하는 자) 및 무역대행자(수출입의 위임을 행하는 자)를 통합하는 무역거래자라는 명칭

---

1) 대외무역법 제2조(정의) 제3호

을 사용하고 있다.

우리나라는 2000년 1월 이후 무역업종이 자유화 되어 명칭 구분도 없어졌으며, 특별한 인허가 등의 아무런 제한이 없다. 따라서 무역을 업(業)으로 영위하고자 하는 사람은 한국무역협회에서 '무역업고유번호'만 받으면 누구든지 자유롭게 할 수 있다. 다만 특정한 품목을 수출입 하고자 하는 경우에는 품목의 특성상 개별법에 따라서 별도의 자격요건을 갖추어야 하는 경우도 있다.

무역업고유번호는 한국무역협회의 본부 및 각 시도에 위치한 지부를 방문하거나 인터넷을 통하여 신청서와 사업자등록증 사본을 제출하면 신청 즉시 발급받을 수 있으며 또한 무역협회 회원으로 가입하여 무역에 관한 One-stop Service를 받을 수 있다. 따라서 무역업고유번호를 발급받기 이전에 '사업장소재지 관할세무서'에서 먼저 사업자등록증을 발급받아 무역업고유번호 신청시 함께 제출해야 한다.

〈표 1-1〉 사업자등록증 및 무역업고유번호증 신청

	사업자등록증	무역업고유번호증
신청장소	관할세무서	한국무역협회 본·지부
필요서류	주민등록등본, 사무실임대계약서(필요시)	사업자등록증, 무역업고유번호부여신청서
처리기간	1~2일	즉시
소요경비	무료	무료

2 글로벌 무역의 객체

무역의 객체(object)라 함은 무역거래의 수동적 위치에 있는 대상, 즉 권리의무의 목적을 말한다. 무역의 객체는 앞서 글로벌 무역의 개념에서 지적한 바와 같이 거래대상에 따라 유형무역(visible trade)과 무형무역(invisible trade)으로 나누어, 전자는 주로 물품(goods) 거래, 후자는 서비스나 기술무역 등을 말한다. 기술무역은 특허권, 의장권, 저작권 등의 지식재산권(IPR: intellectual property right)이 이에 속한다.

무역의 객체는 대외무역법의 정의를 기준으로 물품, 용역(서비스) 및 전자적 형태의 무체물 등으로 구분할 수 있다. 물품(物品, goods)이란 상품, 제품, 물건 등 여러 가지로 불리우고 있으며, 대외무역법에서는 '외국환거래법에서 정하는 지급수단인 증권 및 채권을 화체한 서류외의 동산'으로, 민법에서는 '유체물 및 전기, 기타 관리할 수 있는 자연력'이라고 정의하고 있다. 이러한 개별 법상의 정의가 너무 어렵기 때문에, 실무적으로는 HS Code[2]가 있는 것을 물품이라 칭해도 무방하며, 현재 HS code가 있는 상품은 약 12,000가지에 달한다.

용역(service)이란 물질적 재화 이외의 생산이나 소비에 필요한 노무인데 모든 용역이 무역 개념에 포함되는 것은 아니고, 경영상담업, 법무·회계서비스업, 디자인, 컴퓨터 설계 및 자문업 등 대통령령에서 특별히 정하는 것만을 수출입 대상으로 하고 있다.

전자적 형태의 무체물이란 소프트웨어산업진흥법 제2조 제1호의 규정에 의한 소프트웨어, 부호·문자·음성·음향·이미지·영상 등을 디지털방식으로 제작하거나 처리한 자료 또는 기타 이와 유사한 전자적 형태의 무체물로써 산업통상자원부장관이 정하여 고시하는 것을 말한다. 정보통신기술의 발달로 인터넷을 통하여 소프트웨어를 판매하는 등 가상공간을 통한 무역거래, 즉 전자무역거래가 빠른 속도로 증가하고 있다. 이와 같이 정보통신망을 이용한 '전자적 형태의 무체물'에는 소프트웨어[3]와 영상물(영화·게임·애니메이션·만화·캐릭터), 음향·음성물, 전자서적, 데이터베이스 등이 포함된다.

물품의 수출입은 국내와 외국간 물품의 이동이 전제되기 때문에 국경개념과 이를 경유하는 통관의 개념이 있지만, 전자적 형태의 무체물은 정보통신망을 통하여 거래되기 때문에 국경의 개념이 없고 국내거주자와 해외거주자라는 거래주체를 기준으로 수출입의 개념을 이해하여야 한다.

---

2) 국제통일상품분류(The Harmonized Commodity Description and Coding System)란 국제 무역에서 사용되는 세계적으로 공통된 상품 분류방식을 말하는 것으로 10자리 숫자로 되어있고, 6자리까지가 세계 공통이다.

3) 소프트웨어산업진흥법 제2조 1호에서 '소프트웨어'란 컴퓨터·통신·자동화 등의 장비와 그 주변장치에 대하여 명령·제어·입력·처리·저장·출력·상호작용이 가능하게 하는 지시·명령(음성이나 영상정보 등을 포함한다)의 집합과 이를 작성하기 위하여 사용된 기술서나 그 밖의 관련 자료를 말한다고 규정하고 있다.

제4절 글로벌 무역의 형태

무역은 보는 관점에 따라 여러 가지의 분류방법이 있다. 그러나 여기서는 무역이 수출업자와 수입업자가 직접 매매를 하는 직접무역(direct trade)과 이들 사이에 매개역할을 수행하는 제3국의 업자가 개입되어 있는 간접무역(indirect trade)에 대해 알아본다. 특히 간접무역 중 중계무역 등은 남북한간의 교역에 있어 여러 가지 형태로 이용되고 있으므로 그 중요도가 높다고 하겠다.

1 직접무역

직접무역(direct trade)이란 수출업자와 수입업자가 직접 매매계약을 체결하여 이행하는 거래를 말한다. 즉, 약정된 물품은 수출업자의 소재지에서 수입업자의 소재지로 직접 운송된다. 매매대금의 결제 또한 직접 이루어진다. 따라서 직접무역은 현대무역에서 가장 일반적인 형태의 무역이다.

2 간접무역

1) 중개무역

중개무역(merchandising trade)은 수출·수입의 양 당사자 외에 제3자가 개입하여 수출과 수입을 중개하는 무역형태를 말한다. 이처럼 제3자가 수출입을 중개하는 경우 물품의 인도와 대금결제는 수출자와 수입자간에 직접 이루어지고, 중개인은 이에 따른 중개수수료(brokerage commission)를 받게 된다.

2) 통과무역

통과무역(transit trade)은 양국간에 무역이 행해질 때 물품이 수출국에서 수입국으로 직접 전달되지 못하고 제3국을 거쳐서 수입국으로 전해지는 형태의 무역을 말한다. 이때 통과국인 제3국은 이에 따른 노임과 통과수수료 등을 획득할 수 있다. 통과무역은 중개무역과 유사하지만 제3국의 중개인이 스스로 개입을 하는 것이 아니라는 점에서 중개무역과 상이하다 할 수 있다.

3) 스위치 무역

스위치 무역(switch trade)은 매매계약을 수출업자와 수입업자가 직접 체결하고 약정된 물품도 직접 수출지에서 수입지로 직행하지만, 대금결제에 제3국의 업자인 스위처(switcher)가 개입되어 있는 경우를 말한다. 이때 스위처는 이에 상응하는 스위치 수수료(switch commission)를 받는다.

4) 중계무역

중계무역(intermediary trade)이란 수출을 목적으로 제품을 수입하여 원형 그대로 다시 수출하는 무역형태를 말하며, 수출상은 수입가격과 수출가격의 차익을 취하게 된다. 따라서 중계무역은 관세상의 이점이 있으며, 금융·창고보관 등의 측면에서 직접무역보다 간편한 금융체계와 항구가 존재하여야 보다 효율적으로 이루어질 수 있다. 이를 반영하여 중계무역은 일반적으로 중계무역항을 통하여 이루어지고 있으며, 이러한 중계무역항이 되기 위하여 교통이 편리한 자유무역항 요건, 상품의 집산지 요건, 외환거래의 자유보장 요건을 충족하여야 한다. 대표적인 중계무역항은 홍콩과 싱가폴이라 할 수 있다. 한편 중계무역은 가공무역과도 유사한 점이 있으나, 가공무역은 가공과정을 거쳐 수출되는 반면 중계무역은 가공과정을 거의 거치지 않는다는 점에서 차이가 있다.

5) 가공무역

가공무역(processing trade)이란 가득액을 획득하기 위하여 원재료의 전부 또는 일부를 외국에서 수입하여 이를 가공한 후 다시 외국에 수출하는 무역을 말한다. 가공무역은 수입해 온 물품을 그 수입국에 재수출하는지 아니면 수입국이 아닌 제3국에 재수출하는지 여부에 따라서 수입국 재수출의 경우 적극적 가공무역이라 하고, 제3국에 재수출하는 경우를 통과적 가공무역이라 한다. 또한 가공무역은 수탁가공무역과 위탁가공무역으로 구분되기도 하는데, 전자의 경우 상대방으로부터 위탁을 받아 가공한 뒤 수출하는 무역형태를 말하며, 가득액의 획득을 목적으로 원자재의 전부 또는 일부를 상대방의 위탁에 의해 외국에서 수입한 뒤, 이를 가공하여 그 위탁자나 지정된 자에게 수출하는 가공무역이 이에 해당한다. 한편 후자는 해외 생산자에게 원자재의 전부 또는 일부를 수출하여 이를 가공 후 가공임의 지급을 조건으로 다시 수입하는 무역의 형태를 의미한다. 이 경우 원자재와 가공물품은 위탁자의 소유가 되고 수탁자는 가공임만을 받게 된다.

6) 우회무역

우회무역(round-about trade)은 2국간 무역에서 상대국과의 직접적인 수출입의 형태를 취하지 않고, 형식적으로 제3국을 경유시키는 무역 방식을 말한다. 이러한 무역의 유형은 예를 들어 A국이 B국의 외환에 대하여 심한 통제를 하는 경우라든지, B국의 특정 제품에 대하여 수입규제를 하는 경우 등과 같이 A국과의 무역거래의 어려움을 피하면서 이러한 외환통제 내지 수입규제를 받지 않는 제3국을 통하여 A국으로 진출하기 위하여 활용된다.

7) 연계무역

연계무역(counter trade)이란 수출업자가 상품, 기계, 기술, 노하우(Know-how) 등을 수출하고 이와 관련하여 수입업자로부터 수출가액의 전부 또는 일정비율을 대응제품으로 구입하는 무역이다. 즉, 상품과 기술의 수출입가액의 전부 또는 일부를 현금결제 이외의 형태로 연계하는 무역이라 할 수 있다. 연계무역은 다시 다음과 같은 여러 가지 종류가 있다.

(1) 바터무역

바터무역(barter trade: 물물교환)은 전통적인 물물교환형태의 실물무역으로서 대금결제나 화폐의 이전 없이 재화나 용역의 거래가 국제간에 이루어지는 무역이다.

(2) 구상무역

구상무역(compensation trade)은 수출과 수입에 따른 대금결제를 그에 상응하는 수입 또는 수출로 상계하는 무역을 말한다. 구상무역은 일반적으로 하나의 계약서에 의해 이루어진다. 구상무역은 다시 대금결제 시 환의 개입 여부에 따라 무환구상무역(바터무역)과 유환구상무역으로 나누어진다. 구상무역의 대금결제는 Back to Back 신용장 또는 ESCROW신용장 등에 의해 이루어진다 (이들 신용장은 무역상무편을 참조하기 바람).

한편, 제품환매무역(buy-back trade)은 구상무역의 하나로서 무역당사자간에 상품으로 결제되는 특수한 구상무역의 형태이다. 이는 수출업자가 플랜트, 기계, 설비, 기술 등을 수출하고 그 대가로 이 설비나 기술로 생산되는 제품을 구매 또는 수입하는 형태이다.

(3) 대응구매

대응구매(counter purchase)는 수출액의 전부 또는 일정비율만큼 수입업자의 제품을 본인 또는 제3자를 통하여 구매하는 거래형태로서 일반적으로 2개의 계약서로 이루어진다. 즉, 당초의 1차 주계약서에 대응구매의 의무를 명시함으로써, 수출계약(primary contract)과 연관된 대응구매를 약정하는 조건부계약(secondary sales agreement)의 보합계약서로 이루어진다.

(4) 선구매

선구매(advance purchase)는 대응구매와 달리 선수입 후수출 형태의 무역을 말한다. 다시 말하여, 수출자가 수출하기에 앞서 수입자로부터 제품을 먼저 수입하고, 수입하는 조건으로 수입자로 하여금 수출자의 제품을 일정기간 내에 구매하도록 하는 거래방식을 의미한다.

(5) 상계무역

상계무역(offset trade)은 수입국에서 생산한 부품과 자재를 수출국이 수입해 수출품에 결합시킴으로써 수출대금의 일부를 상계시키는 거래를 말하며, 수출입 시 별도의 계약서가 작성된 후 교환된다. 이러한 무역방식은 주로 항공기, 무기 및 첨단기술 제품 등 고도의 기술상품에 이용되는 방식으로 우리나라의 경우 고속철의 도입에서도 활용되었다.

(6) 삼각무역

삼각무역(triangle trade)은 상대국과의 사이에 제3국을 개입시켜서 상대국과의 무역 불균형을 제3국과의 무역을 통해서 수지균형을 꾀하는 무역방식을 말한다. 다시 말하여 일반적으로 2국간에서만 무역이 행해지면 편무역이 될 가능성이 높기에, 제3국을 개입시켜 3국간의 협정에 의하여 3국 전체로서 채권과 채무의 상쇄가 가능토록 한 무역방식을 의미한다.

제5절   글로벌 무역의 성격 및 무역관련 통계지표

1 글로벌 무역의 성격

1) 기업경제적 성격

무역의 기업경제적 성격은 경영경제적 성격 내지 개별주체의 경제적 성격이라고도 불리는데, 이는 무역에 있어서의 현실적 주체가 개별무역기업에 있기 때문이다. 다시 말하여 무역이라는 국제상거래는 궁극적으로 개별무역기업이 환경이 서로 다른 국가의 개별무역기업을 상대로 행하여지는 거래이기에, 무역은 기본적으로 개별기업 경제적인 성격을 지닌다 할 수 있다.

2) 국민경제적 성격

무역은 앞서 언급한 바와 같이 개별기업이 주체가 되어 상이한 국가간에 이루어지는 국제 경제교류 활동으로 그것이 국경을 초월하여 이루어지는 거래이므로 일국의 국민경제에 지대한 영향을 미치게 된다. 가령 개별기업의 무역은 개별기업 매출액의 증대 뿐만 아니라 국제수지의 개선, 투자증가, 고용증대, 더 나아가 국민소득의 증대를 가져오는 등 국민경제적인 성격을 지니게 된다.

3) 세계경제적 성격

오늘날 세계의 모든 국가는 선진국이든 후진국이든 넓게는 세계무역이라고 하는 테두리 안에 있으며, 정도의 차이는 있을지언정 각국 경제는 무역에 의존하고 있으므로 무역을 배제한 국민경제의 유지·발전을 생각할 수는 없다. 즉, 각국은 모두 자신의 국내시장을 소유하고 거기에 국민경제를 형성하고 있지만, 오늘날의 경제구조에서는 외국시장 없이는 존재할 수 없다. 따라서 일국의 국민경제는 무역을 통해서 순차적으로 다른 국민경제와 연관을 가짐으로써 세계무역 내지 세계경제를 형성하고 있다고 할 수 있다.

■2 무역관련 통계지표

위에서 살펴본 바와 같이 무역은 개별기업의 경제적 성격을 지니고, 이는 다시 국민경제의 일부를 구성하는 국민경제적 성격을, 그리고 각국의 국민경제적 성격의 무역은 세계경제의 일부를 구성하는 세계경제적 성격을 지닌다 할 수 있다. 그러나 여기서 우리가 간과할 수 없는 점은 무역의 중요성이 국가에 따라 동일하지는 않다는 점이다. 국제적으로 비교하여 일국의 무역액이 크다고 해서 반드시 무역이 그 나라 국민경제에 큰 의미를 갖는다고는 할 수 없으며, 오히려 무역액이 작더라도 국가에 따라서는 매우 중요한 역할을 하는 경우가 적지 않다. 예컨대 미국과 같이 그 무역액이 타국들에 비하여 가장 크다 할지라도 그 중요성은 비교적 작다. 이는 국토가 광활하고 천연자원도 풍부하며 그 경제력이 막강하여, 공업·농업의 모든 분야에서 자급자족도가 높기 때문이다. 반면에 한국과 같이 국토가 협소하고 자원도 빈약한데다 과잉인구를 가진 국가에서는 무역액이 다른 선진제국에 비하여 그다지 크지는 않다 할지라도 무역의 중요성은 매우 크다 하겠다.

모든 국가가 무역을 국민경제와 연관시켜 무역의존도와 같은 무역통계지표를 작성하는데, 이를 통해 한 국가에서 무역이 얼마만큼 중요한가를 수치로써 파악할 수 있다. 아래에서는 무역의존도와 같은 통계지표와 이와 연관된 각종 지표를 살펴보도록 한다.

1) 무역의존도

무역의존도는 한 나라의 국민경제가 무역에 어느 정도 의존하고 있는가를 보여 준다. 이는 국민총생산 또는 국민소득으로 측정할 수 있다. 국민총생산 (gross national product: GNP)이란 일정기간(통상 1년)동안에 국민 및 그들이 소유하는 생산요소에서 생산된 최종생산물의 시장가치를 화폐로 집계한 것이다. 국민소득(national income: NI)은 정부부문을 뺀 민간부문(가계 및 기업)이 소유하는 생산요소에서 생산된 최종생산물의 시장가치를 화폐로 집계한 것이다. 무역의존도는 다음과 같이 나타낼 수 있다.

$$무역의존도 = \frac{수출입총액}{국내총생산액(GDP)} \times 100$$

무역의존도가 높을수록 일국의 경제가 무역에 많이 의존하고 있으므로, 무역은 국민경제발전에 공헌도를 명확히 하고 있다. 또한 그 나라 경제가 외국의 경제상황에 쉽게 영향 받는다는 것을 의미한다고도 볼 수 있으며, 무역액 대신 수출액 또는 수입액을 사용하여 각각 수출의존도 또는 수입의존도를 구할 수 있다. 수출·입이 균형되어 있을 때 수출의존도와 수입의존도는 같게 된다.

2) 1인당 무역액

국민총생산이나 국민소득에 대한 무역의존도에는 인구가 고려되지 않았는데, 인구를 고려하여 1인당 무역액을 산출하기도 한다.

$$1인당\ 무역액 = \frac{무역총액}{총인구}$$

1인당 무역액이 타국과 비교하여 상대적으로 크면 무역의존도가 높고, 작으면 무역의존도가 낮다고 한다. 전술한 무역의존도와 더불어 일인당 무역액도 국민경제나 국제경제를 분석하기 위한 중요한 자료로 이용되고 있다. 영국이나 서구제국과 같이 국제분업에서 공업의 특화가 잘 이루어져 있는 지역에서는 인구밀도가 높더라도 소득수준이 높을 뿐만 아니라 1인당 무역액도 매우 크다. 반면에 인구밀도가 낮고 소득수준이 높으며, 기술과 자원이 풍부하여 자급자족도가 높은 미국이나 캐나다 같은 국가는 일인당 소득액에 비하여 1인당 무역액은 비교적 작다.

3) 무역결합도

무역결합도(intensity of trade)란 타국에 대한 일국의 무역이 세계무역에서 어느 정도 비율을 나타내고 있는가를 측정하는 지표이다. 무역결합도를 보여주는 지표를 Brown 지수라고도 하며, 이것은 일국과 상대국의 무역의존관계

뿐만 아니라 세계무역과의 연관성을 명확히 나타낸다. 무역결합도는 아래의 공식으로 나타낼 수 있다.

$$\text{B국에 대한 A국의 무역결합도} = \frac{\text{B국에 대한 A국의 무역액 / A국의 무역총액}}{\text{B국의 무역총액 / 세계의 무역총액}}$$

무역결합도가 1이면 상대국에 대한 일국의 무역비율은 상대국이 세계무역에서 차지하는 비율과 같고, 1 이상이면 상대국에 대한 일국의 무역비율은 상대국이 세계무역에서 차지하는 비율보다 크며, 1 이하이면 상대국에 대한 일국의 무역비율은 상대국이 세계무역에서 차지하는 비율보다 작다고 판단할 수 있다. 무역결합도는 다시 수출결합도와 수입결합도로 나누어 생각할 수 있다.

4) 특화계수

세계무역에서 일국이 어느 상품의 수출에 특화하고 있는가를 알 필요가 있는 데, 이를 계수로 나타낸 것을 특화계수라고 한다. 특화계수는 각 상품별로 계산되는데, 일국의 어떤 상품 X재의 특화계수는 다음과 같이 나타낸다.

$$\text{일국의 } X\text{재의 특화계수} = \frac{\text{일국의 } X\text{재 수출액 / 일국의 수출총액}}{\text{세계의 } X\text{재 수출액 / 세계의 수출총액}}$$

예를 들어 X재가 세계 수출총액의 10%를 차지하고 있으며, 어떤 나라에서 이 상품이 수출총액의 20%를 점하고 있다. 그러면 이 나라에서 X재 특화계수는 2가 된다. 특화계수가 1을 넘는 상품은 그 나라의 특화상품이 된다.

5) 교역조건지수

교역조건지수는 수입상품가격에 대한 수출상품가격의 교환비율을 나타내며, 수출상품의 총가격을 수입상품의 총가격으로 나누어 구할 수 있다.

$$\text{교역조건지수} = \frac{\text{수출상품가격}}{\text{수입상품가격}} \times 100$$

한 나라가 무역을 하는데 교역조건이 100 이상이 되면 그 나라에 유리하고, 그 이하가 되면 불리하다고 할 수 있다. 예를 들어 일국의 수출상품가격이 120, 수입상품가격이 110이라고 하면 교역조건지수는 약 109가 된다. 이 경우 이 나라는 외화가득면에서 약 9%가 유리하다.

6) 수입자유화율

수입자유화율이란 한 나라에서 총수입상품 중 정부의 승인을 받지 않고도 수입할 수 있는 상품의 비율이 어느 정도인지를 나타내는 지표이다. 이 비율이 높을수록 일국 시장의 개방폭이 큼을 알 수 있다.

$$수입자유화율 = \frac{총수입상품수 - 수입승인상품수}{총수입상품수} \times 100$$

7) 외화가득률

외화가득률이란 일국이 수출을 통해 얼마만큼 외화를 획득할 수 있는가를 측정하는 지표이다. 특히 원자재를 수입하여 반제품이나 완제품을 생산하여 수출하는 가공무역에 따른 수출이익을 측정할 때 유용한 지표로서, 다음과 같이 나타낼 수 있다.

$$외화가득률 = \frac{수출액 - 수입원자재액}{수출액} \times 100$$

예를 들어 면제품의 수출액은 10억 달러였는데, 그것의 가공에 쓰여진 수입 원면이 5억 달러였다면 그 상품의 외화가득률은 50%가 된다.

Chapter 2

글로벌 무역학의 연구범위

글로벌 무역학의 연구범위

제1절 의 의

글로벌 무역은 국경을 달리하는 국가에 거주하는 당사자들 사이에 이루어
지는 상거래임은 이미 주지한 바와 같다. 또한 이러한 상거래는 국내거래와는
다른 고유한 특징이 있고, 그러한 거래는 기업과의 연관성 속에서, 즉 기업의
운영과정의 일부를 이루고, 더 나아가 한 국가의 국민경제에, 그리고 크게는
세계경제의 일부를 구성하게 된다고도 이미 기술하였다. 이는 결국 글로벌 무
역을 일부 특정 기초학문의 고유영역으로 볼 수 없음을 말하는 것이라 할 수
있으며, 글로벌 무역학은 그 학문적 성격상 학제간(interdisciplinary) 연구가 바
탕이 되는 학문이라고 할 수 있다. 이에 글로벌 무역학은 무역의 현상을 개별
기업이나 국가의 입장에서 보면 크게 국제경제(international economics) 및 국
제통상환경, 무역상무(international commerce) 및 글로벌 경영(global business)
세 분야로 대별된다 할 수 있다.

제2절 국제경제 및 국제통상환경

국제경제는 실물면의 무역이론·무역정책과 금융면의 국제금융이론을 포괄
한다. 무역이론(trade theory)에서는 우선 각국간에 과연 무역이 일어날 수 있

느냐 하는 문제를 제기한다. 즉, 일국이 타국에 어떤 상품을 수출할 수 있고 어떤 상품을 수입하여야 하는가의 무역의 방향(무역패턴)을 먼저 고려해야 한다. 만약 양국에서 무역이 일어난다면 그 결과 양국이 모두 경제적 이익을 얻을 수 있느냐 하는 점을 다룬다. 이는 무역 후 어느 한 나라라도 경제적 이익이 있지 않으면 무역을 할 필요가 없기 때문이다. 따라서 무역이론은 각국의 무역의 동기 및 무역의 방향과 무역 후의 이익을 연구한다고 할 수 있다.

무역정책(trade policy)은 경제정책의 일환으로서 다른 나라와의 경제행위에 개입하는 대외 경제정책수단의 하나이다. 무역정책을 수립하는 이유는 국민경제의 대내외적 균형을 달성함과 동시에 경제발전을 이룩하기 위한 무역의 환경조성을 하기 위해서이다. 따라서 무역정책에서는 한 국가의 경제정책의 하나로서 무역정책에 관련한 제반문제를 연구한다.

국제금융이론은 무역이론과 무역정책에서 재화와 용역의 교역과정에서 발생되는 대금결제 및 자본 자체의 이동을 연구한다. 여기서는 환율·외환, 국제수지 및 국제금융시장을 그 연구대상으로 한다.

한편 국제통상환경은 하나의 국민경제가 다른 국민경제에 대하여 국제상거래상 어떠한 환경에 직면에 있는지를 연구대상으로 한다. 그러한 환경요인에는 이질적인 정치, 문화, 법적 환경의 차이 등이 있을 수 있으나, 그 외에도 국제경제 활동을 제약하는 다양한 국제기구 등과 같은 요인을 추가하여 생각해 볼 수 있다. 이러한 국제경제기구들은 특히 무역이 국민경제에 그리고 더나아가 세계경제에 지대한 영향을 미치기에 등장하기 시작하였고, 1980년대 이후 신자유무역주의의 등장과 함께 GATT와 이를 이은 WTO가 대표적인 예라 할 수 있다. 그리고 국제통상환경이 주로 다루는 국제경제기구에는 OECD, UNCTAD 등이 있고, 세계경제의 지역주의화에 따른 각종 지역무역협정인 EU, NAFTA, AFTA, APEC, WTO/DDA, RTA, TTP 등도 국제통상환경이 주로 다루는 연구대상이기도 하다.

제**3**절 무역상무

　무역상무는 이러한 국제무역이론을 기초로 하여, 실제로 무역당사자가 무역거래를 보다 합리적이고 효율적으로 할 수 있게 하는 제반 사항을 실천적 측면에서 연구를 주된 대상으로 한다. 무역거래의 절차는 크게 무역계약 체결이전단계, 무역계약의 체결단계, 무역계약의 이행단계 및 무역계약의 종료단계 내지 무역클레임 단계로 구별된다. 이러한 무역거래의 절차는 무역계약이라는 주계약을 중심으로 이루어지며, 무역계약의 이행을 위하여 국제물품매매의 경우 국제운송, 국제결제, 해상보험 등의 종속계약이 수반되게 된다. 다만 이러한 무역계약의 이행이 원활하게 잘 이루어지면 무역종료 단계에 이르나, 이행이 원활하게 되지 못하면 일방 피해당사자에 의해 무역클레임이 제기되어 분쟁이 발생하여 무역클레임과 관련한 여러 문제가 있게 된다. 이러한 제반사항을 무역거래의 대상으로 물품매매로 국한하여 분야별로 나누어 상술하면 다음과 같다.

　무역계약론에서는 무역계약의 작성실무에서부터, 무역매매계약이 성립·이행·종료되는 과정에서 발생할 수 있는 문제들을 규율하는 국제적 법규범을 연구한다. 이와 더불어 당사자간, 업계간, 항구간 내지 국가간의 서로 다른 상관습의 이해를 위한 연구와 서로 다른 상관습으로 인해 발생되는 혼란을 피하기 위해서 국제적으로 통일화된 각종 해석, 규칙 등을 연구한다.

　국제운송론에서는 무역이 이행되는 과정에서 약정된 물품을 수출국에서 수입국으로 운송할 때 송화인과 운송인간에 체결하는 운송계약을 중심으로 연구한다. 국제운송계약은 해상, 육상, 항공 및 복합운송이 있으며 여기에 창고 및 보관 등의 개념이 합쳐져 국제물류까지 포함된다.

　해상보험론에서는 약정품이 운송되는 과정에서 발생할 가능성이 있는 손해를 보상할 것을 목적으로 보험계약자와 보험자간에 체결하는 해상보험계약을 중심으로 연구한다. 이 외에도 무역보험의 일부로 수출보험, P&I Club 및 제3자에 대한 배상책임을 커버하는 제조물책임보험도 경우에 따라서 포함되기도 한다.

국제결제론에서는 수입업자가 약정품의 대가로 수출업자에게 대금을 지불하기 위해 체결하는 환계약을 중심으로 연구한다. 이러한 환계약에는 전통적 결제방식인 L/C 방식을 비롯하여 D/A, D/P, M/T, T/T, Open Account 등의 결제방식을 포함하여 연구가 이루어진다.

무역클레임론에서는 무역이 이행되는 과정에서 관계 당사자에게 발생하는 다양한 분쟁방식을 연구한다. 이러한 연구는 주로 소송, 상사중재, 화해, 알선, 조정 등의 분쟁해결 방식의 비교, 각 해결 방식의 실무적 절차 및 문제점 등의 연구가 있다.

제4절 ▶ 글로벌 경영론

글로벌 경영론은 글로벌 기업이 대외 경영활동을 하는데 필요한 경영전략의 수립과 실행(조직구성)에 뒤이어 마케팅관리, 인사관리, 생산관리, 재무관리 등 하부 경영기능에 대해 연구한다. 여기서 글로벌 마케팅 관리는 매출액에 영향을 주고, 그 외 인사, 생산, 재무관리는 생산비 또는 생산요소인 노동, 원료, 자본에 관한 것이라 할 수 있다.

이들 중 글로벌 마케팅론은 글로벌 기업의 목표를 만족시키는 교환을 창출하기 위하여 서비스, 아이디어 및 용역에 관하여 구상하고, 이들의 가격을 결정, 촉진, 유통을 기획하고 집행하는 일련의 과정에 대해 연구하는 것이라 할 수 있다. 여기서 소비자의 욕구를 파악하기 위한 마케팅 조사와 기업이 통제 가능한 수단과 방법을 선정하는 마케팅믹스 전략 등 마케팅 과정과 이념은 글로벌 마케팅과 국내마케팅이 동일하다 할 수 있다.

글로벌 인사관리론이란 글로벌 기업이 필요로 하는 인재를 선발, 채용, 교육하고, 이들에게 적당한 보수와 승진의 기회를 제공하는 일련의 활동을 연구하는 것이다. 다시 말하여 글로벌 인사관리란 인적자원을 대상으로 한 글로벌 경영관리 활동을 의미하며, 글로벌 기업이 목적을 달성하기 위해 기업내 인적 구성원 상호관계를 조정하고 이들에게 동기를 부여하며, 직무에 관한 만족도를 높이기 위한 제반 경영활동 등을 말한다.

글로벌 생산관리론이란 국제적 차원에서 생산활동을 계획하고 조직하며 통제하는 일련의 행위, 즉 단순히 제품의 생산만을 의미하는 것이 아니라 제품생산에 필요한 원료의 확보에서부터 생산된 제품을 해외시장에 공급할 때까지의 모든 과정과 관련된 기업활동을 연구하는 것이다.

글로벌 재무관리론이란 기업의 글로벌 경영활동에 필요한 자금을 조달하고 조달된 자금을 운영하는 재무활동을 효과적으로 하기 위해서 계획, 집행, 통제하는 일련의 기업활동을 연구하는 것이라 할 수 있다. 즉 글로벌 재무관리론에서는 기업이 금융시장에서 필요한 자금을 조달하여 이를 기업내부에 적시에 분배·공급함으로써 기업활동의 계속성을 유지하고, 발생한 이익을 주주 내지 투자자들에게 적절히 배분하거나 사내에 유보시키는 등의 모든 글로벌 재무활동을 연구하는 것이다.

Chapter 3

국제무역이론

국제무역이론

국제무역이론의 기초

1 이론의 개념

이론(theory)이란 특정한 가정 하에서 성공적으로 검증된 가설을 의미한다. 이론의 목적은 설정된 가설을 잘 설명하고, 정확히 예측하는 데 있다. 따라서 이론은 가설보다는 사실(truth)에 가깝다고 할 수 있다. 가정은 이론의 전제조건으로서 변수들의 속성과 이들 간의 상호관계를 규정한 것을 말한다. 따라서 가정 없는 이론이란 존재할 수 없다. 특히 경제학은 사회의 경제적 현상을 일련의 가정 하에서 가설에 의해 도출된 이론이기 때문에 가정의 학문이라고 할 수 있다.

가설(hypothesis)이란 현실사회에서 나타나는 사물의 형상(이를 현상이라고 함)을 관찰하여 유추한 'If-then'정리(proposition)라고 할 수 있다. 즉, 가설은 아직 잠정적이며 검증되지 않은 정리를 말하며, 그런 의미에서 하나의 가설이 성공적으로 검증되었을 때 비로소 이론이 정립되었다라고 할 수 있다. 따라서 이론은 가설보다 사실일 가능성이 크고, 가설이 사실로 검증된 빈도수가 많아질수록 그 이론에 대한 신뢰도는 높아지는 것이다.

예를 들어, 과일 가게에서 딸기를 구입하려고 하는 어떤 소비자가 있다고 하자. 그런데 3일 전에는 1kg당 3,000원이던 딸기 가격이 구입 시점에 1kg당 5,000원으로 상승한 결과 딸기 500g만 구입했다고 하자. 이와 같이 소비자는 어떤 상품의 가격이 오르면 그 상품을 적게 소비한다는 것을 경험을 통해 알수 있다. 따라서 우리는 어떤 상품의 가격이 오르면, 그 상품의 수요는 감소한다라는 가설을 세울 수 있는 것이다. 이러한 가설의 검증을 통해 수요이론을 도출하기 위해서는 현실사회의 많은 사람들을 대상으로 서로 다른 시점에서 대부분의 상품에 이 가설이 적용되는가를 실제로 살펴볼 필요가 있다. 그러한 검증의 결과 이 가설이 실제 사실임을 알 수 있다면 이 가설은 수요이론이라는 하나의 이론으로 정립되는 것이다.

한 가지 주의해야 할 점은 이론과 현실과의 관계이다. 흔히 우리는 어떤 이론이 현실과 맞지 않다는 이야기를 많이 듣는다. 한 이론이 논리적으로는 분명히 맞는데 막상 현실에서는 다르게 나타난다는 말이다. 이 말은 이론의 정의를 정확히 파악하지 못한 데서 비롯되었다고 볼 수 있다. 이론이란 특정한 가정의 전제하에서 성공적으로 검정된 가설을 의미한다고 하였다. 한편 현실(reality)이란 지금 사실로 나타나 있는 일이라고 할 수 있다. 지금 사실로 나타나 있는 일은 일정한 가정을 전제로 하지 않는다. 따라서 일정한 가정을 전제로 하여 성공적으로 검증된 가설(이론)이 지금 사실로 나타나 있는 일(현실)과 맞을 수도 있고 맞지 않을 수도 있지만, 맞지 않는 것이 더욱 일반적이라고 할 수 있다.

한편 법칙(law)이란 동일한 여건 하에서 항상 참인 이론을 말한다. 예를 들면 수요와 공급의 법칙은 어떤 상품의 수요와 공급이 만나는 점에서 그 상품의 균형가격과 균형수량이 정해진다는 것으로 이는 어떤 여건 하에서도 항상 참이므로 이를 법칙이라고 한다.

■2 국제무역이론의 개념과 기본가정

1) 국제무역이론의 개념

무역이론(trade theory)은 무역의 발생원인(어떤 이유에서 각국 간에 무역이 발생하는가), 무역의 패턴(각국이 어떤 재화를 수출하고 어떤 재화를 수입하는가) 및 무역에 따른 이익(무역의 결과 각 국에 어떠한 경제적 이익이 발생하는가)을 분석한다. 무역이론에 의하면 무역은 국가 간에 생산비가 다르기 때문에 발생하고, 다른 국가에 비해 생산비가 낮은 재화는 수출하고 그렇지 않은 재화는 수입하게 된다. 그리고 무역을 하게 되면 무역을 하지 않을 경우에 비해 산출량이 증가하기 때문에 후생이 증가하게 된다. 무역에 따른 경제적 이익이 없다면 상호 간에 무역을 할 필요가 없다는 것은 당연하다.

2) 국제무역이론의 기본가정

어떠한 이론이든지 이론을 전개하기 위해서는 우선적으로 복잡한 현상을 단순하게 설명하기 위한 일정한 가정이 필요하다. 무역이론도 이론의 전개를 쉽게 하고 설명을 단순화하기 위해 여러 가지 가정들은 하고 있다. 이러한 가정들은 특정 무역이론이 이들과 다른 가정을 제시하지 않는 한 항상 유효하다고 간주한다. 따라서 특정 무역이론을 기술할 때 다른 가정이 필요하다면 각 무역이론을 설명할 때마다 그에 대하여 별도로 지적될 것이다.

첫째, 정태적 분석(static analysis)을 가정한다. 정태적 분석은 시간이라는 개념이 도입되지 않기 때문에 각국의 생산비 차이를 발생시키는 생산요소, 기술, 기후 등이 변화하지 않는다. 또한 각국의 소비자의 기호도 변화하지 않는다고 가정한다.[1] 생산요소(factors of production)는 어떤 상품이나 서비스를 생산하기 위해 투입되는 모든 경제적 자원으로 일반적으로 노동(Labor ; L), 자본(Capital ; K), 토지(Rent ; R) 세 가지 요소를 말한다. 노동이란 생산에 투입되는 인력을 의미하며, 자본이란 사람이 만들어 낸 공장이나 기계설비와 같은 것을 의미한다. 토지는 자연이 제공하는 모든 것(즉 땅, 하천, 해양, 대기 또는 농산물·수산물·광산물과 같은 천연자원 등)을 의미한다.

둘째, 한 국가 내에 있는 사람이 제공하는 노동에는 질적 차이가 없다고 가정한다. 즉, 한 국가에 거주하는 모든 노동자가 일정 시간 동안 생산할 수 있는 산출물의 양은 동일하다고 가정한다.

셋째, 생산요소인 노동, 자본, 토지의 국가간 이동은 없다고 가정한다. 따라서 무역의 대상은 재화만이라고 가정한다.

넷째, 각국의 생산함수는 불변이라고 가정한다. 따라서 생산요소의 투입량(input)과 생산물의 산출량(output)간에는 일정한 함수관계가 계속 유지되며, 이는 기술진보가 일어나지 않음을 의미한다. 기술진보란 주어진 생산요소를

---

[1] 이와 대조적으로 동태적 분석은 시간이라는 개념을 도입하여 시간이 경과함에 따라 각국의 생산요소, 기술, 기후 등이 변화하며, 각국의 소비자의 기호도 변화한다.

사용하여 예전에 비해 더 많은 생산이 가능하도록 생산요소를 다른 방법으로 결합하는 것을 말한다. 다시 말하면 만일 어떤 생산함수가 Q=f(L, K)이라고 한다면 기술진보에 의해서 생산함수가 [그림 3-1]과 같이 Q=g(L, K)가 될 수 있다. 그러나 우리는 특별한 말이 없으면 기술진보가 없다고 가정한다.

[그림 3-1] **생산함수**

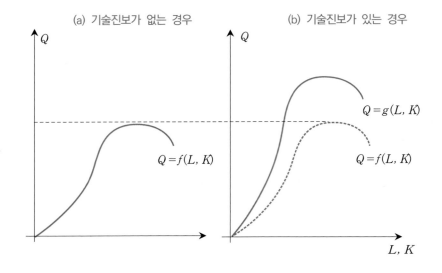

다섯째, 생산물시장과 생산요소시장에서 완전경쟁(perfect competition)을 가정한다. 완전경쟁이란 다음의 네 가지 조건을 충족시켜야 된다. ① 어떤 재화(또는 생산요소)의 공급자와 수요자가 다수이다. 따라서 공급자나 수요자는 가격순응자(price-taker)가 된다. ② 어떤 산업에 기업의 진입과 이탈이 자유롭다. ③ 재화(또는 생산요소)는 동질적이다. ④ 재화(또는 생산요소)에 대해 완전한 정보를 가지고 있다.

여섯째, 완전고용(full employment)을 가정한다. 완전고용이란 일할 능력과 일할 의사를 가지고 있는 사람은 누구나 고용되어 있는 상태를 의미한다. 실업에는 자발적 실업과 비자발적 실업이 있다. 자발적 실업이란 어떤 사람이 일할 능력과 일할 의사가 있는 상황에서 실업상태에 있음을 말하며, 비자발적 실업은 어떤 사람이 일할 능력과 일할 의사가 있는데도 불구하고 실업상태에 있음을 말한다. 자발적 실업은 실업에 포함되지 않기 때문에 완전고용은 비자발적 실업이 존재하지 않는 상황을 의미한다.

　마지막으로 완전한 자유무역을 가정한다. 완전한 자유무역이란 무역이 이루어질 때 이전비용(transfer cost)이 부수적으로 들어가지 않는 상황을 의미한다. 다시 말하면 상품의 운송, 포장 및 취급에 따른 비용이 없으며, 또한 정부규제로부터 야기되는 비용, 즉 관세 또는 비관세장벽이 없는 것을 말한다.

제2절　고전적 무역이론

　고전적 무역이론은 노동가치설(labor theory of value)에 그 이론적 기초를 두고 있다. 노동가치설은 노동만을 유일한 생산요소로 간주하고 있으며, 노동의 질(노동생산성)이 같을 때 어떤 재화의 가치(가격)는 그 재화의 생산에 투입된 노동의 양으로 측정된다. 예를 들어 X재 1단위 생산에 10명이 필요하고, Y재 1단위 생산에 20명이 필요하다면 Y재 1단위는 X재 2단위와 교환된다고 할 수 있다.

　고전적 무역이론은 한 국가 내에서의 노동생산성은 동일하나 각국 간의 노동생산성은 서로 다르다고 가정한다. 이러한 가정 하에 양국이 각각 동일한 재화를 생산하는 데 한 국가가 투입하는 노동의 양이 다른 국가에 비해 적다면, 그 국가는 그 재화에 생산비 우위가 있다고 한다. 이 때 각국은 생산비 우위가 있는 재화에 특화(特化)[2]하여 다른 국가에 수출하고, 생산비 열위에 있는 재화를 수입함으로써 경제적 이익을 얻게 된다고 주장하고 있다.

1 절대우위론

　유럽의 절대왕정시대에 유행했던 중상주의(17세기~18세기 중엽)는 금이나 은과 같은 귀금속을 국부(國富)의 가장 중요한 원천으로 간주하였다. 따라서 중상주의는 귀금속을 많이 획득하기 위해 수출은 장려하고 수입은 억제하는 보

---

2) 특화란 생산비 우위에 있는 재화를 분업화하여 전문적으로 생산하는 것을 말한다.

호무역정책을 사용할 것을 주장하였다. 그러나 아담 스미스(A. Smith)는 『국부론(1776)』에서 노동에 의해 생산되는 재화의 양을 국부라고 정의하고, 노동생산성을 증대시키기 위한 국제분업과 특화의 필요성을 주장하였다. 즉, 국제분업에 의해 보다 효율적인 재화 생산이 가능하며 또한 각국이 자유무역을 허용하여 국제적 분업과 특화를 추구하면 효율적으로 자원이 배분됨으로써 무역의 이익이 발생한다고 하였다. 이러한 국제적 분업이 발생하는 이유는 각국의 생산비의 차이가 있기 때문이며, 고전적 무역이론은 노동이 이러한 생산비 차이를 가져오는 유일한 원인이라고 간주하고 있다.

절대우위론(theory of absolute advantage)은 절대생산비설(theory of absolute cost)이라고도 하며, 두 국가(A국, B국), 두 재화(X재, Y재) 그리고 하나의 생산요소, 즉 노동(L)만을 가정하고 있다. 또한 노동은 한 국가 내에서 산업 간에 자유롭게 이동할 수 있지만 국가 간에는 이동이 불가능하다고 가정하고 있다. 이러한 가정 하에 절대생산비의 차이가 있는 예를 들어보면 〈표 3-1〉과 같다.

〈표 3-1〉 절대우위의 예(무역 전)

	A 국	B국
X재 1단위 생산	10명	20명
Y재 1단위 생산	20명	10명

〈표 3-1〉에서 보면 A국은 X재 1단위 생산에 10명이 필요하고 Y재 1단위 생산에 20명이 필요하다. 한편, B국은 X재 1단위 생산에 20명이 필요하고, Y재 1단위 생산에 10명이 필요하다. 따라서 A국은 B국보다 더 적은 노동량으로 X재 1단위를 생산할 수 있고, B국은 A국보다 더 적은 노동량으로 Y재 1단위를 생산할 수 있다. 즉, A국은 X재 생산에 절대우위가 있고, B국은 Y재 생산에 절대우위가 있다.

무역을 하지 않는 상태에서 양국이 X재와 Y재를 각각 1단위씩 생산하여 소비한다고 하면 A국과 B국 모두 30명의 노동량이 필요하다. 그러나 두 국가가 무역을 하게 되면 각국은 절대우위가 있는 재화에 특화함으로써 무역의 이익을 얻을 수 있다. 즉, A국은 X재 생산에 특화하여 이 중 일부를 B국의 Y재와 교환하고, B국은 Y재 생산에 특화하여 이 중 일부를 A국의 X재와 교환하면 두 국가 모두에게 무역의 이익이 발생할 수 있다.

예를 들어 이제 A국과 B국이 각각 절대우위가 있는 재화만을 생산하여[3] X 재 1단위와 Y재 1단위를 교환한다고 하자. A국은 X재에 절대우위가 있으므로 30명을 X재 생산에 모두 투입하여 3단위(30명/10명)의 X재를 생산하게 된다. 무역을 하게 되면 A국은 X재 1단위를 B국의 Y재 1단위와 교환할 수 있다. 따라서 A국은 X재 2단위와 Y재 1단위를 생산하는 것과 동일한 효과를 볼 수 있으며, 그 결과 A국은 X재 2단위와 Y재 1단위를 소비할 수 있게 된다. 즉, 무역을 함으로써 A국은 X재를 1단위 더 생산할 수 있으며(생산 측면에서의 이익), X재 1단위를 더 소비하는 효과를 볼 수 있게 된다(소비 측면에서의 이익). 또한 무역 후에는 A국의 모든 노동 30명이 X재만 생산하게 되는데 X재 2단위 생산에는 20명만 필요하므로 10명의 노동이 절약되는 효과를 볼 수 있다(생산요소 측면에서의 이익).

이와 같은 생산, 소비 및 생산요소의 측면에서 A국의 무역이익은 〈표 3-2〉와 같으며, 같은 방법으로 B국의 무역이익도 구할 수 있다.

〈표 3-2〉 절대우위론에 의한 A국의 무역이익			
	무역 전	**무역 후**	**무역이익**
생 산	X재 1단위 Y재 1단위	X재 3단위 Y재 생산 없음	X재 1단위와 Y재 1단위를 교환하여 X재 1단위 더 생산
소 비	X재 1단위 Y재 1단위	X재 2단위 Y재 1단위	X재 1단위 더 소비
생산요소 (노동)	X재 1단위 생산에 10명 투입 Y재 1단위 생산에 20명 투입	X재만 생산, 즉 모든 노동 30명을 X재 생산에만 투입	X재 2단위 생산에 20명만 필요하므로 10명의 노동이 절약

절대우위론은 분업과 특화가 갖는 이점을 국제경제에 확대시킨 것이며, 이러한 분업을 통해 각국이 절대우위를 가지는 재화에 특화하여 교환한다면 무역의 이익이 발생한다는 것을 밝혀냄으로써 자유무역의 이론적 기초를 제공하고 있다. 그러나 절대우위론은 생산비의 차이가 왜 발생하는지 그리고 두 재화의 교환비율이 어떻게 결정되는지에 대해서는 설명하고 있지 않다. 더욱이 한 국가가 두 재화 생산에 있어 다른 국가에 비해 모두 절대우위가 있거나 또는 절대열위에 있는 경우에는 무역이 발생하지 않는다는 이론적 결함이 있

---

3) 이와 같이 무역을 함에 따라 한 국가의 생산요소를 하나의 재화만을 생산하는데 사용하는 것을 완전특화라고 한다.

다. 이와 같은 결함에 대한 해답은 리카도(D. Ricardo)의 비교우위론에서 설명되고 있다.

■2 비교우위론

리카도(D. Ricardo)는 『정치경제학 및 조세의 원리(1817)』에서 절대우위가 두 국가 사이에 무역이 발생하기 위한 필요조건은 아니며, 두 재화의 생산에 필요한 상대적 생산비, 즉 비교생산비의 차이가 있다면 무역이 발생할 수 있다고 주장하였다. 이를 비교우위론(theory of comparative advantage) 또는 비교생산비설(theory of comparative cost)이라고 한다.

리카도의 비교우위론은 절대우위론과 마찬가지로 두 국가(A국, B국), 두 재화(X재, Y재) 그리고 하나의 생산요소(L)를 기본가정으로 하고 있다. 또한 노동은 한 국가 내에서 산업 간에 자유롭게 이동할 수 있지만 국가 간에는 이동이 불가능하다고 가정하고 있다. 이러한 가정 하에 한 국가가 다른 국가에 비해 두 재화 생산에 모두 절대우위가 있더라도 양국이 서로 다른 재화에 각각 비교우위가 있다면 양국은 무역을 통해 상호 이익을 얻을 수 있다는 것이다.

한 국가가 다른 국가에 비해 두 재화 생산에 모두 절대우위가 있으나 각국이 서로 다른 재화 생산에 비교우위가 있는 경우의 예를 들면 〈표 3-3〉과 같다.

〈표 3-3〉 비교우위의 예(무역 전)

	A국	B국
X재 1단위 생산	30명	50명
Y재 1단위 생산	40명	45명

〈표 3-3〉에서 보면 A국은 X재 1단위 생산에 30명이 필요하고 Y재 1단위 생산에 40명이 필요하다. 한편 B국은 X재 1단위 생산에 50명이 필요하고 Y재 1단위 생산에 45명이 필요하다. 이에 따르면 A국은 X재 1단위와 Y재 1단위를 생산하는데 있어 B국보다 모두 절대우위를 가지고 있다. 이러한 경우 절대우위론에 의하면 양국 간의 무역이 발생하지 않는다.

그러나 두 재화의 상대적 생산비를 자세히 살펴보면 A국은 B국에 비해 X재

생산에서 우위의 정도가 더 높다는 것을 알 수 있다. 즉, A국은 B국에 비해 X 재 1단위를 생산할 경우 60%(30명/50명)의 생산비만 들어가지만 Y재 1단위를 생산할 경우에는 88.9%(40명/45명)의 생산비가 들어간다. 이와 마찬가지로 B 국은 A국에 비해 X재는 166.7%(50명/30명), Y재는 112.50%(45명/40명)의 생산 비가 들어가므로 상대적으로 Y재를 생산하는 것이 보다 유리하다. 따라서 A 국은 X재 생산에 비교우위를 갖게 되고, B국은 Y재 생산에 비교우위를 갖게 된다.

비교우위론은 무역의 발생원인을 두 국가 간에 존재하는 생산비의 절대적 차이가 아니라 생산비의 상대적 차이에 있음을 보여주고 있다. 이러한 비교생 산비의 차이가 있을 때 양국은 각각 비교우위가 있는 재화 생산에 완전특화하 여 이를 수출하고 그 대가로 비교열위가 있는 재화를 수입하면 두 국가 모두 에게 무역의 이익이 발생할 수 있다.

무역을 하지 않는 상태에서 양국이 X재와 Y재를 각각 1단위씩 생산하여 소 비한다고 하면 A국은 70명, B국은 95명의 노동량이 필요하다. 이제 A국과 B 국이 각각 비교우위가 있는 재화만을 생산하여 X재 1단위와 Y재 1단위를 교 환한다고 하자. A국은 X재에 비교우위가 있으므로 70명을 X재 생산에 모두 투입하여 2.3단위(70명/30명)의 X재를 생산하게 된다. 무역을 하게 되면 A국은 X재 1단위를 B국의 Y재 1단위와 교환할 수 있다. 따라서 A국은 X재 1.3단위 와 Y재 1단위를 생산하는 것과 동일한 효과를 볼 수 있으며, 그 결과 A국은 X재 1.3단위와 Y재 1단위를 소비할 수 있게 된다. 즉, 무역을 함으로써 A국은 X재를 0.3단위 더 생산할 수 있으며(생산 측면에서의 이익), X재 0.3단위를 더 소비하는 효과를 볼 수 있게 된다(소비 측면에서의 이익). 또한 무역 후에는 A국 의 모든 노동 70명이 X재만 생산하게 되는데 X재 2단위 생산에는 60명만 필 요하므로 10명의 노동이 절약되는 효과를 볼 수 있다(생산요소 측면에서의 이익).

이와 같은 생산, 소비 및 생산요소의 측면에서 A국의 무역이익은 〈표 3-4〉 와 같으며, 같은 방법으로 B국의 무역이익도 구할 수 있다.

〈표 3-4〉 비교우위론에 의한 A국의 무역이익

	무역 전	무역 후	무역이익
생 산	X재 1단위 Y재 1단위	X재 2.3단위 Y재 생산 없음	X재 1단위와 Y재 1단위를 교환하여 X재 0.3단위 더 생산
소 비	X재 1단위 Y재 1단위	X재 1.3단위 Y재 1단위	X재 0.3단위 더 소비
생산요소 (노동)	X재 1단위 생산에 30명 투입 Y재 1단위 생산에 40명 투입	모든 노동 70명을 X재 2.3생산에만 투입	X재 2단위 생산에 60명만 필요하므 로 10명의 노동이 절약

비교우위론은 무역의 발생원인과 무역의 이익에 대하여 간명하게 설명하고 있다. 그리고 양국이 각각 비교우위에 있는 재화를 1단위씩 교환한다고 가정함으로써 양국은 무역을 통해 이익을 얻을 수 있다는 것을 보여주고 있다. 그러나 비교우위론도 비교생산비의 차이가 왜 발생하는지 그리고 비교우위의 결정요인에 대해서는 구체적인 설명을 하지 못하고 있다. 또한 교환비율이 달라질 때 무역이 가능한가 하는 문제와 그 교환비율이 어떻게 결정되는가에 대해서도 설명하지 못하고 있다. 다시 말하면 각국이 다른 국가에 비해 비교우위에 있는 재화를 공급만 하면 다른 국가에 수출할 수 있다고 함으로써 재화의 공급측면만 중시하고 있으며 수요측면은 고려하고 있지 않다. 양국 간에 두 재화의 교환비율, 즉 교역조건이 어떻게 결정되는지에 대해서는 밀(J. S. Mill)의 상호수요설에서 제시되고 있다.

■3 상호수요설

밀(J. S. Mill)은 『정치경제의 원리(1848)』에서 교역조건은 무역 당사국의 국내교환비율, 즉 비교생산비의 상한과 하한의 범위 안에서 자국상품(수출품)에 대한 외국의 수요와 외국상품(수입품)에 대한 자국의 수요가 일치하는 점에서 결정된다고 하였다. 이를 상호수요설(theory of reciprocal demand) 또는 상호수요균등의 법칙(law of equation of reciprocal demand)이라고 한다.[4]

리카도는 비교우위론에서 일정한 생산량에 필요한 노동량을 기준으로 비교한 반면 밀은 〈표 3-5〉와 같이 동일한 노동량으로 생산할 수 있는 두 재화의

---

4) 또는 국제가치론(theory of international value)이라고도 한다.

생산량을 비교하고 있다.

〈표 3-5〉 동일 노동량의 투입에 따른 상호수요설의 예

		무역 이전		무역 이후
		생산량	국내교환비율	
한국	휴대폰	10대	교환비율 10대 : 15병	교역조건 10대 : 15병 ~ 10대 : 20병
	포도주	15병		
호주	휴대폰	10대	교환비율 10대 : 20병	
	포도주	20병		

　〈표 3-5〉의 예에서 생산비를 노동 투입량으로 본다면 양국이 동일한 노동량을 투입했기 때문에 생산비는 생산량의 역수로 표시된다. 따라서 한국의 휴대폰 생산비는 1/10, 포도주 생산비는 1/15이 된다. 같은 원리로 호주의 경우 휴대폰 생산비는 1/10, 포도주에 생산비는 1/20이 된다. 따라서 비교우위론에 따라 호주는 포도주에, 한국은 휴대폰에 각각 비교우위가 있게 된다. 그리고 위의 예에서 무역 이전의 휴대폰과 포도주의 국내교환비율은 한국에서는 10대:15병이고, 호주에서는 10대:20병이 될 것이다.

　이와 같은 경우 양국 간의 무역은 국내교환비율인 10대:15병과 10대:20병 내의 범위에서만 가능하다. 왜냐하면 한국은 10대의 휴대폰을 수출한 후 15병 이상의 포도주를, 호주는 20병 이하의 포도주를 수출하여 10대 이상의 휴대폰을 수입할 수 있어야 양국 모두에게 이익이 발생할 수 있기 때문이다. 만약 10대의 휴대폰을 수출하고도 14병의 포도주만 수입할 수 있다면 한국은 국내에서 교환할 때보다 포도주 1병의 손해가 발생하므로 무역에 응하지 않을 것이다. 마찬가지로 10대의 휴대폰을 수입한 대가로 21병의 포도주를 수출해야 한다면 호주도 국내에서 교환할 때보다 포도주 1병의 손해가 발생하므로 무역에 응하지 않을 것이다. 그러므로 양국 모두가 무역을 통해 이익을 얻을 수 있는 교역조건은 10대:15병~20병 사이에서 결정되어야 한다. 예를 들어 교역조건이 10대:17병에서 결정된다면 한국은 포도주 2병 증가, 호주는 포도주 3병 절약이라는 무역이익이 발생하여 양국 모두 이익을 볼 수 있다. 그리고 최종적인 교역조건은 양국의 국내교환비율의 범위 내에서 수출품에 대한 각국의 수요가 같아지는 점에서 결정된다.

상호수요설은 상호수요의 측면에서 교역조건이 어떻게 결정되는지와 그에 따라 무역이익이 무역당사국에 어떻게 배분되는지를 설명하고 있다. 그러나 상호수요설도 비현실적이고 제한적인 가정에서 벗어나지 못하고 있으며, 수요의 탄력성 등 다른 요인들이 교역조건의 결정에 어떻게 그리고 얼마만큼 영향을 미치는지에 대해서는 설명하지 못하고 있다.

제3절 근대적 무역이론

고전적 무역이론은 노동가치설에 그 이론적 기초를 두고 국제무역의 원리를 설명하고 있다. 그러나 고전적 무역이론은 한 국가 내의 노동생산성의 차이와 노동 외의 다른 생산요소, 즉 자본, 토지 등에 의한 생산비의 차이를 고려하고 있지 않다. 또한 고전적 무역이론은 생산비가 불변이라고 가정하고 있으나 현실적으로는 생산비가 증가 또는 감소하기도 한다.[5]

이와 같은 고전적 무역이론의 비현실적인 가정들을 극복하기 위하여 등장한 이론을 근대적 무역이론이라고 한다. 근대적 무역이론은 크게 기회비용설과 헥셔-오린 정리로 구분된다. 기회비용설은 노동비용을 대신하여 기회비용이라는 개념을 도입하고 있으며, 헥셔-오린 정리는 각국에 부존된 생산요소의 상대적인 부존비율에 입각하여 비교우위론을 설명하고 있다.

1 기회비용설

하벌러(G. Haberler)는 『국제무역이론(1936)』에서 생산요소에는 노동뿐만 아니라 자본, 토지 등의 다른 생산요소도 있으며, 어떤 재화의 가격은 그 재화의 기회비용에 의해 결정된다고 주장하였다. 즉, 비교우위론을 수용하고 있지만 노동가치설에서의 노동비용 대신 기회비용(opportunity cost)이라는 개념을 도입하여 보다 현실에 맞는 무역이론을 전개하였는데 이를 기회비용설(theory of opportunity cost)이라고 한다.

---

5) 고전적 무역이론에 의하면 무역을 하는 경우 절대우위 또는 비교우위를 갖고 있는 재화만을 생산하는 완전특화로 나타나지만 현실 경제에서는 불완전특화하는 것이 일반적이다.

기회비용(opportunity cost)이란 한 행위의 가치를 평가할 때 그 가치를 실제로 취한 행위의 가치로 평가하는 것이 아니라 그 행위를 선택하였기 때문에 포기해야 하는 다른 행위의 가치로 평가하는 것을 말한다. 예를 들면 X재의 기회비용은 X재를 1단위 더 생산하기 위하여 포기해야 하는 Y재의 생산량을 의미한다. 기회비용의 개념을 비교우위론에 적용한 기회비용설에 의하면 어떤 재화의 생산에서 기회비용이 낮은 국가는 그 재화에 비교우위가 있으며 그 국가는 그 재화의 생산에 특화해서 수출하면 무역이익을 얻을 수 있다.

〈표 3-6〉 기회비용에 의한 비교우위의 예

	휴대폰 생산량	포도주 생산량	휴대폰 기회비용 (휴대폰 1대를 더 생산하기 위해 포기해야 하는 포도주의 양)	포도주 기회비용 (포도주 1병을 더 생산하기 위해 포기해야 하는 휴대폰의 양)
한국	6대	4병	2/3병	3/2대
호주	1대	2병	2병	1/2대

예를 들어 〈표 3-6〉에서 보면 무역 전 한국이 국내에서 휴대폰을 1대 더 생산하기 위해서는 포도주 2/3병을 포기해야 한다. 따라서 한국에서 휴대폰의 기회비용은 포도주 2/3병이 된다. 같은 원리로 호주에서 휴대폰의 기회비용은 포도주 2병이 된다. 휴대폰의 기회비용이 호주보다는 한국에서 더 낮기 때문에 한국은 호주에 대해 휴대폰 생산에 비교우위를 갖게 된다.[6] 비교우위론에 의하면 한국은 휴대폰 생산에 특화하고 이 중 일부를 호주의 포도주와 교환하면 무역이익을 얻을 수 있다.

기회비용은 생산가능곡선(PPC: production possibility curve)을 이용하여 설명할 수 있다. 생산가능곡선이란 일정한 기술수준 하에서 한 국가가 보유하고 있는 모든 생산요소를 투입하여 최대로 생산할 수 있는 두 재화의 여러 조합을 나타내는 곡선을 의미한다.[7] 이러한 생산가능곡선의 기울기를 한계변환율(MRS: marginal rate of transformation)이라고 하며, 이는 어떤 재화를 추가로 한 단위 더 생산하기 위하여 포기해야만 하는 다른 재화의 양을 의미하는 기

---

6) 포도주의 기회비용은 휴대폰의 기회비용의 역수이므로 포도주 생산에 대해서는 호주가 비교우위를 갖는다.

7) 생산가능곡선 안의 점들은 생산요소들 중 일부가 고용되어 있지 않거나 생산요소를 비효율적으로 투입했을 때 얻어지는 생산량을 나타내며, 생산가능곡선 밖의 점들은 현재의 이용 가능한 기술수준이나 생산요소로는 달성할 수 없는 생산량을 나타낸다.

회비용을 나타낸다.

생산가능곡선은 두 재화의 생산비용이 불변, 체증, 체감하느냐에 따라 그 형태가 다르게 나타난다. 기회비용이 불변인 경우 생산가능곡선은 직선으로 나타나며,[8] 기회비용이 체증하는 경우 생산가능곡선은 원점에 대하여 오목한 형태로 나타난다. 그리고 기회비용이 체감하는 경우 생산가능곡선은 원점에 대해 볼록한 형태로 나타난다.

하벌러의 기회비용설은 고전적 무역이론에서 주장하는 단일 그리고 동질의 생산요소, 불변생산비라는 비현실적인 가정에서 벗어나 현실에 적합한 생산요소를 전제로 무역이론을 전개하고 있으며, 가변비용하에서 비교우위가 어떻게 결정되는가를 설명하고 있다는 데 의의가 있다. 그러나 무역의 형태와 교역조건의 결정에 있어서 공급측면에만 치중하고 있으며, 기회비용의 차이가 발생하는 원인과 경로를 규명하지 못하고 있다는 한계점도 있다.

2 헥셔-오린 정리

고전적 무역이론에서는 노동생산성의 차이로 인해 국가 간 생산비의 차이가 발생한다고 보았다. 하지만 이러한 노동생산성의 차이가 왜 발생하는지에 대해서는 명확하게 설명하지 못하고 있다. 이에 반해 헥셔(E. Heckscher, 1919)와 그의 제자 오린(B. Ohlin, 1950)은 국가 간 생산요소의 상대적 부존량의 차이에서 비교생산비의 차이가 발생한다고 설명하고 있다.

헥셔-오린 정리는 두 가지 명제로 구성되어 있는데 하나는 무역의 패턴을 설명하고 예측하는 요소부존 정리이며, 다른 하나는 무역이 생산요소가격에 미치는 영향을 설명하는 요소가격 균등화 정리이다.

1) 헥셔-오린 정리의 기본가정

헥셔-오린 정리의 기본가정은 다음과 같다.

첫째, 두 국가(A국, B국), 두 재화(X재, Y재) 그리고 두 개의 생산요소(노동, 자본)를 가정한다.

---

8) 고전적 무역이론에서는 기회비용이 불변인 생산가능곡선이 이용되고 있는데 이는 노동이 유일한 생산요소이며, 노동은 모두 동질적이라고 가정하고 있기 때문이다.

둘째, A국은 상대적으로 자본이 풍부한 국가(자본풍부국)이고, B국은 상대적으로 노동이 풍부한 국가(노동풍부국)이다. 어느 국가가 자본풍부국인지 또는 노동풍부국인지는 상대적인 개념이며, 이는 생산요소의 상대가격인 이자율에 대한 임금의 비율$\left(\dfrac{w}{r}\right)$ 또는 노동량에 대한 자본량의 비율$\left(\dfrac{K}{L}\right)$로 알 수 있다. 만약 A국의 $\left(\dfrac{w}{r}\right)_A$이 B국의 $\left(\dfrac{w}{r}\right)_B$보다 크거나 또는 A국의 $\left(\dfrac{K}{L}\right)_A$이 B국의 $\left(\dfrac{K}{L}\right)_B$보다 크다면 A국은 자본풍부국, B국은 노동풍부국이라고 한다.

셋째, X재 생산에는 상대적으로 자본이 많이 투입되고, Y재 생산에는 상대적으로 노동이 많이 투입된다. 즉, X재는 자본집약적 재화이고, Y재는 노동집약적 재화이다. 어느 재화가 자본집약적 재화인지 또는 노동집약적 재화인지는 상대적인 개념이며, 이는 재화를 생산할 때 투입된 노동량에 대한 자본량의 비율$\left(\dfrac{K}{L}\right)$ 즉, 요소집약도로 알 수 있다. 만약 X재의 요소집약도 $\left(\dfrac{K_x}{L_x}\right)$가 Y재의 요소집약도 $\left(\dfrac{K_y}{L_y}\right)$보다 크다면 X재는 자본집약적 재화, Y재는 노동집약적 재화라고 한다.

2) 요소부존 정리와 요소가격 균등화 정리

(1) 요소부존 정리

요소부존 정리(theory of factor endowment)는 국가 간의 생산요소 부존량의 차이를 무역의 발생원인이 되는 비교생산비의 차이를 가져오는 결정 원인이라고 간주한다. 즉, 각국은 국내에서 상대적으로 저렴하고 풍부한 생산요소를 보다 집약적으로 투입하여 생산한 재화에 비교우위가 있다. 따라서 자본이 상대적으로 풍부한 국가인 A국은 생산비용이 상대적으로 낮은 자본집약적 재화인 X재를 수출하고 노동집약적 재화인 Y재를 수입한다.

이와 같이 요소부존 정리는 고전적 무역이론이 국가 간의 노동생산성의 차이를 이용하여 비교우위와 무역의 발생원인을 설명한 것과 다르게 국가 간의 요소부존량의 차이를 이용하여 비교우위를 설명하고 있다.[9]

---

9) 헥셔-오린 정리는 고전적 무역이론과 달리 비교우위를 가정하지 않고 설명하고 있다.

(2) 요소가격 균등화 정리

요소가격 균등화 정리(factor price equalization theorem)는 국가 간에 생산요소의 이동이 없어도 무역이 이루어지면 각 국에서의 생산요소에 대한 수요변화로 인해 생산요소의 상대가격이 국가 간에 균등화되고, 궁극적으로는 절대가격까지도 균등화된다는 것이다. 요소부존 정리에 의하면 자본풍부국인 A국은 자본집약적 재화인 X재를 노동풍부국인 B국에 수출한다. A국이 X재 생산에 특화하고 노동집약적 재화인 Y재 생산을 감소시킴에 따라 자본에 대한 수요는 상대적으로 증가하는 반면 노동에 대한 수요는 상대적으로 감소한다. 그 결과 자본의 가격인 이자율(r)은 상승하는 반면 노동의 가격인 임금(w)은 하락한다. 한편 노동풍부국인 B국에서는 정반대의 현상이 나타난다. 즉, B국이 노동집약적 재화인 Y재 생산에 특화하고 자본집약적 재화인 X재 생산을 감소시킴에 따라 노동에 대한 수요는 상대적으로 증가하여 임금(w)은 상승하는 반면 자본에 대한 수요는 상대적으로 감소하여 이자율(r)은 하락한다. 따라서 무역 전 $\left(\dfrac{w}{r}\right)_A > \left(\dfrac{w}{r}\right)_B$였던 것이 무역 후에는 $\left(\dfrac{w}{r}\right)_A = \left(\dfrac{w}{r}\right)_B$이 된다. 즉, 무역이 지속적으로 확대되면 생산요소의 국가 간 이동이 없어도 A국과 B국의 생산요소의 상대가격은 균등화되고, 궁극적으로 생산요소의 절대가격도 균등화된다.

3) 헥셔-오린 정리의 경험적 검정(Empirical Study)

(1) 레온티에프의 역설

레온티에프(W. Leontief)는 1951년에 미국의 200개 자본집약적인 수출산업과 노동집약적인 수입경쟁산업에 대한 1947년 자료를 이용하여 처음으로 헥셔-오린 정리에 대한 검증을 하였다. 만일 헥셔-오린 정리가 맞다면 세계에서 가장 자본이 풍부한 국가인 미국은 자본집약적 재화를 수출하고 노동집약적 재화를 수입해야 한다.

이러한 가설 하에 레온티에프는 1947년의 미국의 투입산출표(input-output table)를 이용하여 자본집약적인 수출산업과 노동집약적인 수입대체산업에서 노동에 대한 자본의 투입비율(K/L)을 산출하였다.[10]

---

10) 수입재 대신 수입대체재를 사용한 이유는 미국에 각종 재화를 수출하는 나라들의 투입산출표를 구할 수 없었기 때문이었다. 따라서 미국 내 수입대체산업이 존재하지 않는 수입재(커피, 차 등)와 국제무역의 대상이 되지 않는 서비스와 같은 분야는 조사대상에서 제외되었다.

〈표 3-7〉 생산에 소요되는 자본 및 노동(1947년)

	수출산업	수입대체산업
자본(US $) 노동(인-년)	2,550,780 182	3,091,339 170
자본(*K*)/노동(*L*)	14,015	18,184

노동에 대한 자본의 투입비율(K/L)을 비교한 결과 〈표 3-7〉과 같이 수출산업의 자본/노동(K/L)비율이 수입대체산업의 자본/노동(K/L)비율보다 낮다는 것을 발견하였다. 이는 미국의 수출산업이 상대적으로 노동집약적이고, 수입대체산업은 상대적으로 자본집약적이라는 의미가 된다. 즉, 미국은 자본집약적 재화를 수출하고 노동집약적 재화를 수입할 것이라는 예상과 달리 노동집약적 재화를 수출하고 자본집약적 재화를 수입하는 것으로 나타났다. 이 결과는 헥셔-오린 정리의 예측과는 정반대였기 때문에 이를 레온티에프의 역설(Leontief's Paradox)이라고 한다.

(2) 레온티에프의 역설에 대한 검증

레온티에프의 역설이 발생한 이유에 대해서는 여러 가지 설명이 가능하다.

첫째, 레온티에프가 생산요소를 자본과 노동 두 개만 고려했기 때문에 천연자원과 같은 기타의 생산요소를 고려하지 않았다는 점을 들 수 있다. 천연자원을 이용하는 생산과정은 일반적으로 많은 양의 자본을 필요로 한다. 따라서 미국이 천연자원의 상당 부분을 수입하고 있다면 미국의 수입대체산업에서 자본집약도가 높게 나타날 수도 있다는 것이다.

둘째, 미국의 노동집약적 재화에 대한 수입규제도 레온티에프의 역설이 발생한 이유가 될 수 있다. 이러한 수입규제로 인해 무역의 패턴이 왜곡된 결과 미국의 수입대체산업의 노동집약도가 낮게 나타날 수도 있다는 것이다.

셋째, 레온티에프의 역설이 발생한 이유 중 가장 중요한 점은 레온티에프가 인적자본(human capital)을 전혀 고려하지 않았다는 것이다. 인적자본은 노동자에게 체화되어 있는 교육, 직업훈련 등을 의미하며, 이는 노동생산성을 향상시킨다. 미국의 노동자들은 외국의 노동자들에 비해 더 많은 인적자본이 체화되어 있으므로 인적자본을 자본에 포함시키면 미국의 수출산업은 수입대체산업보다 더 자본집약적으로 나타날 수 있다.

이 외에도 헥셔-오린 정리의 비현실적인 가정, 요소집약도의 역전(factor intensity reversal) 가능성,[11] 통계의 정확성에 대한 문제 등도 레온티에프의 역설이 발생한 이유로 지적되고 있다.

4) 스톨퍼-사뮤엘슨 정리

스톨퍼(W. F. Stolper)와 사뮤엘슨(P.A. Samuelson)은 요소가격 균등화 정리에 근거하여 높은 임금수준의 국가와 낮은 임금수준의 국가가 자유무역을 할 경우 두 국가의 임금수준이 균등화된다는 주장함으로써 요소가격 균등화 정리와 동일한 결론에 도달하였다.[12] 그들은 높은 임금수준의 국가에서 노동자의 실질임금을 유지하기 위한 보호관세의 필요성을 주장하여 보호무역주의의 이론적 근거를 제공하기도 하였다.

제4절 현대의 무역이론

고전적 무역이론과 근대적 무역이론은 무역의 패턴과 이에 따른 무역의 이익을 설명하고 있다는 점에서 중요한 의미가 있다. 하지만 이들 두 이론은 극히 제한된 가정을 전제로 하고 있기 때문에 무역의 발생원인을 충분히 설명하지 못하고 있다. 즉, 이러한 정태적 무역이론들은 국제무역환경의 변화에 따라 끊임없이 변화하고 있는 현실세계를 충분히 반영하고 있지 못하고 있기 때문에 이를 보완하기 위한 새로운 이론들이 등장하게 되었다. 이러한 이론에는 대표적 수요이론, 기술격차이론, 제품수명주기이론, 연구개발이론, 산업내무역이론 등이 있다.

---

11) 요소집약도의 역적이란 어떤 재화가 노동풍부국에서는 노동집약적 재화이고 자본풍부국에서는 자본 집약적인 재화인 경우를 말한다.
12) 레온티에프의 역설이 헥셔-오린 정리의 요소부존 정리를 검증한 것이라면 스톨퍼-사뮤엘슨 정리는 헥셔-오린 정리의 요소가격 균등화 정리를 검증한 것이다.

1 대표적 수요이론

린더(S. B. Linder, 1961)가 주장한 대표적 수요이론(representative demand theory)은 특히 선진국 간의 공산품 무역을 설명하는데 유용한 이론이다.

린더는 재화를 1차 산품과 2차 산품으로 구분하고, 1차 산품의 무역패턴은 헥셔-오린 정리로 설명이 가능하다고 하였다. 그러나 2차 산품(공산품)은 1차 산품과 달리 생산요소의 부존량에 의해 비교우위가 결정되지 않고, 한 국가의 수요구조에 의해 무역패턴이 결정된다고 하였다. 즉, 린더는 한 국가에서 특정 제품을 수출하기 위해서는 우선 국내에서 그 제품에 상당한 정도의 수요, 즉 대표적 수요가 존재해야 한다고 하였다.

이와 같이 수요구조에 의해 무역패턴이 결정된다고 할 때 국내수요는 소득수준에 따라 달라질 수 있으므로 결국 무역패턴은 소득수준에 영향을 받는다고 할 수 있다. 따라서 대표적 수요가 존재하면 규모의 경제를 통해 생산비를 절감할 수 있기 때문에 효율성이 확보된 후 소득수준과 기호가 유사한 다른 국가로 수출이 가능하게 된다는 것이다.

2 기술격차이론

기술격차이론(technology gap theory)은 포스너(M. Posner, 1961)와 후프바우어(G. C. Hufbauer, 1966)에 의해 체계화되었다. 기술격차이론은 기술선진국과 기술모방국 사이에 존재하는 기술격차를 전제로 무역의 발생원인을 설명하고 있다. 새로운 생산기술을 개발한 국가는 일시적으로 그 산업의 제품을 독점적으로 생산하여 수출할 수 있지만 일정 기간(모방시차)이 지나 기술격차가 해소되면 기술수준이 떨어지는 국가에서도 그 제품을 생산하여 이를 수출할 수 있다는 것이다. 즉, 기술모방국도 일정기간에 걸쳐 기술선진국의 선진기술을 모방함으로써 이를 습득하게 되고 이로 인해 무역이 발생한다는 것이다.

그리고 기술이 확산되는 과정에서 비교우위는 고임금국가인 기술선진국에서 저임금국가로 이전되기 때문에 처음의 기술격차에 의한 무역패턴은 저임금에 의한 무역패턴으로 변화한다고 설명하고 있다.

그러나 기술격차이론은 기술격차의 발생원인과 시간이 지남에 따라 기술격차가 소멸되는 원인에 대해서는 설명하지 못하고 있다는 결함이 있다.

▋**3** 제품수명주기이론

버논(R. Vernon, 1966)과 웰스(L. T. Weles Jr., 1968)에 의해 제시된 제품수명주기이론(product life cycle theory)은 기술격차이론을 확장하고 일반화한 이론으로 시간의 흐름에 따른 공산품의 무역패턴의 변화를 설명하고 있다. 이 이론은 신제품이 R&D에 의해서 소개되어 쇠퇴하여 가는 과정을 도입기, 성장기, 성숙기, 쇠퇴기의 4단계로 구분하고 각 단계에서의 생산 및 무역패턴을 설명하고 있다. 제품수명주기는 신제품이 개발되어 시장에 판매되기 시작하는 도입기를 거쳐 판매량이 급속하게 증대되는 성장기 그리고 제품의 판매량이 정체되는 성숙기를 지나 대체품 또는 다른 신제품의 출현 등으로 수요가 감소하는 쇠퇴기까지 그 제품이 겪게 되는 일련의 과정을 말한다.

제품수명주기이론에 따른 무역패턴을 살펴보면 먼저 도입기에는 소득수준과 기술수준이 높은 선진국에서 신제품이 최초로 개발되어 시장에 판매되고, 그 후 점차 기타 선진국에도 알려져 그 제품을 수출하게 된다. 성장기에 들어서면 기타 선진국들도 기술을 도입하여 자체적으로 생산하게 되므로 최초로 신제품을 개발한 국가의 수출은 점점 감소하지만 개발도상국 및 후진국에도 이러한 신제품이 알려져 수출되기 시작한다. 성숙기에는 기술수준이 완전히 표준화되어 기술적 우위가 없어지기 때문에 노동력이 풍부한 국가로 제품생산의 비교우위가 이전되어 개발도상국 및 후진국에서 선진국들로 역수출된다. 이러한 과정은 새로운 기술이 최초로 개발된 선진국으로부터 노동이 비교적 저렴한 그리고 보다 덜 발전된 국가로의 해외직접투자를 수반하기도 한다.

제품수명주기이론은 동태적인 기술 변화에 따른 무역패턴과 해외직접투자의 근거까지 부분적으로 설명하고 있는 매우 유용한 이론이라고 할 수 있다.[13]

▋**4** 연구개발이론

연구개발이론은 버논 연구팀(W. Gruber, D. Metha, R. Vernon, 1967)과 키싱(D. B. Keesing, 1967)이 주장한 이론으로 비교우위의 요소인 국가 간 기술수준의 차이를 연구개발수준의 차이에서 찾고 있다.

---

13) 제품수명주기이론은 기본적으로 정태적 비교우위를 설명하는 헥셔-오린 정리를 동태적으로 확장한 것으로 볼 수 있다.

1967년의 연구에서 버논 연구팀은 연구개발비용과 수출성과 사이에 강의 양(+)의 상관관계가 있음을 발견하였다. 이들은 연구개발비용을 국가가 신제품이나 새로운 생산과정에서 획득할 수 있는 일시적 비교우위의 대용변수로 보았다. 즉, 연구개발요소[14]가 국가 간 비교생산비의 차이를 가져오는 주요한 요인이라고 전제하고 연구개발인력이 많은 산업일수록 생산비가 낮고 기술혁신적인 재화를 생산할 수 있게 되고, 그 제품의 국제경쟁력이 높아 수출비중도 크다는 것이다. 이들은 또한 1960년대 미국의 수출산업이 연구개발요소에 국제경쟁력이 높았기 때문에 비교우위가 있었음을 통계적인 실증분석으로 입증하였다. 이러한 결과들은 기술격차이론과 제품수명주기이론의 타당성을 보여준다고 할 수 있다.

5 산업내 무역이론

헥셔-오린 정리는 국가 간 생산요소의 부존량의 차이와 재화 간의 요소집약도의 차이로 인해서 비교생산비의 차이가 발생한다고 설명하고 있다. 따라서 헥셔-오린 정리에 따르면 생산요소 부존량의 차이가 큰 국가 간에 그리고 요소집약도의 차이가 큰 재화 간에 무역이 활발하게 발생할 것으로 예상할 수 있다.[15] 그러나 크루그먼(P. R. Krugman)과 랭카스터(K. Lancaster, 1983)는 헥셔-오린 정리와는 달리 생산요소 부존량이 유사한 선진국들 간에 무역량이 오늘날 전 세계 무역에서 차지하는 비중이 훨씬 크다는 점에 착안하여 산업내 무역이론(intra-industry theory)을 제시하였다.

산업내 무역은 1980년대 이후에 많이 연구되고 있으며, 유럽연합(EU) 내에서 발생하는 무역의 많은 부분이 산업내 무역의 대표적인 예라고 할 수 있다. 산업내 무역은 동종 산업 간에 발생하는 무역으로 유사한 재화를 서로 수출입하는 것을 말한다. 산업내 무역은 주로 규모의 경제(economies of scale)[16]와 제품차별화(product differentiation)의 개념을 이용하여 설명되고 있으며, 소비구

---

14) 연구개발요소란 기술자, 우수한 학자 그 밖의 연구개발 관계자 등 기술 분야에 질적으로 뛰어난 노동력 그리고 첨단설비를 비롯한 고도의 장비를 포함한다.

15) 헥셔-오린 정리는 주로 이종 산업 간에 발생하는 무역인 산업간 무역(inter-industry trade)을 설명하는데 적합한 이론이다.

16) 규모의 경제란 생산규모가 커짐에 따라 평균생산비용이 감소하는 것을 말하며, 규모에 대한 수익증가(increasing return to scale)라고도 한다.

조나 소득수준이 유사한 국가 간에 많이 발생하는 경향이 있다.

산업내 무역은 생산에 있어 중요한 규모의 경제를 활용하기 위하여 발생한다. 국제적 경쟁으로 인해 각국의 기업들은 자신들에게 경쟁력이 있는 분야에만 주력하여 생산하게 되고, 이는 단위 당 생산비용을 절감시켜 보다 낮은 비용으로 생산할 수 있게 된다. 이 때 한 국가는 동종의 유사한 제품을 다른 국가로부터 수입하기 때문에 한 국가의 소비자들은 다른 국가에 있는 기업의 제품까지도 소비할 수 있게 되므로 더 다양한 제품들을 소비할 수 있게 되어 후생이 증가하게 된다. 즉, 산업내 무역의 결과 소비자들은 차별화된 제품의 다양성과 생산을 할 때 규모의 경제로 때문에 발생하는 보다 낮은 가격으로 인하여 이익을 얻게 된다.

오늘날의 세계에서는 비교우위에 의한 산업간 무역과 차별화된 제품에서의 규모의 경제로 인한 산업내 무역이 모두 발생하고 있다. 선진국과 개발도상국에서와 같이 생산요소의 부존량이 상이하면 할수록 비교우위와 산업간 무역이 많이 발생할 것이며, 반대로 선진국 간의 경우처럼 생산요소의 부존량이 유사할수록 산업내 무역이 많이 발생할 것이다.

Chapter 4

국제무역정책

국제무역정책

제1절 무역정책의 의의

1 무역정책의 개념

한 국가의 정부는 그 국가의 경제활동에서 파생된 경제현상의 모순을 해결하기 위한 정책수단으로서 경제정책(economic policy)을 수립하여 경제목표를 달성하고자 한다. 이러한 경제목표(economic objectives)에는 완전고용, 가격안정, 공정한 소득분배, 국제수지의 균형 등이 있다.

무역정책(trade policy)은 이러한 경제정책의 일환으로서 다른 국가와의 경제행위에 개입하는 대외경제정책 수단의 하나이다. 무역정책을 수립하는 이유는 국민경제의 대내외적 균형을 달성함과 동시에 경제발전을 이루기 위한 무역환경을 조성하기 위해서이다. 무역정책은 국가 간의 거래를 대상으로 하기 때문에 국내경제뿐만 아니라 대외경제에까지 그 효과와 영향이 파급되며, 국내산업의 보호, 국제수지의 개선, 자원의 효율적 배분, 고용의 증대, 경제성장 및 발전 등 국내경제정책을 포괄적으로 포함하는 성격을 갖고 있다.

무역정책과 유사한 개념으로 통상정책(commercial policy)이라는 것이 있다. 일반적으로 무역정책은 무역에 직접적으로 영향을 미치는 제도 등을 변경하는 조치를 의미하고, 통상정책은 무역정책을 포함하여 국제통상관계와 대외협상을 포괄하는 의미로 사용된다.

무역정책은 국내시장을 대상으로 하는 산업정책과도 밀접한 관계가 있다.

산업정책은 한 국가의 자원을 국내경제의 여러 부문과 활동에 배분하는 경제정책을 의미하며, 오늘날 기업 활동의 세계화로 인해 무역에도 중대한 영향을 미치고 있다. 무역정책은 대외경제활동을 대상으로 하지만 결과적으로 국내시장의 자원배분에도 영향을 미치기 때문에 산업정책과 같은 역할을 하기도 한다. 이러한 이유로 넓은 의미에서 무역정책을 산업정책의 일부분으로 볼 수도 있다.

2 무역정책의 목표

무역정책의 궁극적 목표는 다른 경제정책과 같이 국민후생을 극대화하는데 있다. 그러나 현실적으로는 국민후생의 극대화보다 국내산업의 보호 및 육성, 국제수지의 개선, 자원의 효율적인 배분, 완전고용, 물가안정, 경제성장 등의 다른 목표를 추구하는 경우가 많다.

1) 국내산업의 보호

세계 각국은 자국의 산업을 보호하기 위하여 무역정책을 시행하고 있다. 즉, 각국은 경쟁우위가 있는 외국제품이 자국시장으로 유입될 때 경쟁력이 약한 자국기업의 재화를 보호하기 위해서 무역정책을 시행하게 된다. 이는 자국의 산업을 외국의 산업으로부터 보호하기 위한 것이기도 하지만, 궁극적인 이유는 세계시장에서 실패한 자국기업으로 인하여 발생하는 국내경제의 안정성을 저해하는 상황을 회피하려는 데 있다.[1] 이러한 이유로 세계 각국은 관세 및 비관세장벽을 통해서 외국제품의 수입을 규제하고 국내산업을 보호하고 있다.

2) 국제수지의 개선

국제수지개선 또한 무역정책의 실시를 통해 달성해야 할 목표 중에 하나이다. 국제수지가 무역정책의 주요한 목표 중의 하나인 이유는 국제수지가 대외경제활동을 보여주는 주요 지표이기 때문이다. 한편 국제수지의 개선을 위한

---

1) 국내경제의 안정성 저해는 국내산업의 생산활동의 단축 또는 완전철수 등으로 인한 실업률의 증가, 국민소득의 저하 등을 생각해볼 수 있다.

무역정책의 궁극적인 목적은 그 국가의 주요경제 지표인 외환시세를 안정적으로 유지하는데 있다. 따라서 각국은 국제수지의 개선을 위해 다양한 정책을 실시하고, 외환시세를 안정적으로 유지함으로써 국민경제의 균형적 성장을 도모하고 있다.

3) 자원의 효율적 배분

자원의 중요성은 그 희소성과 지역적 한계성에 있으며, 자원의 안정적인 확보가 곧 그 국가의 경제발전을 의미하기도 한다. 일반적으로 선진국은 상대적으로 자본이 풍부하고, 개발도상국은 상대적으로 노동이 풍부하다. 이에 따라 선진국은 자본집약적 재화에 특화하고 개발도상국은 노동집약적 재화에 특화하여 상호 교환함으로써 이익을 얻게 된다. 즉, 국제분업을 통해서 자원의 효율적 이용과 배분이 실현되는 것이다. 이러한 자원의 효율적 배분을 위해 각국은 무역장벽의 제거 등과 같은 다양한 무역정책을 시행하고 있다.

4) 완전고용

무역정책의 주요 목표 중의 하나인 완전고용은 한 국가의 경제 및 사회에 큰 의의를 가지고 있다. 만일 한 국가가 불완전고용 상태라면 이는 그 국가의 자원이 효율적으로 사용되지 못하고 있으며, 또한 실업으로 인해 사회적문제가 발생할 수 있음을 의미하기도 한다. 즉, 각국은 노동시장에서 적절한 수요와 공급의 균형을 유지하기 위해 다양한 정책을 실시하게 되는데, 무역정책 측면에서는 노동시장의 수요 및 공급의 균형을 위해 수출은 확대하고, 수입은 억제함으로써 국내산업을 보호하면서 완전고용을 달성하려고 한다.

5) 물가안정

물가안정은 한 국가의 국민경제와 밀접하게 연관되어 있다. 수출이 증가하면 국내물가는 상승하는 추세를 보이는 반면 수출이 감소하면 국내물가가 하락하는 경향이 있다. 또한 국내물가가 상승하면 수출가격의 상승으로 수출이 감소하고 결국 국제수지를 악화시킬 수도 있다. 그러므로 물가안정은 무역정책의 중요한 목표라고 할 수 있다.

오늘날 대부분 국가의 국민경제는 개방화되어 있기 때문에 물가의 상승요인은 국내적인 요인 외에도 원유 및 국재원자재 가격, 국제금리, 환율변동 등 대외적인 요인에 기인하는 경우도 있다. 이와 같은 대외적인 요인의 영향을 극복하기 위해 각국은 국내경제정책 외에 다양한 무역정책을 활용하고 있다.

6) 경제성장

경제성장은 재화 및 서비스의 생산이 지속적으로 증가·확대하는 것을 의미한다. 이러한 경제성장을 지속적으로 실현하기 위해 각국은 국내경제 여건을 재정비하고 모든 정책적 수단을 동원하고 있다. 하지만 재정, 금융, 산업정책 등과 같은 국내경제정책만으로는 경제성장을 실현하기가 어려운 것이 현실이다. 따라서 각국은 외환정책, 환율정책, 수출확대정책 및 수입억제정책 등 다양한 무역정책을 활용하고 있다.

제2절 무역정책의 변천 과정

1 중상주의

중상주의(Mercantilism)는 16세기에서 18세기 사이에 유럽국가들이 채택하였던 경제적 체제 또는 경제사상을 말한다. 중상주의의 주요 목적은 경쟁국의 희생을 대가로 자국의 국력을 강화하고, 경제적으로는 국부(國富)를 축적하는데 있었다. 그런데 그 당시에는 한 국가의 국부를 금과 은과 같은 귀금속의 양으로 측정하였기 때문에 모든 국가들은 귀금속을 많이 획득하기 위하여 노력하였다. 귀금속을 많이 획득하기 위해서는 수출은 장려하고 수입은 억제하는 정책이 필요했고, 이에 따라 각 국가는 강력한 보호무역정책을 경쟁적으로 채택하였다. 즉, 수출은 장려하고 수입은 억제하기 위해 수출품에 대해서는 면세혜택과 보조금의 지급 등이 이루어졌으며, 수입품에 대해서는 높은 관세를 부과하였다.

중상주의는 무역의 총량보다는 수출이 수입을 초과하는 순수출(net export) 즉, 무역차액의 극대화가 중요하다고 주장하였다. 이러한 무역차액을 이용하여 귀금속을 유입하려는 정책을 무역차액정책이라고 한다. 그러나 모든 국가들이 동시에 무역차액을 가질 수는 없고, 일정한 시점에서 금과 은의 양은 고정되어 있기 때문에 한 국가는 다른 국가를 희생시킴으로써 이익을 얻을 수 있다고 보았다.[2]

다시 말하면 중상주의는 무역수지 흑자에 따른 귀금속의 유입을 통해 부국강병을 도모하는 정치철학이며, 이를 위해 국가가 무역에 적극적으로 개입해야 한다는 논리를 내세웠다. 그리고 국가의 이익을 위해서는 개인의 자유를 제한할 필요가 있다고 주장하고 있기 때문에 행정적 규제가 지배적인 통치철학이었다고 할 수 있다.

■2 자유무역주의

18세기 중엽 아담 스미스(Adam Smith, 1723~1790)를 중심으로 한 영국의 고전학파 경제학자들은 중상주의의 정부개입을 비판하면서 자유무역주의를 주장하였다.[3] 산업혁명으로 인해 영국의 제조업이 급격하게 성장한 결과 영국은 세계 공장의 역할을 담당하게 되었다. 제조업 부문에서 다른 국가들을 압도하게 된 영국은 중상주의적 보호무역정책이 오히려 무역의 확대, 나아가 영국의 경제발전을 제약하는 요인이라는 것을 인식하게 되었다. 이에 따라 영국은 국가 간 자유경쟁을 통한 이익의 극대화를 추구하는 자유무역주의를 채택하였고, 그 결과 자유무역주의는 영국의 경제발전에 중요한 배경이 되었다.

고전학파 경제학자들은 중상주의의 행정적 규제와 반대되는 개념인 보이지 않는 손(invisible hand), 자유방임, 세이의 법칙(Say's Law)과 정부의 개입을 최소한으로 하는 야경국가를 주장하였다.

아담 스미스는 『국부론』에서 국제분업과 특화를 하게 되면 산출량이 증가할 수 있다고 주장하였으며, 또한 가계는 효용을 극대화하고 기업은 이윤을 극대화하게 되면 정부의 의도적인 개입이 없더라도 사회적 후생이 극대화될 수 있다고 주장하였다.

---

[2] 중상주의는 무역을 통해서 한 국가가 이익을 얻게 되면 다른 국가는 반드시 손해를 보게 된다고 보았다. 이를 제로섬 게임(zero-sum game)이라고 한다.

[3] 이러한 자유무역주의의 시조는 중농주의(physiocracy)를 주장한 프랑스의 케네(F. Quesnay)라고 할 수 있으며, 그는 농업을 중심으로 한 자유무역을 주장하였다.

■3 보호무역주의

영국에 비해 산업화가 늦은 미국과 독일은 자국의 국내산업을 선진공업국의 위협으로부터 보호해야 할 필요성을 인식하고 보호무역주의를 도입하게 되었다. 즉, 보호무역주의는 자유방임주의에 기반을 둔 영국의 자유무역주의에 대한 반발로 당시 후진국이었던 독일과 미국을 중심으로 자국의 유치산업을 보호해야 한다는 목적으로 전개되었다.[4] 특히 미국의 해밀턴(A. Hamilton)과 독일의 리스트(F. List)는 비교우위가 제대로 확립되지 못한 국가의 경우 자유무역을 하는 것보다는 보호무역을 하는 것이 오히려 경제발전에 도움이 된다고 주장함으로써 독일과 미국이 산업보호정책을 사용하는 것을 정당화하였다.

보호무역을 주장한 리스트 등은 산업발전단계가 다른 국가 간에는 정태적 비교우위에 근거하고 있는 고전적 자유무역이론이 적용될 수 없다고 주장하면서 이를 동태적으로 해석할 필요가 있음을 제기하였다. 예를 들어 정태적 비교우위의 개념을 그대로 수용하게 되면 산업혁명이 먼저 발생한 영국은 제조업 분야에 특화하게 되고, 그 당시 영국에 비해 산업발전이 늦은 독일은 농업 등의 1차 산업 분야에 특화하게 된다. 그 결과 영국은 제조업 분야에서 지속적인 기술 및 자본축적이 가능하지만 독일은 제조업 분야에서 발전이 낙후될 수밖에 없다는 것이다. 이에 따라 리스트는 경제발전이 늦은 독일이 자국의 유치산업을 설립하고 보호하려면 국제경쟁력을 갖출 때까지 관세를 통한 일시적인 보호가 필요하다는 유치산업보호론(infant industry argument)을 주장하였다.

유치산업보호론이란 한 국가 내에서 장래 성장가능성이 있는 유리한 산업을 보호 및 육성하는 것을 말하며, 선진국에 대한 후진국의 입장과 그 필요성을 가장 명확하고 광범위하게 이론적으로 취급한 것이었다.

유치산업보호론의 이론적 특징은 보호에 의하여 발생된 현재의 손실은 이러한 보호로 인해 유치산업이 갖고 있던 잠재적인 비교우위가 실현된다면 유치산업의 발전에 따른 장래의 이익에 의해 충분히 보상되고, 또한 보호에 따른 손실을 최대한으로 줄이기 위해 장래에 발전 가능성이 있는 유치산업을 선택하여 보호할 필요가 있다고 주장한 점이다. 즉, 관세부과에 의하여 발생된

---

4) 유치산업이란 현재는 해당 국가의 경제발전단계의 후진성 때문에 발달하지 못했으나 미래에 성장가능성이 있는 산업을 말한다.

일시적 손실은 유치산업이 육성됨에 따라 발생된 이익에 의하여 보상되기 때문에 장래의 이익을 위하여 보호에 따른 일시적인 희생을 감수해야 한다고 주장하고 있다.

유치산업보호론을 실제로 적용하기 위해서는 유치산업의 선정기준, 보호기간, 보호정책 수단 등 여러 가지 문제가 규명되어야 한다. 특히 보호대상이 될 유치산업을 선정하는 것은 유치산업보호론이 해결해야 할 가장 중요하고도 어려운 문제라고 할 수 있다. 이에 대하여 리스트는 보호의 성과를 고려하면서 일정 기간이 지나면 경쟁력을 갖출 수 있는 산업을 보호해야 한다고 주장하였다.[5]

그러나 리스트는 유치산업보호론을 체계화할 때 어떤 산업을 보호해야 하는가에 대하여 명확히 밝히지 못하였으며, 이 후 밀(J. S. Mill), 배스테이블(C. F. Bastable) 등에 의하여 유치산업의 선정기준이 제시되었다. 이들은 보호를 받는 산업이 일정기간이 경과한 후 충분히 성장하면 더 이상 보호가 필요하지 않는 동태적 비교우위를 가진 산업이어야 하고, 보호기간 중에 발생한 손실은 그 산업의 발전에 의하여 얻게 되는 장래의 이익에 의하여 충분히 보상될 여지가 있어야만 보호할 만한 유치산업으로 보고 있다.[6] 이러한 주장을 밀-배스테이블 검정(Mill-Bastable test)이라고 한다.

하지만 유치산업보호론은 그 실천적인 측면에서 다음과 같은 비판이 제기되고 있다.

첫째, 유치산업에 대한 선정기준이 밀과 배스테이블에 의하여 제시되었으나 구체적으로 유치산업을 정확하게 가려내기에는 어려운 점이 있으며, 밀과 배스테이블의 기준이 자의적으로 적용될 가능성이 크다. 따라서 장래 발전성이 거의 없는 유치산업이 이해관계자의 압력이나 로비에 의하여 유치산업보호의 미명하에 보호를 받을 가능성이 크다.

둘째, 관세를 통한 보호는 일시적이어야 하지만 이러한 보호기간을 어느 정도로 할 것인가가 문제가 될 수 있다. 현실적으로 한번 보호를 받게 되면 계속 보호를 받기를 원하기 때문에 일단 취해진 보호조치가 중단되면 이에 대한 강력한 반발이 나타날 수 있다. 보호받을 산업을 정확히 선정하였을 경우 그

---

5) 보호대상과 보호기간을 제한하고 있기 때문에 유치산업보호론을 제한적 보호론이라고 한다.
6) 보호에 의하여 성장가능성이 있는 산업에 대해서는 국가가 반드시 보호해야 하지만, 그렇지 못한 산업에 대해서는 보호할 필요가 없다는 것을 의미한다.

산업은 어느 정도 기간이 지난 후에는 발전된다. 그러나 보호를 받으면 항상 유리하기 때문에 당시 기대했던 수준으로 발전되더라도 계속 보호를 받기 위하여 정치적으로 강력한 영향력을 행사할 수 있다. 따라서 일시적 보호가 영구적인 보호가 되는 경향이 발생할 수 있으므로 이에 따른 사회적 낭비가 나타날 수 있으며, 항상 보호에 의지해야만 하는 산업에 머무는 경우가 있게 된다.

셋째, 유치산업으로 선정된 산업을 어떤 정책수단을 사용하여 보호할 것인지가 문제가 될 수 있다. 관세를 통한 보호는 별도의 정부지출이 따르지 않고 국내생산이 증가할 수 있으나 이에 따른 보호비용이 국내 소비자에게 전가된다는 단점이 있다. 이에 대한 대안으로 국내 소비자의 부담이 따르지 않는 보조금을 통한 보호를 생각할 수 있으나 필요한 재원을 어떻게 조달해야 하는지에 대한 문제가 있다.

따라서 유치산업보호론에 근거를 두고 보호무역정책을 시행할 때에는 이러한 문제점들을 고려하여 신중하게 판단할 필요가 있다. 또한 유치산업의 보호라는 명분하에 관세가 계속 부과되고 일부 산업이 불필요한 관세로 보호를 받는다면 그 국가는 물론이고 전 세계 차원에서 자원의 최적배분이 저해되고 국제무역질서가 교란될 수 있다는 것을 염두에 둘 필요가 있다.

◢4 전략적 무역정책

산업내 무역의 증가는 비교우위를 확보하는데 있어 보조금의 역할을 증대시켰다. 이에 따라 보조금의 지급이 비교우위의 어떤 영향을 주는지를 분석하고, 경쟁 상대국에 제공하는 보조금의 형태에 따라 자국 기업에 대한 보조금의 형태를 결정하는 전략적 무역정책이 발달하게 되었다.

전략적 무역정책(strategic trade policy)은 과점시장에서 경쟁관계에 있는 기업의 의사결정에 영향을 주어 바람직한 결과를 가져오도록 하는 정책을 말한다. 이 이론에 의하면 미래 경제성장의 핵심이라고 할 수 있는 반도체, 통신, 컴퓨터 등과 같은 기술집약적 첨단산업의 경우 조세감면, 보조금 지급 등과 같은 능동적인 무역정책을 통해 비교우위를 창출할 수 있다. 즉, 규모의 경제가 크게 발생하는 이러한 산업에 대해 정부가 초기에 소요되는 막대한 투자비용의 일부를 지원함으로써 그로부터 발생하는 무역이익을 얻을 수 있고, 지원을 받은 산업은 영구적인 비교우위를 갖게 된다는 것이다. 또한 이를 통

하여 국가도 장기적으로 성장할 수 있는 추진력을 획득할 수 있다고 주장하고 있다.[7]

5 신보호무역주의

1970년대 초 미국의 만성적인 무역수지 적자, 에너지 위기 등으로 인해 세계경제는 급격하게 침체되었으며, 개발도상국의 급속한 경제성장으로 인해 선진국과 개발도상국 간의 경쟁이 심화되기 시작하였다.

1970년대에 등장한 신보호무역주의는 리스트 등이 주장한 보호무역주의(역사적 보호무역주의)와 달리 선진국들이 보조금 등의 비관세장벽을 사용하여 자국의 사양산업(declining industry)을 보호하는 정책을 말한다. 신보호무역주의는 핵심기술을 유지하거나 실업을 감소시키는 것을 목적으로 하며 산업정책과 기술정책의 중요성을 강조하고 있다. 최근 기술보호주의가 확대되고 지적재산권 보호가 강화되고 있는 상황에서 오늘날의 신보호무역주의는 선진국들이 경쟁우위를 갖고 있는 다른 산업으로 그 대상이 점차 확대되고 있다.

제3절 무역정책 수단

1 관세

1) 관세의 의의

관세(customs : customs duties : tariffs)란 한 국가의 관세선을 통과하는 물품에 부과하는 조세를 말한다. 여기서 관세선(customs line)이란 정치적인 국가의 영역으로서의 국경선을 의미하는 것이 아니다. 정치적으로는 자국의 영역이지만 관세제도상 외국과 동일하게 간주되는 자유무역지역(free trade zone)이 존재하는 반면 정치적으로는 외국의 영역이지만 관세제도상 자국과 동일하게

---

7) 그러나 전략적 무역정책은 기술집약적 첨단산업으로 그 적용범위를 확대했다는 점만 제외한다면 유치산업보호론과 유사하다고 볼 수 있다.

간주되는 보세구역 또는 관세동맹국이 존재하고 있기 때문이다.

한편 관세는 일반적으로 수입물품에 대해 부과하는 조세를 말하며, 이는 국세의 하나이며 소비세 중에서도 간접세에 속한다. 관세를 부과하는 목적은 재정수입의 확보 또는 국내산업의 보호에 있다. 재정수입을 목적으로 부과하는 관세를 재정관세(revenue duties)라고 하고, 국내산업의 보호를 목적으로 부과하는 관세를 보호관세(protective duties)라고 한다.

2) 관세의 종류

(1) 과세의 기회에 의한 분류

관세는 과세의 기회에 따라 수입세, 수출세 및 통과세로 구분할 수 있다. 수입세는 수입물품에 부과되는 관세를 말한다. 오늘날의 관세라고 일반적으로 수입세를 의미하기 때문에 대부분의 논의는 수입세를 중심으로 이루어지고 있다.

수출세는 수출물품에 부과되는 관세로 이는 해외에 절대적인 독점시장이 존재하여 수출세를 부과하더라도 수출에는 영향이 없을 경우에 부과 가능한 관세이다. 자국공업에 필요한 국내원료의 확보 내지 유지를 위해 부과되는 보호적 수출세도 이에 해당한다.

통과세는 단순히 관세영역을 통과하는 물품에 부과하는 관세로 이는 주로 중상주의 시대의 재정수입을 위해 이용되었다.

(2) 과세의 방법에 의한 분류

관세는 과세의 방법에 따라 크게 종가세, 종량세, 혼합세 등으로 구분할 수 있다. 종가세(ad valorem duties)는 수입물품의 가격을 기준으로 부과하는 관세를 말한다. 종가세는 수입물품 가격에 균등하고 공평하게 적용되는 장점이 있는 반면 적정가격의 산정이 어렵고 과세가격을 산정하기 위해서 번잡한 절차와 많은 비용이 필요하다.

종량세(specific duties)는 수입물품의 개수, 용적, 중량 등의 수량을 기준으로 부과하는 관세를 말한다. 종량세는 간단명료하게 세액을 산정할 수 있는 장점이 있는 반면 물품별 계량단위의 차이에 의한 기술상의 어려움이 있다.

혼합세(combined duty)는 종가세와 종량세를 동시에 적용하여 그 중 높게(또는 낮게) 산출되는 세액을 선택하여 부과하는 선택세(alternative duty)와 종가세 및 종량세를 동시에 정하고 산출된 세액을 합하여 부과하는 복합세(compound duty)가 있다.

(3) 과세의 목적에 의한 분류

관세는 과세의 목적에 따라 재정관세와 보호관세로 구분할 수 있다. 재정관세(revenue duties)는 재정수입을 목적으로 부과하는 관세를 말하며, 이는 일반적으로 국내생산이 거의 없거나 또는 이미 국내산업이 확립되어 있어 더 이상 보호할 필요가 없을 때 부과된다.[8)

보호관세(protective duties)는 국내산업의 보호를 목적으로 부과하는 관세를 말한다. 보호관세는 특정산업의 실업을 감소시키기 위해 또는 정책적인 분야의 육성을 위해 부과될 수 있다.

(4) 과세의 성격에 의한 분류

관세는 과세의 성격에 따라 국정관세, 협정관세로 구분할 수 있다. 국정관세는 관세주권에 따라 자국의 법령에 의하여 부과하는 관세로 국내법에 의해 정해진 국정세율을 적용한다.

협정관세는 한 국가가 다른 국가와의 통상조약 또는 관세조약에 의하여 부과하는 관세를 말한다. 통상조약이나 관세조약은 상호주의의 원칙에 따라 당사국 간의 무역량을 증진시키는 것을 목적으로 하기 때문에 일반적으로 협정세율이 국정세율보다 낮다. 협정관세로는 WTO 양허관세, FTA 협정관세, 개발도상국간 협정관세(APTA, GSTP, TNDC) 등이 있다.

(5) 탄력관세

조세의 종목과 세율은 법률로 정한다는 조세법률주의에 따라 관세는 국회의 의결에 의해 결정 또는 변경되는 것이 원칙이다. 그러나 국내외 경제상황의 변화에 신속하게 대응하기 위하여 관세법에서 규정한 국회의 위임에 의해 행정부가 일정한 범위 내에서 관세율을 인상 또는 인하할 수 있는데 이를 탄력관세(flexible tariff)라고 한다.

탄력관세는 미국, 영국, 일본, 프랑스 등 선진국에서도 채택되어 있으며, 우

---

8) 원칙적으로 재정관세는 오지 재정수입의 확보만을 목적으로 부과되어야 하지만 관세가 일단 부과되면 수입품의 가격에 영향을 주어 수입이 감소하고 국내산업이 보호되는 효과가 발생한다. 그러나 이는 어디까지나 부수적인 것이고 과세의 주된 목적이 재정수입에 있으면 재정관세라고 할 수 있다.

리나라도 1967년 11월 제15차 관세법 개정시에 채택되어 현재까지 시행하고 있다. 현재 우리나라 관세법에서는 세율의 조정이 가능한 탄력관세로는 덤핑방지관세, 상계관세, 긴급관세 등을 규정하고 있다.[9]

3) 관세의 경제적 효과

관세의 경제적 효과를 부분균형분석[10]을 통해 알아보기 위해 소국경제인 어떤 국가가 수입물품에 대하여 단위당 t만큼의 종량세를 부과하였다고 가정하자. 여기서 소국이란 그 국가가 관세를 부과하더라도 수입물품의 세계가격에는 아무런 영향을 미치지 못하는 국가를 말한다. 즉, 소국은 주어진 세계가격에서 원하는 대로 얼마든지 수입할 수 있다.

관세와 관계없이 수입가격은 항상 일정하므로 수입물품의 세계가격을 P_w, 관세부과 후의 국내가격을 P_t라고 하면 $P_t = P_w + t$가 된다. [그림 4-1]은 이러한 상황을 그림으로 나타낸 것이며, D와 S는 국내시장에서의 수요곡선과 공급곡선을 각각 나타낸다. 수평선 S_f는 이 국가가 소국이어서 무역을 통해

[그림 4-1] **관세의 경제적 효과**

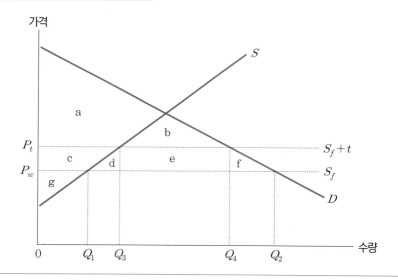

세계가격에 영향을 줄 수 없다는 가정을 반영한 외국으로부터의 공급곡선을 나타낸다.

[그림 4-1]에서 보면 관세를 부과하기 전 이 국가의 국내수요는 $0Q_2$, 국내 공급은 $0Q_1$이므로 수입량은 $Q_2 - Q_1$이 된다. 이 때 이 국가가 수입을 억제하기 위해 t만큼의 관세를 부과하면 다음과 같은 효과가 나타나게 된다.

(1) 소비효과

관세를 부과하면 수입물품의 국내가격은 관세부과액 만큼 상승하게 되므로 소비가 감소하는 효과가 나타나는데 이를 소비효과 또는 가격효과라고 한다. 즉, 소비자는 관세부과액 만큼 수입물품에 대하여 높은 가격을 지불하여야 하며, 또한 국내물품의 가격도 수입물품과 동일한 가격수준까지 인상될 수 있기 때문에 국내에서 생산되는 동종의 물품에 대하여도 높은 가격을 지불하지 않으면 안된다. [그림 4-1]에서 보면 관세를 부과한 결과 수입물품의 가격이 Pw 에서 Pt로 상승하므로 국내소비는 $0Q_2$에서 $0Q_4$로 감소한다.

(2) 보호효과

관세를 부과하면 수입물품의 가격인상을 통하여 수입을 억제하고 국내물품의 가격경쟁력을 강화시켜 국내생산을 증가시켜 상대적으로 국내산업을 보호하는 효과가 나타난다. [그림 4-1]에서 보면 관세를 부과한 결과 수입물품의 가격이 P_w에서 P_t로 상승하므로 국내생산은 $0Q_1$에서 $0Q_3$로 증가한다. 이와 같이 국내생산이 증가하면 고용이 증가되어 국민소득도 향상되는데 이를 소득효과라고 한다. 또한 관세부과로 인한 특정산업의 보호는 그 산업에 대한 투자를 유발시켜 보호를 받지 않는 산업보다 더 많은 자원을 배분받게 되는 자원배분의 효과가 나타날 수도 있다.

(3) 재정수입효과

관세를 부과하면 수입량에 단위당 관세액을 곱한 금액만큼 재정수입이 발생한다. [그림 4-1]에서 보면 관세를 부과한 결과 수입량은 $(Q_2 - Q_1)$에서 $(Q_4 - Q_3)$로 감소하므로 재정수입은 $(Q_4 - Q_3) \times t$, 즉 e만큼 발생한다.

(4) 국제수지개선효과

관세를 부과하면 수입은 감소하지만 수출에는 어떠한 영향도 미치지 않기 때문에 국제수지가 개선되는 효과가 나타난다.[11] 또한 관세부과로 인해 국내산업이 보호·육성되어 수출경쟁력이 강화되므로 궁극적으로 수출이 증대될 수 있다.

(5) 소득재분배효과

관세를 부과하면 소비자는 관세부과 전에 비해 높은 가격으로 물품을 구입해야 한다. 이는 생산자가 더 높은 가격으로 물품을 공급한다는 것을 의미한다. 따라서 소비자잉여의 일부분이 생산자잉여로 이전되어 소비자로부터 생산자에게 소득이 재분배되는 효과가 발생한다.

소비자잉여는 소비자가 어떤 재화를 구매할 때 지불하고자 하는 최고가격과 시장가격과의 차이로 인하여 발생하는 소비자의 이득을 말하며, 수요곡선과 시장가격 사이의 면적으로 측정된다. 생산자잉여는 생산자가 어떤 재화를 판매할 때 최소한 받아야겠다고 생각하는 최저금액(한계비용)과 시장가격과의 차이로 인하여 발생하는 생산자의 이득을 말하며, 시장가격과 공급곡선 사이의 면적으로 측정된다.

[그림 4-1]에서 보면 관세를 부과한 결과 소비자잉여는 $a+b+c+d+e+f$ 에서 $a+b$ 로 감소하며, 생산자잉여는 g에서 $g+c$로 증가한다. 그리고 정부는 관세를 부과한 결과 e만큼의 재정수입을 얻게 된다. 따라서 관세부과 후 소비자잉여는 $c+d+e+f$만큼 감소하는데 이 중에서 c는 생산자잉여로 생산자에게 이전되고, e는 재정수입으로 정부에게 이전되는 소득재분배효과가 발생한다. 소비자잉여의 감소분 중 $d+f$는 누구에게도 이전되는 않는 사회적 순손실(deadweight loss)로서 이는 관세를 부과할 때 발생하는 사회적 비용이라고 할 수 있다.

4) 관세의 실효보호율

관세율이 높으면 높을수록 국내산업에 대한 보호효과는 높아지게 된다. 이는 관세가 수입물품의 국내가격을 상승시켜 부가가치가 그만큼 증가하는 것

---

11) 국제수지개선효과는 관세부과에 대하여 상대국의 보복관세 등이 없을 때에만 나타난다고 할 수 있다.

을 의미한다. 그러나 관세는 최종재 뿐만 아니라 최종재를 생산하는데 투입되는 원자재 및 중간재의 수입에 대해서도 부과된다. 이는 생산비용을 증가시켜 부가가치를 감소시키기 때문에 국내산업이 보호되는 정도는 감소한다. 따라서 관세를 부과하였을 때 국내산업이 실제로 얼마만큼 보호되는지의 여부를 정확히 알기 위해서는 관세부과 전의 부가가치에 비해 관세부과 후의 부가가치가 얼마나 증가하였는지를 측정해야 한다. 이를 관세의 실효보호율(effective rate of protection)이라고 하며, 실효보호율은 국내 부가가치를 바탕으로 계산되는 실제관세율을 의미한다.[12]

$$실효관세율 = \frac{관세부과\ 후\ 부가가치 - 관세부과\ 전\ 부가가치}{관세부과\ 전\ 부가가치}$$

최종재에 대해서는 아주 높은 관세를 부과하고, 최종재에 투입되는 중간재에 대해서는 상대적으로 낮은 관세를 부과한다면 실효보호율은 증가하게 된다. 이와 같은 이유로 대부분의 국가들은 원자재나 중간재에 대해서는 낮은 관세를 부과하고 최종재에 대해서는 높은 관세를 부과하고 있으며, 이를 경사형 관세구조(tariff escalation system)라고 한다.

■2 비관세장벽

1) 비관세장벽의 의의

역사적으로 봤을 때 관세가 가장 중요한 무역제한조치였으나 제2차 세계대전 이후 관세는 협상을 통해 상당한 정도로 인하되었다. 이에 따라 무역정책의 수단으로서 비관세장벽의 중요성이 상대적으로 증가하고 있다. 비관세장벽은 그 형태나 성격이 매우 복잡하고 다양하기 때문에 명확한 정의를 내리기는 어렵지만 수출을 촉진하고 수입을 억제하는 관세 외의 모든 무역제한조치를 비관세장벽(non-tariff barriers : NTB)이라고 한다.

---

12) 국내 부가가치는 최종재의 가격에서 최종재의 생산에 투입되는 수입된 중간재의 비용을 차감한 것과 일치한다.

비관세장벽은 특정국가의 특정물품에 차별적 또는 선별적으로 적용되며, 정보의 부족·제도의 변경 또는 변칙적인 운영과 같은 불확실성과 위험성을 내포하고 있고, 철폐하거나 완화하기가 곤란하며, 효과를 측정하기가 곤란하다는 특징이 있다.

2) 비관세장벽의 종류

(1) 수입쿼터

수입쿼터(import quota)는 비관세장벽의 대표적인 예로서 특정재화의 수입에 대하여 일정량 이상의 수입을 허가하지 않는 수입수량제한제도를 말한다. 즉, 수입쿼터는 수입물품을 국가별 또는 수입업자별로 할당하여 일정기간 동안 수입량을 제한하는 제도이다.

수입쿼터 수입량을 직접적으로 규제하기 때문에 관세에 비하여 국내산업을 보호하는 효과가 더 크게 발생한다.[13] 수입쿼터도 관세와 마찬가지로 국내가격을 상승시키므로 관세와 유사한 경제적 효과 및 소득재분배효과가 발생한다. 그러나 수입쿼터의 경우 관세부과에 따른 재정수입 부분이 수입허가권을 갖고 있는 수입업자에게 배분된다는 차이점이 있다.

수입쿼터를 시행하는 경우 발생하는 후생의 감소는 수입허가권을 어떻게 배분하는가에 따라 달라진다. 만약 수입국의 정부가 경매를 통해 수입허가권을 국내 수입업자에게 배분하면 쿼터지대(관세부과에 따른 재정수입 부분)가 모두 정부의 수입이 된다. 따라서 이 경우에는 수입쿼터가 후생에 미치는 영향은 [그림 4-1]에서 t 만큼의 관세를 부과할 때와 같아지게 된다. 수입허가권이 무상으로 국내 수입업자에게 배분되면 쿼터지대는 국내 수입업자의 수입이 되지만 소득의 이전이 국내에서 발생하였기 때문에 후생의 감소는 [그림 4-1]에서 t 만큼의 관세를 부과할 때와 같아지게 된다. 그러나 수입허가권이 외국 수입업자에게 배분되면 쿼터지대가 외국 수입업자의 수입이 되기 때문에 후생은 관세부과에 비해 더 크게 감소한다.

---

13) 관세는 기본적으로 가격을 통해 간접적으로 수입을 규제하지만, 수입쿼터는 직접적으로 수입을 규제하기 때문에 항상 일정한 수준의 수입량을 유지할 수 있다. 따라서 국내산업의 보호를 위해서는 수입쿼터가 관세보다 보다 효과적인 수단이 된다.

(2) 수출보조금

수출보조금(export subsidy)은 수출을 촉진하기 위해 수출국의 정부가 산업 및 기업활동에 지급하는 각종 재정적인 지원을 말한다. 수출업자에게 직접적으로 지급하는 보조금뿐만 아니라 수출물품에 대한 금융상의 혜택 및 조세감면 등도 수출보조금에 포함된다.

수출보조금이 지급되면 국내 수출업자는 세계가격에다 수출보조금을 더한 가격을 받게 된다. 따라서 국내가격이 수출보조금이 지급된 후의 가격보다 낮은 경우에는 국내시장에 공급하는 것보다 수출하는 것이 유리하므로 국내시장에 계속 공급하기 위해서는 국내가격이 상승해야 한다. 수출보조금의 지급으로 국내가격이 상승한 결과 국내생산은 증가하고 국내소비는 감소하기 때문에 수출량은 증가하게 된다. 따라서 소비자잉여는 감소하고, 생산자잉여는 증가한다. 그리고 수출보조금은 조세를 통해 조달되므로 국내 소비자들의 후생은 감소하게 된다.

수출보조금의 지급에 따른 생산자잉여 증가분이 소비자잉여의 감소분과 조세에 따른 국내 소비자들의 후생감소분을 더한 것보다 작게 나타나기 때문에 수출보조금의 경우에도 사회적 순손실이 발생한다.

(3) 수출자율규제

수출자율규제(voluntary export restraint)는 수출국이 특정국가에 대해 수출량을 자율적으로 규제하는 것을 말하며, 일반적으로 수입국의 압력이나 요청에 의해 이루어진다. 수출자율규제는 기본적으로 수량을 규제하는 것이기 때문에 수출자율규제의 효과는 수입쿼터와 상당히 유사하다. 그러나 수출자유규제는 쿼터지대가 수출국으로 이전되기 때문에 수입쿼터에 비해 후생의 감소가 더 크게 발생한다. 또한 수출자율규제는 특정국가를 대상으로 차별적으로 적용되며,[14] 수출업자들은 수출량의 제한을 받는 대신 수출물품의 품질을 향상시킴으로써 수출액을 증가시키는 전략을 추구할 동기를 갖게 된다.

(4) 행정적 규제

수입절차와 관련된 행정적 규제를 엄격하게 하여 수입을 규제하는 것도 비관세장벽에 포함된다. 행정적 규제로는 특정 행정부처의 수입허가, 수입통관

---

14) 수입쿼터는 일반적으로 다수의 국가에 동일하게 적용된다.

규정의 수시 변경, 과다한 물품검사 비용의 징수 등이 있다. 또한 자동차와 전기설비에 대한 안전규제, 식품위생에 대한 보건규제 등도 수입을 규제하는 조치로 사용되고 있다.

(5) 반덤핑관세

덤핑(dumping)이란 어떤 재화를 생산비 이하로 수출하거나 또는 국내가격보다 낮은 가격으로 수출하는 것을 말한다. 대부분의 국가는 덤핑을 불공정한 무역으로 간주하고 있으며, 부당한 해외경쟁으로부터 국내산업을 보호하기 위하여 반덤핑관세(덤핑방지관세)를 부과하고 있다.

그러나 반덤핑관세의 부과는 수입국의 소비자들이 낮은 가격으로 수입물품을 구매할 수 없게 만들기 때문에 소비자잉여는 감소하게 된다. 따라서 반덤핑관세의 부과에 따른 후생의 변화는 가격상승으로 인한 수입국 국내생산자의 이익과 국내소비자의 손실의 크기에 따라 달라진다.

PART 3

국제금융 및
국제무역환경

Chapter 5

국제금융

국제금융

국제금융의 의의

국제금융이란 서로 다른 국가 간에 이루어지는 자금의 유통을 말한다. 이러한 국제적 자금의 유통은 여러 가지 원인에 의해 이루어지며, 그 형태에 따라 재화 및 서비스거래와 자본거래로 구분된다. 국가 간의 재화 및 서비스거래에 따른 자금의 이동은 국제대차관계를 수반하기 때문에 통상적으로 재화 또는 서비스에 대한 대가로 대금을 결제하기 위한 자금의 이동이라고 할 수 있다. 그 밖에 자금 그 자체의 거래, 즉 금융거래를 통하여 자금이 유통되는 경우도 있다. 이는 자본거래에 해당하는 것으로 한 국가의 기업, 가계, 정부 혹은 금융기관이 다른 국가의 기업, 가계, 정부 혹은 금융기관을 상대로 자금을 대부하거나 차입하는 경우 그 대차를 목적으로 한 것이라고 할 수 있다. 이 외에도 한 국가의 수출업자가 다른 국가의 수입업자에게 대금결제기간을 일정 기간 유예하는 신용의 공여, 국제기구 출연금 등과 같은 국제자본의 이동도 국제금융의 한 현상으로 볼 수 있다. 국제금융거래는 모두 경제적 동기에 의해 자발적으로 이루어지나 그 결과는 궁극적으로 각국의 국제수지로 나타나게 된다.

한편 국제금융은 서로 다른 통화를 사용하는 국가 간의 경제거래이기 때문에 물품뿐만 아니라 서비스, 자본, 기술 등의 무역거래를 위한 일반적인 자금 이동은 외환에 의하여 이루어지며, 국제수지 불균형을 해결하기 위해서도 외환을 사용하거나 외국으로부터 자금을 차입해 와야 한다. 이와 같이 국제금융은 국가 간의 채권, 채무의 결제수단으로서 주로 외국환은행을 통해 결제되는 모든 수단을 수반하게 된다.

제2절 ## 외환시장과 환율

1 외환시장

1) 외환시장의 의의

외환시장(foreign exchange market)은 외환거래가 이루어지는 모든 장소를 말한다.[1] 외환이란 국가 간의 대차(credit and debit)관계의 결제수단이 되는 것으로 주로 외국환은행을 통해 결제되는 모든 수단을 말한다. 외환에는 외국통화뿐만 아니라 거래수단으로 통용될 수 있는 예금이나 단기채권 등과 같은 외화표시 단기금융상품도 포함된다. 외환시장은 전 세계적으로 가장 규모가 큰 금융시장이라고 할 수 있으며, 런던, 뉴욕, 도쿄 등 주요 외환시장의 거래를 24시간 연계시켜 모든 시장정보를 환율에 신속하게 반영하는 범세계적인 시장(one global market)으로 국제금융거래의 효율화를 촉진하고 있다.

외환시장은 국가경제에서 다음과 같은 역할을 수행한다. 첫째, 외환시장은 한 국가의 통화로부터 다른 국가의 통화로 구매력을 이전시킨다. 예를 들어 수출업자가 대금으로 받은 외국통화를 외환시장을 통해 자국통화로 환전하면 외국통화의 구매력이 자국통화로 이전된다. 둘째, 외환시장은 대외거래에서 발생하는 외환의 수요와 공급을 청산하는 역할을 한다. 외환의 수요인 수입업자나 외환의 공급자인 수출업자는 환율을 매개로 외환시장에서 대외거래에 따른 대차관계를 결제하게 된다. 이러한 외환시장의 대외결제기능은 국가 간 무역 및 자본거래 등의 대외거래를 원활하게 해준다. 셋째, 변동환율제도에서는 환율이 외환의 수요와 공급에 따라 변동함으로써 국제수지의 조정기능을 수행하게 된다. 즉, 국제수지가 적자인 경우 외환의 초과수요가 발생하여 자

---

1) 넓은 의미에서의 외환시장은 장소적 개념뿐만 아니라 외환거래의 형성, 결제 등 외환거래와 관련된 일련의 메커니즘을 포괄한다.

국통화의 가치가 하락(환율상승)하기 때문에 수출품의 가격경쟁력이 강화되어 국제수지 적자가 개선될 수 있다. 넷째, 외환시장은 기업이나 금융기관 등 경제주체들에게 환율변동에 따른 환위험을 회피할 수 있는 수단을 제공한다. 경제주체들은 외환시장에서 거래되는 선물환, 선물, 옵션 등 다양한 파생상품의 거래를 통하여 환위험을 헤징(hedging)할 수 있다.[2]

2) 외환시장의 참여자

외환시장에는 기업이나 개인 등 고객, 외국환은행, 외환중개인, 통화당국 등이 다양한 목적을 가지고 참여하고 있다. 고객은 외환거래의 수요자와 공급자로서 수출입업자, 해운회사, 보험회사, 창고업자, 해외투자자, 관광객 등 개인 또는 기업, 정부 등으로 다양하게 구성된다. 이들은 다시 외환거래의 목적에 따라 그들의 영업 내지 개인적인 목적에 의한 실수요자(end user)와 환투기를 목적으로 하는 환투기자(speculator)로 구분될 수 있다.

외국환은행은 국가 간의 대금결제를 중개하는 은행으로 외환시장의 가장 중요한 참여자이다. 외국환은행은 외환을 직접 사고 팔기 때문에 외환시장에서는 이들을 딜러(dealer)라고도 한다. 외국환은행은 은행간 거래나 고객을 상대로 하는 외환거래에 참여한다. 은행간 거래는 외환포지션(외화자산-외화부채)의 조정, 거래차익 또는 투기를 목적으로 이루어진다.[3] 대고객 거래는 정해진 매입율 또는 매도율로 외환거래의 수요자 및 공급자와 외환을 거래하는 것을 말한다.

외환중개인(foreign exchange broker)은 고객과 은행 간 내지 은행 간의 외환거래를 중개해 주는 역할을 담당하며 이에 대한 대가로 중개수수료를 받는 자를 의미한다. 그리고 통화당국은 자국통화가치를 적정한 수준에서 유지하기 위하여 외환시장에 개입하는 각국 정부 또는 중앙은행을 말한다.

---

2) 헤징이란 환율변동에 따른 위험을 회피하는 것을 말한다. 그러나 외환시장에서는 환율변동에 따른 이익을 추구하기 위하여 환위험을 수용하는 투기적 거래도 가능하며, 이를 통해 환차익을 얻거나 환차손을 볼 수 있다.

3) 차익거래(arbitrage)는 두 지역에서 동일한 재화의 가격이 다를 경우 가격이 낮은 지역에서 재화를 구입해서 가격이 높은 지역에서 재화를 판매하는 것을 말한다.

3) 외환시장의 종류

외환시장은 거래당사자에 따라 대고객 시장과 은행간 시장으로 구분된다. 대고객 시장(customer market)은 외국환은행과 고객(기업·개인·정부 등) 사이에 외환거래가 이루어지는 시장을 말하며, 외환의 소매시장이라고 할 수 있다. 은행간 시장(interbank market)은 외국환은행들 사이에 외환거래가 이루어지는 시장을 말하며, 외환의 도매시장이라고 할 수 있다. 일반적으로 외환시장이라고 할 때에는 은행간 시장을 말한다.

외환시장은 거래형태에 따라 장내시장과 장외시장으로 구분되기도 한다. 장내시장은 외환거래소에서 딜러나 외환중개인들이 거래를 하는 것을 말하며, 장외시장(over the counter market)은 외환거래소를 통하지 않고 여러 가지 통신매체를 이용하여 거래자들이 직접 외환을 거래하는 것을 말한다. 국제외환시장에서는 대부분의 외환거래가 장외시장에서 이루어진다.

또한 외환시장은 참여 범위에 따라 국제외환시장과 국내외환시장으로 구분할 수 있다. 국제외환시장은 미국 달러화, 유로화, 영국 파운드화 등 교환성 통화(convertible currency)[4]가 거래되는 외환시장을 말하며, 국내외환시장은 자국통화와 외국통화가 직접 거래되는 외환시장을 말한다. 우리나라의 원화는 아직 국제적으로 교환성 통화로 인정받지 못하고 있기 때문에 국제외환시장에서는 직접 거래되지 않는다.

한편 외환시장은 거래되는 외환상품에 따라 현물환 거래시장과 선물환 등 파생적 외환시장으로 구분할 수도 있다. 파생적 외환시장은 현물환 거래시장에서 파생되어 새로운 형태로 외환거래가 이루어지는 시장을 말하며, 대표적으로 거래되는 파생상품으로는 선물환, 스왑, 선물, 옵션 등이 있다.

4) 외환거래의 형태

(1) 현물환거래

현물환(spot exchange)거래는 계약을 체결한 즉시 결제가 이루어지는 외환거래를 말한다. 그러나 국제외환시장에서 현물환계약을 체결하고 결제가 이루어지기까지는 외환매매에 따른 업무를 처리하기 위해 보통 2영업일이 필요하다.

---

4) 교환성 통화란 국제적으로 다른 국가의 통화와 자유롭게 교환할 수 있는 통화를 말한다.

따라서 현물환거래에서 실제로 외환의 인수와 인도가 이루어지는 결제일(value date)은 일반적으로 계약일로부터 2영업일이 된다. 이러한 현물환거래는 외환 시장에서 가장 일반적인 거래형태로서 모든 거래의 기본이 된다.

(2) 선물환거래

선물환(forward exchange)거래는 계약일로부터 통상 2영업일 경과 후 특정일에 외환의 인수·인도 및 결제가 이루어지는 외환거래를 말한다. 선물환거래는 현재시점에서 약정한 환율로 미래시점(만기일)에 결제하게 되므로 선물환계약을 체결하면 약정된 결제일까지 거래당사자 간의 결제가 연기된다는 점에서 현물환거래와 구별된다. 선물환거래는 불확실한 미래시점의 환율을 현재시점에서 확정된 환율, 즉 선물환율로 고정시킬 수 있기 때문에 거래당사자들은 선물환거래를 헤징(위험회피)의 수단으로 이용할 수 있다.

(3) 선물거래

선물(futures)거래는 계약 시에 약정된 환율로 미래의 일정시점에 특정통화를 매입·매도한다는 점에서 선물환거래와 유사하다. 그러나 거래단위·결제월·최소가격 변동폭 등 모든 거래조건이 표준화되어 있고, 선물거래소의 청산소(clearing house)가 계약의 이행을 보증하며, 매일 거래대상 통화의 가격변동에 따라 손익을 정산하는 일일정산제도, 계약불이행에 대비하기 위한 이행보증금 성격의 증거금 예치제도 등이 있다는 점에서 선물환거래와 차이가 있다. 또한 선물환거래는 만기일에 인수·인도가 이루어지지만 선물거래는 최종결제일 이전에 대부분 반대거래를 통하여 차액을 정산하는 점에서 차이가 있다.

(4) 옵션거래

옵션(options)거래는 미래의 특정시점(만기일 또는 만기 이전)에 특정통화를 미리 약정한 환율(행사가격)로 살 수 있는 권리(call option)나 팔 수 있는 권리(put option)를 매매하는 거래를 말한다. 옵션거래 시에 옵션 매입자는 대상통화를 매매할 수 있는 권리를 사는 대가로 옵션 매도자에게 프리미엄(옵션가격)을 지급하고 이후 환율변동에 따라 자유롭게 옵션을 행사하거나 또는 행사하지 않을(권리를 포기할) 수 있다. 반면 옵션 매도자는 옵션 매입자가 권리를 행사할 경우 반드시 계약을 이행해야 한다.

옵션거래는 선물환거래나 선물거래와 달리 환율이 옵션 매입자에게 유리한 경우에만 옵션을 선택적으로 행사할 수 있기 때문에 옵션 매입자의 손실은 프리미엄에 국한되지만, 이익은 환율변동에 따라 무제한이라는 비대칭적 손익구조를 가진다. 또한 선물환거래나 선물거래에 비해 거래비용이 적게 들고 여러 가지 옵션상품 등의 결합으로 다양한 상품의 개발이 가능하다는 장점이 있다.

(5) 스왑거래

스왑(swap)거래는 동일한 거래상대방 간에 현물환과 선물환 또는 만기가 상이한 선물환과 선물환, 현물환과 현물환을 서로 반대 방향으로 동시에 매매하는 거래를 의미한다.

스왑거래는 주로 외화자금의 흐름을 일치시키거나 외환거래의 결제일을 연장 또는 단축함으로써 환위험을 회피하기 위한 목적으로 이용된다. 예를 들어 수출자금의 유입과 수입대금의 유출이 빈번하게 발생하는 기업의 경우 각 거래에 대해 개별적으로 환위험을 관리하는 것보다 자금의 공급시점 및 수요시점을 예상하여 결제시점의 차이 동안 스왑거래를 하면 보다 용이하게 환위험을 관리할 수 있다. 또한 당초 예상 결제일보다 자금이 조기 또는 지연 회수될 경우 스왑거래를 통해 결제일을 연장 또는 단축함으로써 결제일과 현금흐름의 시차문제를 해소할 수 있다. 이 외에도 스왑거래는 자금조달, 금리(이자율)차익의 획득 및 금리변동을 이용한 투기적 거래 등의 목적으로 활용되고 있다.

■2 환율

1) 환율의 의의

환율(foreign exchange rate)이란 두 국가의 통화가 서로 교환되는 비율을 말한다. 즉, 환율은 외국통화 1단위를 받기 위해 자국통화를 몇 단위 지불해야 하는가를 나타내는 것으로 자국통화를 외국통화로 표시한 가격을 의미한다. 예를 들어 미국 달러화의 환율이 1,000원이라는 것은 미국 1달러의 가격이 원화로 1,000원이라는 의미이다.

환율은 두 국가의 통화 간의 교환비율을 의미하므로 어느 국가의 통화를 기준으로 하느냐에 따라 표시방법이 달라진다. 외국통화 1단위의 가격을 자국통화의 단위로 표시하는 것을 자국통화표시방법 또는 직접표시방법(direct quotation)이라 하며, 반대로 자국통화 1단위의 가격을 외국통화의 단위로 표시하는 것를 외국통화표시방법 또는 간접표시방법(indirect quotation)이라고 한다. 예를 들어 우리나라의 경우 자국통화표시방법을 사용하므로 미국 달러화에 대한 원화환율은 \$1=1,000원과 같은 형식으로 표시된다. 대부분의 국가는 자국통화표시방법을 사용하고 있으나 영국, 유로지역, 호주 등 일부 국가에서는 외국통화표시방법을 사용하고 있다.

환율은 외국통화의 가격을 나타내므로 일반상품의 가격과 같이 환율도 항상 변동하며, 이는 통화의 가치가 변화하는 것을 의미한다. 환율이 상승한다는 것은 자국통화의 가치가 하락하고, 외국통화의 가치가 상승한다는 것을 의미한다. 예를 들어 미국 달러화에 대한 원화환율이 1,000원에서 1,100원으로 상승하면 원화의 가치는 하락하고 달러화의 가치는 상승한 것을 의미한다. 이 경우 달러화에 대한 원화가치가 하락했다(depreciation) 또는 달러화에 대하여 원화가 절하되었다라고 한다. 이와 반대로 미국 달러화에 대한 원화환율이 1,000원에서 900원으로 하락하면 원화의 가치는 상승하고 달러화의 가치는 하락한 것을 의미한다. 이 경우 달러화에 대한 원화가치가 상승했다(appreciation) 또는 달러화에 대하여 원화가 절상되었다라고 한다.[5]

2) 환율의 종류

(1) 매입환율과 매도환율

매입환율(bid rate)이란 외국환은행이 고객이 가지고 있는 외환을 매입할 때 적용하는 환율을 말하며, 매도환율(offered rate)은 외국환은행이 고객에게 외환을 팔 때 적용하는 환율을 말한다. 매도환율과 매입환율의 차이를 매매율차(spread)라고 하며 이는 거래비용의 성격을 갖고 있다. 따라서 매매율차는 거래통화의 유동성 상황이나 환율 전망, 거래상대방 등에 따라 달라진다. 일반적으로 매매율차는 거래빈도가 높은 국제통화 간에는 작게 나타나며, 대고객 거래보다 은행간 거래에서 더 작게 나타난다.

---

[5] 평가(parity)란 고정환율제도에서 국가 간에 협정된 환율을 말하며, 절상과 절하는 고정환율제도에서 사용하는 용어이다. 즉, 고정환율제도에서 통화당국이 자국통화표시환율을 올리면 평가절하(devaluation), 자국통화표시환율을 내리면 평가절상(revaluation)이라고 한다.

(2) 대고객 환율과 은행간 환율

대고객 환율은 외국환은행과 고객 간의 거래에 적용하는 환율을 말하며, 은행간 환율은 외국환은행 간의 거래에 적용하는 환율을 말한다. 일반적으로 외환시장에서 결정되는 환율은 은행간 환율을 의미한다.

은행간 환율은 대고객 환율에 비해 매매율차가 적은데 이는 은행 간에는 거래가 대규모로 이루어져 단위당 거래비용이 상대적으로 낮기 때문이다. 대고객 환율은 은행간 환율을 고려하여 각 외국환은행이 자율적으로 결정한다. 은행간 환율은 기본적으로 전신환매매율 밖에 없으나 외국환은행의 대고객 환율에는 외환의 결제방법에 따라 송금시 적용되는 전신환매매율, 현찰매매율, 여행자수표(T/C)매매율 등 여러 가지가 있다.

(3) 현물환율과 선물환율

현물환율(spot exchange rate)은 외환거래 당사자가 매매계약을 체결한 후 통상 2영업일 이내에 외환의 결제가 이루어지는 현물환거래에 적용되는 환율을 말한다. 선물환율(forward exchange rate)은 외환의 매매계약 체결일로부터 2영업일 경과 후 장래의 특정일에 결제가 이루어지는 선물환거래에 적용되는 환율을 말한다.

(4) 교차환율과 재정환율

기준환율(basic rate)이란 각국이 국제통화로서 많이 사용되는 통화를 선택하여 산정되는 자국통화와의 교환비율을 말한다. 우리나라는 미국 달러화에 대한 환율을 기준환율로 하고 있다.

교차환율(cross rate)이란 자국통화가 개입되지 않은 상태에서 기준환율의 대상이 되는 통화와 제3국 통화 간의 환율을 말한다. 우리나라에서는 엔/달러 환율이나 달러/유로 환율 등이 교차환율에 해당한다. 재정환율(arbitrage rate)이란 원/엔 환율이나 원/유로 환율과 같이 기준환율과 교차환율로부터 간접적으로 산출되는 자국통화와 제3국 통화 간의 환율을 말한다.

예를 들어 원/달러 환율이 1달러당 1,100원이고 국제외환시장에서 교차환율인 엔/달러 환율이 1달러당 110엔으로 형성되어 있다면 재정환율인 원/엔 환율은 100엔당 1,000원으로 결정된다.

[그림 5-1] **교차환율과 재정환율**

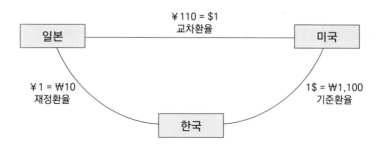

(5) 명목환율과 실질환율

명목환율(nominal exchange rate)은 우리가 일상적으로 말하는 환율 즉, 외환시장에서 결정되는 환율을 말한다. 실질환율(real exchange rate)은 명목환율에 자국과 외국의 물가수준을 반영하여 조정한 환율을 말하며, 다음과 같이 구할 수 있다.

$$e = \frac{EP^*}{P}$$

이 때 E는 명목환율, P*와 P는 각각 외국과 자국의 물가수준을 나타낸다.

실질환율은 외국통화에 대한 자국통화의 상대적인 구매력, 즉 실질가치 간의 비율을 반영한 환율로서 구매력평가설(PPP)에 근거하고 있다. 실질환율의 상승은 자국통화의 실질가치 하락을 의미하며, 실질환율의 하락은 자국통화의 실지가치 상승을 의미한다. 실질환율의 상승은 명목환율이 상승하거나 또는 외국(자국)의 물가수준이 상승(하락)하는 경우에 발생한다. 양국의 물가수준이 일정한 경우 실질환율은 명목환율과 같은 방향으로 변동한다.

실질환율은 자국상품에 대한 외국상품의 상대가격을 나타내므로 실질환율의 변동은 각 국가 상품의 가격경쟁력이 변하는 것을 의미한다.[6] 예를 들어

---

6) 상대가격은 상품단위로 표시한 가격으로 X재에 대한 Y재의 상대가격은 Y재 1단위와 교환되는 X재의 단위수를 말한다.

실질환율이 상승(자국통화의 절하)하면 자국상품의 가격경쟁력이 외국상품에 비하여 상대적으로 높아졌음을 의미한다. 그 결과 자국의 수출은 증가하고 수입은 감소한다. 이와 반대로 실질환율이 하락(자국통화의 절상)하면 자국상품의 가격경쟁력이 외국상품에 비하여 상대적으로 낮아지므로 자국의 수입은 증가하고 수출은 감소한다. 따라서 실질환율은 자국의 수출경쟁력을 나타내는 지표로도 활용된다.

3) 균형환율의 결정 및 변동

(1) 균형환율의 결정

외환의 가격은 다른 재화나 서비스와 마찬가지로 외환시장에서 외환의 수요와 공급이 일치하는 점에서 결정된다. 외환의 수요곡선은 각각의 환율에서 외환에 대한 한 국가의 수요량이 얼마인가를 나타내는 곡선을 말한다. 일반적으로 환율이 오르면 수입이 감소하고 수입의 감소는 외환에 대한 수요를 감소시킨다. 즉, 외환에 대한 수요는 환율이 상승할수록 감소하고, 환율이 하락할수록 증가하기 때문에 외환의 수요곡선은 우하향한다. 외환의 공급곡선은 각각의 환율에서 한 국가에 공급되는 외환의 수량이 얼마인가를 나타내는 곡선을 말한다. 일반적으로 환율이 오르면 수출이 증가하고 수출의 증가는 외환에 대한 공급을 증가시킨다. 즉, 외환에 대한 공급은 환율이 상승할수록 증가하고, 환율이 하락할수록 감소하기 때문에 외환의 공급곡선은 우상향한다.

외환의 가격, 즉 환율은 [그림 5-2]와 같이 우하향하는 외환의 수요곡선과 우상향하는 외환의 공급곡선이 교차하는 점에서 결정되며, 이렇게 결정된 환율을 균형환율이라고 한다. 실제환율이 균형환율보다 높은 경우 외환의 공급은 증가하고 외환의 수요는 감소한다. 따라서 외환의 초과공급이 발생하기 때문에 환율은 하락하게 된다. 이와 반대로 실제환율이 균형환율보다 낮은 경우에는 외환의 공급은 감소하고 외환의 수요는 증가한다. 따라서 외환에 대한 초과수요가 발생하기 때문에 환율은 상승하게 된다.[7]

---

7) 고정환율제도에서는 통화당국이 환율을 임의로 설정하기 때문에 대부분의 경우 통화당국이 설정한 고정환율과 균형환율이 일치하지 않는다. 따라서 통화당국은 고정환율을 유지하기 위해 외환시장에 개입하게 된다.

[그림 5-2] **균형환율의 결정**

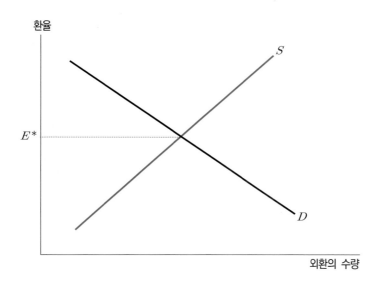

(2) 균형환율의 변동

　변동환율제도하에서 균형환율은 외환시장의 수요와 공급에 따라 결정된다. 따라서 외환의 수요나 공급의 변화는 균형환율의 변동을 초래한다. 즉, 외환의 공급이 수요를 초과하면 환율이 하락하고, 외환의 수요가 공급을 초과하면 환율이 상승한다. 예를 들어, 상품이나 서비스를 수출하거나 외국자본이 유입되는 경우에는 외환의 공급이 증가하므로 외환의 공급곡선이 S에서 S_1으로 이동하게 된다. 그 결과 현재의 균형환율 E^*에서는 외환의 초과공급이 발생하기 때문에 환율이 하락하여 새로운 균형환율은 E_1에서 결정된다. 이와 반대로 상품이나 서비스를 수입하거나 국내자본이 유출되는 경우에는 외환의 수요가 증가하므로 외환의 수요곡선이 D에서 D_1으로 이동하게 된다. 그 결과 현재의 균형환율 E^*에서는 외환의 초과수요이 발생하기 때문에 환율이 상승하여 새로운 균형환율은 E_2에서 결정된다.

[그림 5-3] **균형환율의 변동**

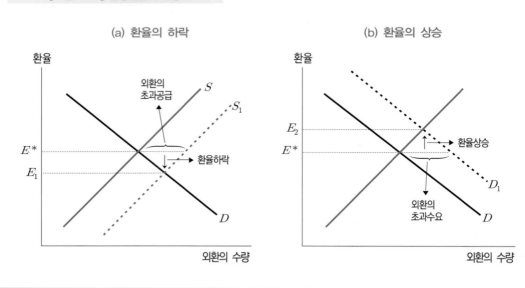

(a) 환율의 하락

(b) 환율의 상승

(3) 환율의 결정요인

균형환율은 외환의 수요와 공급에 의해 결정되기 때문에 균형환율의 변동을 이해하기 위해서는 어떤 경제변수들이 외환의 수요나 공급에 영향을 미치는지를 알아야 한다. 환율은 경제여건(물가수준, 생산성)의 변화, 대외거래, 거시경제정책, 국가 간의 금리차이, 외환시장 참여자들의 기대, 주요국의 환율변동, 경제·정치 관련 뉴스 등 매우 다양한 요인들에 의해 영향을 받는다.

예를 들어 한 국가의 생산성이 다른 국가보다 더 빠르게 향상(악화)되면 환율은 하락(상승)한다. 이는 생산성이 개선될 경우 생산비용이 절감되어 보다 저렴한 가격으로 재화를 공급할 수 있기 때문이다. 이에 따라 물가가 하락하고 환율은 하락하게 된다. 또한 상품·서비스·자본거래 등의 대외거래 결과 국제수지가 흑자를 본 경우 외환의 공급이 증가하기 때문에 환율은 하락한다. 반대로 국제수지가 적자를 본 경우에는 외환의 수요가 증가하기 때문에 환율은 상승한다.[8] 그리고 긴축적인 통화정책을 실시하면 국내통화량은 감소하고 국내금리는 상승하는데 이론적으로 외국통화량에 변화가 없을 때 국내통화량

---

8) 이러한 환율의 상승(하락)은 국제수지의 개선(악화)요인으로 작용하여 국제수지가 균형을 회복하는 데 도움이 된다.

이 감소하면 국내통화의 상대적인 공급이 감소하여 환율은 하락한다. 한편 국내금리 상승은 외국과의 금리차이를 확대시켜 자본의 유입을 증가시키므로 환율은 하락하게 된다.[9]

그리고 환율의 변동과 관련하여 또 하나 알아두어야 할 점은 경제변수에 따라 환율에 영향을 미치는 데 소요되는 시간이 다르다는 것이다. 예를 들어 국내통화량이 증가하여 국내물가가 상승하면 국내상품과 외국상품 간의 상대가격의 변화로 수출은 감소하고, 수입은 증가하게 된다. 따라서 외환의 공급은 감소하고, 외환의 수요는 증가하기 때문에 균형환율은 상승하게 된다. 그러나 통화량이 증가하더라도 물가는 단기적으로 경직적이기 때문에 균형환율이 상승하려면 비교적 긴 시간을 필요로 한다. 한편, 국내금리는 변함이 없는 상황에서 국제금리가 하락하면 외국 투자자들은 금리가 높은 국내투자를 증가시키려고 하기 때문에 외환의 공급이 증가하여 균형환율은 하락하게 된다. 그러나 금융시장의 조정은 매우 빠르게 이루어지므로 금리변화가 환율에 미치는 영향은 단기간에 나타날 것으로 예상할 수 있다.

4) 환율결정이론

(1) 구매력평가설[10]

스웨덴의 경제학자인 카셀(G. Cassel)은 일물일가의 법칙을 이론적 기반으로 하여 환율은 국가 간 물가수준의 차이, 즉 화폐의 구매력의 차이에 의해 결정된다는 구매력평가설(Purchasing Power Parity: PPP)을 주장하였다. 일물일가의 법칙(law of one price)이란 운송비용과 무역장벽이 없다면 서로 다른 국가에서 동일한 재화의 가격은 동일한 화폐로 표시하였을 때 일치해야 한다는 것을 말한다. 예를 들어 미국에서 맥도날드 햄버거의 가격은 4달러이고 우리나라에서는 4,000원일 경우 구매력평가설에서 가정하는 일물일가의 법칙이 성립한다면 원/달러 환율은 1,000원이 되어야 한다.

구매력평가설에서 물가수준은 모든 재화 및 서비스의 평균가격으로 정의되

---

9) 그러나 국내금리가 상승하면 경기가 위축되어 외국인 투자자금이 유출됨으로써 환율이 상승할 수도 있다.

10) 고전적 환율결정이론에는 구매력평가설 외에도 환율은 국가 간의 대차관계를 결제하기 위한 외환의 수요와 공급에 의해 결정된다는 고센(G. J. Goschen)의 국제대차설, 환시세는 개별 경제주체의 심리에 의해 결정된다는 아프탈리옹(Aftalion)의 환심리설 등이 있다.

며, 따라서 자국의 물가수준(P)과 외국의 물가수준(P^*) 간에는 다음의 관계가 성립되어야 한다.

$$P = EP^*$$

따라서 환율(E)은 양국 간의 물가수준의 비율에 의하여 결정된다.

$$E = P/P^*$$

이와 같이 환율은 양국 간의 물가수준의 비율(양국 화폐의 구매력의 비율)에 의해 결정된다는 이론을 절대적 구매력평가설이라고 한다.

그러나 현실적으로는 환율과 양국의 물가는 절대적 구매력평가설에서와 같은 관계를 보이기 어렵다. 그럼에도 불구하고 일정한 조건이 만족된다면 환율변동의 장기적 추세는 물가상승률의 차이로 설명할 수 있다. 환율변화율을 물가상승률의 차이로 설명하는 이론을 상대적 구매력평가설이라고 한다.

$$\triangle E/E = \triangle P/P - \triangle P^*/P^*$$

만약 미국의 물가상승률이 우리나라의 물가상승률보다 높다면 달러화는 원화에 대하여 가치가 하락하게 될 것이다. 미국의 통화공급 증가율이 우리나라보다 통화공급 증가율보다 2배 정도 높다면 장기적으로 물가상승률이 2배 정도 높아지고, 환율 역시 2배 정도 높아질 것이라고 예측할 수 있다.

이론적으로 국가 간의 무역거래에서 운송비용이나 무역장벽 등이 없다면 일물일가의 법칙에 따라 양국에서 동일한 재화의 가격은 같아야 한다. 그러나 현실적으로 운송비용이나 관세 및 비관세장벽과 같은 무역장벽이 존재하며, 기타 교역재와 비교역재 등 무수한 재화가 존재하기 때문에 환율은 어떤 특정 재화의 가격만을 기준으로 움직이지 않는다. 또한 국가별로 각종 세금이나 거래비용 등이 상이하므로 일물일가의 법칙이 항상 성립하기는 어렵다. 다만, 장기적으로는 구매력평가설이 대체로 성립한다는 연구결과에 비추어 볼 때 각국의 물가수준은 환율을 결정하는 중요한 요소로 볼 수 있다.

(2) 통화론적 접근방법

통화론적 접근방법은 각국의 통화공급과 통화수요의 저량(stock)이 균형을 이루는 과정에서 환율이 결정된다고 본다. 각국의 통화공급은 그 국가의 통화당국에 의해 독립적으로 결정되며, 통화수요는 그 국가의 실질소득, 물가수준 및 이자율에 의해 결정된다.

통화론적 접근방법에 의하면 한 국가의 통화량이 증가하면 장기적으로 구매력평가설이 설명하는 것처럼 한 국가의 물가수준과 통화가치는 같은 비율로 변화한다. 예를 들어 우리나라의 통화량은 10% 증가하였는데 미국의 통화량은 변화가 없다면 장기적으로 우리나라의 물가수준은 10% 상승하고, 원/달러 환율 또한 10% 상승한다. 즉, 한 국가의 통화량이 증가하면 장기에는 그 국가의 물가와 환율이 같은 비율로 상승한다. 따라서 시간이 지남에 따라 명목환율과 실질환율은 같은 비율로 변동하게 된다.

또한 통화론적 접근방법은 이자율(금리)의 차이와 환율에 대한 기대도 환율에 영향을 미친다고 설명하고 있다. 예를 들어 우리나라의 이자율이 미국의 이자율보다 높다면 투자자금이 미국에서 우리나라로 이동하기 때문에 원/달러 환율은 하락하게 된다.

그러나 통화론적 접근방법은 환율에 영향을 미치는 모든 요인들을 고려하고 있지 않기 때문에 이러한 예측은 현실 세계에서 부분적으로만 실현되고 있다.

(3) 자산시장(포트폴리오) 모형

자산시장 모형은 각국에서 통화를 포함한 금융자산에 대한 총수요와 총공급이 균형을 이루는 과정에서 환율이 결정된다는 점에서 통화론적 접근방법과 차이가 있다. 또한 자산시장 모형에서는 명시적으로 무역도 고려하고 있다.

자산시장 모형에 의하면 금융자산의 균형 및 무역균형에서 시작하여 한 국가의 통화량이 증가하면 그 국가의 이자율이 즉각적으로 하락하기 때문에 국내채권에 대한 수요는 감소하고, 국내통화와 외국채권에 대한 수요는 증가하게 된다. 즉, 국내채권에 대한 이자율이 하락하면 현금 보유에 따른 비용이 감소하기 때문에 국내채권으로부터 국내통화로 수요가 전환되며, 또한 외국채권에 대한 수익률이 상대적으로 높아졌기 때문에 국내채권으로부터 외국채권으로 수요가 전환된다. 그러나 외국채권을 보유하면 환위험이 발생하기 때문에 국내 투자자는 위험 프리미엄으로 조정된 외국채권의 수익률이 국내채권

의 수익률보다 높은 경우에만 외국채권을 보유하게 된다.[11]

국내채권으로부터 외국채권으로 수요가 전환됨에 따라 개인과 기업은 외국채권을 매입하게 되고, 이를 위해서는 외환이 필요하기 때문에 국내통화의 가치는 즉각 하락한다. 시간이 지나면 국내통화의 평가절하로 인해 수출은 증가하고 수입은 감소한 결과 국제수지는 흑자가 되며, 국내통화의 가치는 상승하여 초기의 국내통화 가치의 하락이 부분적으로 상쇄된다.

(4) 과잉조정 모형

돈부쉬(R. Dornbush)가 발전시킨 과잉조정(overshooting) 모형은 환율의 움직임을 장기와 단기로 구분하여 설명하고 있다. 환율의 과잉조정이란 환율이 즉각적으로 장기 균형수준보다 더 많이 상승 또는 하락하였다가 변동 방향을 바꾸어 장기 균형수준으로 접근하는 현상을 말한다.

생산물시장에서 불균형이 발생한 경우 균형을 회복하기 위해서는 물가가 신속하게 조정되어야 한다. 그러나 물가는 단기적으로 경직적, 즉 서서히 조정되기 때문에 생산물시장의 균형을 달성하기 위해서 환율이 적정수준 이상으로 과잉조정된다. 예를 들어 우리나라의 통화량이 10% 증가하면 장기에는 물가수준이 10% 상승하고 원화의 가치는 10% 하락한다. 그러나 원화의 가치가 즉각 하락하면 우리나라의 국제수지는 그 후에 서서히 개선되며 그 결과 원화의 가치는 상승하게 된다. 원화의 가치가 상승하면서도 장기적으로 10% 하락하는 방법은 원화가 즉각적으로 10% 이상 하락하는 수밖에 없다.

요약하면 금융시장에 비하여 생산물시장에서의 물가조정이 신축적이지 못하기 때문에 환율의 움직임이 단기와 장기간에 차이가 발생하게 된다. 그러나 시간이 지나 장기가 되면 점차적으로 장기균형점으로 이동하게 된다.

5) 환율제도

(1) 고정환율제도

고정환율제도(fixed exchange rate system)는 정부 또는 통화당국이 환율을 일정 수준에 고정시키는 제도를 말한다. 고정환율제도는 금평가에 따라 완전 고정되는 완전고정환율제도(금본위제도), 일정 범위 내에서 환율변동이 가능한 조

---

11) 위험 프리미엄이란 위험회피형 투자자들이 위험부담에 대해 요구하는 일정한 대가를 말한다.

정가능 고정환율제도(브레튼우즈 체제), 환율을 고정시키되 시장상황에 따라 수시로 환율을 변동시킬 수 있는 크롤링페그제도(crawling peg system) 등으로 구분될 수 있다.

고정환율제도는 환율이 일정 수준에 고정되어 있기 때문에 무역거래나 자본거래 시에 환위험이 없으며, 환율과 물가의 안정을 도모할 수 있다는 장점이 있다. 그러나 이 제도는 통화당국이 인위적으로 환율을 고정시켰기 때문에 자국통화의 가치가 제대로 평가되지 못하며, 국제수지 불균형이 발생할 경우 이를 자동적으로 조정할 수 없어 국민소득의 감소나 실업의 증가 등이 나타날 수 있다는 단점이 있다. 따라서 고정환율제도 하에서는 환율 외에 다른 정책수단을 사용하여 국제수지 불균형을 개선시켜야 한다. 그러나 국제수지 적자와 실업이 동시에 발생하고 있는 경우 국제수지 적자를 감소시키기 위한 긴축적 통화정책의 실시는 실업을 더욱 증가시키게 된다.

(2) 변동환율제도

변동환율제도(floating exchange rate system)란 외환시장에서 외환의 수요와 공급에 의해 환율이 자유롭게 결정되는 제도를 말한다. 변동환율제도는 완전한 의미의 자유변동환율제도(freely floating exchange rate system), 역내국 간에는 고정환율제도를 유지하지만 역외국과는 변동환율제도를 채택하는 공동변동환율제도(joint floating exchange rate system) 그리고 관리변동환율제도(managed floating exchange rate system) 등으로 구분될 수 있다. 대부분의 국가들의 경우 통화당국이 외환시장에 직·간접적으로 개입하여 과도한 환율의 변동성을 완화하는 관리변동환율제도를 채택하고 있다.

변동환율제도는 적어도 이론적으로는 환율의 변동을 통해 국제수지의 불균형이 자동적으로 조정된다는 장점에 있다. 즉, 국제수지 적자가 발생하면 환율이 상승하여 수출이 증대되고 수입은 감소함으로써 국제수지 적자가 자동적으로 개선된다. 따라서 변동환율제도에서는 국제수지의 불균형을 조정하기 위한 정책이 불필요하게 된다. 그러나 이 제도는 환율변동으로 인하여 환위험이 크게 발생할 수 있으므로 무역거래나 자본거래가 위축될 수 있다는 단점이 있다. 또한 환율변동에 따른 차익을 얻기 위한 투기적 거래가 환율을 더욱 불안정하게 변동시키는 경우 환율의 변동폭이 더욱 증가하여 외환시장이 더욱 불안정해질 수 있다. 그리고 환율이 지속적으로 변동하여 환율이 상승하게 되면 국내통화량이 증가함으로써 물가가 상승하게 되고, 이는 다시 환율을 상승시키게 된다. 변동환율제도에서는 이러한 물가상승이 고정환율제도에 비하여 상대적으로 시차를 두고 발생하기 때문에 정부나 통화당국이 적절한 정책을 수립하지 못하게 되거나 적절한 정책의 수립을 지연시키는 경우도 발생하게 된다.

(3) 우리나라 환율제도의 변천과정

우리나라의 환율제도는 경제의 발전과 국제환경의 변화에 맞추어 크게 5차례 변경되었다. 1945년부터 1964년까지 시행된 고정환율제도와 이후 1964년부터 1980년까지의 단일변동환율제도 기간 중에는 한국은행에서 고시하는 집중기준율을 중심으로 외환을 집중·관리하면서 사실상 환율이 고정된 형태로 운용되었다.

그러나 1980년대 들어 복수통화바스켓제도를 도입하여 변동환율제도로 이행하는 중간단계를 거친 후 1990년대에는 시장평균환율제도를 도입하여 환율의 일일변동 허용폭을 점차 확대하였다. 그리고 1997년 12월 외환위기 당시에는 환율변동 허용폭 제한을 철폐하여 자유변동환율제도로 이행하였다.

제3절 국제수지

1 국제수지의 개념

국제수지(balance of payments)란 일정기간(통상 1년) 동안 한 국가의 거주자와 비거주자 사이에 이루어진 모든 경제적 거래의 대차관계를 체계적으로 분류하여 집계한 것을 말한다.

여기서 일정기간 동안이라는 것은 국제수지통계가 어느 한 시점의 잔액을 나타내는 통계가 아니라 일정기간 중에 발생한 거래를 집계한 통계임을 의미한다. 거주자와 비거주자는 경제주체의 국적이 어디인가를 따르기 보다는 경제활동에 있어 주된 경제적 이익의 중심이 어디에 있느냐를 기준으로 한다. 통상적으로 경제주체가 1년 이상 어떤 국가에서 경제활동 및 경제거래를 수행하거나 그러한 의도가 있을 경우 주된 경제적 이익의 중심이 그 국가에 있다고 본다. 그리고 모든 경제적 거래라는 것은 상품 및 서비스, 소득, 이전, 금융 등 모든 형태의 거래를 포함한다는 것을 의미한다.

국제수지는 한 국가의 경제상황을 알려주는 중요한 지표로 환율의 안정이나 그 국가의 경제정책 등에 대한 문제점을 진단할 수 있게 하고 그에 따른 대응방안을 수립하기 위한 기초자료로 활용될 수 있다는 점에 그 의의가 있다.

２ 국제수지표[12]

국제수지표(statement of the balance of payments)란 국제수지를 체계적으로 분류하여 집계한 표를 말한다. 체계적으로 분류하여 집계한 표라는 것은 국제수지표가 국제적으로 통일된 기준에 의해 체계적으로 작성된다는 의미이다. 국제수지표는 무역에 따른 자금거래를 포함하여 국가 간 자본의 유·출입 현황을 한 눈에 파악할 수 있게 하는 통계로 특정 국가의 경제에 대외 불균형이 누적되고 있는지 여부를 판단하는데 있어 매우 중요한 역할을 한다.

국제수지표는 한 국가의 모든 대외거래가 어떻게 나타나는가를 일목요연하게 보여주기 위하여 복식부기의 원리(double entry book-keeping system)에 따라 작성된다. 따라서 각국은 이를 통해 자국의 국제수지 상황을 쉽게 알 수 있다. 복식부기의 원리는 모든 개별 거래를 동일한 금액으로 대변과 차변 양변에 동시에 계상하는 것을 말한다. 따라서 국제수지표는 모든 대변항목의 합계와 모든 차변항목의 합계가 일치하게 되어 국제수지표 전체의 순수지(net balance)는 원칙적으로 0이 된다. 그러나 동일한 거래라고 하더라도 대변과 차변에 해당하는 자료가 서로 다른 기관에서 입수되기 때문에 집계 결과 대변과 차변의 합계 금액이 일치하지 않는 경우가 있다. 이 경우 반대부호를 갖는 같은 금액의 오차 및 누락 계정을 설정하여 이를 일치시키게 된다.

국제수지표는 국제적으로 통일된 기준인 IMF의 국제수지 매뉴얼(BPM: Balance of Payments and International Investment Position Manual)에 따라 작성되고 있다.[13] IMF는 국제수지 매뉴얼에서 그 원칙과 기준을 정하고 각 국가

---

12) 한국은행 홈페이지 참조.
13) IMF의 국제수지 매뉴얼은 1948년에 처음 발간된 이후 다섯 차례에 걸쳐 개정되었는데 최근에 개정된 것은 2010년의 국제수지 매뉴얼 제6판(BPM6)이다.

로 하여금 동 매뉴얼에 따라 국제수지표를 작성하도록 권고하고 있다. 이에 따라 현재 우리나라는 IMF가 2010년에 공표한 국제수지 매뉴얼 제6판(BPM6)에 따라 국제수지표를 작성하고 있다.

〈표 5-1〉 국제수지표의 구성

구 분		차 변	대 변
경상 수지	상품수지	상품수입	상품수출
	서비스수지	서비스지급	서비스수입
	본원소득수지	본원소득지급	본원소득수입
	이전소득수지	이전소득지급	이전소득수입
자본 수지	자본이전	자본이전지급	자본이전수입
	비생산·비금융자산	비생산·비금융자산 취득	비생산·비금융자산 처분
금융 계정	직접투자	금융자산 증가 금융부채 감소	금융자산 감소 금융부채 증가
	증권투자		
	파생금융상품		
	기타투자		
	준비자산		
오차 및 누락			

국제수지표는 거주자의 비거주자 간의 거래를 그 유형에 따라 경상수지와 자본수지 및 금융계정으로 나누어 작성한다. 경상수지에는 상품 및 서비스거래, 배당·이자 등의 소득거래, 대가 없이 이루어지는 이전거래가 계상된다. 자본수지에는 자본이전과 비생산·비금융자산의 취득과 처분이 계상되며, 금융계정에는 직접투자, 주식·채권 등의 증권투자, 파생금융상품거래, 대출·차입 등 기타투자, 준비자산 증감거래가 계상된다.

1) 경상수지

경상수지(current account)는 상품수지, 서비스수지, 본원소득수지 및 이전소득수지의 4개 세부항목으로 구성된다.

(1) 상품수지

상품수지는 상품의 수출액과 수입액의 차이를 말한다. 국제수지표상의 수출입은 관세청에서 발표하는 통관 수출입통계와 차이가 있다. 관세청의 통관통계는 상품이 우리나라의 관세선을 통과하는 시점에 수출입으로 계상되는 반면 국제수지표는 관세선 통과 여부와 관계없이 상품의 소유권이 이전되어야 수출입으로 계상된다.

(2) 서비스수지

서비스수지는 외국과의 서비스거래로 수취한 금액과 지급한 금액과의 차이를 말한다. 서비스수지에는 가공서비스, 운송, 여행, 건설, 보험 및 금융서비스, 통신·컴퓨터·정보서비스, 지식재산권 사용료, 유지보수 서비스, 기타 사업 서비스, 개인·문화·여가서비스, 정부서비스 등이 포함된다.

(3) 본원소득수지

본원소득수지는 급료 및 임금수지와 투자소득수지로 구성된다. 급료 및 임금수지는 거주자가 외국에 단기간(1년 미만) 머물면서 일한 대가로 받은 금액과 국내에 단기로 고용된 비거주자에게 지급한 금액의 차이를 말한다. 투자소득수지는 거주자가 외국에 투자하여 벌어들인 배당금·이자와 국내에 투자한 비거주자에게 지급한 배당금·이자의 차이를 말한다.

(4) 이전소득수지

이전소득수지는 거주자와 비거주자 사이에 아무런 대가 없이 주고받은 거래의 차이를 말한다. 이전소득수지에는 해외에 거주하는 교포가 보내오는 송금이나 우리나라에서 장기간(1년 이상) 일하는 외국인 근로자가 본국에 송금한 금액, 정부 간에 이루어지는 무상원조 등이 기록된다.

2) 자본수지

자본수지(capital account)에는 자본이전 및 비생산·비금융자산의 거래가 기록된다. 채권자에 의한 채무면제 등을 포함하며, 비생산·비금융자산의 거래에는 상표권, 영업권 등 무형자산의 취득과 처분이 기록된다.

3) 금융계정

금융계정(financial account)은 직접투자, 증권투자, 파생금융상품, 기타투자 및 준비자산으로 구성되며 거주자 입장에서 자산 또는 부채 여부를 판단한다. 금융계정의 자산항목은 거주자의 해외투자를 의미하는 반면, 부채항목은 비거주자의 국내투자를 의미한다.

(1) 직접투자

직접투자는 직접투자관계에 있는 투자자와 투자대상기업 간에 발생하는 대외거래를 계상한다.[14] 직접투자에는 직접투자자와 직접투자대상기업의 관계를 발생시키는 최초의 거래뿐만 아니라 직접투자자와 직접투자대상기업 간의 차입, 대출 등 후속거래도 포함된다.

(2) 증권투자

증권투자는 거주자와 비거주자 간에 이루어진 주식, 채권 등에 대한 투자를 의미한다. 증권투자 자산의 경우 발행주체가 비거주자이고 투자주체가 거주자인 거래를 의미하는 반면, 증권투자 부채는 발행주체가 거주자이고 투자주체가 비거주자인 거래를 의미한다. 한편 직접투자 또는 준비자산에 포함되는 주식, 채권 등의 거래는 증권투자에서 제외된다.

(3) 파생금융상품

파생금융상품은 파생금융상품거래로 실현된 손익 등을 기록한다. 거주자와 비거주자 간의 파생금융상품거래에서 거주자의 이익 실현분이 손실 실현분보다 큰 경우에 파생금융상품 순자산은 (−)로 기록되며, 반대의 경우는 (+)로 나타난다.

(4) 기타투자

기타투자는 직접투자, 증권투자, 파생금융상품 및 준비자산에 포함되지 않는 거주자와 비거주자 간의 모든 금융거래를 기록한다. 여기에는 대출·차입,

---

14) 직접투자관계에는 투자대상기업에 대해 10% 이상의 의결권을 보유하는 일차적 직접투자관계, 연쇄출자 등을 통하여 간접적으로 영향력을 행사할 수 있는 경우, 모기업을 공유하지만 상호 간에 직접투자관계가 없는 동료기업관계 등이 포함된다.

상품을 외상으로 수출하거나 수입할 때 발생하는 무역신용, 현금 및 예금 등의 금융거래가 기록된다.

(5) 준비자산

준비자산은 중앙은행의 외환보유액 변동분 중에서 이자수익 등의 운용수입, 운용 관련 수수료 지급 등 거래적 요인에 의한 것만 포함하며 환율변동 등 비거래적 요인에 의한 것은 제외한다.

3 국제수지의 조정

1) 국제수지의 균형과 불균형

국제수지의 균형이란 한 국가의 외환의 수취와 지급이 같아지는 것을 의미한다. 국제수지의 균형 여부는 국제수지표의 개별 구성항목을 살펴보면 쉽게 알 수 있다.

국제수지표상의 모든 거래는 그 성격에 따라 자율적 거래와 보정적 거래로 구분할 수 있다. 자율적 거래(autonomous transaction)는 국가 간의 가격, 소득 그리고 이자율 등 경제적 요인의 차이에 따라 발생하는 거래를 말하며, 보정적 거래(accommodating transaction)는 자율적 거래를 도와주기 위한 보조적 거래를 말한다. 예를 들어 경상수지가 적자인 경우 국제수지는 외채(foreign bond)의 도입, 외환보유액의 감소 등에 의해 균형이 달성되며, 경상수지가 흑자인 경우에는 차관공여, 외환보유액의 증가에 의해 균형이 이루어진다. 이처럼 국제수지표상의 일부 구성부분이 불균형을 이루는 경우 외채를 도입하거나 차관의 제공 또는 외환보유액을 증감시키는 등의 거래를 보정적 거래라고 한다. 즉, 보정적 거래란 복식부기의 원리에 따라 작성되는 국제수지표의 대변과 차변을 일치시키기 위하여 기재되는 항목으로 상품 및 서비스, 자본거래 등의 자율적 거래에 의하여 이루어지는 것을 말한다.

그런데 국제수지표는 복식부기의 원리에 따라 작성되므로 국제수지는 사후적으로 항상 균형을 이루게 된다. 따라서 국제수지의 균형이란 사후적 의미에서의 국제수지의 균형이 아니라 자율적 거래항목의 차변과 대변이 일치되어 조정할 필요가 없는 상태를 말한다. 이와 반대로 국제수지의 불균형이란 자율적 거래항목에 차이가 발생하여 보정적 거래항목에 의해 조정할 필요가 있는 상태라고 할 수 있다.

국제수지 불균형은 흑자인 경우와 적자인 경우로 구분할 수 있는데, 어느 경우에든 여러 가지 문제점을 내포하고 있다. 국제수지가 흑자인 경우 국내 통화량 증가와 이로 인한 인플레이션이 발생할 수 있고, 또한 무역상대국과의 통상마찰이 초래될 수 있다. 한편 국제수지가 적자인 경우에는 국민소득의 감소, 실업의 증대 또는 외채 증대로 인한 원금과 이자의 상환 부담의 증가 등의 문제점이 나타날 수 있다. 그리고 국제수지의 만성적인 적자가 지속되는 경우에는 대외 신용도에 문제가 발생할 수 있으며, 그 결과 대외결제능력이 완전히 상실될 수도 있다. 따라서 중·장기적으로는 국제수지의 균형을 유지하는 것이 바람직하다.

2) 환율제도와 국제수지의 조정

한 국가의 국제수지가 불균형상태에 있을 경우 이러한 불균형은 환율, 소득 또는 통화량의 변동에 의하여 자동적으로 조정되어 균형상태를 회복하는 경향이 있다. 국제수지의 불균형이 자동적으로 조정되어 균형에 도달하는 과정을 국제수지의 자동적 조정과정이라고 한다.

국제수지의 조정과정은 환율제도에 따라 차이가 있는데 변동환율제도에서는 국제수지의 불균형이 자동적으로 또는 완전히 조정된다. 변동환율제도에서 환율은 외환의 수요와 공급에 의해 결정되며, 국제수지의 불균형은 외환의 수요와 공급이 일치하지 않는 것을 의미한다. 따라서 외환의 수요와 공급에 따라 환율이 변동하게 되면 국제수지는 균형을 회복하게 된다. 즉, 변동환율제도에서는 국제수지의 조정이 환율의 신축적인 변동에 따라 자동적으로 조정된다.

그러나 금본위제도나 고정환율제도에서는 환평가를 중심으로 일정한 범위 내에서만 환율의 변동이 허용되므로 국제수지의 불균형은 환율 이외에 다른 요인의 변동에 의해 조정되어야 한다. 특히, 고정환율제도에서는 국제수지의 불균형이 수출입상품의 탄력성, 국내총지출 그리고 국내통화량의 변동 등에 의해 조정된다.

(1) 금본위제도 하에서의 가격-정화유통기구

금본위제도에서는 국제수지의 조정이 가격-정화유통기구(price-specie flow mechanism)에 의하여 자동적으로 이루어진다. 즉, 국제수지의 불균형은 국내 물가의 변화에 의하여 자동적으로 조정된다. 예를 들어 국제수지가 적자인 국가에서는 금이 외국으로 유출됨에 따라 통화량이 감소하고 물가는 하락하게 된다. 그 결과 수출은 증가하고 수입은 감소함에 따라 국제수지 적자는 자동적으로 해결된다.

(2) 고정환율제도 하에서의 탄력성 접근방법

탄력성 접근방법(elasticity approach)은 실질환율(수출품과 수입품의 상대가격 비율)이 적정수준에서 벗어나면 국제수지의 불균형이 발생한다고 주장한다. 양국의 물가수준이 일정한 경우 명목환율이 상승하면 실질환율도 상승하므로 수출량은 증가하고 수입량은 감소하게 된다. 그러나 환율이 상승하는 경우 수입국의 통화로 표시한 수입품의 가격도 상승하기 때문에 금액으로 표시한 수입량이 증가하면 국제수지는 적자를 볼 수도 있다. 따라서 환율이 상승할 때 국제수지가 개선되기 위해서는 수입품의 가격상승 보다 수출량과 수입량의 가격탄력성이 커야 한다.[15] 즉, 탄력성 접근방법은 양국의 수입수요탄력성의 합(자국의 수입수요탄력성 + 외국의 수입수요탄력성 = 자국의 수입수요탄력성 + 자국의 수출공급탄력성)이 1보다 큰 경우에만 환율의 상승(평가절하)이 국제수지를 개선할 수 있다고 주장한다.[16]

(3) 고정환율제도 하에서의 총지출 접근방법

총지출 접근방법(absorption approach)은 한 국가의 국제수지는 국내생산과 국내총지출과의 관계에 의해 영향을 받는다고 주장한다. 즉, 국내생산이 국내총지출보다 크면 국제수지는 흑자상태에 있으며, 국민생산이 국내총지출보다 작으면 국제수지는 적자상태에 있다고 본다.

국제수지가 적자인 어느 한 국가의 환율이 상승하면 국제수지는 개선된다. 그러나 만약 이 국가의 생산요소들이 이미 완전고용되어 있다면 국내생산이

---

15) 단기에는 수출량과 수입량의 가격탄력성이 작기 때문에 평가절하를 하더라도 국제수지는 즉각적으로 개선되지 않는다. 자국통화를 평가절하하면 처음에는 국제수지가 악화되지만 시간이 지나면서 개선되는 효과를 J-curve effect라고 한다.

16) 이를 마샬-러너 조건(Marshall-Lerner condition)이라고 한다.

증가할 수 없으므로 국제수지는 개선되지 않는다. 따라서 이와 같은 경우에는 국내총지출이 감소해야 환율상승에 의한 국제수지 개선효과가 나타나게 된다.

(4) 고정환율제도 하에서의 통화론적 접근방법

통화론적 접근방법(monetary approach)은 선진국 간의 자본이동이 활발해짐에 따라 등장하였으며, 국내화폐시장에서 자국통화의 초과공급이나 초과수요가 있을 때 국제수지의 불균형이 발생한다고 주장한다. 따라서 국제수지의 균형은 국내화폐시장에서 자국통화의 수요와 공급이 일치될 때 달성된다.

즉, 국제수지의 불균형은 순수하게 화폐적 현상이며, 환율의 상승은 일시적인 효과만을 가져오기 때문에 통화량의 감소만이 국제수지의 적자를 개선하는 효과가 있다고 주장한다.

제4절 국제통화제도

1 국제통화제도의 개념

국제무역 및 금융거래가 광범위하게 이루어짐에 따라 국제적으로 통용될 수 있는 결제수단이 필요하게 된다. 국제통화란 교환의 수단, 가치의 척도 및 가치의 저장수단이라는 화폐기능을 국제적으로 수행할 수 있는 통화를 말한다.

국제통화제도(international monetary system)란 국가 간의 무역, 서비스 및 자본거래를 원활하게 하기 위한 국제적인 금융결제 체계를 말한다. 즉, 국가 간의 외환거래, 국제대차(貸借)의 결제, 국제수지의 조정 등의 기능을 수행하면서 국제무역의 균형적 확대와 국제자본의 원활한 이동을 지원하는 국제적인 결제 및 통화제도를 의미한다.[17] 국제통화제도는 각국의 상충되는 경제정책의 조정을 통하여 각국 간의 교역확대, 국제적인 완전고용과 실질소득의 증대 그리고 세계경제의 발전을 촉진하는 데 그 목적이 있다.

---

17) 원래 국제통화제도는 국제통화가 어떠한 방식으로 공급되는가를 의미하는 용어이다. 그러나 넓은 의미의 국제통화제도는 국제통화와 관련된 규범, 관행 및 조직 등을 의미한다.

　　국제통화제도는 일반적으로 환율제도와 중앙은행의 외환보유 형태에 따라 구분된다. 환율제도의 경우 고정환율제도와 변동환율제도가 대표적인 예라고 할 수 있으며, 외환보유의 경우에는 금이 유일한 결제수단이 되는 금본위제도, 화폐를 결제수단으로 하는 환본위제도 또는 금과 화폐를 결합한 금환본위제도 등으로 분류할 수 있다. 제2차 세계대전 이후 출범한 브레튼우즈 체제는 금과 달러화를 국제결제수단으로 하는 금환본위제도였으며 동시에 달러화와 다른 모든 통화의 비율이 고정되어 있는 고정환율제도였다. 그러나 달러화의 가치가 불안정해짐에 따라 브레튼우즈 체제는 1973년에 붕괴되었으며, 이후 일부 유럽국가들을 제외한 대부분의 선진국들은 고정환율제도에서 변동환율제도로 이행하였다. 이와 같이 국제통화제도는 세계경제의 구조변화와 선·후진국간의 이해관계 대립 그리고 각국의 경제적·정치적 영향력에 따라 그 목적이나 기능을 달리하면서 변천되어 왔다.

■2 국제통화제도의 변천

1) 금본위제도

　　금본위제도(gold standard system)는 통화가치를 금의 일정량으로 고정시키고 통화와 금이 자유롭게 교환될 수 있도록 보장해 주는 고정환율제도를 말한다. 금본위제도는 19세기 초 영국이 채택한 이후 1870년대 대부분의 주요국들로 확산되면서 제1차 세계대전이 발발한 1914년까지 유지되었다.

　　금본위제도가 제대로 작동하기 위해서는 몇 가지 조건이 충족되어야 한다. 먼저 각 국가는 자국통화의 가치를 일정한 금의 양에 고정시켜 금평가(gold parity)를 설정하고, 유통되는 화폐에 대해서는 언제라도 화폐에 액면금액에 해당하는 금으로 태환해 줄 것을 보장해야 한다. 이 경우에 금평가에 의해 결정되는 환율을 주조평가(mint parity) 또는 주조환율이라고 한다. 예를 들어 영국에서는 1파운드가 금 0.2온스, 미국에서는 1달러가 금 0.1온스로 금평가가 설정되었다면 두 통화 간의 주조평가는 1파운드 당 2달러가 된다. 그리고 각 국가는 금의 자유로운 수출입이 보장되어야 하며, 마지막으로 한 국가는 금의 유출입에 따라 자국의 통화량을 조정해야 한다. 따라서 한 국가에 금이 유입되면 통화량이 증가하고, 금이 유출되면 통화량이 감소한다. 이상과 같은 조건이 충족된다면 금본위제도 하에서 국제수지는 자동적으로 조정된다.[18] 즉, 어떤 국가에서 국제수지 적자가 발생하면 금이 유출되어 통화량이 감소하고, 통화량이 감소하면 물가가 하락하여 수출이 증가하게 되므로 국제수지 적자가 해소된다. 이와 반대로 국제수지 흑자가 발생하면 금의 유입, 통화량의 증가, 물가상승을 통해서 국제수지 흑자가 해소된다.

금본위제도는 세계 각국의 안정적인 경제적 지도력을 바탕으로 40여 년 동안 원활하게 운영되었지만, 제1차 세계대전을 계기로 국제적인 협력체제가 무너지면서 붕괴되었다. 이에 따라 유럽 대부분의 국가들은 통화의 금태환을 정지하고 변동환율제도를 채택하였다. 제1차 세계대전이 끝난 후 1925년 영국의 주도로 주요 국가들이 금본위제도로 복귀하였으나, 1929년 대공황이 발생하면서 세계 각국이 금의 유출을 금지하는 등 외환통제를 강화한 결과 1930년대 초 대부분의 국가들이 금본위제도를 포기하였다. 그 후 제2차 세계대전까지 세계 각국이 경쟁적으로 평가절하를 단행하고 무역규제를 강화하는 등 보호무역주의가 확산되면서 국제경제질서는 극심한 혼란 상태에 빠져들게 되었다.

2) 브레튼우즈 체제

제2차 세계대전이 끝나기 직전인 1944년 미국을 주축으로 한 연합국의 대표들은 미국 뉴햄프셔주의 브레튼우즈에 모여 전후 국제통화제도의 개편방향에 대하여 논의하였다. 그 결과 미국 달러화의 가치를 금에 고정시키고, 다른 국가들의 통화가치를 다시 달러화에 고정시키는 금환본위제도(gold-exchange standard system)[19]를 채택한 브레튼우즈 체제가 출범하였으며, 국제금융질서를 규율하고 관리하기 위하여 국제통화기금(IMF)을 설립하였다.

브레튼우즈 체제는 주요국들은 미국 달러화를 기준으로 ±1% 범위 내에서 설정한 환평가를 유지하도록 하였으며, 근본적인 국제수지상의 불균형이 발생한 경우에는 IMF와의 사전협의를 통하여 환평가 자체를 조정할 수 있도록 규정하였다. 이러한 점에서 브레튼우즈 체제의 환율제도는 조정가능 고정환율제도(adjustable pegged exchange rate system)라고 할 수 있다.

---

18) 금본위제도 하에서의 국제수지 조정기능을 설명해 주는 이론이 영국의 경제학자 데이비드 흄(D. Hume)이 주장한 가격-정화유통기구이다.

19) 브레튼우즈 체제에서는 미국이 금 1온스당 35달러로 금평가를 설정하고, 다른 국가들은 자국통화를 금태환이 보장되는 미국 달러화에 연계하여 환율을 표시하였다.

한편 브레튼우즈 체제는 일시적으로 국제수지 적자로 어려움을 겪는 국가들에게는 회원국들의 출자금을 기반으로 IMF가 자금을 공여해 주는 제도도 마련하였다.

브레튼우즈 체제는 1950년대를 거치면서 문제점이 나타나기 시작하였으며, 대표적인 문제점으로는 국제유동성의 부족 현상을 들 수 있다. 대외채권이나 대외채무를 결제하기 위하여 국제적으로 통용되는 지불수단인 국제유동성은 금·미국 달러화·IMF 포지션(IMF position)[20]·특별인출권(SDR)[21] 등으로 구성되는데, 금 등은 금액이 한정되어 있으므로 미국 달러화가 국제유동성의 주요 공급원이 된다. 그런데 미국 달러화는 미국의 국제수지 적자를 통해서 공급되어야 하고, 미국의 국제수지 적자가 지속되면 달러화에 대한 신뢰도가 떨어지게 된다. 이와 같은 국제유동성의 증대와 달러화의 신뢰도 간에 존재하는 모순을 유동성 딜레마(liquidity dilemma)라고 하며, 이러한 문제는 1950년대 말부터 1960년대 말까지 심각하게 제기되었다.[22]

또한 주요 선진국들이 근본적인 국제수지 불균형에도 불구하고 자국통화가치를 조정하지 않으려고 한 결과 브레튼우즈 체제의 안정성에 심각한 문제가 발생하게 되었다. 근본적인 국제수지 불균형이 계속됨에 따라 언젠가는 환율조정이 나타날 것으로 예상됨에 따라 대규모의 환투기가 발생하여 브레튼우즈 체제를 위협하였다.

1960년대 중반 이후 이러한 브레튼우즈 체제의 문제점은 더욱 심각하게 나타났다. 특히 미국의 지속적인 경상수지 적자와 높은 인플레이션으로 인하여 미국 달러화의 신뢰도가 크게 떨어지면서 달러화의 금태환에 대한 요구가 급증하였다. 이에 따라 1971년 8월 미국의 닉슨 대통령은 달러화에 대한 금태환 정지를 선언하였고, 또한 세계적으로 외환시장의 불안정이 지속됨에 따라 1970년대 초에 독일 등은 변동환율제도를 채택하였다.

브레튼우즈 체제가 붕괴될 위험에 처하자 주요 선진국 10개국은 1971년 12월 미국 워싱턴의 스미소니언(Smithsonian) 박물관에서 미국 달러화를 금 1온

---

20) IMF 포지션은 IMF 회원국들의 출자금인 IMF 쿼터에서 IMF가 보유하고 있는 회원국들의 자국통화를 차감한 금액을 말한다.
21) 특별인출권(special drawing rights)은 IMF가 국제유동성 부족 문제를 해결하기 위하여 1969년 10월에 창출한 인위적인 통화로서 IMF 쿼터에 비례하여 회원국에게 배분된다.
22) 브레튼우즈 체제는 달러화가 과소공급되면 국제통화의 부족으로 무역이나 자본거래가 위축되고, 반대로 과대공급되면 달러화의 신뢰도가 떨어질 수밖에 없는 모순을 안고 출발하였다고 볼 수 있다.

스당 35달러에서 38달러로 평가절하하고, 각국 통화의 환율변동폭을 기준환율의 ±2.25% 내로 확대하는 내용의 스미소니언 협정(Smithsonian Agreement)을 체결하였다. 그러나 스미소니언 협정도 브레튼우즈 체제의 근본적인 문제점을 해결하지 못하였으며, 결국 브레튼우즈 체제는 1973년 초반 붕괴되었다.

3) 킹스턴 체제

브레튼우즈 체제 붕괴 이후 주요 선진국들은 변동환율제도를 채택하였다. 1976년 자메이카 킹스톤에서 개최된 IMF 총회에서 회원국들은 변동환율제도를 공식적으로 인정하고, 회원국들에게 환율제도를 선택할 수 있도록 허용할 것을 결의하였다. 또한 IMF의 각종 가치 기준의 설정에서 금과의 연계를 폐지하고, 특별인출권(SDR: Special Drawing Right)이 이를 대신하도록 하였다. 개정된 IMF 협정문은 1978년 4월 1일부터 발효되었으며, 그 이후부터 현재까지의 국제통화체제를 킹스톤(Kingston) 체제라고 한다. 킹스톤 체제에서의 변동환율제도는 환율이 순수하게 외환시장에서 시장 메커니즘에 의해 결정되는 것이 아니라 각국의 중앙은행이 필요에 따라 수시로 외환시장에 개입하는 관리변동환율제도(managed floating exchange rate system)라고 할 수 있다.

킹스턴 체제가 출범한 이후에도 1970년대 말부터 지속된 미국의 긴축적 통화정책과 1980년대 초 레이건 행정부의 확장적 재정정책의 결과 미국의 경상수지 적자가 크게 증가하였으며, 미국의 이자율이 급격히 상승한 결과 미국의 달러화의 가치가 크게 상승하였다. 이에 따라 1985년 9월 미국 뉴욕에서 미국, 독일, 일본, 프랑스, 영국 등 선진 5개국은 달러화의 가치가 과대평가되었다는 인식 하에 외환시장에 대한 공동개입을 통한 환율조정에 합의하는 플라자 협정(Plaza Accord)을 체결하였다. 플라자 협정의 체결 결과 달러화의 가치는 큰 폭으로 하락하였지만 이후에도 미국의 경상수지 적자는 계속 증가하였으며, 미국은 독일과 일본에게 확장적인 정책을 요구하고 독일과 일본은 미국에게 긴축적인 정책을 요구하는 등 정책협조가 제대로 이루어지지 못하였다. 킹스턴 체제의 출범, 플라자 협정 등 세계외환시장의 안정화를 위한 여러 가지 노력이 기대했던 만큼의 성과를 가져다주지 못하자 1990년대부터 금본위제도로의 복귀, 세계중앙은행의 설립, 목표환율대 제도 등 새로운 국제통화체제에 대한 논의가 이어지고 있다.

글로벌무역학개론
글로벌무역학개론
글로벌무역학개론
글로벌무역학개론
글로벌무역학개론

국제무역환경

국제무역환경

제1절 GATT

1 GATT의 의의

1) 설립 배경

1929년 세계 대공황을 계기로 세계 각국이 경쟁적으로 보호무역정책을 채택한 결과 세계적인 경제침체가 초래되었다. 이와 함께 1933년 미국의 금본위제도 이탈은 전 세계적 통화불안 및 국제결제상의 문제를 더욱 심화시켰다. 이와 같은 국제경제질서의 혼란과 세계무역의 급속한 위축은 제2차 세계대전을 발발시킨 원인 중에 하나가 되었다.

폐쇄적인 무역정책과 배타적인 경제체계가 제2차 세계대전의 한 원인이라는 인식 하에 영국과 미국 등을 중심으로 국제경제질서의 회복을 위한 협의가 지속되었다. 그 결과 1944년 7월 미국 뉴햄프셔주의 브레튼우즈에서 개최된 국제회의에서 44개국의 대표가 브레튼우즈 협정(Bretton Woods Conference)을 체결함으로써 국제통화질서의 회복을 위한 국제통화기금(IMF)과 전후 복구를 위한 국제부흥개발은행(IBRD)이 설립되었다.[1]

그리고 1945년 미국은 세계무역체제의 회복을 위해 무역장벽의 제거와 고용 및 소비의 증대를 목적으로 하는 국제무역기구(ITO)의 설립을 제안하였다.

---

[1] 브레튼우즈 협정의 목적은 환율을 안정시키고 국제유동성을 적절하게 공급하여 자유무역을 확대하는 것에 있다.

이러한 미국의 제안을 계기로 1947년 쿠바의 하바나에서 ITO 설립초안이 작성되었고, 1948년에 ITO 헌장(하바나 헌장)이 채택되었다.

그러나 ITO 헌장은 각국의 정치·경제적 이해의 대립과 국제무역에 대해 너무 엄격한 규율을 적용하고 있다는 이유로 참가국들의 비준을 얻는데 실패하였다. 그리고 ITO에 의해 미국 의회가 무역정책을 수행하는데 제한을 받을 수 있다는 우려 때문에 제안국인 미국에서조차 비준을 얻지 못함으로써 ITO의 설립은 완전히 무산되었다.

한편 ITO 헌장에 대한 협상이 진행되는 동안 제네바에서 1947년 4월부터 23개국이 참가한 가운데 관세인하협상이 이루어졌다. 그 결과 ITO 헌장의 통상정책 부분을 반영하여 관세 및 무역에 관한 일반협정(General Agreement on Tariffs and Trade: GATT)을 체결하였다. 그러나 미국은 GATT의 체결도 의회의 비준이 필요한 것으로 판단되자 매우 어려운 상황에 직면하였고, 협상에 참여한 주요국들도 자국의 이해관계와 밀접하게 연관되어 있는 GATT를 그대로 수용하기가 부담스러운 상황이었다. 이에 미국과 주요국들은 GATT를 잠정협정안으로 채택하여 GATT를 수용하는데 있어 의회의 비준이 필요 없게 하였으며,[2] GATT 제2부에 조부조항(Grandfathering Clause)[3]을 적용시켜 기존의 무역관련 법안들을 예외로 간주해 주었다.

이와 같이 GATT는 잠정협정안으로 출발했지만 ITO의 설립이 무산되면서 1948년 1월 1일부터 세계무역기구(WTO: World Trade Organization)가 출범한 1995년 1월 1일까지 실질적으로 국제경제기구의 역할을 수행하였다. GATT는 우루과이라운드(UR)에서 GATT 1994로 개정되었으며, WTO 체제 하에서도 상품교역에 관한 국제규범으로써 계속 존속하고 있다.

2) GATT의 목적과 역할

GATT는 무역장벽의 완화와 차별대우의 폐지를 통해 상품생산 및 교역의 확대, 완전고용과 더불어 실질소득 및 유효수요의 증대, 생활수준의 향상 및 세계자원의 효율적인 이용을 도모하는 것을 목적으로 한다.

이러한 목적을 달성하기 위해 GATT는 관세 및 기타 무역장벽을 감축 또는

---

2) 이와 같은 이유로 GATT에 참여하는 국가들을 회원국이라고 하지 않고 체약국이라고 한다.
3) 조부조항이란 특정한 기존의 법이나 정부조치를 협정 적용으로부터 예외로 할 수 있는 조항을 말한다.

철폐하고, 체약국의 무역정책을 규제할 수 있는 국제무역규범을 제시해주는 역할을 한다. 즉, GATT는 국제무역규범의 해석기관 및 국제무역규범으로 인해 발생하는 분쟁의 조정기관으로서의 역할을 수행하게 된다.

■ 2 GATT의 주요 활동

GATT 출범 이후 세계무역환경의 변화에 따라 추가적인 협상의 필요성이 대두되었고, 자유무역의 확대를 위해 총 8차례의 다자간 무역협상이 진행되었다. 제1차에서 제5차까지의 다자간 무역협상은 주로 상품교역과 관련한 선진국들의 관세인하를 위한 협상이었으며, 제6차 다자간 무역협상부터 개발도상국들도 본격적으로 협상에 참여하였고 비관세장벽의 철폐도 협상의 주요 대상이었다.

제8차 다자간 무역협상인 우루과이라운드(Uruguay Round: UR)에서는 농산물·섬유 등의 민감한 부분,[4] 서비스·지식재산권·무역관련 국제투자 등의 새로운 분야, 무역정책검토기구의 도입, 분쟁해결기능의 강화 등 광범위한 분야에서 협상이 진행되어 새로운 국제적인 규범이 제정되었으며, 이를 집행하고 감독하는 상설 국제경제기구인 WTO를 설립하기로 하였다.

〈표 6-1〉 GATT 체제 하에서의 다자간 무역협상

회차	명칭	기간	참가국	주요 의제
1	Geneva Round	1947	23	관세
2	Annecy Round	1949	32	관세
3	Torquay Round	1950	34	관세
4	Geneva Round	1956	22	관세
5	Dillon Round	1960~1961	23	관세
6	Kennedy Round	1963~1967	46	관세, 반덤핑조치
7	Tokyo Round	1973~1979	99	관세, 비관세조치 관련 코드 합의
8	Uruguay Round	1986~1994	125	관세, 비관세조치, 규범, 서비스, 지식재산권, 분쟁해결, 섬유, 농업, WTO 창설 등

---

4) 농산물에 대한 기존의 모든 비관세조치를 관세로 전환하여 관세만을 유일한 국경조치로 한다는 예외없는 관세화 원칙이 마련되었다.

제2절   WTO

1 WTO의 의의

1) 설립 배경

1947년 설립된 GATT는 총 8차례의 다자간 무역협상을 통해 무역의 안정성을 확보하고 자유로운 교역환경을 조성하는데 크게 기여하였다. 선진국들이 부과하는 관세가 1948년 평균 40% 이상에서 1995년 평균 3%로 낮아진 결과 세계무역은 1950년대와 1960년대에 걸쳐 연평균 약 8%에 달하는 높은 성장률을 달성하게 되었다. 이 외에도 세계 생산증가율을 상회하는 세계 무역증가율을 달성함과 동시에 모든 국가들이 상호간의 교역을 증진시키고 그로부터 얻게 되는 혜택을 누리도록 하는 등 여러 가지 면에서 매우 큰 기여를 하였다.

그러나 1970년대와 1980년대 초에 발생한 세계경제의 침체와 이를 극복하기 위해 각국이 GATT 규정에 위배되는 보호수단을 남용하면서 GATT의 한계 및 문제점이 나타나기 시작하였다.

또한 1980년대 이후 서비스 교역, 지식재산권, 국제투자 등의 중요성이 증가하는 등 세계무역환경이 변화하였지만 GATT는 여전히 상품교역 중심의 규정체계를 벗어나지 못하고 있었다. 특히 국제경제기구로서 GATT가 갖는 한계로 인하여 GATT의 위상 및 신뢰성은 크게 약화되었다.

이러한 문제들을 해결하기 위해서 각국은 새로운 국제무역체제의 필요성을 느끼게 되었다. 그 결과 우루과이라운드에서 GATT의 한계를 극복하고 새로운 국제무역질서를 효과적으로 구축하기 위해 세계무역기구(WTO)를 설립하기로 합의하였다. WTO는 모든 경제분야에서 자유무역질서를 확대·강화하기 위하여 출범한 국제법상의 명실상부한 국제기구로서, 산하에 분쟁해결기구(DSB)까지 갖추고 법적으로 구속력있는 권한을 행사하고 있는 경제 분야의 UN이라고 할 수 있다.

2) WTO의 목적과 역할

WTO는 1994년 4월 15일 모로코의 마라케쉬 UR 각료회의에서 서명된 UR 최종협정문의 WTO 설립협정에 의해 1995년 1월 1일에 출범하였다. WTO는 기본적으로 그의 전신인 GATT의 기존 기능을 강화하고, 국제무역환경의 변화에 따라 부상한 새로운 교역과제를 포함하고 회원국의 무역관련 법·제도·관행 등의 명료성을 제고시킴으로써 궁극적으로 세계교역을 증진시키는데 그 목적을 두고 있다. 즉, WTO는 다자간 무역체제의 확립을 통해 전세계의 자유무역을 확대하고 국가 간의 공정무역질서를 확립하기 위해 설립되었다.

WTO는 이러한 목적을 달성하기 위하여 다자간 및 복수간 무역협정의 관리 및 이행, 다자간 무역협상의 주도, 회원국 간 무역분쟁해결, 각 회원국의 무역정책의 감독 등의 역할을 수행하고 있다.

3) GATT와 WTO

GATT는 명칭 그대로 관세 및 무역에 관한 일반협정으로서 초기에는 정식 사무국도 없었으며 나중에 국제무역기구 설립을 위해 구성된 임시위원회가 사무국의 역할을 담당하였다. 즉, GATT는 그 운영을 국제기구처럼 해 온 것에 불과하다. WTO가 출범하기 전에 GATT는 원래의 의미인 국제협정과 국제기구라는 두 가지 의미로 사용되었다. 그러나 WTO가 출범함에 따라 국제기구로서의 의미는 완전히 없어지고, 국제협정으로서의 GATT는 UR의 결과로 GATT 1994로 개정되어 WTO 체제에서도 유효한 협정으로 남아 있다.[5] WTO와 GATT는 여러 가지 측면에서 많은 차이점이 존재하는데 주요 차이점들은 다음과 같다.

첫째, GATT는 일종의 국제협정일 뿐 엄밀한 의미에서 법인격을 갖춘 국제기구는 아니다. 반면 WTO는 회원국의 비준을 받았기 때문에 법적 근거가 있고, 그 시효성도 영구적인 명실상부한 국제기구로서의 기능을 수행하고 있다.

둘째, GATT는 상품 및 일부 농산물교역만을 규율해 왔지만 WTO는 서비스, 지식재산권, 무역관련 투자까지도 규율하고 있다.

셋째, GATT는 상설분쟁해결기구가 없는 반면 WTO는 분쟁해결기구(DSB: Dispute Settlement Body)를 설치하여 보다 실질적이면서 효율적인 분쟁해결능력을 갖추게 되었다. 특히 분쟁해결절차와 이행기간을 명료화 하였으며, DSB의 결정사항이 용이하게 집행될 수 있도록 교차보복(cross-sector retaliation)을 허용하고 있다.

---

5) WTO 체제에서도 상품교역은 GATT 1994의 규율을 받는다.

넷째, WTO는 무역정책검토기구(TPRB: Trade Policy Review Body)를 설립하여 회원국들의 무역정책 관련 제도 및 관행을 정기적으로 평가함으로써 회원국들의 전반적인 무역제도에 대한 투명성을 제고하고 있다.

2 WTO의 기본원칙

1) 차별 없는 무역 보장

WTO의 가장 중요한 원칙은 회원국 간에는 물론이고 수입품과 국내 생산품 간에도 차별을 금지한다는 것이며, 이는 최혜국대우원칙과 내국민대우원칙을 통하여 구체화된다.

GATT 1994 제1조에 명시되어 있는 최혜국대우(Most-Favoured Nation Treatment: MFN)원칙은 특정 회원국에게 부여하는 최상의 혜택을 다른 모든 회원국에게도 차별 없이 동등하게 부여해야 하는 것을 의미하며, WTO의 가장 기본적이며 중요한 원칙이다.[6] 최혜국대우원칙의 적용에 있어서 관세동맹이나 자유무역지대의 경우 같이 일부 예외가 인정되고 있기는 하지만 일반적으로 모든 국가가 동등한 조건에서 교역하고 최선의 교역조건의 혜택을 누릴 수 있도록 보장하고 있다.

GATT 1994 제3조에 규정되어 있는 내국민대우(National Treatment)원칙은 어떤 상품이 한 국가에 수입되었을 경우 그 상품은 당해 수입국 내에서 생산되는 동종 상품과 동등한 조건으로 취급되어야 하는 것을 의미한다.[7]

2) 보다 자유로운 무역의 실현

WTO는 회원국들이 참여하는 협상을 통해 관세, 수입쿼터 등의 무역장벽을 감축 및 철폐함으로써 자유무역을 보다 진작시키고 있다. GATT 초기에는 주로 관세인하에 관한 협상이 진행되었으며, 1980년대부터는 비관세장벽, 서비스 및 지식재산권 등 새로운 분야에 대한 협상도 진행되고 있다.

WTO는 이러한 시장개방이 경제성장 등의 혜택을 주기도 하지만 이로 인한

---

6) 최혜국대우원칙은 특별한 경우를 제외하고는 서비스 분야에도 적용된다.
7) 내국민대우원칙은 모든 상품에 대해 적용되지만 서비스의 경우에는 회원국 간의 협상결과에 따라 특정 분야에 대해서만 적용될 수 있다.

구조조정의 필요성이 나타날 수 있다는 것도 인식하고 있다. 이에 따라 특히 개발도상국에 대해서는 자유화의무의 이행기간을 연장하는 등의 신축성을 부여하고 있다.

3) 예측가능하고 안정적인 시장접근의 보장

WTO는 수량제한은 일반적으로 금지하고 있는 반면, 국내산업의 보호 및 정부의 재정수입 충당을 위한 수단으로 관세는 사용할 수 있도록 허용하고 있다. 이는 가격기능에 의한 수입제한이 수량규제보다는 훨씬 예측이 가능하고 안정적이라는 사고에 기초를 두고 있다. 그러나 관세를 부과하는 경우에도 엄격한 규율이 적용된다.[8]

이러한 원칙을 달성하기 위해 UR 협상에서는 농산물 분야의 비관세장벽을 거의 모두 관세화시켰으며, 서비스 및 투자관련 부문에서도 모든 규제조치의 수준을 WTO에 약속하도록 하고 그 이상의 규제조치를 못하도록 규정하였다.

4) 공정경쟁의 촉진

WTO는 덤핑과 보조금 지급을 대표적인 불공정경쟁의 형태로 간주하고 이에 대해서는 수입국 당국이 관세를 부과할 수 있도록 규정하고 있으며, 이와 관련된 기존의 GATT 규정들은 WTO 협정에서 보다 구체화되고 명료화되었다. 이 외에도 농산물협정, 지식재산권협정, 서비스협정 등과 복수간 협정 중 정부조달협정이 공정경쟁을 촉진하기 위한 WTO 협정의 대표적인 예라고 할 수 있다.

5) 경제개발과 개혁의 장려

WTO 회원국 중 3/4 이상이 개발도상국 및 비시장경제체제로서 경제개혁을 추진 중에 있는 국가들이다. 선진국과 마찬가지로 이들 국가들의 대부분이 UR 협상에 따른 무역자유화를 이행하고 있지만 WTO는 각국의 경제상황을 고려하여 무역자유화의 속도에 유연성을 부여하고 있으며 선진국들의 기술지원을 적극 장려하고 있다.

---

8) 예를 들어 관세가 수입품 간에 차별적으로 부과되어서도 안되고, 관세부과 수준도 해당물품을 수출하는 주요 교역대상국과의 보상협상이 없이는 WTO에 약속한 수준 이상으로 인상할 수 없도록 되어 있다.

또한 GATT 1994의 제4부에서는 선진국들이 개발도상국에 대해 제공해야 할 여러 가지 경제지원 및 특혜조치를 규정함으로써 개발도상국들에 대한 WTO의 경제개발 및 개혁지원의 원칙을 반영하고 있다.

3 WTO의 조직과 운영

WTO는 크게 각료회의와 일반이사회로 구성되어 있다. 최소한 2년에 1회 이상 개최되는 각료회의(Ministerial Conference)는 WTO의 최고의사결정기구로서 WTO의 기능을 수행하기 위하여 필요한 조치를 취하고, WTO 설립협정과 다자간 무역협정에 따라 이와 관련된 모든 결정을 내릴 권한을 갖는다.[9]

일반이사회(General Council)는 필요에 따라 수시로 개최되며, 각료회의에서 합의(consensus)에 의해 결정된 주요 사안들을 집행하는 기구이다.[10] 일반이사회 산하에는 상품교역이사회(Council for Trade in Goods), 서비스교역이사회(Council for Trade in Services), 지식재산권이사회(Council for TRIPS)가 있으며, 각 이사회는 해당분야와 관련된 다자간 무역협정의 관리 및 이행 여부를 감독

[그림 6-1] **WTO의 조직**

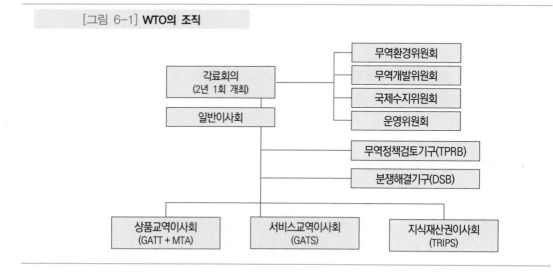

---

9) 각료회의는 WTO의 기능을 수행하기 위하여 무역환경위원회, 무역개발위원회, 국제수지위원회 및 예산·재정·운영위원회 등을 설치하여 운영하고 있다.

10) WTO에서 의사결정은 전 회원국이 투표 또는 합의로 의사를 결정하는 것이 원칙이지만, 일반적으로 합의를 통해 이루어진다.

하는 기능을 수행한다. 또한 일반이사회 산하에는 회원국 간의 분쟁을 효과적으로 해결하기 위한 분쟁해결기구(DSB)와 각 회원국의 전반적인 무역제도에 대한 투명성을 제고하기 위해 모든 회원국의 무역정책을 평가하는 무역정책 검토기구(TPRB)가 있다.

4 WTO 협정

1) WTO 협정의 구성

WTO 협정은 회원국 간의 무역관련 활동에 대한 공통의 제도적 틀을 제공하는 WTO 설립협정과 분야별로 제도적 틀을 제공하는 부속서인 다자간 무역협정(Multilateral Trade Agreement: MTA)과 복수간 무역협정(Plurilateral Trade Agreement: PTA)으로 구성되어 있다.

[그림 6-2] **WTO 협정의 구성**

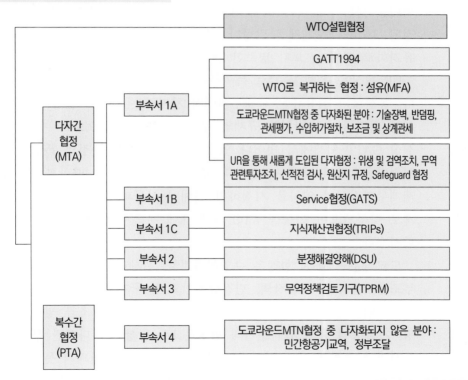

WTO 협정의 일부인 다자간 무역협정은 모든 회원국에게 적용되며, WTO 설립협정의 부속서 1, 부속서 2, 부속서 3으로 구성되어 있다. 부속서 1은 다시 그 성격에 따라 상품교역과 관련된 협정인 부속서 1A, 서비스교역과 관련된 협정인 부속서 1B, 지식재산권과 관련된 협정인 부속서 1C로 구성되어 있다. 부속서 2는 분쟁해결규칙 및 절차에 관한 양해이며, 부속서 3은 무역정책 검토제도에 대한 것이다.

반면에 부속서 4의 복수간 무역협정은 WTO 협정의 일부이기는 하지만 이는 복수간 무역협정에 속하는 관련 협정들을 수락한 회원국에게만 적용된다.

2) WTO 협정의 개요

부속서 1A는 주로 상품에 적용하기 위한 규정으로 GATT 1994, WTO로 복귀하는 협정, 도쿄라운드 MTN(Code on Multilateral Trade Negotiation) 협정 중 다자화된 분야, UR을 통해 새롭게 도입된 다자간 협정 등으로 구분된다.

GATT 1994는 1947년에 확정된 GATT 1947의 일부 내용을 수정하거나 그 의미를 명확하게 하기 위해 양해각서를 첨부하여 완성한 것으로 1994년에 확정된 GATT 조문체제를 말한다. 즉, GATT 1994는 GATT 1947의 기본 골격을 유지하고 있지만, 보다 명료한 규정, 해설, 보충설명 등이 추가되었다.

UR 협상을 통해 WTO로 복귀하는 협정들로는 농산물협정과 섬유협정이 있다. 농산물과 섬유류는 국제무역에서 차지하는 비중이 높음에도 불구하고 대부분 국가들이 광범위한 규제와 무역장벽을 설정함으로써 이들의 교역은 사실상 GATT 체제에서 벗어나 있었다. 또한 GATT 규정의 폭넓은 예외조치를 인정받음으로써 세계무역질서의 왜곡을 초래하였다. 따라서 UR 협상에서는 세계무역질서의 왜곡을 시정하기 위해 농산물과 섬유분야를 협상의 주요 의제로 다루었으며 이들을 WTO 체제 내에 부속서 1A에서 별도의 협정으로·포함시켰다.

도쿄라운드 MTN 협정은 수입허가절차, 관세평가, 보조금 및 상계관세, 정부조달, 반덤핑, 기술장벽, 민간항공기교역, 국제낙농, 쇠고기 등 9개 분야로 구성되어 있었다. 이 중 수입허가절차, 관세평가, 보조금 및 상계관세, 반덤핑, 기술장벽 등의 5개 분야의 협정은 UR 협상에서 다자간 무역협정으로 전환시켜 부속서 1A에 포함시켰다. UR 협상에서 다자화되지 못한 민간항공기교역협정, 정부조달협정, 국제낙농협정, 쇠고기협정 등은 복수간 무역협정으로 남아 부속서 4로 분류되어 왔지만, 국제낙농협정과 쇠고기협정은 19997년 말에 폐기되었고, 현재는 민간항공기교역협정과 정부조달협정만 남아 있으며 편의상 WTO 협정과는 별도로 독립적으로 운영되고 있다.

UR 협상을 통해 WTO 체제에 새롭게 도입된 다자간 무역협정으로는 위생 및 검역조치, 무역관련 투자조치, 선적전 검사, 원산지규정, 긴급수입제한조치 등이 있다.

부속서 1B는 서비스교역에 관한 일반협정(General Agreement on Trade in Service: GATS)의 내용을 담고 있다. 1980년대 들어 서비스교역이 급격하게 증가하는 추세를 보였지만 이를 포괄적으로 규율할 수 있는 다자간 규범이 없었다. 따라서 서비스교역의 자유화가 UR 협상의 주요 과제로 등장하였으며 서비스교역에 대한 장벽을 제거하고 서비스교역의 자유화를 가속화시키기 위하여 다자간 규범인 GATS를 제정하였다. GATS는 서문, 본문 6장 29개 조항과 8개의 부속서로 구성되어 있다.

부속서 1C는 GATT 체제 밖에 있었던 지식재산권 분야에 대한 규범을 다루고 있다. 지식재산권에 대한 기존의 국제조약(파리협약, 베른협약, 로마협약, 특허협력조약, 세계저작권 협약 등)은 지식재산권의 보호를 각국의 국내법에 위임하는 속지주의의 원칙을 채택하고 있었다. 그러나 WTO의 출범과 함께 지식재산권 보호에 관하여 국제적으로 통일된 규범과 규율인 무역관련 지식재산권에 관한 협정(Agreement on Trade-Related Aspects of Intellectual Property Rights: TRIPS)이 제정되었다. 부속서 1C에서는 기존의 국제조약에서 보호되었던 특허, 의장, 상표, 저작권뿐만 아니라 컴퓨터프로그래밍, 데이터베이스, 집적회로, 영업비밀 등 새로운 분야까지 보호하기 위한 규정이 수록되어 있다.

부속서 2는 분쟁해결규칙 및 절차에 관한 양해(Understanding on Rules and Procedures Governing the Settlement of Disputes)를 수록하고 있다. GATT에서는 분쟁해결과 관련하여 명확한 조항이나 절차가 없이 여러 조항에 분산되어 있었으나 UR 협상을 통해 분쟁해결절차를 전반적으로 개선하여 부속서 2에 별도로 수록하였다.

부속서 3은 무역정책검토제도(Trade Policy Review Mechanism: TPRM)에 관한 규정을 수록하고 있다. 무역정책검토제도는 WTO 각 회원국의 무역정책과 관련된 제도 및 관행을 정기적으로 평가하기 위한 제도로서 WTO를 중심으로 한 다자간 무역체제를 강화하는데 그 목적이 있다.

■ 5 새로운 무역 이슈

UR 협상의 타결과 동시에 새로이 제시된 다자간 무역협상(New Round)은 세계무역 확대에 큰 변수가 될 것으로 보인다. 기본적으로 선진국의 이해가 반영되어 있는 뉴라운드는 생산비에 직·간접적으로 영향을 주는 환경, 노동, 경쟁정책, 기술, 투자 등의 분야에 대한 국가 간의 정책차이가 불공정한 경쟁여건을 초래한다고 보고 있다. 따라서 뉴라운드는 공정한 경쟁과 무역을 위해 이들 분야에 대한 국제무역규범의 제정 등 향후 WTO 체제에서 다루게 될 새로운 협상의제를 나타낸다고 할 수 있다.

1) 환경라운드(GR: green round)

환경라운드는 환경과 무역을 연계한 것으로 국제적 환경기준에 적합한 상품만을 교역대상 품목에 포함시키고 각국의 환경규제조치의 투명성 확보 등에 초점을 맞추고 있다. 환경라운드는 오존층 파괴물질의 규제를 다룬 몬트리올의정서와 이산화탄소 배출규제를 다룬 기후변화협약 그리고 폐기물처리에 관한 바젤협약 등 각종 국제협약에서 비롯되었다.

2) 노동라운드(BR: blue round)

노동라운드는 노동(근로)조건과 무역을 연계한 것으로 국제적으로 인정된 노동기준보다 낮은 기준 하에서 생산된 상품의 수입제한과 이러한 상품을 수출하는 국가에 대하여 제재조치를 취하는 것을 목적으로 하고 있다. 노동라운드에서의 핵심적인 노동기준으로는 고용차별·강제노동·아동노동착취 등의 금지, 결사의 자유 등이 있다.

3) 경쟁정책라운드(CR: competition policy round)

경쟁정책라운드는 각국의 경쟁정책이 무역에 미치는 영향이 증대함에 따라 경쟁을 왜곡하는 각국의 시장구조 및 기업관행의 차이를 제거하고, 국제적인 경쟁조건을 평준화하여 외국상품의 시장접근을 보장하는 것을 말한다. 따라서 수출입 카르텔, 배타적인 기업관행, 담합행위 및 기업의 내부거래 등을 국제적으로 규제하고 국가 간의 경쟁관련 법과 제도를 조화시키려는 노력이 진행되고 있다.

4) 기술라운드(TR: technology round)

기술라운드는 각국의 기술정책과 무역을 연계한 것으로 각국의 연구개발 등 기술적인 요소가 공정한 무역에 장애가 되지 않아야 한다는 것을 말한다. 이는 개발도상국의 연구개발에 대한 정부지원이 국제적인 간섭을 받게 되고, 선진국들이 압도적인 우위를 갖고 있는 기술을 보호하자는 것으로 선진국에 유리한 방향으로 진전될 가능성이 크다.

5) 투자라운드(MAI: multinational agreement on investment)

대부분의 국가가 외국인 투자자보다 내국민에게 큰 혜택을 주기 때문에 기업의 국제투자가 위축되고, 이는 기업 활동의 세계화와 세계경제에 부정적인 영향을 미친다. 따라서 투자라운드는 자금은 물론 주식, 채권, 부동산, 지적재산권까지 포함하는 모든 유·무형의 자산에 대한 자유로운 국가별 이동을 보장하는 것을 말한다.

⬛ ⑥ 도하개발아젠다(DDA)

WTO 출범 이후 회원국 간 교역이 크게 확대하는 등 WTO는 세계무역의 자유화와 세계경제 발전에 상당한 기여를 하였지만, 세계무역환경의 변화를 반영하기 위한 새로운 무역규범의 제정 필요성에 대한 논의도 끊임없이 제기되었다. 이에 따라 1999년 미국 시애틀에서 개최된 제3차 WTO 각료회의에서 보다 포괄적인 협상의제에 대한 다자간 무역협상이 시도되었으나 합의에 실패하였고, 이후 2001년 11월 카타르 도하에서 개최된 제4차 WTO 각료회의에서 제9차 다자간 무역협상이자 WTO 출범 이후 최초의 다자간 무역협상인 도하개발아젠다(DDA: Doha Development Agenda)가 출범하였다.[11]

DDA의 협상기간은 3년으로 설정되었으며, 협상 결과에 의거하여 2005년부터 새로운 자유무역체제를 시작하려고 하였으나 회원국 간의 첨예한 이해관

---

11) DDA는 기존의 다자간 무역협상이 주로 선진국의 이익을 반영했다고 보는 개도국의 요청으로 '개발'에 중점을 두자는 의미에서 'Development'가 명칭에 포함되었다.

계의 대립으로 협상 연장, 결렬, 재개 등을 되풀이하고 있다.

DDA에서는 농업 및 서비스분야가 기설정 의제(built-in agenda)로 채택되었으며 투자, 경쟁정책, 환경, 전자상거래, 지식재산권 분야 등도 협상 대상으로 포함하고 있다.

DDA의 협상의제는 크게 시장개방(농업, 서비스, 비농산물), 규범(반덤핑, 보조금, 수산보조금, 지역무역협정, 분쟁해결 등의 기존 협정 개정과 무역원활화를 위한 신규 규범의 제정), 기타(환경, 지식재산권, 개발도상국의 개발문제를 별도로 검토) 등으로 구분된다. DDA는 2002년부터 본격적인 협상이 진행되었으며, 분쟁해결 양해를 제외한 모든 협상의 타결 및 발효는 일괄타결방식(single undertaking)으로 하지만 조기 합의사항에 대해서는 조기 이행이 가능하도록 하였다.

DDA 출범 당시에는 2003년 3월과 5월까지 농업과 비농산물(공산품 및 임수산물) 협상의 세부원칙을 확정하고, 2003년 제5차 각료회의까지 지식재산권 협상을 완료하고, 투자와 경쟁정책, 무역원활화 등과 관련한 세부 사항을 마련한다는 계획 하에 추진되었다. 그러나 2003년 멕시코의 칸쿤에서 개최된 제5차 각료회의는 성과 없이 끝났으며, 2004년 스위스 제네바에서 개최된 각료회의에서 자유화 세부원칙의 윤곽을 결정하는 기본골격(July framework)에 합의하면서 협상이 다시 본격적으로 진행되었다. 농업부문에서는 관세감축 기본틀, 민감품목·특별품목의 예외를 인정하였고, 비농산물(non-agricultural market access: NAMA)부문에서는 관세감축 기본틀, 부문별 무관세화, 개발도상국 우대 등을 합의하였다. 이 때 싱가포르 이슈(투자, 경쟁정책, 무역원활화, 정부조달투명성)에 대한 개발도상국의 반발을 수용하여 무역원활화만 정식 협상 의제로 다루기로 합의하였다.

그러나 DDA가 교착상태에 빠지자 WTO는 2005년 홍콩에서 제6차 각료회의, 2008년 7월 소규모 각료회의 등을 개최하여 농업과 비농산물의 세부원칙 도출을 시도하였으나 농산물 수입급증 시 개발도상국의 긴급관세 부과 메카니즘과 분야별 자유화에 대한 대립으로 합의 도출에 실패하였다. 2009년 이후 실질적인 협상의 진전을 보지 못하다가 2013년 1월 다보스 세계경제포럼(WEF)에 참가한 WTO 주요 회원국들이 DDA 협상 진전에 적극 노력하기로 합의한 결과 2013년 제9차 발리 각료회의에서 무역원활화를 중심으로 농업 일부와 개발 및 최빈개도국 이슈를 발리 패키지로 설정하고 이를 집중적으로 논의하기 시작하였다. 그 결과 무역원활화를 제외한 농업 일부, 개발 및 최빈개도국에 대한 잠정 합의안이 도출되었으며, 2013년 제9차 각료회의에서 발리 패키지가 합의·도출되었다.[12)]

이후 제10차 나이로비 각료회의의 개최시기가 다가오자 교착상태가 다소 해소되기 시작하였으며, 농업부문의 수출보조, 개발도상국의 긴급관세 부과 메카니즘, 식량안보용 공공비축보조 등과 최빈개도국의 특혜원산지, 서비스 의무면제, 면화 등의 분야를 중심으로 합의가 도출되면서 전체적으로 성공적인 결과를 도출하였다.

2015년 제10차 나이로비 각료회의 이후 2017년 미국에서 다자간 무역체제에 대해 부정적인 시각을 갖고 있는 트럼프 행정부가 출범함으로써 2017년 12월 아르헨티나의 부에노스아이레스에서 개최된 제11차 각료회의는 핵심의제에서 성과를 도출하지 못하고 종료되어 실질적인 진전을 이루지 못하였다. 미국 트럼프 행정부의 출범, 선진국과 개발도상국 간의 마찰 고조, 고립주의의 확산 등으로 WTO 출범 이후 첫 번째 다자간 무역협상인 DDA는 당분간 큰 진전을 기대하기 어려울 것으로 전망되며, 가까운 미래에 성공적으로 종료될 가능성도 매우 낮아 보인다.

제3절 경제통합

1 경제통합의 의의 및 형태

1) 경제통합의 의의

1995년 출범한 WTO를 중심으로 다자간 무역자유화가 여러 분야에서 지속적으로 이루어지고 있지만 지역주의(regionalism)라는 현상도 빠른 속도로 진행되고 있다. 냉전체제의 종식은 각국으로 하여금 안보보다는 경제를 우선시하는 정책을 채택하게 하였고 그 결과 지역주의 추세가 강화되었다. 지역주의

---

12) 무역원활화 협정문의 WTO 편입 작업은 제9차 각료회의에서 합의된 내용을 법률·조문화하여 WTO 협정문에 편입하는 것을 말하며, 특별일반이사회를 통하여 2014년 11월에 WTO 정식 협정문에 편입되었다.

또는 지역경제통합(regional integration)은 경제적 이해관계가 보다 밀접한 국가들 간에 특혜적인 무역 및 투자자유화를 통하여 추진되고 있다.

경제통합이란 협정을 체결한 국가 간에는 한 국가 내에서 거래하는 것과 같은 경제적 효과를 추구하지만 그렇지 않은 국가에 대해서는 차별적인 무역제한조치를 취하는 것을 말한다. 유럽연합(EU)과 북미자유무역협정(NAFTA)이 대표적인 지역경제통합의 예라고 할 수 있다.[13]

지역경제통합은 회원국에게는 특혜를 제공하고, 비회원국에게는 이 같은 특혜를 제공하지 않는 지역무역협정(Regional Trade Agreement: RTA)의 체결을 통해 결성된다. RTA의 체결은 협정의 회원국에게만 관세 및 비관세장벽의 철폐와 같은 특혜가 제공되기 때문에 WTO의 가장 기본적인 원칙인 GATT 1994 제1조의 최혜국대우원칙에 명백히 위반된다고 할 수 있다. 그러나 RTA가 세계경제의 통합, 즉 세계화에 기여할 가능성도 있다는 점에서 예외적으로 허용되고 있다. 이에 따라 WTO는 GATT 제24조, GATS 제5조 그리고 도쿄라운드에서 합의된 허용조항(Enabling Clause)에서 자유무역지대(FTA)나 관세동맹(CU) 등과 같은 RTA를 인정해 주고 있다. 각 RTA는 이들 세 가지 조문 중 하나에 의거하여 협정 체결 즉시 WTO에 통보할 의무가 있다.

GATT 제24조에서는 RTA가 제3국에 줄 수 있는 부정적인 영향을 최소화하기 위하여 몇 가지 제한 규정을 두고 있다. 첫째, 자유무역협정이나 관세동맹을 결성함에 있어서 제3국과의 무역에 적용되는 관세 및 기타 사업상의 규제가 RTA 체결 이전에 적용되던 수준보다 전반적으로(on the whole) 높지 않아야 한다. 둘째, 협정 회원국 간의 관세나 기타 규제가 실질적으로 모든 무역(substantially all the trade)에 걸쳐 철폐되어야 한다. 셋째, 잠정협정의 체결 시에는 합리적인 기간 내(within a reasonable length of time)에 자유무역협정이나 관세동맹을 완결하기 위한 계획 및 일정이 포함되어야 한다.[14]

GATS 제5조도 일부 국가 간 특혜적 서비스무역협정이 제3국에 줄 수 있는 부정적인 영향을 최소화하기 위하여 GATT 제24조와 마찬가지의 제한 규정들을 두고 있다. 그러나 GATS 제5조는 개발도상국을 포함하는 또는 개발도상국 간에는 제한규정들의 적용에 신축성을 부여하기도 한다.

---

13) NAFTA는 재협상 과정을 거쳐 2020년 7월 미국-멕시코-캐나다 협정(USMCA)으로 대체되었다.
14) UR 협상 당시 채택된 GATT 제24조에 대한 양해문서에서는 합리적인 기간을 10년으로 해석해야 한다고 규정하고 있다.

허용조항에서는 개발도상국들이 무역을 통한 성장을 도모할 수 있도록 선진국들이 개발도상국 수출품에 대해 일방적으로 일반특혜관세(GSP)와 같은 우대관세의 적용과 일부 개발도상국 간 관세 및 비관세장벽의 완화 및 철폐를 통한 특혜적 무역협정 체결을 허용하고 있다.

2) 경제통합의 형태

경제통합은 여러 가지 기준에 따라 다양하게 분류될 수 있으나 일반적으로 통합의 정도에 따라 부분별 특혜무역협정, 자유무역지역, 관세동맹, 공동시장, 경제동맹 및 완전한 경제통합으로 구분할 수 있다.

(1) 부분별 특혜무역협정(sectoral preferential trade arrangement)

부분별 특혜무역협정은 회원국 간에 일부 상품의 교역에 대해서만 제한적으로 특혜를 부여하는 것을 말한다. 대표적인 부분별 특혜무역협정으로는 1952년에 설립된 유럽석탄철강공동체(ECSC), 1965년에 체결된 북미 자동차무역협정 등이 있다.

(2) 자유무역지역(free trade area: FTA)

자유무역지역은 회원국 간에는 관세를 포함한 모든 제반 무역장벽을 완화하거나 철폐하지만 비회원국에 대해서는 각 회원국이 독자적인 무역정책을 유지하는 경제통합을 말한다. 자유무역지역의 경우 각 회원국의 대외관세율이 다르기 때문에 무역굴절(trade deflection)현상이 나타날 수 있다. 무역굴절현상이란 수입품이 가장 낮은 대외관세율을 갖고 있는 회원국을 통해 수입된 후 관세 없이 역내로 재수출되는 현상을 말한다. 이를 방지하기 위한 수단으로 자유무역지역에서는 원산지규정(rules of origin)이나 현지부품조달의무를 부과하고 있다. 대표적인 자유무역지역으로는 유럽자유무역지역(EFTA)과 1994년에 출범한 북미자유무역협정(NAFTA) 등이 있다.

(3) 관세동맹(customs union)

관세동맹은 회원국 간에는 관세 및 기타 무역제한을 철폐하지만 비회원국에 대해서는 대외공동관세(common external tariffs)를 적용하는 등 공동의 무역정책을 실행하는 경제통합을 말한다.[15] 관세동맹은 각 회원국이 대외적으로 공동의 관세를 부과하기 때문에 무역굴절현상이 나타날 가능성이 없으며, 대표적인 관세동맹으로는 1947년에 벨기에, 네덜란드, 룩셈부르크 3국이 체결한 베네룩스 관세동맹 등이 있다.

(4) 공동시장(common market)

공동시장은 관세동맹에서 더 나아가 회원국 간에 노동과 자본 등 생산요소의 자유로운 이동을 허용하는 경제통합을 말한다. 공동시장은 경제적인 국경을 철폐하고, 국가 간의 무역량 확대와 사회적·경제적 발전을 도모하는 것에 목적이 있다. 대표적인 공동시장으로는 1957년 로마조약에 의해 1958년에 결성된 유럽경제공동체(EEC), 1961년에 설립된 중미공동시장(CACM) 등이 있다.

(5) 경제동맹(economic union)

경제동맹은 공동시장보다 더욱 진전된 경제통합의 형태로 회원국 간에 무역·외환·금융·재정정책 등 대부분의 경제정책을 상호 조정하면서 공동으로 수행하는 경제통합을 말한다. 즉, 공동시장은 회원국 간에 무역정책을 제외한 경제정책은 독자적으로 사용하지만, 경제동맹은 회원국 간에는 공통의 금융·재정정책, 비회원국에 대해서는 공통의 무역·외환정책을 사용함으로써 더 높은 통합의 수준을 달성하고 있다. 경제동맹 단계에 이르게 되면 여러 가지 공동정책 중에서 회원국 간 거래의 효율성을 높이기 위한 통화통합이 우선적으로 추진될 수 있으며, 이를 경제통화동맹(economic and monetary union)이라고 한다. 마스트리이트 조약의 발효 이후 현재의 EU가 경제동맹에 해당된다고 할 수 있다.

(6) 완전경제통합(complete economic integration: CEI)

완전경제통합은 경제동맹에서 더욱 발전한 경제통합의 형태로 회원국 간에 정치·경제정책의 통일을 추구하는 초국가적인 기구를 설립하는 경제통합의 최종 단계라고 할 수 있다. 완전경제통합은 각국이 사실상 하나의 단일경제로 통합되는 것을 전제로 하고 있기 때문에 정치적 통합을 동시에 요구하고 있다고 할 수 있다. 정치 및 경제뿐만 아니라 외교적·군사적으로도 완전한 통합을 이룬 단일 연방국가인 미국이 완전경제통합에 해당될 수 있으며, EU의 경우 완전경제통합의 단계로 진행될 것으로 예상되고 있다.

---

15) 비회원국에 대해 대외적으로 공동의 관세를 적용하는지의 여부에 따라 관세동맹과 자유무역협정이 구별된다.

3) 경제통합의 추진 현황

WTO의 출범에도 불구하고 RTA의 확산은 당분간 지속될 전망이며, 최근에도 새로운 지역무역협정의 체결이 계속 증가하고 있다. 특히 2000년대 이후 DDA 협상이 지연되고, 거대경제권이 적극적으로 RTA에 참여하면서 세계 각 지역에서 지역주의가 심화되는 추세에 있다. WTO의 발표에 따르면 GATT 출범 이후 2024년 1월까지 전 세계적으로 594개의 RTA가 발효 중인 것으로 조사되었다.[16]

또한 기존의 RTA도 새로운 회원국을 받아들이는 형태로 확대되고 있다. 1992년 마스트리히트 조약에 의해 12개국으로 출범한 EU는 1995년에 스웨덴, 핀란드, 오스트리아의 가입으로 15개국으로 확대되었고, 2004년부터 동구권 국가들이 가입하기 시작하면서 회원국 수가 28개국으로 확대되었다가 영국의 탈퇴로 현재는 총 27개국으로 구성되어 있다.[17]

2024년 현재 발효 중인 594개의 RTA를 형태별로 보면 FTA가 전체의 약 90%를 차지할 정도로 높은 비중을 차지하고 있으며, 이는 FTA가 경제통합의 단계 중에서 비교적 낮은 단계의 통합 형태로서 추진하기가 용이하기 때문이다. 그러나 최근에는 FTA의 적용범위가 크게 확대되어 그 대상범위가 점차 넓어지고 있다. 전통적인 FTA는 상품분야의 무역자유화에 중점을 두었지만, 오늘날에는 상품분야의 관세철폐뿐만 아니라 서비스 및 투자의 자유화, 지식재산권·정부조달·경쟁정책·무역구제제도 등 정책의 조화부문까지 협정의 대상범위가 점차 확대되고 있다.

지역경제통합은 유럽과 북미지역에서 두드러지게 나타나고 있다. 유럽의 경우 1987년 단일유럽의정서(Single European Act: SEA)의 발효 이후 경제통합이 급속히 진전되었으며, 1993년에 발효된 마스트리히트 조약에 따라 유럽국가들의 지역공동체인 EU을 출범시켰다.[18] 한편, 북미지역에서는 1988년에 체결한 미국과 캐나다 간의 FTA에 멕시코를 포함시켜 1994년 북미 3개국 간에 NAFTA를 출범시켰으며, 미국은 쿠바를 제외한 미주 34개국 간에 FTAA(미주자유무역지대)라는 지역협력체 설립을 추진 중에 있다.

---

16) 1948년부터 WTO가 출범하기 전인 1994년까지 GATT에 통보된 RTA는 124개였다.

17) 하지만 영국은 2016년 국민투표를 통해 EU에서 탈퇴하기로 결정하였다.

18) 마스트리히트 조약은 유럽의 정치·경제통합에 관한 조약으로 이 조약으로 인해 경제통화동맹(EMU)이라는 프로젝트를 출범시켰다.

이 외에 아시아지역에서는 1993년 AFTA(아세안 자유무역지대)가 이미 창설되었고, ASEAN+3(한국, 일본, 중국)이라는 협력체도 구축되었다. 남미에서는 1995년 MERCOSUR(남미공동시장)가 창설되었고, 아프리카 대륙에서도 2109년 AfCFTA(아프리카대륙자유무역협정)가 공식적으로 출범을 선언하였다. 한편 1989년에는 아시아와 북미를 포괄하는 APEC(아시아·태평양경제협력체)이 출범하였는데, 회원국 간의 정치적·경제적·문화적 이해관계의 차이가 크기 때문에 비조직적인 지역협력체적 양상을 보이고 있다. 이 밖에도 중남미, 중동지역 등에서도 수많은 경제공동체가 형성되어 있다.

최근에는 EU, NAFTA 등 특정 지역 내에 속한 국가들 간의 무역자유화를 추진하는데 그치지 않고 지역 간(trans-regional)에 또는 거대한 규모의 자유무역협정(Mega-FTA)을 추진하고 있는 사례가 많아지고 있다. 미국, 일본, 캐나다, 호주, 뉴질랜드, 칠레, 말레이시아, 싱가포르, 페루, 베트남, 부루나이, 멕시코는 2015년 10월 TPP(환태평양경제동반자협정)을 체결하였다.[19] 한편, 인도를 제외한 ASEAN 10개국과 한국, 중국, 일본, 호주, 뉴질랜드는 2019년 11월 RCEP(역내포괄적경제동반자협정) 협정문 타결을 선언하였다.

우리나라의 경우 지역주의의 확산으로 주요 시장에서 FTA 미체결에 따른 우리나라 기업들의 불이익이 증가됨에 따라 1990년대 후반 FTA를 주요 통상정책 수단으로 활용하기로 결정하였다. 안정적인 해외시장의 확보와 경쟁력 강화를 위해 주요 무역상대국과 동시다발적으로 FTA를 적극적으로 추진한 결과 2004년 4월 한-칠레 FTA를 시작으로 2024년 4월 현재 59개국(발효기준)과 21건의 FTA를 체결하였다.

▌2 경제통합의 경제적 효과

경제통합의 형태에는 자유무역지역, 관세동맹, 공동시장 등 여러 가지가 있지만 순수한 관세 상의 차별대우로 인한 경제적 효과는 회원국 간에는 관세를 철폐하고 비회원국에 대해서는 공동의 관세를 부과하는 관세동맹에서 가장

---

19) TPP는 미국이 중국을 견제할 목적으로 적극 참여하면서 주목을 받기 시작했으나, 미국은 트럼프 행정부 출범 이후인 2017년 1월 탈퇴하였다. 이후 일본 주도로 TPP 협상이 진행되었고, 협정의 명칭을 포괄적·점진적 환태평양경제동반자협정(CPTPP: Comprehensive and Progressive Agreement for Trans-Pacific Partnership)으로 변경하였으며, 2018년 12월에 발효되었다.

잘 나타날 수 있다. 이러한 의미에서 관세동맹은 경제통합의 경제적 효과를 분석하는 기초 이론으로 볼 수 있다.

1) 정태적 효과

경제통합이 무역에 미치는 영향은 바이너(J. Viner)에 의해 최초로 체계적인 분석이 이루어졌다. 바이너는 관세동맹이 자유무역을 촉진하는 동시에 보호무역을 강화하는 측면이 있기 때문에 회원국의 후생에 미치는 효과가 불분명하다고 주장하면서 이를 무역창출효과와 무역전환효과의 개념을 도입하여 설명하고 있다.

무역창출효과(trade creation effect)는 관세동맹으로 회원국 간에 관세가 철폐되면 관세동맹 내에서 생산비가 높은 회원국으로부터 생산비가 낮은 회원국으로 생산이 이전됨에 따라 동맹국 간의 무역이 새로이 발생하는 것을 말한다. 따라서 무역창출효과가 발생하면 관세동맹의 각 회원국이 비교우위가 있는 산업에 특화하여 생산하기 때문에 관세동맹 내에서 자원배분의 효율성이 높아지고 후생이 증가한다.

무역전환효과(trade diversion effect)는 관세동맹으로 회원국 간에는 관세가 철폐되지만 비회원국에 대해서는 차별적인 공동의 관세가 부과되므로 관세동맹 내에서 소비하는 상품의 생산이 생산비가 낮은 비회원국에서 생산비가 높은 회원국으로 이전되는 것을 말한다. 따라서 무역전환효과가 발생하면 세계적으로 자원이 비효율적으로 배분되고 후생이 감소하는 효과가 나타난다.

관세동맹이 형성되면 일반적으로 무역창출효과 무역전환효과가 동시에 발생하기 때문에 관세동맹을 체결하는 국가의 후생이 증가하기 위해서는 무역창출효과가 무역전환효과보다 커야 한다. 무역창출효과와 무역전환효과의 크기는 관세동맹에 참여하는 국가들의 수요 및 생산조건, 관세동맹 전후의 관세수준 등 여러 가지 요인에 의해서 결정된다. 일반적으로 무역창출효과는 관세동맹 형성 전의 관세율이 높을수록, 관세동맹 회원국과 비회원국 간의 생산비의 차이가 적을수록 그리고 관세동맹 회원국의 공급과 수요의 가격탄력성이 클수록 그 효과가 크게 나타난다.

2) 동태적 효과

관세동맹의 가장 가시적인 동태적 효과는 확대된 시장으로부터 발생하는 규모의 경제라고 할 수 있다. 관세동맹으로 시장이 확대되면 관세동맹 내에서 비교우위가 기업들이 대량생산을 할 수 있는 기회를 갖게 되므로 규모의 경제를 실현할 수 있다. 규모의 경제로 평균생산비가 하락하면 관세동맹 내의 기업들은 소비자에게 낮은 가격으로 제품을 공급할 수 있으며, 비회원국들에 대해서는 가격경쟁력이 강화되는 효과도 기대할 수 있다.

관세동맹으로 인한 시장의 확대는 관세동맹 내의 기업들 간에 치열한 경쟁을 유발하여 시장의 효율성이 증대되는 효과가 나타날 수 있다. 즉, 관세동맹으로 회원국 간에 무역장벽이 제거되면 각 회원국의 기업들은 다른 기업들과의 경쟁에 대처하기 위하여 경영상의 효율성을 보다 제고하게 되고, 비효율적인 기업들은 퇴출되기 때문에 이는 결과적으로 생산비용의 하락을 초래하여 소비자에게는 이익이 된다. 또한 경쟁에서 살아남기 위해 제품의 품질 향상과 새로운 제품의 개발을 도모해야 하며, 이를 위한 연구·개발과 기술혁신에 대한 투자의 증가는 생산성을 향상시켜 경제성장을 촉진할 수 있다.

그리고 관세동맹 비회원국이 확대된 시장을 활용하고 무역장벽을 회피하기 위하여 생산기지를 관세동맹 내로 이전하는 경우에는 자본과 기술이전이 촉진되는 효과를 기대할 수 있으며, 더 나아가 공동시장으로 발전하는 경우 노동과 자본의 자유로운 이동으로 인해 세계 전체의 자원이 보다 효율적으로 이용될 수 있다. 또한 관세동맹에 참여한 국가들은 대외관계에서 집단적인 대응이 가능하므로 국제사회에서 발언권이 강화되고, 강화된 대외협상력을 이용하여 관세동맹 내의 공동이익을 극대화하는 것도 가능해진다.

제4절 ▶ 기타 국제경제기구

1 경제협력개발기구(OECD)

경제협력개발기구(OECD: Organization for Economic Cooperation and Development)는 전후 유럽의 경제부흥을 위해 미국이 제공했던 마샬 플랜(Marshall Plan)의 효과적인 집행과 상호협력을 추구하는 유럽경제협력기구(OEEC: Organization for European Economic Cooperation)를 모체로 하고 있으며, 1961년

이후 미국, 캐나다, 일본 등 다른 선진국들이 가입함으로써 출범하게 되었다. OECD는 WTO와 달리 일정한 가입조건을 구비한 선진국만이 가입할 수 있으며, 회원국 간에 경제·사회 전반에 걸친 주요 문제 및 정책에 대한 협의·협조·조정을 위한 선진국 중심의 경제협의체이다. OECD는 회원국들의 경제성장을 촉진하고, 세계경제 발전에 기여하며, 개발도상국들에 대한 원조와 다자주의에 의한 세계무역의 확대를 목적으로 하고 있다.

OECD 회원국들은 세계 GDP의 약 60%에 막강한 경제력을 갖추고 있으며, 세계경제의 다양한 문제에 대한 심층적인 연구와 논의를 통해 합의된 결과를 국제규범화하는 데 적극적인 역할을 하고 있다. OECD는 무역 및 투자를 포함한 다양한 문제들에 있어 회원국들 간의 상이한 제도 및 규범의 조화를 목적으로 새로운 글로벌 기준(global standard)을 수립하고 있으며, 이는 궁극적으로 WTO 차원에서의 규범제정 논의에 적지 않은 영향을 주고 있다.

OECD의 규범은 효력의 강도와 적용범위에 따라 결정, 권고, 선언, 협정, 약정 및 지침 등으로 분류되는데 이 중 결정(decision)규정은 모든 회원국들이 반드시 이행할 의무가 있다. OECD는 선진국의 공통된 이익의 극대화를 추구하며, 세계무역이나 국가 간의 경제·사회 전반에 대한 매우 많은 자료들을 보유하고 있다.

■ ☐ 유엔무역개발회의(UNCTAD)

제2차 세계대전 이후 개발도상국들의 경제발전은 매우 부진한 상태였고, 선진국과 개발도상국 간에 경제적 격차가 크게 확대된 결과 1960년대 들어 선진국과 개발도상국 간에 소득격차 문제가 중요한 국제적인 문제로 등장하였다. 이에 따라 1962년 8월 유엔경제사회이사회는 선진국의 동의를 얻어 개발도상국의 경제개발과 남북협력의 도모를 위해 유엔무역개발회의(United Nations Conference for Trade and Development: UNCTAD)의 개최를 결의하였다. 이후 UNCTAD는 1964년 3~6월 스위스 제네바에서 제1차 UNCTAD 총회가 개최된 후 유엔 총회 산하에 상설기구로 설치되었다. 당시 초대 UNCTAD 사무총장으로 지명된 아르헨티나의 프레비쉬(R. Prebisch)는 제1차 UNCTAD 총회의 소집에 앞서 "개발을 위한 새로운 무역정책을 향하여"(Toward a New Trade Policy for development)라는 보고서를 통해 GATT에 의한 관세율 인하 대상이 주로 선진국의 수출품이자 개발도상국의 수입품인 공산품이라는 점에서 GATT 체제가 선진국 위주로 되어 있다고 주장함으로써 GATT의 구조적 결함을 지적하였다. 프레비쉬 보고서가 발표되고 1개월 후 1964년 3월 제네바에서 77개국이 참가한 가운데 제1차 UNCTAD 총회가 개최됨으로써 개발도상국과 선진국 간에 발생하는 정치·경제·사회적 모든 문제를 지칭하는 남북문제는 UNCTAD를 중심으로 전개되었다.[20]

UNCTAD는 선진국과 후진국 간의 심각한 무역불균형을 해소하고, 선진국은 후진국에게 개발을 위한 원조를 제공함은 물론 여러 가지 면에서 적극적으로 협조해야 한다고 주장하고 있다. 특히, UNCTAD는 개발도상국의 경제발전을 가속화하기 위한 수단으로 무역확대를 주된 목적으로 추구하고 있으며, 남북문제의 해결을 위한 개발도상국과 선진국 간의 이해관계 조정과 협력관계 증진을 주요 의제로 설정하고 있다. 이를 위한 수단으로 개발도상국들이 무역을 통해 원활한 경제성장을 도모할 수 있도록 선진국들이 개발도상국에게 제공하는 일반특혜관세(Generalized System of Preference: GSP)와 같은 무역특혜조치의 채택을 주도하고 있다.

３ 국제통화기금(IMF)

국제통화기금(IMF: International Monetary Fund)은 국제적인 통화협력과 환율안정 및 국제유동성의 확대라는 목표 하에 설립된 기구로 국제통화금융 분야를 관장하는 국제경제기구이다. IMF는 제2차 세계대전 이후 세계적으로 정치·경제적 주도권을 잡은 미국의 주도로 브레튼우즈 협정에 따라 설립되었으며, 미국 워싱턴 D.C.에 본부를 두고 있다.

IMF 회원국은 크게 14조국과 8조국으로 구분된다. 8조국은 IMF 협정 제8조가 규정하고 있는 의무규정 즉, 경상지불을 위한 외환제한의 철폐, 차별적인 통화조치의 폐지, 외국인이 보유하고 있는 통화의 잔고에 대한 교환성 부여 등 3가지 의무를 준수할 것을 수락하고 이행하는 국가를 말한다. 14조국은 IMF 협정 제14조의 의무를 이행할 것을 수락한 국가를 말한다. IMF 협정 제14조는 제8조에서 규정한 내용 중 외환제한의 철폐에 대한 예외규정으로 회원

---

20) 제네바에서 열린 제1차 총회에 77개국이 참가하였기 때문에 77모임이라고도 한다.

국이 자국의 경제상황에 따라 잠정적으로 외환관리를 할 수 있도록 허용하고 있다.[21]

　　IMF는 세계무역의 안정된 확대를 통하여 회원국들의 고용과 소득증가, 생산 및 자원개발에 기여하는 것을 궁극적인 목적으로 한다. 특히, 회원국들의 국제수지 불균형이 심화될 경우 발생할 수 있는 금융위기를 사전에 방지하기 위한 조기경보체제(early warning system)를 가동하거나, 금융위기 발생 시 이를 해결하기 위해 구제금융 등을 지원해 주는 중요한 역할을 하고 있다.

■4 세계은행(World Bank)

　　일반적으로 세계은행(World Bank)으로 통칭되는 국제부흥개발은행(IBRD: International Bank for Reconstruction and Development)은 1944년 브레튼우즈 협정에 따라 제2차 세계대전 이후 개발도상국들의 경제개발과 부흥을 지원할 목적으로 설립되었다. IBRD는 지금까지도 국제개발협력 분야에서 OECD의 개발원조위원회(Development Assistance Committee: DAC)와 함께 매우 중요한 역할을 담당하고 있다. 세계은행은 IBRD, 국제금융공사(IFC), 다국간투자보증기구(MIGA), 국제투자분쟁해결센터(ICSID) 등의 산하기구로 구성된 그룹의 형태로서 국제개발협력과 관련된 금융지원, 투자보장, 분쟁해결 등의 업무를 담당하고 있다.

　　국제금융공사(IFC: International Finance Corporation)는 개발도상국에서 민간부문의 발전을 촉진함으로써 IBRD의 활동을 지원할 목적으로 1956년에 설립되었다. 다국간투자보증기구(MIGA: Multilateral Investment Guarantee Agency)는 비상업적 위험에 대한 보증과 광범위한 투자진흥 활동으로 개도국에 대한 투자촉진을 목적으로 1988년에 설립되었다.

　　국제투자분쟁해결센터(ICSID: International Center for Settlement of Investment Disputes)는 IBRD의 후원 하에 체결된 「국가와 다른 국가의 국민 간에 투자분쟁해결에 관한 협약(워싱턴협약)」에 의하여 1966년에 설립되었다. ICSID는 체약국과 다른 체약국의 국민 간의 투자와 관련된 분쟁을 조정 또는 중재에 의하여 해결하기 위한 여러 가지 편의를 제공하는데 있다.

---

21) 우리나라는 1955년 8월 26일 IMF에 58번째 회원국(14조국)으로 가입하였고, 1988년 11월 1일부터 IMF 협정 제8조의 의무를 수락함으로써 IMF 제8조국으로 이행되었다.

PART 4

무역상무

무역상무의 개요

무역상무의 개요

제1절 무역상무의 의의

1 무역상무의 범위

무역상무의 범위는 크게 핵심연구영역과 인접연구영역으로 구분할 수 있다. 무역거래에서 가장 중요한 연구영역은 매매당사자간 체결된 기본계약인 매매계약과 이를 이행하기 위한 운송계약, 보험계약, 지급계약이다. 앞에서 언급한 바와 같이 매매대상은 물품, 서비스, 기술 등이며 물품은 전통적인 물품과 전자적 형태의 무체물로 나눌 수 있다.

운송계약은 해상, 육상, 항공 및 복합운송이 있으며 여기에 창고 및 보관 등의 개념이 합쳐져 물류까지 포함된다. 보험계약은 해상보험, 수출보험, P&I Club 및 제3자에 대한 배상책임을 커버하는 제조물책임보험도 경우에 따라서는 포함된다. 지급계약은 전통적 결제방식인 L/C 외에 D/A, D/P의 계약서거래, 전자결제시스템 및 현금, 수표, 환결제방법이 있다.

이러한 무역관련계약이 영문으로 작성되기 때문에 무역영어와, 국제적 통신이 앞으로 인터넷에 의존한다면 인터넷무역 등도 핵심·연구분야로 분류할 수 있다. 특히 수출입이 국내 무역관련법규(대외무역법, 외국환거래법, 관세법) 및 국제거래관습·법규(CISG, Incoterms, UCP, Hague Rules, Hamburg Rules, Warsaw Convention, UNCTAD/ICC Rules, CMI규칙, M.I.A., UNCITRAL Model Law)에 따라 제한 또는 준거되기 때문에 이들에 관한 연구도 필수적이라고 할 수 있다. 저자는 본서에서 이들 핵심연구분야를 중심으로 주요 내용을 기술하기로 한다.

다음으로 무역상무와 밀접한 인접학문분야는 국제거래법 또는 상사법 분야이다. 무역상무가 국제거래관습에 초점을 두는데 반하여 이들 분야는 실정법에 초점을 두고 있다. 양 분야는 중복되는 경우도 많지만 상호 보완적 관계로 실무와 법리의 결합에 의하여 연구의 시너지 효과를 높일 수 있다.

한편 WTO 협정문이나 EU법 등 국제공법도 무역상무와 매우 긴밀한 관계가 있다. 다자간 협정을 통하여 국제적 통일규범이 확립되어야 각국내의 기업들이 이러한 통일된 규범에 따라 계약을 체결할 수 있다. 또한 무역의 생성원리를 설명하는 무역이론이나, 해외 시장조사와 거래처 발굴 등에 관한 국제마케팅, 물품·자본·기술을 결합하여 해외로 진출하는 해외직접투자 등도 무역상무와 밀접한 분야이다. 끝으로 무역은 2개 이상의 국가가 관련되어 이루어지기 때문에 상대국의 문화, 제도, 법률, 관행, 통화 등에 관한 것을 연구하는 지역연구와 이러한 점을 기초로 하여 체결되는 무역계약은 밀접한 관계가 있기 때문에 이에 대한 검토가 필요하다.

◼2 무역상무의 연구방법

1) 무역계약 중심의 접근

과거의 '무역실무'는 절차중심으로 접근하였다. 즉, 무역을 수출과 수입의 양면으로 분리하여 수출절차와 수입절차를 거래절차에 따라 관련사항을 설명하고 있다. 이러한 학습방법에는 두 가지 문제점을 내포하고 있다.

첫째, 수출절차와 수입절차는 서로 역의 방향에서 접근하는 것일 뿐 결국은 같은 내용이 반복된다. 따라서 같은 매매계약도 수출상의 입장에서는 수출계약이 되고, 수입상의 입장에서는 수입계약이 된다. 또한 운송계약, 보험계약, 환계약은 수출절차와 수입절차에서 중복하여 취급하여야 한다.

둘째, 이러한 절차중심의 학습은 학문의 가치를 격하시킨다고 할 수 있다. 왜냐하면 절차는 관련 학문에 관한 전문적인 지식이 없어도 실무에 일정기간 종사하면 경험에서 체득되기 때문에 대학의 중심교과목으로 둘 가치가 있느냐에 관하여 비판이 제기될 수 있다. 대학의 전공과목으로 존속하기 위하여는 연구방법의 과학성이 전제되어야 하는데 그러한 절차는 이것이 결여되어 있는 단순한 관행과 제도의 학습에 불과하기 때문이다.

셋째, 기존의 수출입절차는 물품교역절차에 국한되기 쉽다. 이러한 접근방법으로 급변하는 국제무역환경과 다양한 거래형태 및 거래대상을 포용할 수 없다.

따라서 저자는 무역상무의 학문적 체계를 확립하기 위하여 무역상무의 중요한 문제를 계약중심으로 접근하는 것이 바람직하다고 생각한다. 계약적 접근의 중심은 매매당사자간의 매매계약을 중심으로, 송화인과 운송인간의 운송계약, 보험계약자와 보험자간의 보험계약, 신용장의 개설의뢰인과 개설은행간 외국환거래약정, 환어음의 발행인과 매입은행간의 어음매입약정 등을 근간으로 하여 당사자간의 법률관계를 중심으로 검토되어야 한다고 생각한다.

계약의 성립과 이행과정을 계약중심으로 접근하므로 그 과정에서 발생하는 계약불이행 문제에 관하여 책임당사자를 규명하고, 이에 대한 구제조치를 끝으로 계약이행이 완료된다.

결국 계약중심의 접근이란 매매당사자간의 매매계약을 주계약으로 하고, 이의 이행에 따른 세 가지 종속계약, 즉 운송계약, 보험계약 및 지급계약의 계약당사자간의 법률적 관계를 상무적 · 법리적으로 검토하는 것을 말한다.

그러나 무역상무의 모든 문제를 계약관계로 접근할 수 있는 것은 아니다. 예를 들면, 무역관리제도나 통관, 환율, 항만, 물류 및 인터넷 등 제도나 기술 또는 관습에 관한 것도 많이 있다. 또한 WTO나 NAFTA 등 국제경제체제의 블럭화 및 통상과 관련된 분야도 있다. 이러한 제도나 기구에 관한 연구는 제도의 비교 · 검토나 비교법적 접근이 필요한 분야도 있다.

2) 상무적 · 법리적 연구

연구방법은 그 학문의 논리적 정당성을 증명하는 논증방법을 말한다. 무역상무의 연구방법은 상무적 · 법리적 연구방법을 택하고 있다. 즉, 국내외의 상관습이나 관행을 중심으로 한 상무적 연구와 국내 · 국제법규를 중심으로 한 법리적 연구를 병행하고 있다.

무역상무 연구를 위한 가장 대표적인 도구는 국제상관습(international commercial practice and usage)과 국제입법(international legislation)이다. 국제상관습은 상업상의 관습, 관행 또는 규범이 국제상거래에서 반복되므로 국제거래에 종사하는 사람들이 이를 당연히 준수할 것으로 기대하는 것을 말한다. 이러한 상관습이 성문화된 것으로 국제상업회의소의 Incoterms, 신용장통일규칙, 중재규칙 및 표준계약양식 등이 있다. 이러한 상관습이 입법화된 것이 영국의 물품매매법(Sale of Goods Act, 1994)이나 미국의 통일상법전(Uniform Commercial Code, 1998) 등이 있다. 국제입법은 UN이나 정부간 베이스의 국제기구에서 정한 규칙(rules)이나 협정(agreement) 또는 협약(convention) 등을 말한다. 예를 들면 국제물품매매계약에 관한 UN협약, Hague Rules, Hamburg Rules, WTO협정 등이 이에 속한다. 이러한 국제상관습이나 국제입법은 영미법, Common Law(보통법), Equity Law(형평법) 및 대륙법의 조화나 타협으로 이루어진 것이 많기 때문에 이에 관한 검토도 필요하다. 비록 우리나라의 민법이나 상법은 국제거래의 준거법이 되기 어렵지만 준거법이 없을 경우 국제사법의 원칙에 따라 준거법이 될 수 있다. 따라서 이들 국내법에 대한 이해도 필요하다. 또한 비록 한시적이기는 하지만 대외무역법, 전자거래기본법, 전자서명법, 관세법 및 외국환거래법 등과 어음법이나 무역업무자동화촉진에 관한 법률 등 무역관리제도나 전자거래와 관련된 법규의 연구가 필요하다.

무역상무는 계약적 접근방법을 취하고 있기 때문에 상무적·법리적 연구가 그 중심이 되어야 하지만 실증적 연구나 계량적 방법도 필요에 따라 사용할 수 있다. 예를 들어 교역량의 증대와 특정의 정형거래조건의 사용과의 관계 및 Hamburg Rules의 발효와 책임보험료율의 인상과의 관계 등을 규명하기 위해서는 실증적 방법이나 계량적 방법이 도입될 수 있다.

제2절 무역거래절차

1 수출거래절차

수출거래절차를 계약체결을 위한 준비, 계약의 성립, 계약의 이행 및 계약의 종료로 나누어 설명한다.

[그림 7-1] 신용장방식에 의한 수출절차

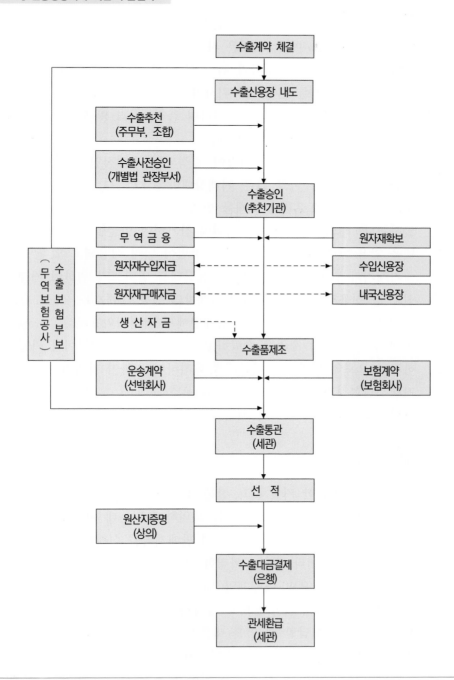

1) 계약체결의 준비

무역거래를 시작할 때 제일 먼저 하여야 하는 일이 해외시장조사(overseas marketing research)이다. 이것은 자신의 상품을 어느 나라 어느 수입상에게 수출하느냐 하는 것을 결정하기 위한 사전 작업이기 때문이다.

먼저 대상 국가를 선정하기 위하여 각국의 정치, 경제, 사회적 여건을 조사하고, 거래 상대방을 선정하기 위하여 품질, 가격 및 인도기일 등의 적응력을 조사하는 것이 해외시장 조사이다.

이러한 조사결과로 목적시장이 결정되면 구체적인 수입상 또는 수출상을 물색하여야 한다. 이와 같은 거래상대방은 KOTRA, 한국무역협회, 상공회의소와 같은 기관으로부터 소개를 받거나 상공인명부(directory) 등을 통하여 발굴하거나, 해외홍보매체나 전시회에 참가하여 발굴할 수 있다. 최근에는 인터넷을 활용하여 거래처를 발굴하는 방법이 널리 이용되고 있다.

거래처가 발굴되면 거래처의 신용상태를 알아보기 위하여 거래은행이나 흥신소 등 신용조사기관을 통하여 상대방의 신용상태(credit standing)를 점검한다.

신용조사결과가 양호하다면 상대방에게 거래제의(business proposal)를 한다. 이에 상대방이 이 제의를 수락하고 요청이 있으면 견본이나 카탈로그를 송부하고 앞으로의 원만한 거래관계를 유지하기 위하여 거래의 기초가 되는 「일반거래조건협정서」(Agreement on General Term and Conditions of Business)를 교환함으로써 거래의 기초가 되는 포괄적인 약정을 하게 마련이다.

2) 계약의 성립

매도인이 발송한 카탈로그, 견본 및 가격표를 보고 매수인이 상품의 품질, 수량, 선적기일 및 결제조건 등을 문의하게 되는데 이것을 조회(Inquiry)라 한다. 매도인은 이러한 조회에 대하여 판매계약을 신청하게 되는데 이를 매도청약(Selling Offer)이라 한다. 이러한 청약에 대하여 매수인의 무조건적 승낙(Acceptance)이 있으면 매매계약(Sales Contract)이 성립된다. 현실적으로는 매도인의 오퍼에 매수인이 곧바로 승낙하는 경우는 드물다. 매수인이 오퍼의 내용을 수정하여 회답할 때 이를 대응청약(Counter Offer)이라고 한다. 이를 매도인이 승낙하면 마찬가지로 매매계약이 성립된다.

계약이 성립되면 그 내용을 확인하고 계약성립의 증빙을 위하여 매수인이 주문서(Order Sheet)나 매약서(買約書, Purchase Note)를 매도인에게 송부하거나 매도인이 주문승낙서(Acknowledgement of Order) 또는 매약서(賣約書, Sales Note)를 매수인에게 송부함으로써 계약내용이 확정된다.

3) 계약의 이행

매매계약이 성립되면 매수인은 지급조건(Term of Payment)이 신용장 베이스인 경우에는 자신의 거래은행에 신용장거래약정을 체결하고 신용장의 개설을 의뢰한다. 이렇게 하여 발행된 신용장은 수출지의 통지은행을 경유하여 매도인인 수출상에게 전달된다.

신용장을 수령한 매도인은 신용장이 매매계약의 내용과 일치하는지를 확인한 후 대외무역법에 따라 필요한 경우 해당 승인기관장으로부터 수출승인(Export Li-cence : E/L)을 취득한다.

매도인은 수출상품을 직접 제조하거나 제조업자로부터 매입할 수 있다. 즉, 수출에 필요한 원자재나 완제품을 국내의 공급업자로부터 구매하기 위하여 자신의 거래은행에 내국신용장(Local L/C)의 발행을 의뢰할 수 있다. 또한 수출상은 수출상품의 제조·가공·집하·매입 등에 필요한 자금을 무역금융지원제도에 따라 거래은행으로부터 융자받을 수 있고, 무역어음을 발행하여 이를 할인함으로써 필요한 자금을 조달받을 수 있다.

생산이 완료되면 매도인은 세관에 수출신고(export declaration)를 한 후 수출신고필증(export permit)을 받고 수출상품을 선적하게 된다. 수출신고는 통상관세사나 통관법인 등을 통하여 하나 매도인 스스로 신고할 수도 있다.

수출통관이 끝나면 FOB 조건에서는 매수인이, CFR이나 CIF 조건에서는 매도인이 선복을 수배하고 운송계약을 체결한 후 화물을 선적한다. 이때 매도인은 운송인으로부터 선하증권(B/L)이나 복합운송서류(multimodal transport document)를 발급받는다.

한편 CIF 조건으로 수출할 경우 매도인은 해상보험계약을 체결하여야 한다. CIF 조건에서 운송중의 위험은 매수인이 부담하지만 부보의무는 매도인에게 있다. 부보가 끝나면 매도인은 보험회사로부터 보험증권(insurance policy)을 발급받게 된다.

만약 신용장거래가 아닌 D/P(Document Against Payment: 지급도조건)나 D/A (Document Against Acceptance: 인수도조건)와 같은 계약서 베이스인 경우, 매도

인은 상대방의 신용위험이나 비상위험에 대비하여 수출보험을 이용할 수 있다.

선적과 부보가 끝나면 매도인은 선하증권을 중심으로 한 신용장상의 선적서류(shipping documents)를 준비하고 환어음(bill of exchange : draft)을 발행하여 거래은행에 화환어음(documentary bill of exchange)의 매입이나 추심을 의뢰함으로써 수출대금을 회수한다.

한편 매수인은 수출지의 매입은행이나 추심의뢰은행으로부터 수입지의 개설은행 또는 추심은행을 통하여 제시된 화환어음을 지급 또는 인수한 후 선적서류를 입수하고, 이 가운데 선하증권을 선박회사에 제시하여 화물인도지시서(delivery order : D/O)를 받아 이를 보세창고설영인에게 제시하고 화물을 수령한다. 이때 매수인은 세관에 수입신고 후 수입신고필증을 교부받아야 하며 수입관세 등을 지급하여야 한다.

4) 계약의 종료

매수인이 수령한 물품이 계약상의 품질조건이나 수량조건 등과 일치하면 그만이지만, 무역거래는 이행미필매매(履行未畢賣買)이기 때문에 계약시와 이행시에 차이가 있을 수 있다. 즉, 매도인이 아무리 세심한 주의를 기울여도 계약조건과 정확하게 일치되는 물품을 공급하기 어렵다. 또한 매수인도 대금지급 등에 있어서 계약조건을 위반할 가능성이 있다. 이때 계약을 위반한 당사자를 상대로 상대방이 손해배상청구라는 형태로 표면화되는 분쟁을 클레임(Claim)이라 한다. 이것은 매매계약에서 자신의 계약상의 권리를 침해당한 당사자가 상대방에게 취하는 구제방법이다.

클레임은 예방하는 것이 최선이지만 이미 발생한 클레임은 화해, 알선, 조정, 중재 또는 소송 등의 방법으로 해결할 수 있다. 무역클레임은 화해, 알선, 조정으로 해결되지 않을 경우 소송에 비하여 많은 장점을 가진 중재(Arbitration)에 의하여 해결하는 것이 바람직하다.

■2 수입거래절차

수입거래절차를 계약체결을 위한 준비, 계약의 성립, 계약의 이행 및 계약의 종료로 나누어 설명한다.

[그림 7-2] **신용장방식에 의한 수입절차**

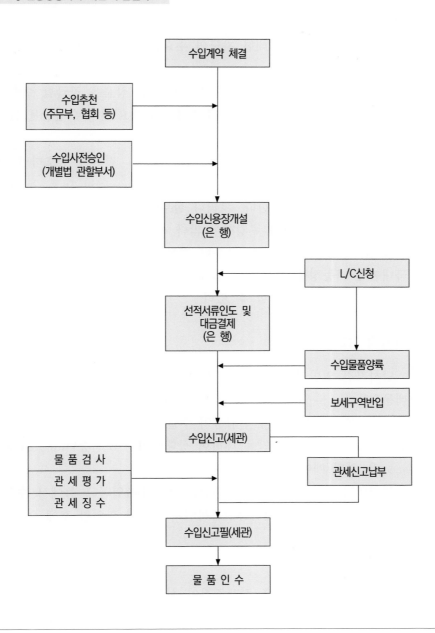

1) 계약체결을 위한 준비

수출상에게는 목적시장과 수입상을 선정하는 것이 가장 중요하지만 수입상에게는 수입할 상품에 대한 자국의 수요동향과 판매경로를 파악하는 것이 가장 중요하다.

그 다음 수입상은 자국시장의 수요에 맞는 상품을 공급할 수출상을 물색한다. 수출상을 물색하는 작업은 '수출거래의 개요'에서 수입상을 물색하는 방법과 같다.

수출상이 결정되면 신용조사를 의뢰하고 그 결과가 양호하면 거래의 기초가 되는 「일반거래조건협정서」(Agreement on General Term and Conditions of Business)를 서명·교환한다. 그러나 실무에서는 이러한 협정서를 교환하지 않고 바로 거래에 들어가는 경향이 많다.

그 후 수입상은 수출상으로부터 견본이나 카탈로그를 요청하고 이 상품의 국내판매 가능성을 점검한다. 필요한 경우 수입상은 상품의 색상이나 디자인, 규격 등의 변경을 요구할 수 있다.

2) 계약의 성립

당사자간 일반거래조건협정서가 교환되고 나면 수입상은 수출상 앞으로 거래문의(trade inquiry)를 한다. 수입상의 문의에 대하여 수출상은 매도청약(selling offer)을 보내거나 수입상이 수출상 앞으로 매수청약(buying offer)을 보낼 수 있다. 이러한 청약에 대하여 상대방이 무조건승낙(unconditional accept-ance)을 하면 매매계약이 성립된다.

무역업자는 수출물품 또는 수입물품이 수출입공고 등에서 수출입자동승인품목인지 또는 수출입제한승인품목인지 여부를 확인한 후에 승낙하여야 한다.

3) 계약의 이행

수입상은 계약체결 후 결제조건이 신용장 베이스인 경우 외국환은행의 장으로부터 수입승인(Import Licence : I/L)을 받아야 한다. 수입승인을 취득한 수입상은 자신의 거래은행과 수입신용장개설약정을 체결하고 신용장의 개설을 의뢰한다.

신용장을 수령한 외국의 수출상이 신용장조건으로 상품을 선적하고 선적서류를 담보로 환어음을 발행하여 자신의 거래은행에 이를 매각함으로써 수출대금을 회수한다. 이러한 서류가 개설은행을 경유하여 수입상에게 제시되면 수입대금을 결제하고 선적서류를 수령한다. 만약 수입화물은 도착하였으나 선적서류의 도착이 늦어질 경우 수입상은 은행으로부터 수입화물선취보증장(Letter of Guarantee : L/G)을 발급받아 이를 선박회사에 제시하고 수입화물을 수령할 수 있다. 만약 계약조건이 FOB나 CFR 등인 경우에는 운송중의 위험을 매수인이 부담하여야 하므로 적하보험에 부보하여야 한다.

4) 계약의 종료

수입상은 선하증권 원본과 교환으로 선박회사로부터 발급받은 화물인도지시서를 보세창고설영인에게 제시한 후 수입물품을 수령한다. 그 사이 수입상은 선적후 수출상이 송부한 선적서류 사본을 갖고 수입물품에 대한 수입통관절차를 거쳐야 한다. 수입상은 관세사나 통관법인 등을 통하여 수입신고를 하고 필요한 경우 통관심사 및 세관검사를 거쳐 수입신고필증(import permit)을 교부받게 된다. 수입신고필증을 교부받은 수입상은 수입물품을 보세구역으로부터 반출할 수 있으며, 수입신고필증을 교부받은 후 15일 이내에 수입관세 등 제세금을 납부하여야 한다. 수입상이 수입통관 후 수입물품을 수령함으로써 수입절차는 종료된다.

수입상은 물품을 수령한 후 그 물품이 계약조건과 불일치하면 매도인의 계약위반을 이유로 클레임을 제기할 수 있다. 이러한 클레임은 화해, 조정, 중재 또는 소송 등의 방법으로 해결할 수 있으나 화해나 조정으로 해결되지 않을 경우 소송보다는 중재에 의한 클레임의 해결이 바람직한 방법이다.

제3절 무역관리제도 및 국제무역규칙

1 무역관리제도

1) 무역관리의 의의

무역관리(trade control)라 함은 거래당사자가 자유롭게 체결한 수출입 계약을 이행할 때 국가에서 무역정책에 따라 사전·사후적으로 무역거래를 관리 또는 통제하는 것을 말한다. 국가마다 자국의 무역정책을 구체화하기 위하여 무역관련 국내법을 제정하여 시행하고 있는데 우리나라도 무역관리를 위한 3대 법규로 대외무역법, 외국환거래법 및 관세법을 갖추고 있다.

〈표 7-1〉 무역관리 3대 법규

대외무역법 (수출입총괄)	• 품목관리 : 수출입공고, 통합공고 등 • 수출입승인 : 행정기관 등에서 승인 및 요건확인 • 거래형태 : 특정거래형태인정
외국환거래법 (대금 이동)	• 외국환의 지급 및 영수 • 외국환은행의 확인 또는 신고사항 • 한국은행총재 또는 기획재정부장관의 허가사항
관세법 (물품 이동)	• 수출입 통관절차 • 관세의 부과 및 징수, 관세환급

무역진흥을 위한 무역관련 법규로 무역금융을 지원하기 위한 한국은행의 '금융중개 지원대출 관련 무역금융지원 프로그램 운용세칙 및 절차', 수출물품에 대하여 부가가치세 영세율 적용을 규정하고 있는 '부가가치세법', 관세 환급을 위한 수출용 원재료에 대한 관세 등에 관한 '관세환급등에관한특례법(환급특례법)'이 있다. 이와 함께 약사법, 식품위생법, 식물방역법, 환경보전법, 전기용품안전관리법 등 62개 무역 관련 개별법이 있다.

우리나라뿐만 아니라 미국, EU 및 일본 등 대부분의 무역국들도 대외적으로는 자유무역을 표방하면서도 자국의 무역정책을 효과적으로 추진하기 위하여 각종 무역관련 국내법체계를 유지하고 있다. 따라서 수출을 원활하게 수행하려면 미국 또는 EU의 통상법, 일본의 개별법, 중국의 개별법 등 상대국의 무역관련 제반 법규에 대하여도 깊은 관심을 갖고 그 내용을 파악하여야 할 것이다.

2) 대외무역법에 의한 관리

대외무역법은 1967년부터 제정·시행해 온 '무역거래법'을 대신하여 1986년에 제정[1]되었으며, 지금까지 국내외 무역환경에 따라 개정되어 왔다. 대외무역법은 "대외무역을 진흥하고 공정한 거래질서를 확립하여 국제수지의 균형과 통상의 확대를 도모함으로써 국민경제의 발전에 이바지하는 것을 목적으로 한다"(대외무역법 제1조).

대외무역법의 성격은 무역에 대한 기본법이고, 무역 및 통상에 관한 진흥법이자 무역에 관한 통합법이다. 즉, 무역에 관하여 다른 법이 대외무역법의 적용 배제를 명시하고 있지 않은 한 모든 무역거래는 대외무역법이 일반적으로 적용(동법 제6조)되며, 무역 및 통상진흥을 위하여 통상진흥 시책을 수립하고 민간협력 활동을 지원하도록 규정하고 있는데, 수출실적인정제도, 외화획득규정 및 외화획득용 원료 등의 국내구매에 활용되는 구매확인서제도 등을 두고 있다.

대외무역법령의 체계는 대외무역법, 대외무역법시행령, 대외무역관리규정 및 공고 등으로 이루어져 있다. 공고(公告)에는 수출입제한사유 등에 관한 기본공고인 '수출입공고'와 '통합공고', '전략물자수출입고시', '국제평화및안전유지등의무이행을위한무역에관한특별조치고시'[2] 등이 있다.

(1) 주체에 대한 관리

대외무역법 제정 당시 무역업은 허가제로 운영되어 자유롭게 무역업을 영위할 수 없었을 뿐만 아니라, 무역업을 수출입 모두 가능한 갑류무역업, 자가생산에 필요한 원료의 수입 및 자가생산품 수출만 가능한 을류무역업으로 구분하였고 무역대리업도 수입대리업(buying office)인 갑류무역대리업, 수출대리업(offer agent)인 을류무역대리업으로 구분되어 있었다. 하지만 등록제(1993년), 신고제(1997년)를 거쳐 2000년부터는 자유화되었으며, 현행 대외무역법에서는

---

1) 법률 제3895호, 1986년 12월 31일 제정
2) 법령 및 고시 등은 띄어쓰기가 없는 것이 원칙임. 무역에관한특별조치로는 'UN안보리결의이행을위한무역제재대상국가별수출입통제'와 '킴벌리프로세스이행을위한다이아몬드원석수출입통제'가 있다.

무역업종에 대한 구분도 없이 '무역거래자'라는 용어로 단순화하고 있다.

(2) 객체(물품)에 대한 관리

무역이 자유화되면서 무역주체에 대한 관리는 거의 폐지되었지만 무역의 객체, 즉 물품에 대한 관리는 대외무역법의 중심 관리내용이다. 대외무역법에 근거한 수출입물품 관리체계는 수출입공고와 각종 개별법에 의한 제한내용을 취합해서 공고하는 통합공고로 이루어져 있다. 이들 공고들에는 수출입의 승인 및 요건확인에 필요한 내용들을 구체적으로 명기하고 있어 이들 요건들이 충족되어야 수출입이 가능하다.

수출입공고는 우리나라 수출입품목을 관리하기 위한 기본공고체계이다. 산업통상자원부장관은 헌법에 의하여 체결·공포된 조약과 일반적으로 승인된 국제법규에 의한 의무의 이행 및 생물자원의 보호, 교역상대국과의 경제협력 증진, 국방상 원활한 물자수급, 과학기술의 발전, 그 밖의 통상·산업정책에 필요한 사항으로서 대통령령으로 정하는 사항 등에 해당하는 경우에는 물품의 수출입을 제한하며 필요한 요건을 갖추어 승인(承認, license)을 얻는 경우에만 수출입을 할 수 있도록 하고 있다. 다만 외화획득용 원료 및 제품의 수입에는 비록 수입제한품목일지라도 별도의 제한 없이 수입승인을 받을 수 있다. 수출입공고상 상품분류방식은 HS방식을 따르고 있으며, Negative List System을 사용하여 수출금지품목(별표 1), 수출제한품목(별표 2)과 수입제한품목(별표 3)을 정해 놓고 있다. 이러한 물품 중 제한품목의 경우에는 관계행정기관에서 승인을 받아야만 수출 또는 수입이 가능하다.

통합공고는 산업통상자원부장관이 대외무역법 이외의 다른 법령(예를 들면 약사법, 마약류관리법, 식품위생법, 검역법 등 62개 개별법)에 물품의 수출입요령을 정하고 있는 경우 이들 법령에서 정한 수출입요령을 통합한 공고이다. 관계행정기관의 장은 해당 품목별 수출입요령을 산업통상자원부 장관에게 제출하여야 한다(대외무역법 제12조). 대외무역법에 의한 수출입공고 등은 국가경제목표의 달성을 위한 규제인데 반하여 개별법에 의한 통합공고는 국민보건, 환경보호, 사회질서유지, 규격 및 안정성 확보 등 경제외적 목적을 달성하기 위한 규제이기 때문에 해당 품목수도 비교적 많다. 예를 들어, 향정신성의약관리법에 의하여 향정신성의약품으로 지정된 품목을 수출입하고자 할 경우 식품의약품안전처장의 허가를 받아야 하며, 방위산업에 관한 특별조치법에 의한 방산물자의 수출입은 국방부장관의 허가를 받아야 한다.

3) 외국환거래법에 의한 관리

외국환거래법은 결제방법을 관리하기 위한 법규로써 외국환거래법상 국민인 거주자와 외국인인 비거주자간에 외국환을 영수하거나 지급하는 방법을 규정하고 있다. 우리나라 외국환관리제도는 외환보유고가 부족할 때 정착된 것이기 때문에 달러화 등 외국환의 영수는 비교적 자유로우나, 외국환의 지급에 대해서는 엄격하게 제한하여 오다가 1996년 OECD 가입 이후에 외국환관리법을 외국환거래법으로 변경하여 그 제한을 크게 완화하였다.

종전의 외국환관리법(1961년 제정)은 외국환거래 기타 대외거래의 합리적인 조정 또는 관리를 입법목적으로 하였으나, 외국환거래법(1996년 제정)은 대외거래의 자유보장을 입법목적으로 하여, 대외거래에 대한 제한을 최소한의 범위 안에서 행하여지도록 하였다.

외국환거래법의 목적은 외국환거래 기타 대외거래의 자유를 보장하고 시장기능을 활성화하여 대외거래의 원활화 및 국제수지의 균형과 통화가치의 안정을 도모함으로써 국민경제의 건전한 발전에 이바지함을 목적으로 한다(외국환거래법 제1조). 현행 외국환거래법의 체계는 기본법으로 외국환거래법, 외국환거래법시행령, 외국환거래규정으로 구성되어 있다.

'외국환'이란 대외지급수단, 외화증권 및 외화채권을 말한다. 그리고 대외지급수단은 외국통화, 외국통화로 표시된 지급수단, 기타 표시통화에 관계없이 외국에서 사용할 수 있는 지급수단을 말한다.

4) 관세법에 의한 관리

관세법은 수출입물품의 통관절차와 수입물품에 대한 과세절차를 규정하고 있다. 관세법에 의한 통관절차 및 과세절차는 세관에서 처리한다. 세관은 우리나라의 관문으로서 물품이 국내외로 이동되는 것을 통제하는 최종적인 현장이다. 수출입 통관시 세관은 당해 물품의 수출입이 국내의 제반법규에 따라 허용되는지 여부에 대하여 최종적으로 확인하며, 수입물품에 대하여는 납세의무자가 적정한 과세가격에 대하여 타당한 세율만큼의 관세 등을 납부하도록 하고 있다.

관세법은 1967년에 제정되어 수차례 개정을 거쳐 오늘에 이르고 있으며, 주요 내용은 과세와 징수, 운송기관, 보세구역, 통관, 관세사, 세무공무원의 직원 등에 관한 규정이다. 즉, 수출입통관과 수입물품에 대한 관세부과가 가장 중요한 기능이라고 할 수 있다.

관세법은 관세의 부과, 징수 및 수출입상품의 통관을 적정하게 하여 국민경제의 발전에 기여하고 관세수입의 확보를 목적으로 한다. 즉, 관세법은 우리나라의 관문인 세관을 통하여 물품의 국내외간 이동에 있어 통관절차와 수입물품에 대한 과세절차를 규정하고 있다.

관세에 관한 기본법령은 관세법, 관세법시행령, 관세법시행규칙 및 관세청고시 및 관세청 훈령 등으로 되어 있다.

2 국제무역규칙

국가마다 상관습이 다르고 국내 법률 체계가 다르기 때문에 거래당사자가 통일되게 인식할 수 있는 국제규범이 필요하다. 무역거래에는 당사자간 계약자유의 원칙에 따른 기본계약과 계약이행을 위한 부수계약, 즉 운송계약, 보험계약, 지급계약이 필요한데, 이러한 계약의 성립, 이행 및 종결을 위한 국제규칙이 존재하고 있다.

국제무역법규(law and practice of international trade)는 무역거래의 진행과정에 따라 크게 무역계약법규, 무역결제법규, 무역운송법규, 무역보험법규 무역중재법규 등으로 구분할 수 있다.

1) 무역계약법규

무역계약법규는 매매계약에 관련된 국제규칙이나 협약 및 이에 대한 법 이론의 기초를 제공하는 준거법규 등을 말다. 무역계약은 FOB나 CIF와 같이 이미 정형화된 거래조건에 따라 체결되는 것이 일반적이다. 이러한 정형거래조건을 규율하는 국제규칙으로는 국제상업회의소(ICC)가 1936년에 제정하여 여섯 번째로 개정한 「정형거래조건의 해석에 관한 국제규칙」(Incoterms® 2020)과 1941년 미국의 개정 미국외국무역정의가 있다.

또 무역계약 성립과 이행에 관한 준거법의 채택에 대한 불확실성을 해소하고자 유엔 국제무역법위원회(UNCITRAL)에서 1980년에 제정한 「국제물품매매계약에 관한 UN협약」(CISG)이 있다. CISG는 국제물품매매계약에 적용되는 무역계약의 공통법으로서 UN의 국제무역법위원회(UNCITRAL)가 1980년에 제정하였으며 우리나라에서도 2005년 3월 1일부터 정식 발효하였다.

기타 물품매매에 관련하여 영국의 1979년 「물품매매법」(SGA)과 미국의 1998년 「통일상법전」(UCC) 등이 있다. 특히 영국의 물품매매법은 1893년에 제정되고 1979년에 개정(이후 수차례 개정됨)된 것으로서 오늘날 물품매매에 관한 가장 전통적인 준거법으로 인정되고 있다.

한편 국제상사계약에 관한 UNIDROIT원칙(UNIDROIT Principles of International Contracts)은 국제상사계약의 일반원칙(general principles)을 제공하고 국제통일법을 보충하거나 국내·국제 입법자들의 입법모델로 활용하기 위하여 1994년 UNIDROIT(사법통일을 위한 국제기구)에서 정한 원칙을 말한다.

2) 무역결제법규

무역결제법규는 매매대금결제에 관한 국제규칙이나 주요 국가의 준거법규 등을 말하는 것으로써, 대표적으로 「신용장통일규칙」(UCP600: Uniform Customs and Practices for the Documentary Credits, 2007)이 있다. 신용장통일규칙(UCP600)은 신용장 업무를 취급할 때 지켜야 할 제반사항 및 해석의 기준을 규정한 국제규약으로 국제상업회의소(ICC: International Chamber of Commerce)의 은행위원회가 신용장통일규칙을 만들었으며 2007년도에 제6차 개정이 이루어져 시행되고 있다.

이외에도 무역결제에 관련하여 「추심에관한통일규칙」(URC522: Uniform Rules for Collection, 1995), 「은행간신용장대금보상통일규칙」, 「독립적보증서와보증신용장에관한유엔협약」, 「국제환어음과약속어음에관한유엔협약」, 「미국 통일상법전 제5편 신용장」, 「영국 환어음법」 등이 있다.

3) 무역운송법규

무역운송법규는 화물의 해상, 항공, 육상 또는 복합운송에 관련된 국제규칙이나 협약을 말한다. 해상운송과 관련하여 「선하증권통일조약」(Hague Rules, 1924)과 「개정선하증권조약」(Hague-Visby Rules, 1968, Hamburg Rules, 1978),

「UNCITRAL 국제해상운송법조약」(Rotterdam Rules, 2009)이 있다.

항공운송과 관련하여 「국제항공운송에 관한 통일규칙」(Warsaw Convention, 1929), 「국제항공운송에 있어서의 일부 규칙 통일에 관한 협약」(Montreal Convention, 2003)이 있으며, 복합운송과 관련하여 「복합운송증권을 위한 통일 규칙」(Uniform Rules for a Combined Transport Document, 1973)이 있으며, 해상 화물운송장 및 전자식 선하증권의 사용 증대에 따른 「해상화물운송장에 관한 통일규칙」 및 「전자식 선하증권에 관한 규칙」 등이 있다.

4) 무역보험법규

무역보험법규는 해상보험에 관련한 국제규칙과 준거법 및 표준약관 등을 말한다. 1906년에 제정된 영국의 「해상보험법」(Marine Insurance Act, 1906)이 가장 권위있는 준거법으로 인정받고 있으며, 런던보험자협회(ILU), 그리고 그 후신인 국제언더라이팅협회(IUA)와 로이즈시장협회(LMA)가 공동으로 제정한 「협회적하약관」(ICC: Institute Cargo Clause)이 기본으로 활용되고 있다.

5) 무역중재법규

무역중재법규라고 하면 이는 무역클레임의 조정이나 중재에 관련된 국제기구의 협약과 중재규칙 및 국가 간의 중재협정 등을 말한다. 이 중에 각국 정부가 외국중재판정의 승인과 집행에 관한 법규를 통일하고자 유엔에서 1958년 체결된 「외국중재판정의 승인과 집행에 관한 UN 협약」(New York Convention)은 국제적으로 가장 기초가 되는 상사중재협약이다. 그리고 국제부흥개발위원회(IBRD)는 국제기구로서 투자분쟁국가해결본부(ICSID)를 설치하고 투자분쟁에 관한 조정과 중재를 담당하게 되었는데, 그 조정과 중재를 위해 준거로 하는 협약이 1965년 IBRD의 주도하에 체결된 「국가와 타방국가 국민간의 투자분쟁의 해결에 관한 협약」(Washington Convention)이다.

또 유엔에 중재재판소는 없으나 각국 상사중재법규의 조화와 통일을 위하여 국제무역법위원회가 1976년에 제정한 「유엔 국제무역법위원회 중재규칙」(UNCITRAL Arbitration Rules)은 각국의 중재계약에서 널리 원용되는 규칙이다. 그리고 국제무역법위원회는 유엔 국제무역법위원회 중재규칙과 함께 국제상사관계에서 발생하는 분쟁을 공정하고 능률적으로 해결하기 위한 법체계의 통일을 목적으로 1985년 「국제상사중재에 관한 국제상거래법위원회 표준중재법」(UNCITRAL Model Law on International Commercial Arbitration)을 제정하였다. 다른 한편으로 국제상업회의소는 자체 내에 중재재판소를 설치하고 1975년부터 국제상사분쟁의 우호적인 조정이나 중재에 적용할 「임의적인 조정규칙」(Rules of Optional Conciliation)과 「국제상업회의소 중재규칙」(ICC Arbitration Rules)을 제정 및 개정해 오고 있다.

이 밖에도 세계의 각 지역별 또는 국가별로 상사중재기관의 질서 있는 상사중재를 뒷받침하기 위하여 상호 중재규칙의 적용에 관한 중재협정(Mutual Arbitration Agreement)을 교환해 두고 있다.

Chapter 8

무역계약의 사전준비와 체결

무역계약의 사전준비와 체결

무역계약의 사전준비

1 해외시장조사

1) 해외시장조사의 의의

수출입절차에서 최초의 단계가 해외시장조사(overseas market research)이다. 물품을 수출 또는 수입하려면 먼저 목표하는 시장부터 찾아야 한다. 목표시장을 찾기 위해서는 여러 시장을 대상으로 거래와 관련된 항목을 조사하여 서로 비교·검토하는 절차가 선행되어야 한다.

시장조사는 "물품을 그 생산자로부터 소비자에게로 유통·판매함에 관련된 해당 문제에 대한 모든 사실을 수집·기록·분석하는 활동"이라고 정의할 수 있다. 특히 수출에 있어서 해외시장조사란 수출상이 자신의 물품을 장기적으로 가장 효율적으로 수출할 수 있고 시장을 탐색하기 위하여 행하는 최초의 절차로써 당해 물품의 판매에 관련된 여러 가지 정보를 과학적 방법(scientific method)을 통해 최대한 합리적으로 수집 종합·비교 분석하는 일련의 활동이라고 할 수 있다.

이러한 시장조사를 통하여 목표시장이 결정되며 그 시장에서 거래처가 결정된다. 결국 수출입상에게는 거래의 성공여부의 첫 단계가 바로 목표시장의 결정이라면 이에 따라 조사의 중요성은 매우 크다고 할 수 있다.

2) 해외시장조사의 항목

(1) 일반적 조사항목

해외시장조사는 세계시장 및 무역환경에 대한 전체적인 검토와 목적시장에 대한 구매력 측정 및 시장 상호간의 비교·검토가 필요하다. 국내시장의 경우와 달리 해외시장에 대한 정보는 불완전·불통일로 인하여 신빙성이 부족한 경우가 많다. 따라서 해외시장조사는 소수의 자료를 기초로 각국의 시장을 비교·검토하는 것이기 때문에 가급적 간결한 조사항목을 설정할 필요가 있으며, 이를 일반적 조사항목이라 부른다. 일반적인 조사항목을 살펴보면 다음과 같다.

첫째, 지리적 조건으로, 각국의 면적, 지형, 기후, 거리, 도시의 분포상황 등을 조사한다.

둘째, 정치·경제적 조건으로, 각국의 자원분포상황, 경제·재정·금융 국내산업에 대한 보호정책의 정도 및 국내외의 투자상황 등을 검토하여야 한다. 또한 후진국이나 개발도상국에 있어서는 공업화의 진전에 따라 소비재에 대한 수입규제 등의 실태도 파악해 둘 필요가 있고, 각국의 국제수지의 동향에 대해서도 주목할 필요가 있다.

셋째, 사회적 조건으로 각국의 시장을 이루고 있는 주민생활, 풍습, 관습이 정확히 파악되어야 한다. 총인구, 인구의 도시집중도, 인종구성, 사용언어, 교육정도, 종교, 인터넷의 보급정도 등에 관하여도 조사·검토되어야 한다.[1]

이상과 같은 지리적 조건, 정치·경제적 조건, 사회적 조건의 3개 항목에 관련된 여러 가지 자료를 기초로 각국 시장의 잠재적 구매력을 측정하고 이는 시장을 상호 비교·검토함으로서 각 시장의 상대적 위치를 파악하는 것이 제1단계이다.

(2) 특수시장 조사항목

해외시장조사의 제2단계는 주로 판매효과(sales effect)에 대한 조사이다. 여기서는 사례연구(case study)와 통계적 방법을 필요에 따라 혼합하는 방식을

---

1) 구체적인 조사내용은 ① 인구와 그 특성, ② 소득수준과 구매력, ③ 기후와 여러 가지 지리적 여건, ④ 통화체제, ⑤ 판매계통의 유형(인터넷 판매정도), ⑥ 교통·통신, ⑦ 상관습, ⑧ 당해품목 또는 유사품목의 국내생산과 수입실적, ⑨ 조세체계, ⑩ 금융기구, ⑪ 수출입의 규모, ⑫ 타국과의 경쟁관계, ⑬ 일반적인 사업의 안정성, ⑭ 정부의 경제활동, ⑮ 행정적·법적체계 등이다.

사용한다. 이러한 혼합적 방법에 의한 특수조사의 내용을 구체적으로 살펴보면 다음과 같다.

첫째는 품질적응성을 조사한다. 즉, 상품이 품질측면에서 목적시장에 적응성이 있는지를 조사하는 것이다. 상품의 사용능률(effectiveness) 및 편이성(convenience)이 검토되어야 한다. 이를 위하여 상품의 크기, 모양, 중량, 끝마무리, 상표, 색상, 포장 등이 상품화계획(merchandising)에 적정한지를 검토하는 것이다.

둘째는 가격적응성을 조사한다. 즉, 가격의 경쟁력을 점검하며, 타국이나 국내의 다른 공급자의 가격과 비교·검토한다. 또한 가격산정에 주요 요소인 운임, 보험료, 수입세, 수입국 내국세 등을 조사하고 가격조건은 어느 것이 적절한지를 검토한다.

셋째는 납기적응성을 조사한다. 즉, 무역거래는 주문생산이 일반적이므로 거리에 따른 납기를 점검하고, 납기의 단축을 위하여 위탁판매나 보세창고도거래(bonded warehouse transaction : BWT)의 가능성도 타진한다.

넷째는 결제방식의 적응성을 조사한다. 즉, 수입상이 원하는 결제방식이 무엇이며 수입국의 외화사정이 어떠하고 외환통제가 있는지를 점검한다. 수출상에게는 일람출급 화환신용장제도가 유리하지만 수입상은 Usance 베이스를 선호하거나, 나아가 D/A나 D/P계약서 거래를 보다 선호할 수 있다.

다섯째는 배급방법의 적응성을 조사한다. 이것은 상품이 목적시장에서 최종소비자에게 도달하기까지의 경로를 검토·분석하는 것이다. 또한 거래형태도 직거래(principal to principal)가 아닌 대리점 또는 특약점을 개입시키는 것이 당해 시장에의 적응력이 높을지를 검토한다.

(3) 실험적조사

해외시장조사의 제3단계는 앞의 제1·2단계에서 조사한 결과를 근거로 한 가설을 실증하는 단계를 말한다. 현실의 상거래에서는 시험주문(trial order)이나 견본주문(sample order)을 통하여 위의 조사내용을 실험하는 방법으로 이 방법이 대표적인 시장조사로 유효하게 이용되는 경우가 많다. 그러나 실험적 방법은 어디까지나 제1·2단계의 기초 위에 이루어져야 하며 실험적 조사를 위한 과학적 방법이나 기준 등이 검토되어야 한다.

3) 해외시장조사의 방법

해외시장조사의 방법으로는 수출입상이 직접 또는 자사의 해외지사나 대리점의 직원을 통하여 현지시장의 정보를 수집하는 직접조사방법과 공·사기관이 발행하는 각종 자료를 이용하여 조사하는 간접조사방법이 있다. 또한 해외의 전문조사기관에 시장조사를 위탁하는 위탁조사방법과 인터넷조사방법이 있다.

직접조사의 경우 수출입상의 직원이 현지에 출장가서 직접 현지시장을 조사하는 방법은 실질적이고 감각적인 조사를 할 수 있다는 장점이 있는 대신비용이 많이 들고 너무 주관적인 조사가 될 가능성이 있다. 출장조사의 경우단독출장, 업계의 시장조사단에 참가하는 공동출장조사 또는 현지에서 개최하는 국제무역박람회의 참가 등의 방법이 있다. 이때 현지 한국공관이나 대한무역투자진흥공사(KOTRA) 무역관의 협조를 받는 것이 좋다. 한편 해외지점이나출장소 또는 대리점을 통하여 시장조사를 할 경우 주재국의 신문·잡지 등에서 정보를 입수하거나 거래상대방과 지속적인 접촉을 통하여 필요한 정보를얻을 수 있다.

간접조사의 경우에는, ① 한국에 주재하는 외국공관이나 외국에 주재하는한국공관을 통하여 조사하는 방법과, ② 민간무역기구인 외국의 상업회의소나우리나라의 상공회의소 또는 무역협회 등을 통하여 조사하는 방법, 그리고 ③KOTRA를 통하여 조사하는 방법이 있다. 특히 KOTRA는 해외시장개척과 시장조사 등의 목적을 위하여 세계 각국의 주요시장에 무역관을 개설·운영하고 있으며, 시장조사의 정확성과 신속성에 정평이 있다. KOTRA에서는 수집한 해외정보나 실시한 시장조사의 결과에 관해서 월간, 주간, 연간의 각종 간행물, 보고서 및 자료로서 공표하고 있다. 특히 해외에 지점이나 대리점을 설치할 수 없는 중소기업의 KOTRA 이용 필요성은 매우 크다고 할 수 있다.

위탁조사는 외국의 전문조사기관이나 광고대리점을 통하여 조사하는 것으로 비록 비용은 들지만 특정시장이나 특정상품에 대하여 전문조사기관의 철저하고 상세한 조사를 기대할 수 있는 점이 특색이다. 외국의 전문조사기관으로는 'Booz Allen and Hamilton', 'Mckinsey and Company', 'Dun and Bradstreet' 등이 있다.

마지막으로 해외시장조사를 함에 있어서 인터넷을 활용하면 매우 유식한 정보를 얻을 수 있다. 예를 들면 수출입 지역정보, 수출입 업자정보, 수출입 통계, 무역거래관습 등을 정부기관 사이트나 기업의 웹사이트를 이용하여 쉽게 조사할 수 있다.

② 거래처선정 및 신용조사

1) 거래처선정

해외시장조사가 끝나서 특정한 해외시장이 선정되면 다음에는 그 시장의 누구와 거래관계를 맺을 것인가 하는 거래선(business counterpart)을 물색하여야 한다. 거래선을 물색하는 방법으로는 무역업자명부를 통한 발굴, 해외광고를 통한 발굴, 국내외 공공기관을 통한 발굴 및 직접출장을 통한 발굴 등의 방법이 있으며, 최근에는 인터넷을 활용하여 발굴하는 방법이 널리 이용되고 있다.

(1) 무역업체명부

거래선의 선정을 위해서는 세계적인 'Trade Directory'나 'Yellow Page' 등의 간행물을 통해서 해당품목을 취급하는 업체의 명단을 입수하여 그 가운데 몇몇을 잠정적인 후보거래선으로 정한 다음 거래제의서 및 홍보물 발송 등을 통하여 거래관계를 갖게 된다.

(2) 무역관련기관 소개

각국의 상업회의소, 세계무역센터(WTCA: World Trade Center Association) 체인 또는 수출입관련기관에 거래알선의뢰 서신을 발송하여 그들이 발행하는 기관지를 통해 관련업자를 소개받는 방법이다. 무역과 관련된 국내기관을 통한 방법으로는 한국무역협회의 거래알선서비스를 받는 방법, 세계 각국에 현재 무역관을 운영하고 있는 KOTRA에 의뢰하여 거래처를 소개받거나 국제상업회의소(ICC)에 가입되어 있는 대한상공회의소 등에 의뢰하여 거래처를 소개받을 수 있다.

(3) 해외광고를 통한 거래처 발굴

해외거래처를 발굴하기 위한 기초단계로 해외홍보용 책자(catalogue나 leaf-

let)를 제작하여 예상거래처에 배포하거나 국내기관의 해외홍보매체 등에 자사
상품을 홍보하여 거래처를 물색할 수 있다. 해외배포용 책자의 제작시에는 세
심한 사전계획 아래 종합광고대행사나 광고기획사 등 전문가를 활용하여 영
어나 대상지역의 언어로 제작하여야 하며 홍보물의 내용도 회사 또는 대표자
의 홍보보다는 취급물품의 정확한 규격·용도·재질 등 물품 자체의 설명에
주안점을 두어 구매자의 구매의욕을 자극할 수 있어야 한다. 홍보물의 배포시
에는 홍보효과의 극대화를 위해서 적정배포처를 선정하는 것이 중요 과제인
데, 적정배포처는 전술한 지역별 Trade Directory에 의해 물색된 예상거래선,
주한외국공관의 Buyer List, 한국무역협회나 KOTRA 등의 거래알선 List 등을
활용하여 선정하고 이들에게 배포하는 것이 바람직하다.

(4) 직접출장을 통한 거래처 발굴

현지에 직접출장을 가거나 무역관련기관에서 주선, 파견하는 각종 민간무역
사절단, 박람회 또는 전시회 등에 참가하여 거래처를 물색하거나 기초거래처
와의 관계를 더욱 공고히 할 수 있다. 한국무역협회에서 총괄하여 파견하는
민간무역사절단과 KOTRA에서 주관하여 참가하는 해외박람회 및 전시회는 각
종 경비의 지원뿐 아니라 현지무역관리 사전홍보를 통한 Buyer와의 상담혜택
을 받을 수 있다.

2) 신용조사

(1) 신용조사의 필요성

선정된 상대방과 정식으로 거래관계를 갖기 이전에 상대방의 신뢰도
(reliability)를 확인하기 위하여 신용상태(credit standing)를 조사하여야 한다.
그 이유는 무역거래의 경우 국내거래와 비교할 수 없을 만큼 큰 신용위험
(credit risk)이 존재하기 때문이다. 물론 이러한 여러 가지 위험에 대하여 신용
장제도나 수출보험제도 등 각각의 대비책이 있을 수 있으며, 대리점을 통한
계약체결의 경우 대리점과 지급보증계약을 체결함으로써 신용위험을 대리점
에 전가시키는 방법도 있다. 그러나 이러한 예방수단 어느 것을 사용하더라도
근본적인 해결을 기대하기 어렵다. 근본적인 대책은 재정상태나 평판 및 영업
능력면에서 문제없는 상대방을 선택하는 것이나 그러기 위해서는 신용상태를
조사하여 우수한 평가를 받는 상대방과 거래하는 것이 가장 좋은 방법이다.

결국 신용조사는 신뢰할 수 있는 상대방을 조사하는 것으로 거래관계의 성립 후에도 정기적으로 행하는 것이 좋다.

국내거래의 경우라면 설사 중대한 사고가 돌발해도 직접 만나서 교섭할 수 있고, 또 필요하다면 상대방의 물품을 압류하는 등의 방법으로 피해를 줄일 수 있다. 국제거래의 경우에는 거리, 제도, 법률 등 여러 가지 사정들로 인해 접근하기가 쉽지 않다. 특히 국제거래에서 견본을 수집하여 생계의 수단으로 삼는 sample merchant나 고의로 클레임을 제기할 것을 미리 계산하고 있는 claim merchant도 있다. 신용조사를 통하여 이러한 악덕 상인을 미리 파악할 수 있다면 상당한 거래위험을 줄일 수 있다.

(2) 신용조사의 항목

신뢰도를 측정하는 신용조사의 항목은 3C's, 4C's 또는 5C's가 있으나 여기서는 3C's를 중심으로 설명하고자 한다.

(가) 상도덕(character)

개인에게 인격이 있는 것과 같이 법인도 인격이 있다. 즉, 업체의 개성(personality), 성실성(integrity), 평판(reputation), 영업태도(attitude toward business), 채무변제이행열의(willingness to meet obligation) 및 기업윤리나 기업의 사회적 책임 등을 확인하는 것이 'character' 항목이다. 특히 대금결제에 대한 성의는 상대방의 자금상태나 영업실적보다 경영진의 도덕성과 성실성에 의존하는 경우가 많으므로 신용조사에서 이 항목이 특히 중점을 두어야 한다. 신용조사항목 가운데 가장 중요한 항목이 바로 Character이다. 수출무역의 경우 빈번한 Market Claim도 악의적인 상도덕에서 비롯되기 때문이다.

(나) 자본(capital)

재정상태(financial status), 즉 수권자본(authorities capital)과 납입자본(paid up capital), 자본과 부채의 비율, 영업결과에 따른 이익과 손실 등을 점검하는 항목이다. 이를 조사하기 위하여 일반적으로 상대방의 재무제표(financial statements)를 검토하게 되며, 그 대표적인 것이 대차대조표(balance sheet)와 손익계산서(income statement)이다. 경우에 따라서는 이러한 자금의 입수가 곤란한 경우도 있으며, 또한 자금 자체의 신빙성이 문제가 있을 수 있다.

(다) 거래능력(capacity)

연간매출액(turn-over), 업체의 형태,[2] 연혁(historical background), 경력(career), 영업권(good will), 취급업종, 장래성 등에 관한 항목이다. 비록 건실하고 양호한 재정상태를 갖고 있다고 하더라도 장래성이 없는 업종이나 경영자의 경영능력이 없다면 장기적인 전망이 밝다고 할 수 없다.

이러한 3C's 이외에 시장상황(condition), 담보능력(collateral), 거래통화(currency), 소속국가(country) 가운데 1~2개를 추가하여 4C's 또는 5C's라 부르고 있다. 최근에는 수출무역의 경우는 이 가운데 특히 condition에 대한 검토의 필요성이 강조되어 4C's가 일반적인 신용조사의 항목으로 인정되고 있다. 이것은 상대회사가 소재하는 국가의 정치적 안정성, 경제·재정·금융정착상의 장애요인, 법률적 규제, 통관·운송시설 등을 점검하는 항목이다.

(3) 신용조사의 방법

(가) 거래은행이나 동업자를 통한 조사

상대방의 거래은행(bank reference)이나 자사와 오랜 거래관계가 있는 동업자(trade reference)를 통하여 신용조회를 하는 것이 가장 보편적인 현상이다. 상대방으로부터 받은 Trade Inquiry에 자사의 신용조회처(reference)를 명기하는 경우가 많고 때로는 Letter Head에 거래은행이 인쇄되어 있는 경우도 있다. 그러나 현실적으로 이들 은행에 신용조회를 하여도 만족할 만한 신용정보(credit information)을 얻을 수 없는 경우가 많고 때로는 회답이 전혀 없는 경우도 있다. 왜냐하면 이들 은행이 피조사기업의 신용상태에 대한 충분한 자료를 가지고 있어도 비밀사항에 관한 조사내용을 전혀 알지 못하는 타국의 조사의뢰인에게 신용보고서(credit report)를 보내는 것을 좋아하지 않기 때문이다. 따라서 은행을 통한 신용조사의 경우에는 조사의뢰인은 우선 자기의 거래은행에 의뢰하고 거기서 다시 상대측의 은행에 의뢰하는 방법을 취하는 것이 현명하다. 이 같은 경로로 조사를 행하는 경우에는 2개의 은행이 개입함으로써 조사의뢰인과 피조사상사의 신용상태를 모두 파악할 수 있기 때문에 은행으로서도 안심하고 조사보고서를 낼 수 있다.

---

2) 회사의 조직형태로 개인회사(individual proprietorship), 합명회사(partnership), 합자회사(limited partnership), 또는 주식회사(limited company, incorporated company)인가를 말함

(나) 전문기관에 의한 조사

신용조사 전문기관은 국내는 물론 세계의 주요 도시에 통신원 또는 조사원을 주재 또는 파견하여 현지조사를 하고 또한 세계 각국의 동업자와 연락을 취하고 정보를 교환하면서 전적으로 신용조사를 위하여 활동하고 있다. 세계적으로 유명한 전문신용조사기관으로는 Dun & Bradstreet사(미국), Moody's(미국), Fitch IBCA(영국), Standard & Poor's(미국) 등이 있다.

(다) 국내의 해외신용조사기관

우리나라에서 해외신용조사를 전문으로 하는 기관으로 신용보증기금, 한국무역보험공사, KOTRA 등이 있다. 특히 신용보증기금은 현재 세계적인 신용조사망을 갖춘 미국의 Dun & Bradstreet사 등 유수의 해외신용조사 전문기관과 제휴하여 신속·정확한 자료를 제공하고 있다. 동 기금은 무역업자의 신용보증과 해외신용조사를 주 업무로 하고 있으며, 또한 기업의 경영전략수립을 위한 특별조사 및 해외거래처에 대한 종합적 신용관리 등 다양한 서비스를 제공하고 있다.

(라) 인터넷 신용조사

신용정보회사나 신용정보기관의 인터넷 사이트를 이용하여 신용조사를 할 수 있다. Dun & Bradstreet사(www.dnb.com), 한국무역보험공사(www.ksure.or.kr), 신용보증기금(www.kodit.co.kr)이 대표적이다. 특히 세계 최대의 정보회사인 Dun & Bradstreet사는 세계적인 신용평가기관인 Moody's Investors Service 등 20여개의 자회사를 거느린 정보 서비스 회사로서 155년의 역사를 갖고 있다. 기업정보 분야에서는 독보적인 위치를 차지하고 있으며, 전세계 5,000만개 회사의 데이터베이스와 120여개 국가의 자료를 보유, 이를 지속적으로 갱신하고 있다.

한국무역보험공사의 국외기업신용조사서비스는 국내 수출업체가 필요로 하는 각종 해외 신용정보 자료를 수집하여 제공하고 있다. 회원가입 신청서를 기재하여 제출하면 수출신용정보센타 회원증을 교부받을 수 있다. 회원에게는 무역보험공사의 해외사무소, 해외신용조사기관 및 KOTRA 등과의 업무제휴를 통하여 입수한 해외수입자 및 해외 금융기관에 관한 정보를 제공한다.

③ 거래관계의 개설

1) 거래제의

거래처가 선정되고 이에 대한 신용조사의 결과가 양호하면 그 업체 앞으로 거래제의를 한다. 거래제의는 불특정 다수에게 광고형태를 취할 수도 있으나 통상개별적인 서신을 작성하여 거래제의서(Business Proposal)의 형식으로 발송한다.

거래제의서는 거래상대방과의 최초의 서신인 만큼 보다 적극적으로 작성되어야 한다. 즉, 적극적으로 관심을 불러 일으켜(arousing interest), 구매욕구를 창출하고(creating desire), 확신(conviction)을 갖고 행동(action)으로 옮길 수 있도록 유도해야 한다. 그 작성 시에 유의사항은 다음과 같다.

① 간단명료한 문장으로 매 문장을 30 단어, 5~6 paragraphs로 작성한다.
② 해당 시장을 상대방을 통하여 처음으로 개척하고자 한다는 것을 강조한다.
③ 회사규모를 표시할 때 구체적으로 연생산량이나 매출액 등을 표시한다.
④ 품질의 우수성과 저렴한 가격임을 강조한다. 필요한 경우 이를 입증할 견본을 송부할 뜻을 밝힌다.
⑤ 자신의 신용조회처 거래의 기본조건 및 거래방식 등을 알려준다.
⑥ 상대방이 수급을 예측할 수 있도록 수출의 경우에는 최소주문량을, 수입의 경우에는 예상주문량을 알려 준다.

아래는 거래제의서의 예시이다.

[예시]   거래제의서

435-5 Chun-Ho 1 Dong, Kang-Dong Gu, Seoul, 134-021, Korea
Tel. 82-2-456-6766 Fax. 82-2-456-6767

Backcountry.com
351 Fifth Avenue
New York, N.Y. 10118

April 3, 20**

Gentlemen:

Your name and address were given through the Greater New York Chamber of
Commerce as one of the well-known importers handling various travel Bags and we
are writing you with a keen desire to open an account with you.

As you will see in the enclosed catalogue, we have been established here for more
than thirty years as exporters of Travel Bags. In this line of business we enjoy a
specially advantageous position as we have wide and direct connections with the
first-class manufacturers in Korea, and you may be assured that any orders you may
send us will be executed at the lowest market prices and on the best terms possible.
We do business on a banker's confirmed letter of credit, under which we may draw
a draft at sight. Prices are based on FOB Pusan in U.S. dollars, but we can make up
CIF prices or delivery price at any port of your country, if you so desire.

Our banker is Korea Exchange Bank, Seoul, to whom you may refer for our
business status.

If you are interested in travel bags, please write us conditions upon which you are
able to transact with us.

We look forward to your trial order.

Very truly yours,

K D Hong

K. D. Hong
Sales Manager

2) 「일반거래조건에 관한 협정서」의 작성

거래제의를 거쳐 매매당사자가 거래관계의 개설을 합의하면 장래의 거래관계를 원만하게 진행시키기 위하여 이른 바 「일반거래조건에 관한 협정서」(Agreement on General Terms and Conditions of Business)를 작성한다. 이것은 Offer와 Acceptance로 성립되는 개별계약이 체결되기 전에 거래의 기본적이고 포괄적인 내용을 합의하는 포괄계약(Master Contract)의 성격을 갖는다. 협정서가 개별계약서보다 먼저 작성되기 때문에 협정서에서 합의된 사항이 개별계약을 구속한다. 협정서에는 일반적으로 거래형태, 거래물품의 품질, 가격, 수량, 선적, 결제, 보험 등의 기본적인 거래조건, Offer 및 Order의 방식, 불가항력, 지연선적, 정형거래조건, 준거법조항, 클레임과 중재 등의 조항들이 포함된다.

국내거래와 같은 점두(店頭)매매의 경우에는 이러한 협정서가 필요하지 않다. 그렇지만 격지간의 미래재에 관한 무역거래에서는 매매당사자간 관습과 제도가 서로 다르므로 거래의 준비단계에서 서로의 상관습의 상위점을 조정할 필요성이 있고 거래의 기본이 되는 원칙을 확립할 필요가 있다. 즉, 이것은 앞으로 거래에 적용될 포괄적이고, 기본적이며 불변적인 합의를 명시하는 것이다.

이러한 협정서도 여러 가지의 형태가 있을 수 있으나 독자의 편의를 위하여 예문과 이에 대한 간단한 설명을 제시한다.

예시

Agreement on General Terms and conditions of Business

This Agreement on entered into between ABC Co. Ltd., Seoul, Korea hereinafter called the Sellers, and XYZ Co. Ltd., New York, U. S. A. hereinafter referred to as the Buyers, witnesses as follows.

1. Business : Both Sellers and Buyers act as Principals and not as Agents.

2. Goods : goods in business, their unit to be quoted, and their mode of packing shall be stated in the attacted list.

3. Quotations and Offers : Unless otherwies specified in e-mails or letters, all

quotations and offers submitted by either party to this Agreement shall be in U.S. Dollar on a C.I.F. New York basis.

4. Firm Offer: All Firm Offers shall be subject to a reply within the period stated in respective e-mails or letters. When "immediate reply" is used, it shall mean that a reply is to be received within three days and in either case, however, Sundays and all official New York Bank Holidays are excepted.

5. Orders : Except in cases where firm offers are accepted all orders shall be subject to the Seller's final confirmation.

6. Credit : Banker's Confirmed Letter or Credit shall be opened in favour of the Sellers immediately upon confirmation of sale. Credit shall be made available twenty-one(21) days beyond shipping promises in order to provide for unavoidable delays of shipment.

7. Payment : Drafts shall be drawn under credit at sight, documents attached, for the full invoice amount.

8. Shipment : All goods sold in accordance with this Agreement shall be shipped within the stipulated time. The date of Bill of Lading shall be taken as a conclusive proof of the day of the shipment. Unless expressly agreed upon, the port of shipment shall be at the Seller's option.

9. Marine Insurance : All shipments shall be covered W.A for sum equal to the amount of the invoice plus ten(10) percent, if no other conditions are particularly agreed upon. All policies shall be made out in U.S. Dollar and payable in New York.

10. Quality : The Sellers shall guarantee all shipments to conform to samples, types, or descriptions, with regard to quality and condition at the place of shipment.

11. Damage in Transit : The Sellers shall ship all goods in good condition and the Buyers shall assume all risks of damage, deterioration, or breakage during transportation.

12. Force Majeure : The Sellers shall not be responsible for the delay of shipment in all cases of force majeure, including mobilization, war, riots, civil commotion, hostilites, blockade, requisition of vessels, prohibition of export, fires, floods, earthquakes, tempest, and any other contingencies, which prevent shipment within the stipulated period. In the event of any of the aforesaid causes arising, documents proving its occurrence of existence by the Chamber of Commerce shall

be sent by the Sellers to the Buyers without delay.

13. Delayed Shipment : In all cases of force majeure provided in the Article 12, the period of shipment stipulated shall be extended for a period of twenty-one(21) days. In case shipment within the extended period should still be prevented by a continuance of the causes mentioned in the Article 12 or the consequences of any of them, it shall be at the Buyer's option either to allow the shipment of late goods or to cancel the order by giving the Sellers the notice of cancellation by e-mail or letter.

14. Claim : No claim shall be entertained before the payment is made or the draft is duly honored. Each claim shall be advised by telegram or telex to seller within fourteen(14) days after the arrival of the goods at destination and shall be confirmed by airmail with surveyor's report within fifteen(15) days thereafter. No claims shall be entertained after the expiration of such fourteen days.

15. Arbitration : Any dispute or claim arising out of or relation to this contract shall be settled amicably as far as possible, but in case of failure it shall be settled by the arbitration pursuant to the regulation of the Korea Commercial Arbitration Board, Seoul, Whose decision shall be final and enforceable to both parties, and the loser shall bear its cost.

16. Trade Terms : The trade trems under this agreement shall be governed and interpreted under the provisions of the latest Incoterms® 2020.

17. Governing Law : This Agreement shall be governed as to all matters including construction and performance under and by United Nations Convention of Contracts for the International Sale of Goods(1980).

18. Patents, Trade marks, etc. : Seller shall be free from liabilities or responsibilities for any trade mark, design or stamp used by seller pursuant to instructions of buyer. Buyer hereby agrees to assume the responsibilities for any disputes resulting from such use.

19. Shipping Notice : A notice of shipment effected against the contract of sale shall be immediately given by e-mail or letter.

20. Shipment Samples : In case shipment samples be required, the Sellers shall forward them to the Buyers prior to shipment against the contract of sale.

21. Marking : All shipments shall be marked "OX"/New York and given consecutive numbers.

In witness whereof, both parties have caused their duly authorized representatives to execute this Agreement on the⋯ day of⋯, 20—. This Agreement shall be valid on and from the⋯ day of⋯ 20—, and my of the Articles in the Agreement shall not be changed or modified unless by mutual consent.

(Buyers) XYZ Co. Ltd..

(Signed)

General Manager

(Sellers) ABC Co. Ltd.

(Signed)

Managing Director

① 거래형태(Business) : 거래당사자와 거래형태를 명기한다. 'principal to principal'은 당사자 대 당사자거래, 즉 1 : 1의 거래를 말한다.

② 물품(Goods) : 거래되는 물품명과 가격단위 및 포장방법 등을 명기한다.

③ 견적(Quotation) : 가격조건에서는 가격의 단위, 가격의 표시통화 및 가격의 산출기준, 즉 FOB 가격인지 CIF 가격인지를 표시한다.

④ 확정청약(Firm Offer) : 청약의 유효기간을 명시하고 'immediate reply'(즉시회신)의 의미와, 청약의 유효기간에 공휴일과 일요일은 제외한다는 내용을 명기한다.

⑤ 주문(Order) : 확정청약이 승낙되는 경우는 제외하고 모든 주문은 매도인의 최종 확인을 조건으로 한다.

⑥ 신용장(Credit) : 결제수단으로 신용장을 사용할 경우 신용장의 개설시기와 신용장 하에서의 서류제시시기를 명기한다.

⑦ 지급조건(Terms of payment) : 일람출급 화환어음으로 결제한다고 명기한다. 또한 어음의 발행금액 등을 기재한다.

⑧ 선적조건(Shipment) : 선적시기와 선박이 지정된 경우에는 이를 명기하며, 선적일의 증명방법과 선적항의 선택당사자를 명기한다.

⑨ 해상보험(Maine Insurance) : 보험조건에는 보험계약자, 보험금액 및 담보조건 등과 보험증권상의 보험금액의 표시통화 및 보험금의 지급장소를 명기한다.

⑩ 품질(Quality) : 품질의 기준과 기준시기를 명기한다.

⑪ 운송중 손상(Damage in Transit) : 운송중 물품의 손해, 즉 변질이나 파손에 대한 책임을 누가 부담하는지를 명기한다. 이러한 명기가 없으면 정형거래조건에 따라 위험부담자가 손해를 부담한다.

⑫ 불가항력(Force Majeure) : 이행불능의 사유가 되는 불가항력의 내용을 구체적으로 표기하고 이에 대한 입증방법을 명기한다.

⑬ 지연선적(Delayed Shipment) : 지연선적의 사유와 기간, 그리고 지연된 기간내에 불가항력의 사태가 계속될 경우에 주문의 취소에 관한 사항을 명기한다.

⑭ 클레임(Claim) : 클레임 제기의 전제조건, 클레임 제기방법, 제기기간 및 증빙서류 등에 관하여 명기한다.

⑮ 중재(Arbitration) : 클레임의 해결방법으로서 중재를 선택할 것과 중재장소 및 중재시의 준거법을 명기한다.

⑯ 정형거래조건(Trade Term) : 정형거래조건의 해석에 관해서는 Incoterms® 2020을 기준으로 할 것을 명기한다.

⑰ 준거법(Governing Law) : 본 계약의 성립 및 이행에 관한 준거법은 유엔통일매매법(CISG)을 기준으로 할 것을 규정한다.

⑱ 특허, 상표 등(Patents, Trade Marks, etc.) : 매도인이 매수인의 지시에 따라 선적한 물품이 수입국에서 특허권이나 상표권을 침해한 것으로 소송이 제기되더라도 책임을 지지 않을 것을 명기한다.

⑲ 선적통지(Shipping Notice) : 계약대로 선적이행 후 이를 이메일 또는 서신으로 통지하여야 한다.

⑳ 선적견본(Shipment Sample) : 매수인이 선적견본을 요구할 때는 매도인은 선적 전에 이를 송부할 것을 약정한다.

㉑ 화인(Marking) : 모든 선적품은 "○×"/New York으로 표시되고 일련번호를 부여하도록 명기한다.

제2절 무역계약의 체결

1 무역계약의 의의

1) 무역계약의 개념

무역계약은 국제물품매매계약(國際物品賣買契約, contract for international sale of goods)을 말하는 것으로 매도인(수출상)의 입장에서는 수출계약(export contract)이 되고, 매수인(수입상)의 입장에서는 수입계약(import contract)이 된다.

첫째, 무역계약은 매매계약(賣買契約, sales contract)이다. 매매계약은 당사자 일방이 재산권을 상대방에게 이전할 것을 약정하고 상대방이 그 대금을 지급할 것을 약정함으로써 성립하는 계약을 말한다(민법 §563). 매매계약의 당사자를 매도인(seller)과 매수인(buyer)이라 부르며, 매도인은 물품인도의 의무를 매수인은 대금지급의무를 진다.

둘째, 무역계약은 물품을 거래대상으로 하는 물품계약(物品契約, contract of goods)이다. 물품에는 서비스나 지식재산권은 포함되지 않으나 정보산업의 발달로 생긴 디지털제품은 포함된다.

사실 무역계약은 오늘날 '무역'의 개념이 전통적인 물품거래 외에 서비스나 지식재산권까지 포함하지만 이들 거래는 이행되는 방법에 있어 물품의 경우와 같이 통관이나 운송 등은 포함하지 않기 때문에 본서에서 앞으로 설명하고자 하는 무역계약은 물품을 대당으로 한 계약만을 의미한다.

셋째, 무역계약은 국제계약(國際契約, international contract)이다. 국제계약은 계약 당사자인 매도인과 매수인이 서로 다른 국가에 영업소(place of business)를 두고 있는 계약을 말한다.

매매계약의 목적이 되는 물품은 매매계약 체결시 존재하는 현물(existing goods)이거나 계약체결 후 매도인이 제도 또는 취득하는 선물(future goods)이 될 수 있다. 그렇지만 매매계약 성립시 매도인이 현물을 소유하고 있지 않는 경우가 일반적이다. 공산품의 경우 매매당사자는 견본이나 명세서를 기준으로 계약을 체결하고 생산에 들어가지만 농산물의 경우 표준품매매(sale on standard)[3]방식으로 거래가 이행되기 때문에 수확전에 계약이 체결된다.

무역계약은 계약의 목적이 되는 물품의 소유권이전을 위한 계약이라고도 할 수 있다. 목적물이 일반적으로 선물이기 때문에 계약체결 시에는 단지 물품의 종류, 품질 또는 명세 등으로만 정해져 있는 불특정물품(unascertained goods)이다. 불특정물품은 특정되기까지는 소유권이 이전되지 않는다.[4] 불특정물품을 특정하기 위해 행하여지는 행위를 충당(appropriation)이라 하고, 매도인이 물품을 선택하거나 운송인의 관리하에 인도하면서 처분권을 유보하지 않을 때 매도인은 물품을 계약에 무조건 충당(unconditional appropriation)한 것으로 보고 소유권은 이때에 매수인에게 이전된다.[5]

2) 무역계약의 특수성

무역계약은 법·언어·통화가 다른 국가에 속한 당사자간 물품의 국제적 이동을 전제로 하고 있기 때문에 국내거래와는 다른 특수성을 갖고 있다. 즉, 매매계약을 이행하기 위하여 세 가지 후속적 계약이 수반된다.

첫째, 물품의 국제적 이동을 위하여 운송이 필요하며, 운송서비스를 제공받기 위해서는 운송인과 국제운송계약이 체결되어야 한다.

둘째, 운송 중에는 위험이 존재한다. 이를 운송위험이라고 하며, 이러한 위험을 담보하기 위하여 보험서비스를 이용하여야 한다. 통상 운송구간이 해상 또는 해상과 육상이기 때문에 이러한 운송위험은 해상보험계약으로 담보될 수 있다.

셋째, 매도인의 물품인도에 대한 대가로 매수인은 대금을 지급하여야 한다. 매도인은 물품대금을 은행으로부터 받기를 원하기 때문에 은행의 지급확약이 첨부된 것이 신용장이다. 매도인은 환어음과 신용장에서 요구하는 서류로 매입은행과 외국환거래약정의 방법으로 지급계약을 체결한다.

이들 세 가지 계약 가운데 운송계약과 보험계약은 물품인도를 위하여 체결되는 계약이며 지급계약은 대금지급을 위하여 체결된다. 이들 세 가지 계약의 내용, 즉 운송계약에서 운송방법, 운송계약 체결당사자, 운임부담자, 보험계

---

3) 미수확 농산물의 품질을 기준으로 전년도 작물의 표준품을 기초로 가격을 정하고 계약을 채결하지만 실제로 인도되는 물품은 당해년도 수확물의 평균중등품에 해당하면 된다.

4) 영국물품매매법(Sale of Goods Act, 1979), 제16조 : "Where there is a contract for the sale of unascertained goods no property in the goods is transferred to the unless and until the goods are unascertained."

5) 영국물품매매법(1979) 제18조 원칙 5(1)

약에 담보조건, 보험계약 당사자, 보험료 부담자, 그리고 지급계약에서 지급
방법과 지급시기 등이 매매당사자간에 체결되는 매매계약에 의하여 결정된다.
매매계약에 이들 조건이 명시될 수도 있고, 거래관습인 정형거래조건(trade
terms)에 의하여 결정되기도 한다. 따라서 매매계약을 주(主)계약이라고 한다
면 운송계약, 보험계약, 지급계약을 종속계약이라고 할 수 있으며 이들 3가지
계약을 매매계약의 이행을 위하여 꼭 필요한 3대 종속계약이라고 할 수 있다.

무역거래는 물품의 인도와 대금의 지급이 동시에 이루어지는 동시이행조건
(concurrent condition)이 아닐 뿐 아니라 선물매매에서 물품의 현실적 인도
(actual delivery)와 함께 서류를 인도하는 상징적 인도(symbolic delivery)를 행하
므로 매도인의 인도의무가 이행되는 인도의 양면성이 있기 때문에 무역계약
의 중요성이 존재한다.

무역계약에서는 거래관습이 매우 중요하다. 무역계약 체결시 매도인과 매수
인은 계약이행과정에 예상되는 모든 점을 계약서에 반영하기가 거의 불가능
하다. 그 이유는 국제거래이기 때문에 양국의 사정이 가변적이며, 법·제도·
언어·통화 등이 상이할 뿐 아니라 이행과정에서 운송·보험계약이 수반되고
은행이 개입된다. 따라서 계약에 전문가가 아닌 매매당사자로서 거래의 기본
조건만 상호 합의하여 명기하고 물품의 인도에 따른 문제는 거래관습에 의존
하게 된다. 이러한 거래관습이 정형화되어 각 정형거래조건에 관한 통일규칙
이 정해지게 되었는데 이것이 Incoterms이다. 따라서 정형거래조건은 당사자
간 명시적으로 합의하지 않은 많은 계약내용을 내포하고 있다고 할 수 있다.

무역계약은 법역(jurisdiction)을 달리하는 당사자간 거래이므로 계약의 준거
법(governing law) 결정에 어려움이 있다. 계약 당사자는 각각 자국법을 준거법
으로 하고자 할 것이기 때문에 국제적 수준의 입법이 필요하다. 이러한 요구
에 부응하여 1980년 UNCITRAL에서 「국제물품매매계약에 관한 UN협약」
(United Nation Convention on Contracts for the International Sale of Goods: 일명
CISG)이 제정되어 1988년부터 발효되었으며, 우리나라도 2005.3.1부터 이 협
약의 적용을 받고 있다. CISG는 계약성립과 계약위반에 따른 구제 등을 상세
하게 규정하고 있기 때문에 당사자간 계약의 상당한 부분을 보충하는 역할을
한다.

3) 무역계약의 법적성질

자본주의체제는 사유재산제도와 함께 계약자유원칙(契約自由原則)을 근간으로 한다. 계약자유의 원칙이란 계약의 체결, 계약내용의 결정 및 계약방식 등에 관하여 계약당사자가 자유로이 할 수 있는 원칙을 말하는 것이다. 이러한 계약자유원칙에 따라 무역계약은 낙성계약, 쌍무계약, 유상계약 및 불요식계약이라는 법적 성질을 지닌다.

(1) 낙성계약(consensual contract)

계약이 당사자간의 의사의 합치로 성립되는 것을 말한다. 낙성계약의 반대는 요물계약(要物契約)으로 당사자의 합의 이외에 일방의 물품인도나 기타의 행위를 필요로 하는 계약으로 질권설정 등이 있으며 양자간 계약성립시기에 차이가 있을 수 있다. 무역계약은 청약과 승낙으로, 즉 당사자간의 합의만으로 성립된다.

(2) 쌍무계약(bilateral contract)

쌍무계약은 매매계약의 성립과 동시에 양 당사자가 동시에 채무를 부담하는 계약이다. 즉, 매도인은 물품인도의 의무가 있고, 매수인은 대금지급의 의무가 있다. 이와 반대로 증여계약과 같이 계약당사자 일방만이 채무를 부담하는 것을 편무계약(片務契約)이라고 한다.

(3) 유상계약(remuneration contract)

유상계약은 무상계약(無償契約)에 반대되는 개념으로 금전적 대가를 부담하는 계약이다. 유상계약과 무상계약의 구별은 쌍무 및 편무계약과 혼동하기 쉬우나 전자는 대가적 채무가 화폐인가에 중심을 둔 분류인데 반하여 후자는 채무 자체의 상호 의존성에 중점을 둔 개념이다.

(4) 불요식계약(informal contract)

무역계약은 특별한 요식 없이 구두나 행위 또는 서명에 의하여도 의사의 합치만 확인되면 계약이 성립된다.[6] 이와 반대로 요식계약(要式契約)은 부동산 매매계약과 같이 서류로 작성되어야 한다. 불요식계약은 반드시 서류요건을 필

---

6) 石賞根孝輔, 基本貿易去來, 同文館, 1981, p. 94

요로 하지 않기 때문에 당사자가 계약서를 작성하지 않아서 후일 분쟁발생 시 계약증빙에 문제가 되기도 한다.

CISG[7]에는 "매매계약은 서면으로 체결되거나 입증될 필요는 없으며 형식에 있어서도 기타의 다른 요건에 구속되지 않는다. 매매계약은 증언을 포함한 어떠한 수단에 의해서도 입증될 수 있다"고 규정하여 불요식계약의 성격을 나타내고 있다. 여기서 서면이라 함은 전보나 FAX를 포함할 뿐 아니라 정보화 시대에는 전자문서(electronic message)도 문서로서의 효력을 갖도록 법적으로 인정되고 있다.[8]

각국 입법의 모델이 되는 전자상거래에 관한 UNCITRAL 모델법은 'electronic message' 대신 'data message'란 용어를 사용한다. 이것은 전자문서교환, 전자우편, 전보, 텔렉스, 텔레카피 등을 포함한 전자적·광학적 수단으로 작성, 송·수신 또는 저장되는 정보를 말하며 이들도 문서로서의 효력을 인정하고 있다.[9]

■2 무역계약의 성립

1) 무역계약의 성립요건

국제물품매매계약은 당사자간의 의사의 합치, 즉 매도인과 매수인의 청약(Offer)과 승낙(Acceptance)으로 성립한다. 계약성립에 있어서는 예외적인 경우를 제외하고 어떤 복잡한 교섭과정을 거치더라도 최종적으로는 하나의 청약과 하나의 승낙에 의하여 성립한다. 즉, 당사자간의 의사의 합치가 계약성립의 제1의 요건이다. 물론 여기서의 당사자의 의사는 진의여야 하고 계약의 목적이 적법하여야 한다.

한편 승낙은 상대방의 청약에 대한 상대방의 의사표시이므로 서로 독립적인 의사표시인 교차청약은 비록 그것의 내용이 일치한다고 하여도 상호 교환성과 대립성을 갖지 못하므로 계약성립의 효과를 갖지 못한다. 또한 침묵이나 무행위는 그 자체를 승낙으로 볼 수 없으므로 계약성립의 효과를 갖지 못한다.

---

7) UN통일매매법 제11조
8) 전자거래기본법 제5조.
9) UNCITRAL Model Law on Electronic Commerce(1996) Art. 6 : "Where the law requires information to be in writing, that requirement is met by a data message if the information retained therein is accessible so as to be usable for subsequent reference."

승낙은 청약에 대한 동의로 그 동의가 무조건(unconditional)·절대적(absolute)이어야 한다. 그러나 CISG(제19조)에서는 승낙이 청약의 조건을 실질적으로 변경시키지 않는 상이한 조건을 포함하고 있어도 청약에 대한 승낙으로 간주된다고 규정하고 있다. 가격, 대금지급, 품질, 수량, 인도장소 및 시기, 당사자의 책임범위 및 분쟁해결에 관한 조건은 청약의 조건을 실질적으로 변경하는 것이라고 규정하고 있다. 이러한 청약과 승낙의 일치를 영미법에서 완전일치의 원칙 또는 경상(鏡像)의 원칙(mirror image rule)이라고 하고, 이와 반대로 조건불일치를 서식의 교전(battle of forms)이라고 한다.

한편 청약과 승낙 외에도 매수인의 주문(order, purchase order)에 대하여 매도인의 주문승인(acknowledgement)에 의하여도 무역계약이 성립된다. 계약이 성립된 후 매수인이 주문을 하지 않으면 이는 계약위반이 되어 매도인은 claim을 제기할 수 있다.

2) 청약

(1) 청약의 의의

청약(offer)이란 피청약자의 승낙이 있으면 계약을 성립시킬 것을 목적으로 하는 청약자의 일방적·확정적 의사표시이다. 이러한 의사표시에는 착오(mistake), 부실표시(misrepresentation), 사기(fraud), 강박(duress)과 같은 하자나 불법성이 없어야 한다.

청약은 확정적 의사표시라는 점에서 청약의 준비행위에 불과한 예비교섭단계인 청약의 유인(Invitation to Offer)과 구별되어야 한다. 실무적으로 청약의 유인인 Inquiry, Price-List, Quotation과 혼동을 피하기 위하여 청약시에는 "Offer"란 용어를 사용하는 것이 좋다. 비록 "Offer"란 용어가 사용되었다 하더라도 의사표시가 확정적(definite)이 아닌 것은 자유청약(free offer)이지 확정청약(firm offer)이 아니다. 자유청약도 확정성이 결여되어 있으므로 청약의 유인이라고 할 수 있다.

(2) 청약의 종류

청약의 종류는 여러 가지 기준에 따라 분류할 수 있다.

먼저, 청약의 발행주체에 따라 매도청약(selling offer)과 매수청약(buying offer)으로 나눌 수 있다.

또한 발행지에 따라 국내발행 Offer와 국외발행 Offer로 나눌 수 있고, 청약의 내용에서 승낙기간이 확정되어 있느냐 없느냐에 따라 확정청약(firm offer)과 자유청약(free offer)으로 나눌 수 있다.

한편 최초로 발행된 Offer를 원청약(original offer)이라고 한다면 이에 대하여 조건의 변경을 요하는 승낙은 대응청약(counter offer)이 된다.

비록 Offer란 용어를 사용했더라도 확정적이 아닌 의사표시인 Offer, 즉 "Offer subject to market fluctuation"(시장조건 변동부 청약), "Offer without engagement(무확약 청약), Offer subject to being unsold"(재고잔류조건부 청약), Offer subject to prior sale(선착순 매매조건부 청약), Offer subject to our final confirmation"(매도인 최종확인 조건부 청약) 등은 모두 조건부청약으로서 Free Offer의 일종이다.

(3) 청약의 방법과 대상

무역계약은 불요식계약이므로 청약은 법률이나 당사자간에 별도의 약정이 없는 한 특정한 방법을 필요로 하지 않는다. 즉, 청약은 문서(writing), 구두, 행위(act) 등에 의해서도 가능하며, 의사전달방법은 우편, 전화, 전보, Telex, Facsimile 및 e-mail과 같은 EDI Message로도 가능하다.

청약은 어느 특정인 특정그룹 또는 불특정 다수 앞으로도 가능하다. 불특정 다수에 대한 청약은 일반청약(public offer)으로 청약의 유인이라고 할 수 있다. 광고는 통상 쌍무계약에서는 청약의 유인이 되지만 편무계약에서는 청약이 된다.

(4) 청약의 효력

(가) 청약의 효력발생시기

청약은 그것이 피청약자에게 도달한 때 효력이 발생한다. 도달한 때부터 피청약자는 승낙에 의하여 계약을 성립시킬 수 있다. 청약의 효력발생시기는 피청약자의 승낙권한의 개시시기이며, 청약의 유효기간의 기산점이 된다.

(나) 청약의 유효기간

확정청약에는 통상 청약의 유효기간이 명시된다. 유효기간이 명시된 경우에는 그 기간이 도래하면 효력을 상실한다. 청약의 유효기간이 정해져 있지 않은 경우에는 상당한 기간이 경과하면 그 효력을 상실한다.

비록 유효기간내 일지라도 피청약자가 이를 거절하면 효력이 끝난다. 영미법계나 CISG에서는 청약의 유효기간 내에도 청약자는 이를 취소할 수 있지만 대륙법계에서는 유효기간 내에는 이를 취소할 수 없도록 하고 있다.

(다) 청약의 거절과 대응청약

청약자의 청약은 피청약자가 이를 거절하면 그 효력이 소멸한다. 소멸시기는 거절의 의사표시가 청약자에게 도달한 때이다. 피청약자가 청약을 거절하는 경우에는 청약은 그 효력을 상실하지만 피청약자가 청약조건을 변경하거나 추가하는 경우 이것은 대응청약(counter offer)이 된다. 대응청약은 원래의 청약의 거절과 함께 새로운 청약의 성격을 갖는다. 대응청약은 단순한 거절과는 차이가 있다. 단순한 거절은 교섭의 종결이지만 대응청약은 피청약자가 청약자에 대한 새로운 청약이 되므로 청약자가 이를 승낙하면 계약은 성립한다.

(5) 청약의 효력소멸

청약의 효력소멸에 관하여 학자들의 여러 가지 견해가 있으나 통상 다음의 네 가지를 들고 있다.

(가) 청약의 철회

청약은 철회함으로써 그 효력이 소멸한다. 철회(withdrawal)는 취소(revocation)와는 달리 청약자가 청약의 효력이 발생되기 전에 이를 회수함으로써 그 효력을 상실시키는 것을 말한다. 이러한 청약의 철회가능성에 대하여 우리나라의 민법과 영미법간 대조를 보이고 있다. 즉, 우리나라 민법은 승낙기간이 정해져 있는 확정청약이든 그렇지 않은 자유청약이든 확정기간 또는 상당한 기간 내에 철회하지 못한다고 규정하고 있으나(제527조 및 제528조), 영미법에서는 확정청약이라도 철회할 수 있도록 하고 있다.

청약을 철회하기 위해서는 청약이 상대방에게 도달하기 전 또는 이와 동시에 철회의 통지가 도달하여야 한다. CISG는 청약의 철회를 인정하고 있다.

(나) 청약의 거절

피청약자가 청약을 거절하면 그 효력이 소멸된다. 거절은 그 통지가 청약자에게 도달하여야 효력을 갖는다.

(다) 시간의 경과

청약의 유효기간이 정해져 있는 확정청약은 그 기간이 경과하면 효력이 소멸되고 유효기간이 정해져 있지 않은 자유청약은 상당한 기간이 경과하면 효력이 끝난다. 여기서 '상당한 기간'(reasonable time)이란 '사실의 문제'(question of facts)로서 법률로 규정할 수 있는 것이 아니고 거래관습 등을 고려하여 결정할 문제이다.

(라) 당사자의 사망

계약당사자가 사망하면 청약은 소멸한다. 왜냐하면 의사의 합치로 성립된 계약이 의사의 한 주체가 없어졌기 때문이다.

3) 승낙

(1) 승낙의 정의

승낙(acceptance)은 피청약자가 청약에 응하여 계약을 성립시키겠다는 의사표시를 의미한다. 결국 매매계약은 청약에 대하여 승낙함으로써 성립된다. 승낙은 청약의 모든 조건에 대하여 전적인 동의를 표시하는 것이기 때문에 절대적이며 무조건적이어야 한다. 승낙은 청약의 효력이 존재하고 있는 동안에 행하여져야 하며, 이를 청약자에게 표시하여야 한다. 이러한 표시는 언어나 문자를 사용하여 명시적으로 하는 것이 보통이지만 행위에 의한 것이라도 무방하다. 침묵이나 무행위는 승낙의 표시가 될 수 없다.

(2) 승낙의 방법

승낙의 방법은 청약과 같이 별도의 약정이 없는 한 구두, 서면 또는 행위로도 가능하다. 또한 청약자는 승낙방법에 대하여 청약시에 자유로이 지정할 수 있다. 이 경우에 피청약자는 지정된 방법을 따라야 한다. 그러나 실제로는 청약 시에 승낙의 방법이 지정되지 않을 경우에는 청약의 방법대로 승낙하는 것이 좋다.

(3) 승낙의 효력발생시기

CISG에 따르면 승낙의 효력은 청약과 마찬가지로 도달주의원칙에 따라 그것이 청약자에게 도달한 시점에 그 효력이 발생되어 계약이 성립된다. 승낙의 효력발생시기에 관하여는 각국의 입법례가 다르므로 이에 대한 분쟁이 발생할 가능성이 있다. 따라서 실무에서는 청약시 승낙의 효력발생시기를 다음과 같이 명시하는 것이 좋다.

"We have the pleasure to offer you the undermentioned goods subject to your reply received by us by Oct. 10, 20××, Seoul Time."

승낙의 효력발생 시기는 계약성립시가 되며 승낙의 도달지는 계약성립지가 된다. 계약성립지는 준거법의 선정이나 재판관할지의 결정에 기준이 될 수 있다.

(4) 승낙의 철회

승낙도 청약과 마찬가지로 철회될 수 있다. 그러나 승낙의 철회는 승낙이 청약지에 도달하기 전에 철회의 통지가 먼저 도달하여야 한다. 승낙이 도달하면 이미 계약이 성립되기 때문이다. 승낙이 철회되기 위해서는 승낙의 통지보다 철회의 통지가 먼저 또는 동시에 청약자에게 도달하여야 하므로 승낙이 전화, Fax 또는 e-mail 등 동시통신수단으로 이루어진 경우 발신과 수신이 동시적이기 때문에 철회문제는 생길 수 없다.

■3 무역계약의 내용

무역계약도 계약자유의 원칙에 따라 그 내용을 계약당사자 합의로 정할 수 있다. 당사자간의 합의로 계약서에 명시하는 조건을 명시조건(明示條件, express terms)이라고 한다. 계약당사자가 아무리 치밀하다 해도 계약이행에 예상되는 문제를 모두 다 명시하는 것은 불가능하다. 따라서 계약이행과정, 즉 물품의 인도와 관련된 문제는 거래관습(trade usage or customs)에 따르게 된다. 즉, 이러한 문제는 거래관습에 함축된 것으로 보기 때문에 이를 묵시조건(黙示條件, implied terms)이라고 한다. 묵시조건은 계약내용이 거래관습에 묵시되거나 준거법에 묵시된다. 거래관습이 명시되지 않은 계약의 모든 공백을 메울 수 없다. 따라서 계약의 공백을 메우기 위한 최후의 기능을 준거법(準據法, governing law)이 한다.

무역계약의 기본조건은 품질·수량·가격·포장조건 등 물품 자체에 관한 조건과 선적·지급·보험조건 등 계약이행에 관한 조건이 있다. 또한 불가항력·클레임·중재·준거법조항 및 필요한 조항 등을 당사자간에 협의하여 둘 수 있다.

1) 무역계약의 기본조건

(1) 계약대상(물품)에 관한 조건

(가) 품질조건

품명은 거래의 대상이 되는 상품의 명칭이며 품종은 그 종류이다. 품명이나 품종은 그 종류가 다양하며, 설사 같다고 하더라도 국가에 따라 그 호칭이 다를 수 있기 때문에 혼란을 피하기 위하여 해당 상품의 품질, 규격, 등급 및 색상 등에 관하여 사전에 합의하는 것이 필요하다. 품질조건에 가장 문제가 되는 것이 품질기준과 품질의 결정시기이다.

(a) 품질기준

(ⅰ) **견본매매**(Sales by Sample) : 일반 물품의 경우 가장 보편화된 품질의 기준이 견본이다. 견본매매란 매도인이 인도하는 물품이 견본과 일치할 것을 약정하는 거래이다. 매도인이 제시하는 견본을 품질의 기준으로 할 때 이를 Seller's Sample이라고 하고, 매수인이 제시하는 견본이 기준이 될 때 Buyer's Sample이라고 한다.

매도인의 입장에서 물품이 규격품이나 정밀제품이 아닌 한 "similar to sample~", "as per sample~", "about equal to sample~" 등의 용어를 사용하는 것이 좋다.

계약서에 물품이 견본과 일치할 것을 규정한 조항의 예는 다음과 같다.

"The seller shall guarantee all shipments to conform to samples with regard to quality and conditions."

(ⅱ) **상표매매**(Sales by Trademark) : 국제적으로 널리 알려져 있는 유명상표의 경우 구태여 견본을 제공할 필요없이 상표로서 품질의 기준을 삼는다. 이를 일명 품명매매(Sales by Brand)라고도 한다.

(ⅲ) **명세서매매**(Sales by Specification) : 선박, 공작기계 또는 철도차량 등은 견본제시가 불가능하므로 설계도나 청사진(blue print) 등의 규격서 또는 설명서로 물품의 품질을 약정한다.

(ⅳ) **표준품매매**(Sales by Standard) : 표준품을 제시하여 이를 품질의 기준으로 삼는 것을 말한다. 주로 농·수산물이나 광산물과 같은 1차산품의 거래 시에 이용하는 방법이다.

표준품매매의 구체적인 방법은 '평균중등품질조건'(Fair Average Quality : FAQ)과 '판매적격품질조건'(Good Merchantable Quality : GMQ)으로 나눌 수 있다. 전자는 당해년도 당해지역에서 생산되는 물품 가운데 중급수준의 품질을 인도하기로 약정하는 방법으로 주로 곡물거래시 이용하는 조건이다. 후자는 물품인도시의 품질이 당해 물품의 성질이나 상관습상 판매하기에 적합하면 된다. 이 조건은 주로 원목, 냉동어류, 광물류 등의 거래에 사용된다.

(b) 품질의 결정시기

인도된 물품이 계약과 일치된 물품인지 아닌지를 확인하여 증명하는 시점이 바로 품질의 기준시기이다. 이를 결정하는 시기에는 선적품질조건과 양륙품질조건이 있다.

(i) **선적품질조건**(Shipped Quality Term) : 인도된 물품의 품질이 선적시점에 약정된 품질임이 증명되면 그 후의 변질에 대하여는 매도인이 책임을 지지 않는다. 공산품의 경우 선적시에 공인검사기관의 품질확인을 받았다면 수출상의 책임은 종료된다. 따라서 이에 대한 입증책임은 매도인에게 있다. 품질결정시기에 관하여 당사자간 합의가 없는 경우 정형거래조건에 따른다. FOB나 CIF 조건과 같은 'F' Group이나 'C' Group의 조건들은 모두 선적지의 품질을 기준으로 한다. 영국의 런던 곡물시장에서 사용되는 선적품질조건은 'T. Q'(Tale Quale)를 사용하며, 양륙품질조건은 'R.T.'(Rye Term)를 사용한다. 'S.D.'(Sea Damaged)는 조건부 선적품질조건으로 해상운송 중에 생기는 유손(濡損 : damaged by wet)이나 습손(濕損 : moisture damage) 등의 경우를 제외하고는 선적시를 품질의 결정시기로 하는 조건이다.

(ii) **양륙품질조건**(Landed Quality Term) : 인도물품의 품질이 양륙시에 계약상의 품질과 일치할 것을 조건으로 하는 것으로 운송도중에 생기는 변질의 책임을 매도인이 지는 조건이다. 주로 곡물, 피혁 또는 어류 등과 같은 1차산품의 경우에는 양륙지에서 물품의 품질이 계약품질과 일치하여야 한다. 양륙품질조건에서는 입증책임이 매수인에게 있으므로 매수인이 검사기관에 의뢰하여 감정보고서(Survey Report)를 발급받아 이를 근거로 클레임을 제기하여야 한다. 품질결정시기에 관하여 별도의 명시가 없는 경우 정형거래조건이 'D' Group이면 양륙지가 품질기준시점이 된다.

(나) 수량조건(Terms of Quantity)

물품의 수량을 약정함에 있어서 유의하여야 하는 것은 수량표시에 사용되는 단위, 수량의 기준시기 및 산화물에 대한 과부족(more or less)표시이다. 또한 매도인은 공산품인 경우 최소인수가능수량(minimum quantity acceptable)을 명시하는 경우도 있다.

(a) 수량단위

중량의 경우 Ton을 가장 많이 사용한다. Ton에는 Long Ton(British Ton : 2,240 Lbs ≒ 1,016Kg), Short Ton(American Ton : 2,000 Lbs ≒ 907.2Kg) 및 유럽에서 널리 사용되고 있는 Metric Ton(French Ton : 2,205 Lbs ≒ 1,000Kg)의 3종류가 있다.

용적의 경우 용적톤(Measurement Ton : M/T)을 사용하는데 1972년 이전에는 40 cubic feet를 1M/T으로 하다가 지금은 1㎥를 1M/T으로 사용하고 있다.

개수의 경우 1개(piece), 1대(set), 1타스(dozen) 등이 있고, 1 Gross는 12타스를 1 Great Gross는 12 Gross(1,728)를 나타낸다.

포장의 경우 상자(Case), 가마니(Bale), 포대(Bag), 통(Barrel), 묶음(Bundle) 등의 단위가 있으며 면화, 시멘트, 석유 등의 거래에 이들 단위가 이용된다.

길이의 경우 미터(Meter)와 야드(Yard)를 주로 사용한다. 전자는 주로 유럽에서, 후자는 영국이나 아프리카 등에서 섬유류의 거래에 주로 사용된다.

면적의 경우 평방피트(SF)나 평방미터(SM)를 주로 사용하며, 합판이나 타일 등의 거래에 주로 사용된다.

컨테이너의 경우 TEU(Twenty Feet Equivalent Unit)나 FEU(Forty Feet Equivalent Unit)를 사용한다.

(b) 수량의 결정시기

계약체결 시에 매매당사자는 수량의 결정시기를 선적시로 할 것인지 양륙시로 할 것인지를 결정하여야 한다. 전자를 '선적수량조건'(shipping quantity term)이라고 하고, 후자를 '양륙수량조건'(landing quantity term)이라고 한다. 예를 들어 'shipped weight final'이라고 표시하는 것은 선적수량조건을 의미한다. 수량결정시기에 관한 명시가 없으면 정형거래조건에 따라 해석하며, FOB나 CIF 조건의 경우는 선적지 수량조건으로 해석한다. 선적지수량조건에서는 매도인이, 양륙지 수량조건에서는 매수인이 수량에 대한 입증책임이 있기 때문에 클레임이 제기될 때 각각 감정보고서를 제시하여야 한다.

(c) 산적화물(Bulk Cargo)의 수량약정

산적화물의 경우에는 운송과정에서 손실이 불가피하기 때문에 일정량의 과부족을 계약위반으로 보지 않는다. 물론 과부족에 대한 대금정산은 별도로 이루어져야 한다.

산적화물의 과부족 용인제도는 오랜 관습이기 때문에 신용장통일규칙(UCP600, 제30조)에는 신용장상 금지규정이 없는 한 5%의 과부족을 인정하고 있으며, 신용장의 금액, 수량, 단가와 관련하여 약, 대략 등의 표현이 있다면 10%의 과부족이 허용된다. 그러나 D/A 계약서나 D/P 계약서는 신용장통일규칙이 적용되지 않으므로 「과부족용인약관」(More or Less Clause)을 계약서에 명시함으로써 과부족을 인정받을 수 있다. 예를 들면 "10% more or less at seller's option" 또는 "Seller has the option of delivering 10% more or less on the contracted quantity" 등으로 명시할 수 있다. 또한 "about"나 "circa"와 같은 표시도 가격, 수량 또는 금액과 관련하여 사용된 경우 ±10% 오차를 허용받을 수 있다.

(다) 가격조건(Terms of Price)

무역거래에서 가격의 구성원리는 국내거래와는 다르다. 즉, 무역에서의 가격은 국내거래에서 발생하지 않는 부대비용(운임, 보험료, 통관비용, 관세 등)을 필연적으로 수반하게 되는데 이 비용을 수출상과 수입상 가운데 누가 부담할 것인가에 따라 가격형태가 달라진다. Incoterms® 2020에는 11가지 정형거래조건(trade terms)을 두어 부대비용의 부담에 따라 선택하여 사용할 수 있도록 하고 있다. 물론 이들 11가지 정형거래조건은 가격표시조건인 동시에 인도조건적 성격을 갖고 있으므로 당사자간의 위험부담, 인도, 수출입승인 및 통관 등에 대한 당사자의 의무를 포함하고 있다.

(a) 가격산출의 요소비용

수출물품의 가격은 물품의 제조원가에 이윤 및 요소비용을 합하여 결정된다. 여기서 요소비용은 ① 포장비(packing charge), ② 검사비(inspection charge), ③ 수출국내에서의 내륙운송비(inland transportation charges), ④ 부두비용, 즉 선적항에서의 창고료(storage, godown rent), 부두사용료(wharfage), 항구세(port dues), ⑤ 행정비, 즉 수출추천 수출승인, 수입추천 수입승인 비용, ⑥ 선적비용,

즉 수출통관비용(cost of export clearance), 수출관세, 선적비(shipping charges), 적재비(loading charges), 적입비(stowing charges), ⑦ 해상운임(ocean freight), ⑧ 해상보험료(marine insurance premium), ⑨ 목적항에서의 양화비용(unloading charges), ⑩ 목적항에서의 부두비용, 즉 목적항에서의 부두사용료(wharfage), 항구세(port dues), 창고료(storage, godown rent), ⑪ 수입관세(import duties), ⑫ 수입통관비용(cost of import clearance), ⑬ 수입국내에서의 내륙운송비(inland transportation charges)와 운송보험료(transportation insurance premium), ⑭ 각종 수수료(commission), 이자(interest) 또는 외환비용(cost of exchange), ⑮ 기타 영업비용과 잡비(petties) 등을 말한다.

한편 선내하역비용(stevedorage)은 보통 운임에 포함되기 때문에 FOB 조건에서는 수입상이, CIF 조건에서는 수출상이 부담한다. 선내하역비를 선사가 모두 부담하는 조건을 Liner Term(Berth Term)이라고 한다. Liner Term은 선내하역비를 원래 선사가 부담하는 조건이지만 사실상 운임에 포함시켜 수출상과 수입상에게 전가하고 있다. 반대로 FIO(Free In and Out) 조건은 이를 화주가 부담하는 조건이며, FI(Free In)는 선사가 선내하역비용 중 양륙비용만을, FO(Free Out)는 선사가 선적비용만을 부담하면서 이를 운임에 포함시키고 있다.

(b) 가격의 산출기준

위에 언급한 요소비용의 어느 항목까지 포함되느냐에 따라 수 없이 많은 가격항목이 생길 수 있다. 따라서 국제상업회의소(International Chamber of Commerce : ICC)에서는 11가지 정형화된 가격조건을 부호로 표시하여 이에 관한 해석규칙을 제정하였는데, 이를 「정형거래조건의 해석에 관한 국제규칙」(International Rules for the Interpretation of Trade Term)이라 하고 이를 약칭 「Incoterms® 2020」이라 한다.

이들 11가지는 운송방식불문조건인 EXW, FCA, CPT, CIP, DAP, DPU, DDP와 선박운송전용조건인 FAS, FOB, CFR, CIF가 있다.

（ⅰ）**EXW**(Ex Works : 공장 인도가격) : 이 조건에서 매도인이 부담하는 비용은 제조원가에 이윤, 품질이나 수량 등의 각종 검사비 및 관습적 포장비가 포함된다. 이 조건을 Loco 또는 on spot 가격(현장인도가격)이라 부르기도 한다. 한편 이 조건은 운송방식에 무관하게 사용될 수 있고 하나 이상의 운송수단이 적용될 때에도 사용될 수 있는 가격조건이다.

196 Part. 4 무역상무

(ⅱ) **FCA**(Free Carrier : 운송인 인도가격) : EXW 가격에 매도인이 수출통관을 완료하고 지정된 장소까지의 내륙운송비가 포함된 가격이다. 이것은 종래의 FRC, FOR/FOT, FOA 가격을 합친 것으로 철도, 육로, 해상, 내수로, 항공 또는 복합운송 등 운송방식에 무관하게 사용될 수 있고 하나 이상의 운송수단이 적용될 때에도 사용될 수 있는 조건이다.

(ⅲ) **CPT**(Carriage Paid To : 운송비 지급가격) : CIP 가격에서 보험료를 매도인의 부담에서 제외시킨 가격이다. CPT 가격은 선박운송전용조건의 CFR에 대응하는 가격으로 운송방식에 무관하게 사용될 수 있고 하나 이상의 운송수단이 적용될 때에도 사용될 수 있는 가격조건이다.

(ⅳ) **CIP**(Carriage and Insurance Paid To : 운송비 및 보험료 지급가격) : 운송방식에 무관하게 사용될 수 있고, 하나 이상의 운송수단이 적용될 때에도 사용될 수 있는 조건으로 FCA 가격에서 양륙지의 지정된 장소까지 운송비와 보험료를 매도인이 부담하는 조건으로 선박운송전용조건의 CIF 가격에 대응하는 조건이다.

(ⅴ) **DAP**(Delivered at Place : 도착지정장소인도조건) : DAP는 종전의 DES, DAF, DDU 조건을 대체하는 조건으로 Incoterms® 2010에서 새로 신설되어 Incoterms® 2020에서 그대로 유지된 조건이다. 이 조건에서 매도인은 물품이 목적지의 지정된 장소에 도착되는 운송수단으로부터 하차 준비된 상태로 매수인의 임의처분 상태에 놓이는 때까지의 모든 비용을 부담한다. 이 조건은 운송수단과 상관없이 사용될 수 있으며 하나 이상의 운송수단이 적용될 때에도 사용될 수 있다.

(ⅵ) **DPU**(Delivered at Place Unloaded : 도착지양하인도조건) : DPU조건은 Incoterms® 2010상 DAT(Delivered at Terminal)조건을 Incoterms® 2020에서 명칭 변경한 조건으로 매도인은 지정된 항구 또는 목적 장소까지 물품을 운송하여 하차하는데 수반하는 모든 비용을 부담한다. 이 조건 또한 운송방식에 무관하게 사용될 수 있고, 하나 이상의 운송수단이 적용될 때에도 사용될 수 있는 가격조건이다.

(ⅶ) **DDP**(Delivered Duty Paid : 관세납부 인도가격) : DDP조건상 매도인은 수입통관된 물품이 지정목적지에서 도착운송수단에 실린 채 하차(下車, unload) 준비된 상태로 매수인의 처분에 놓이는 때까지의 모든 비용을 부담한다. 따라서 매도인은 그러한 목적지까지 물품을 운송하는 데 수반

하는 모든 비용을 부담하고, 또한 물품의 수출통관 및 수입통관을 모두 이행하여야 하고, 수출관세 및 수입관세를 모두 부담하여야 한다. EXW 가격이 매도인의 비용부담이 가장 적다면 DDP 가격은 반대로 매도인의 비용부담이 가장 큰 조건이다. 이 조건은 운송수단과 상관없이 사용될 수 있으며 하나 이상의 운송수단이 적용될 때에도 사용될 수 있다.

(viii) **FAS**(Free Alongside Ship : 선측 인도가격) : 이 조건은 본선의 선측에서 물품을 인도할 때까지 수출허가나 통관비용을 포함한 모든 비용을 매도인이 부담한다. 본선이 부두에 접안해 있을 때는 본선의 선측까지, 본선이 선적항의 해상에 정박해 있을 때에는 부선비용까지 매도인이 부담한다.

(ix) **FOB**(Free On Board : 본선 인도가격) : 매도인은 물품을 본선에 인도할 때까지 일체의 비용을 부담한다. 매도인은 FAS 조건에서 부담한 비용 외에 수출관세, 수출통관비용, 수출승인비용 및 적재비 등을 추가로 부담하여야 한다. 한편 실무적으로 운송계약부 FOB와 화환특약부 FOB가 사용되고 있는데 이 경우에는 매도인이 운송계약과 화환취결에 따른 비용을 추가로 부담하여야 한다. FOB ST(stowing & trimming)에서는 매도인이 FOB 가격에 적부비(stowing charge)를 추가로 부담하여야 한다.

(x) **CFR**(Cost and Freight : 운임 포함가격) : CFR조건상 매도인은 매도인이 물품을 본선에 적재하여 인도하거나 이미 그렇게 인도된 물품을 제공함으로 그의 인도의무를 다하게 되는데, 매도인은 물품을 지정 목적항까지 운송하는 데 필요한 계약을 체결하고 그에 따른 비용과 운임을 부담하여야 한다. 이 조건은 아래 CIF 가격에서 해상보험료를 매도인의 부담에서 제외한 조건에 해당한다.

(xi) **CIF**(Cost, Insurance and Freight : 운임·보험료 포함가격) : CIF 가격은 FOB 가격에 적부비, 도착항까지의 해상운임(ocean freight) 및 해상보험료(marine insurance premium)가 포함된다. 그리고 CIF 조건은 서류인도를 전제로 하기 때문에 서류의 발급 및 제공비용이 포함된다. CIF 가격에는 많은 변형이 있다. 예를 들면 CIF & I (Cost, Insurance, Freight and Interest: 운임, 보험료 및 이자 포함가격), CIF & E(Cost, Insurance, Freight and Exchange: 운임, 보험료 및 외환비용 포함가격), CIF Landed(운임, 보험

료 및 양륙비용 포함가격), CIF Duty Paid(운임, 보험료 및 관세 포함가격) 등이 있다.

(라) 포장조건

물품은 포장 유무에 따라 곡물이나 광물과 같은 산적화물(bulk cargo), 자동차나 선박과 같은 비포장화물(unpacked cargo)과 포장을 한 포장화물(packed cargo)이 있다. 격지자간의 거래인 무역거래에 포장의 기능은 물품의 보호와 외관상 쉽게 식별하기 위한 것이므로 이를 위하여 포장재의 선택과 화인 등을 계약체결 시 약정하는 것이 필요하다.

(a) 포장재의 선택

포장은 개개물품의 포장인 개장(unitary packing), 물품의 수송이나 취급의 편이를 위한 내장(interior packing) 및 수개의 내장을 합하여 수송 중 변질이나 파손을 방지하기 위한 최종단위포장인 외장(outer packing)이 있다. 이 가운데 개장은 상표, 제조자명, 제품의 용량이나 성분이 표시되므로 포장재와는 별 관계가 없다. 한편 내장은 화물의 보호, 보관의 편의성 및 용기의 기능으로 개장과 외장의 중간기능을 한다.

외장은 물품의 안전수송과 직결되므로 포장재의 선택이 매우 중요하다. 물품의 성질, 수송거리, 수송수단, 환적여부, 기후 및 당국의 포장규정 등을 감안하여 골판지, 송판, 철강재, 열연재, 충격방지재 등 어느 것이 적절한지를 판단하여 필요할 경우 계약시 이를 약정해 두는 것이 좋다. 그러나 과대포장(over packing)이 되지 않도록 유의하여야 한다.

따라서 물품의 포장에는 다음 요건이 충족되어야 한다.

첫째, 내항성포장(seaworthy packing)이어야 한다. 포장의 불충분(insufficiency) 및 부적절(unsuitability)에 의한 손해는 보험자와 운송인의 면책사유가 된다.

둘째, 적절한 포장이어야 한다. 물품의 성질에도 적절하여야 하며, 포장비용면에서도 적절하여야 한다.

셋째, 매수인이나 소비자의 취향에 맞아야 한다.

(b) 화인(shipping mark)

화인은 포장에 식별표시를 하는 것이므로 화인이 확실하지 않으면, 지정항에서 하역되지 않을 뿐만 아니라 화주의 화물확인이 어렵게 될 수 있다. 따라서 계약체결시 별도로 약정이 없으면 매도인이 이를 선택한다.

화인은 주화인(main mark), 도착항표시(port mark), 화번(case number), 중량표시(weight mark), 원산지표시(origin mark), 주의표시(care mark, caution mark) 등이 있으며, 이 외에도 수입국의 사정에 따라 검사필표시(passed mark), 품질표시(quality mark), 등급표시(grade mark) 등과 수입승인번호 및 주문서번호 등이 기입되는 경우도 있다.

이 가운데 수화인, 도착항표시, 화인번호, 원산지표시 등은 필수적인 기재사항이므로 반드시 표시하여야 한다. 특히 도착항표시나 화인번호가 없는 화물은 무화인물(no mark cargo)이 되어 수입상에게 큰 손해가 생길 수 있다. 따라서 화인의 내용이나 형태를 Sales Note나 Purchase Note에 표시하는 것이 좋다.

(2) 계약이행에 관한 조건

(가) 선적조건

(a) 선적과 인도

국제거래에서 선적은 인도의 가장 대표적인 방법이다. 그렇지만 Incoterms는 인도장소와 방법에 따라 11가지 정형거래조건을 제정하여 사용하고 있다. FOB나 CIF조건에서 선적과 인도가 같은 개념이지만 DPU나 DDP 등에서는 그 개념이 판이하다. 따라서 계약조건으로 인도조건(delivery terms)이란 용어를 사용하면 이것이 선적을 의미하는지, 위험의 이전을 의미하는지, 또는 매도인이 매수인의 관리하에 물품의 반입을 의미하는지 혼동하기 쉽다.

인도조건하에서는 11가지 정형거래조건 가운데 상당수가 그 장소와 방법이 다르기 때문에 명료하지 않고 또한 구체적이지 못하다. 결국 물품의 인도와 관련된 시기를 나타내는 계약조건은 선적조건(shipment terms)이라고 명기하는 것이 좋다.

선적과 인도의 개념 차이를 잘 이해하여야 무역계약의 이행법리를 이해하게 된다. 계약에서 인도는 위험의 이전과 연계되어 있으므로 그 시기는 정형거래조건에 의하여 자동적으로 결정되는데 반하여 선적은 물품이 운송되기 위하여 본선적재, 인수, 또는 수탁의 의미로 사용된다. 선적일과 관련하여 shipment는 해상운송뿐만 아니라 철도, 항공, 우편, 복합운송의 경우에까지 확대하여 사용하고 있다. 구체적으로 선적(shipment)은 본선적재(loading on board), 발송(dispatch), 수탁(taking in charge), 운송을 위한 인수(accepted for carriage), 우편수령(date of post receipt), 접수일(date of pick-up)까지 모두 포함된 광의의 개념이다.

(b) 선적시기

선적시기를 표시하는 방법은 아래와 같다.

(ⅰ) **단월조건** : 선적시기와 관련하여 L/C상에 "Shipment shall be made during september"와 같이 합의하였다면 매도인은 9월 1일부터 9월 30일까지 선적하면 된다.

(ⅱ) **연월조건** : 선적시기와 관련하여 L/C상에 "Shipment shall be made during June and July" 또는 'June/July shipment'와 같이 합의하였다면 매도인은 6월 1일부터 7월 31일 사이에 선적하면 된다.

(ⅲ) **특정일 이전 또는 이후 선적조건** : 선적시기와 관련하여 L/C상에 "Shipment shall be made till September 15"와 같이 합의하였다면 9월 15일까지 선적하면 된다. 선적기일 표시와 관련하여 'from', 'till', 'by', 'until', 'to' 등은 당해 일이 포함되나 'after'나 'before'는 당해일이 제외된다. 또한 'on or about'(경)은 양당일(both end deep)을 포함하여 명시된 일자의 전후 5일, 즉 총 11일 이내에 선적되는 것으로 해석한다(UCP600 §3).

(ⅳ) 특정일이전을 표시하는 문언에는 'the latest shipping date' 또는 'not later than'과 같은 표현을 사용하기도 한다.

(ⅴ) 한편 특정월의 초순은 'at the beginning of...'로 표시하며, 중순은 'in the middle of ...'로, 하순은 'at the end of ...'로 표시하고 각각 해당 월의 1일부터 10일, 11일부터 20일, 그리고 21일부터 말일까지를 나타낸다. 또한 특정월을 전반과 후반으로 구분한 때는 각각 'the first half of...'와 'the second half of ...'고 표시하고 전자는 1일부터 15일, 후자는 16일부터 말일까지를 나타낸다(UCP600 §3).

(ⅵ) 선적시기와 관련하여 L/C상에 구체적인 일자나 기간을 명기하지 않고 'prompt', 'immediate', 또는 'as soon as possible'과 같은 문언은 사용하지 말 것을 권고하고 있다. 그럼에도 불구하고 이러한 용어나 이와 유사한 용어가 사용되었다면 은행은 이를 무시하도록 규정하고 있다(UCP600 §3).

(c) 분할선적 및 환적

（ i ） **분할선적** : 물량 또는 금액이 많은 거래에서는 매도인이 그 전체를 한 꺼번에 생산하여 선적하기 곤란한 경우도 있고, 매도인이 자금이 급하 여 조기 대금회수를 원하여 먼저 생산한 부분을 선적하기 원할 수도 있다. 또한 매수인도 자신의 판매계획이나 상황에 따라 전체를 일시에 선적되길 원할 수도 원하지 않을 수도 있다. 이와 같이 약정수량을 한 꺼번에 선적하지 않고 수차례에 걸쳐 나누어 선적하도록 하는 것을 분 할선적(partial shipment) 또는 할부선적(installment shipments)이라 부른 다. 할부선적은 매수인의 요구 또는 당사자의 합의에 의하여 이루어지 고, 할부선적의 횟수, 각 할부분의 수량 또는 금액과 선적시기 등이 미 리 정해지며 보통 매회의 선적분이 균등하게 나누어지는데 반하여 분 할선적은 당사자의 합의가 없어도 매도인 또는 송하인이 임의로 행할 수 있다는 점에서 구분된다.

영국물품매매법에는 "별도의 합의가 없는 한 매수인은 분할에 의한 물품의 인도를 수락한 의무가 없다"(제31조 1항)고 규정하고 있으나 신 용장통일규칙에는 L/C상 분할선적에 관한 별도의 명시가 없는 한 분할 선적을 허용하고 있다(UCP600 §31).

당사자는 계약에서 분할선적을 약정하고 이에 따라 매도인이 선적하 는 과정에서 특정 분할분의 선적이 약정된 기간에 이행되지 않았을 경 우 이 분할분의 불이행이 계약 전체의 효력에 영향을 줄 수 있다. 신용 장통일규칙도 "신용장에 일정기간에 할부방식에 의한 어음의 발행 및 선적이 명시되어 있는 경우, 어느 할부부분이 허용된 할부기간 내에 어음이 발행되지 않았거나 선적되지 아니하였다면 동 신용장은 별도의 명시가 없는 한 동 할부 부분은 물론 그 이후에 있을 모든 할부부분에 대하여도 효력을 상실한다"고 규정(UCP600 §32)하여 위약된 한 부분은 물론 그 이후의 분할분에 대하여도 신용장의 효력이 종료됨을 명시하 고 있기 때문에 할부기간과 수량이 약정된 할부거래에서는 각별한 주 의가 요구된다.

동일항해(same voyage)나 동일선박(same vessel)에 의한 것이라면 운 송서류상 선적일자, 선적항, 수탁지 또는 발송지가 다르게 명시되어 있 더라도 이는 이를 분할선적으로 간주하지 않고 일회선적으로 본다.[10]

우편 또는 특송(courier)에 의한 선적은 우편수취증(post receipt), 우송증명서(certificate of posting) 또는 특송업자의 수령증 또는 발송장(courier's receipts or dispatch notes)이 신용장에서 물품이 발송되도록 규정된 장소에서 동일한 날짜에 날인 서명 또는 기타의 방법으로 인증된 것으로 표시되는 경우에는 분할선적으로 간주되지 아니한다.[11] 이것은 우편이나 특송의 경우 소포의 포장단위가 여러 개가 될 수 있고 또 포장단위로 명세서가 작성되므로 여러 장의 수령증이 발급될 수 있음을 고려한 것으로 여겨진다.

(ii) **환적** : 환적(transhipment)이란 일단 선적한 화물을 내려서 다른 선박이나 다른 종류의 운송수단에 적재하는 것을 말한다. 매수인의 입장에서 보면 물품이 환적될 경우 그 과정에서 파손위험이 있기 때문에 환적을 원하지 않을 수 있다. 그렇지만 매도인의 입장에서는 약정된 선적기일까지 목적항으로 출항하는 직항선이 없다면 환적이 허용되는 경우 일단 선적할 수 있으므로 신용장상의 선적기일을 지킬 수 있다. 이와 같은 환적도 매매당사자의 이해관계가 다를 수 있기 때문에 만약 매수인이 환적이 금지되기 원한다면 신용장상에 "transhipment is prohibited" 또는 "transhipment is not allowed"라고 명기하여야 한다.

특수한 사정 때문에 동일선박에서 화물을 양륙한 후 당해 선박에 다시 적재하는 것은 환적이 아니다. 선적지에서 목적지까지 직항선(direct line)이 없는 경우에는 환적이 불가피하다. 이와 같은 경우 매수인은 신용장상에 환적허용문언을 삽입하거나 이에 관하여 언급하지 말아야 한다. 만약 신용장상에 환적금지문언이 있을 경우 매도인은 매수인에게 이를 알려 조건을 변경하도록 하여야 한다. 정기선 운항에서 운송인은 채산성을 고려하여 모선(mother vessel)은 주요 항구에만 기항할 경우 나머지 작은 항구에서 주요 항구까지의 운송은 지선(feeder vessel)이 담당하게 된다. 이 경우에도 환적이 가능해야만 지선운송을 이용할 수 있다.

신용장통일규칙에는 해상선하증권이나 비유통해상운송장(non-negotiable sea waybill)의 경우 신용장상에 환적금지의 특약이 없는 한 환적은 허용한다는 취지를 명기하고 있고[12] 비록 환적금지의 특약이 있을지라도 복합운

---

10) UCP600 §31 b항
11) UCP600 §31 c항

송의 경우에는 환적표시가 있는 운송서류를 수리한다고 규정하고 있다.[13] 왜냐하면 복합운송의 경우에는 화물이 수탁지에서 선적지, 양륙지 및 최종목적지에 이르는 구간에 선박, 철도, 자동차 등 상이한 운송수단간의 환적이 불가피하기 때문이다.

계약서에 선적조건으로 'direct shipment'(직항선적) 또는 'direct steamer' (직항선)이라고 명기될 수 있다. 이들은 환적금지의 의미뿐 아니라 관습적 항로(customary route)로 항해할 것을 묵시하고 있다. 그렇지만 직항선적의 경우에도 해난을 만나 피난항에 기항하거나 선용품의 조달을 위하여 일시적으로 기항하는 것은 예외이다.

(d) 선적지연 및 선적일의 증명

(ⅰ) **선적지연** : 약정된 물품을 계약서나 L/C상에 명기된 기간내에 선적하지 못하면 선적지연이 된다. 일반적으로 선적지연은 매도인의 고의 또는 과실이나 불가항력적 사정에 의하여 발생한다. 만약 선적지연이 매도인의 고의 또는 과실로 발생했다면 이것은 계약위반(breach of contract)이 되며 매수인에 대하여 손해배상책임을 져야 한다. 실무에서는 인도지연이나 불인도시 매도인이 지연기간에 따라 약정된 손해배상금액을 지급하도록 하는 약정손해배상액약관(liquidated damage clause)을 사용하기도 한다.

물론 매도인이 미리 인도지연을 예상하고 매도인과 연락하여 선적기간의 연장 등 가능한 조치를 취할 수 있다. 한편 선적지연이 '매도인이 통제할 수 없는 사유'(any causes beyond seller's control), 즉 불가항력에 의한 경우에 매도인은 원칙적으로 손해배상책임이 면제된다. 이 경우 지연이 허용되는 기간은 계약에 의하여 정해진다. 불가항력에 따른 이행기간의 연장은 불가항력에 대한 매도인의 입증책임을 전제로 하기 때문에 매도인은 지체없이 자국의 상공회의소, 수출국에 거주하는 수입국의 영사관 등 관련기관으로부터 증명서는 교부받아 매수인에게 이를 송부하여야 한다.

또한 불가항력이 장기간 지속되어 최초로 연장된 선적기간을 경과하고도 선적이 불가능할 수 있다. 이 경우 선적기일을 다시 연장할 것인지 그

---

12) UCP600 §21
13) UCP600 §19

렇지 않으면 매매계약을 종료시킬 것인지의 결정을 통상 매수인이 갖는다. 매매당사자는 불가항력에 의한 선적지연에 대비 일반거래조건협정서(general agreement)나 매매계약서(sales contract)에 불가항력조항(force majeure clause)을 두어야 한다. 여기에는 불가항력의 내용, 증명방법, 선적기일 연장, 연장 이후의 계약효력 등에 관하여 상세하게 명기하는 것이 좋다.

(ii) **선적일의 증명** : 매도인은 자신이 계약상 선적조건을 지켰음을 증명해 보여야 하는데 바로 그것이 운송서류이다. 일반적으로 선적일은 운송 일자에 있는 선적일(on board date)로 선적되었음을 증명 받는다. 해상 운송의 경우 선적선하증권(shipped B/L)의 양식을 이용한 경우에는 선하증권의 발급일이 곧 선적일이 된다. 그렇지만 수취선하증권(received for shipment B/L)의 양식을 사용하였을 경우 운송인이 화물수취 후 선적되었음을 나타내는 'on board notation'에 표시된 일부일을 선적일로 간주한다.[14] 기타 운송서류는 그 발행일을 선적일로 본다.[15] 그러나 서류에 스탬프 기타의 방법으로 적송, 인수 또는 본선적재일을 표시하고 있는 때는 그 날짜를 선적일로 본다.

선적일을 증명하기 위하여 사용되는 운송서류는 매도인의 인도의무 이행의 증빙서류의 기능을 한다. 따라서 Incoterms는 각 정형거래조건별로 매도인이 인도의 증빙으로 사용할 운송서류를 열거하고 있다. 선적과 인도가 동일한 의미로 사용되는 FOB나 CIF조건 등은 선적의 증빙서류로 사용되는 운송서류가 인도의 증빙서류가 될 수 있으나 선적과 인도의 의미가 달리 사용되는 D그룹의 조건에서는 선적의 증빙서류와 인도의 증빙서류가 다를 수 있다. 매도인이 인도의 증빙서류로 제공하는 운송서류는 매수인에게 물권적 효력과 채권적 효력을 부여하여 매수인으로 하여금 이들 증빙서류를 담보물권으로 또는 물품의 청구증권으로 사용할 수 있는 권리를 부여한다.

(나) 지급조건

매매거래에서 매도인의 주 의무가 물품인도의 의무라면 매수인의 주 의무는 대금지급의무이다. 대금을 받는 일은 매도인 뿐만 아니라 수출국의 외국환

---

14) UCP600 §20, §19
15) UCP600 §19

관리측면에서도 매우 중요하다. 수출자는 대금회수의 위험을 안전한 지급조건 (terms of payment)을 선택함으로써 줄이고자 한다. 즉, 무역거래시 수출상은 선적에 앞서 대금을 미리 받고 싶어 하지만, 반대로 수입상은 대금지급에 앞서 물품을 수령하기를 원한다. 이러한 사전 또는 사후 송금에 의한 대금결제 방식은 수출상 또는 수입상에게 한쪽에게만 유리한 조건이기 때문에 신뢰가 쌓인 거래선이 아니면 선뜻 선택할 수 없을 것이다. 따라서 사전 또는 사후 송금 (remittance)방식 사이에는 전통적으로 신용장(letter of credit), 추심방식(collection) 및 혼합방식(mixed payment) 등이 존재하게 된다.

당사자가 수출입 대금결제 방식을 선택하는 기준으로 상호간의 신뢰도, 상대방의 신용도, 상품의 특성, 상거래 관습, 당사자간 협상력, 해당 국가의 수출입규제, 국가위험 등을 종합적으로 고려하게 된다. 이렇게 선택된 대금결제 방식은 통상적으로 무역계약서(sales contract), 청약서(offer sheet), 주문서 (order sheet) 등의 지급조건(terms of payment)으로 표시된다. 실무적으로는 거래은행과 '환거래약정'을 체결한 후 이러한 서류들을 근거로 신용장개설 등을 개설한다.

<표 8-1> 당사자 위험 vs 대금결제 형태

	위험도 및 가격	대금결제방식	위험도 및 가격	
매도인 (seller)	높음 ↑ ⇑ 낮음	사후(later) 송금방식 추심결제방식 (D/A) 추심결제방식 (D/P) 신용장방식(usance) 신용장방식(at sight) 사전(advance) 송금방식	낮음 ⇓ ↓ 높음	매수인 (buyer)

(a) 지급시기

수출대금은 지급방식 및 지급시기에 따라 당사자에게 미치는 위험·가격을 연결시켜서 고려해야 한다. 즉, 수출상에게 위험이 높으면 가격을 높이 책정해야 하고, 위험이 낮으면 이는 다르게 되며, 이에 따른 가격도 연결되어야 한다. 우선 매도인이 대금지급을 받는 시기에 따라 선지급(payment in advance), 동시지급(concurrent payment) 및 후지급 또는 연지급(deferred payment)으로 나눌 수 있다.

(i) **선지급** : 매도인이 물품을 매수인이나 운송인에게 인도하기 전에 물품대금을 지급받는 방식이다. 선지급은 통상 매수인이 미리 물품확보를 할 수 있도록 하기 위하여 주문시나 계약시에 대금을 지급하는 방식으로 주문도방식(CWO: cash with order)이 있고 신용장거래에서 선지급방식은 선대(전대)신용장(red clause L/C)이 있다.

이러한 선지급방식은 매도인에게는 대금회수에 따른 위험이 없으므로 안전한 거래방식이나 매수인 측면에서는 미리 대금을 지급하였기 때문에 물품의 적기 입수에 따른 위험을 부담하여야 한다. 선지급은 견본구매나 소액거래 시 이루어지며 지급방식은 송금수표나 우편환 또는 전신환 등이 이용된다.

(ii) **후지급 또는 연지급** : 수입지에서 물품인도와 동시에 대금지급이 이루어지는 현물상환지급방식(COD: cash on delivery)과 수출지에서 서류인도와 교환으로 대금지급이 이루어지는 서류상환지급방식(CAD: cash against document)이 있다. 서류상환방식은 서류가 은행을 통하지 않고 제시되는 경우와 서류가 은행을 통하여 제시되는 경우가 있다. 후자의 경우는 다시 지급자가 매수인인 경우와 매수인의 거래은행인 경우로 나누는데 전자를 지급인도방식(D/P: document against payment)이라 하고 후자를 일람출급신용장(sight L/C)방식이라고 한다.

선지급과 반대로 물품 또는 서류가 매수인에게 인도되고 일정기간 경과후에 매도인이 대금을 지급받는 방식을 말한다. 후지급은 매수인의 입장에서는 자금부담 없이 물품을 수령하여, 이를 판매 후 그 대금으로 결제할 수 있으나 매도인의 입장에서는 대금회수에 따른 위험을 부담한다. 후지급방식에는 지급자가 매수인인 경우와 매수인의 거래은행인 경우로 나눌 수 있다. 전자를 인수인도방식(D/A: document against acceptance)이라 하고, 후자는 기한부신용장방식(usance L/C)이라고 한다.

(iii) **누진 또는 할부지급** : 누진 또는 할부지급(progressive or installment payment)은 거래의 각 단계별, 즉 계약시, 주문시, 인도시 그리고 인도후 일정기간까지 각 단계별로 대금을 지급하는 방식이다. 기계류나 플랜트 등과 같이 중장기연불수출 등에서 계약금액이 너무 크기 때문에 그 대금을 누진 또는 할부방식으로 결제한다.

(b) 지급방식

지급방식에는 전통적인 송금방식(remittance basis), 추심방식(collection basis), 신용장방식(letter of credit basis) 및 혼합방식이 있다. 이러한 방식 이외에도 국제팩토링(international factoring), 포페이팅(forfaiting), 신용카드(credit card), 국제리스(international lease), 에스크로우(escrow), 전자결제(bolero project or trade card), 페이팔(paypal) 등이 존재한다.

(i) **송금결제방식** : 송금(remittance, 送金)결제방식은 수입상이 계약물품을 수령하기 전(前), 후(後) 또는 동시에 전신환(T/T: telegraphic transfer), 우편환(M/T: mail transfer) 및 수표(D/D: demand draft) 등의 방법으로 수출상에게 송금하여 수입대금을 결제하는 방식이다. 실무적으로는 대부분 T/T방식을 사용하고 있으며, T/T방식은 수입상의 요청에 따라 송금은행이 지급은행에 대하여 일정한 금액을 전신환으로 발행하여 이를 송금은행이 직접 지급은행 앞으로 송신하는 방식이다.

(ii) **추심결제방식** : 추심(collection, 推尋)결제방식은 수출상(customer; principal)의 의뢰를 받은 추심의뢰은행(remitting bank)이 추심은행(collecting bank)을 통해 환어음을 수입상에게 제시하여 대금을 회수하는 거래로써 ① 환어음의 지급인(수입상)이 선적서류를 영수함과 동시에 대금을 결제하는 일람지급(D/P, document against payment)방식과, ② 수입상이 환어음의 앞면에 인수(引受, acceptance) 표시해 선적서류를 일단 수령하고, 일정기간 후에 대금을 결제하는 기한부지급(D/A, document against acceptance)방식 2가지가 있다.

(iii) **신용장결제방식** : 신용장(L/C: letter of credit, 信用狀)결제방식은 개설의뢰인(applicant)의 요청에 따라 개설은행(issuing bank)이 수출상(beneficiary)에게 서류요건 충족시 대금을 지급할 것을 약속하는 '조건부 지급 확약서'(conditional bank undertaking of payment)인 신용장을 활용하는 결제방식이다.

(다) 보험조건

운송중인 물품은 예상하지 않는 위험을 만나 손해(loss or damage)가 발생할 가능성이 있기 때문에 이러한 위험을 담보하기 위하여 적하보험(cargo insurance)에 부보되어야 한다. 적하보험은 해상운송의 경우 해상적하보험(marine cargo insurance), 육상운송의 경우 운송보험(transport insurance), 항공운송의 경우 항공적하보험(air transport insurance)이 이용된다.

계약체결시 보험조건(insurance terms)에 포함되어야 할 내용은 ① 보험계약체결자와 보험료부담자, ② 사고발생시 보험을 받게 될 피보험자, ③ 담보위험과 담보기간, ④ 손해보상범위 등이 있다.

매매계약체결시 '보험조건'을 두어 이러한 문제들에 대하여 규정할 필요도 있지만, 대부분의 경우 보험에 관하여 별도의 약정을 하지 않는 경우도 많다. 명시의 약정이 없을 경우 묵시계약의 성격을 갖는 Incoterms에 의하여 위의 문제들이 해결될 수 있다.

(a) 보험계약자 및 피보험자

매매당사자 중 누가 보험계약을 체결하며, 보험금을 지급받는 피보험자는 누구인지는 정형거래조건에 따라 결정된다. 정형거래조건은 보험계약체결의 의무가 누구에게 있는지 규정하고 있으며, 위험의 이전시기를 규정하여 피보험이익(insurable interest)이[16] 누구에게 귀속되는지를 알 수 있다. 통상 위험을 부담하는 자가 보험계약을 체결하지만 CIF와 CIP조건에서는 위험부담자가 매수인인데 반하여 매도인이 보험계약체결과 보험료지급의무를 지고 있다. 따라서 보험계약체결자와 피보험자간에 보험분쟁이 발생할 가능성이 있다. 이를 막기 위하여 Incoterms는 양 당사자간 별도의 합의가 없는 경우 최저담보(minimum cover)를 규정하고 있다.

(b) 담보조건

보험계약은 운송계약과 같이 보험자가 다수의 계약자와 계약을 체결하므로 계약자유의 원칙에 따라 계약조건 하나 하나를 상호 협의하여 정하지 않고 보험자가 제시하는 약인을 보험계약자가 승인함으로 체결되는 부합계약(contract of adhesion) 형식을 따르고 있다. 따라서 보험계약자는 담보위험에 관하여 제시된 담보조건 중의 하나를 선택하게 된다.

담보조건은 런던보험자협회(ILU), 그리고 그 후신인 국제언더라이팅협회(IUA)와 로이즈시장협회(LMA)가 공동으로 제정한 「협회적하약관」(ICC: Institute

---

16) 피보험이익은 피보험목적물과 특정인간의 관계를 말하며, 피보험이익이 바로 보험계약의 목적이며 보험보호의 대상이다. 피보험이익의 중심은 소유이익으로 피보험목적물의 소유권자가 갖는 이익이다. 계약체결시에는 이익이 없어도 상관없으나 손해발생시에는 피보험이익이 있어야 한다.(오원석, 해상보험론, 제3판, 삼영사, 1998, pp. 74~94)

Cargo Clause)이 기본으로 활용되고 있다. 협회적하약관은 런던보험자협회 (ILU)의 구약관과 국제언더라이팅협회(IUA)와 로이즈시장협회(LMA) 공동의 신 약관이 있으며, 구약관은 전위험담보(A/R: all risks), 분손담보(WA: with average) 및 분손부담보(FPA: free from particular average)약관이 있다. 신약관은 ICC(A), ICC(B) 및 ICC(C)가 있다.

구약관이 인쇄된 보험증권을 S.G. Policy라 하고 신약관이 인쇄된 보험증권 을 MAR Policy라 하여 1982년 이후 양 증권을 병행하여 사용하다가 2000년부 터 양 증권을 통합하여 사용하고 있다.

구약관인 A/R은 위험을 중심으로 전위험을 담보하는 포괄담보방식이지만 여기에도 일반면책약관(general exclusion clauses)상의 면책위험과 전쟁, 동맹파 업 등 면책위험이 있다. 그렇지만 WA나 FPA는 손해를 중심으로 열거담보방 식에 따라 열거된 위험에 의한 분손담보 또는 분손부담보를 명시하고 있다. WA는 통상 손해보상범위에서 면책률이 적용된다.

신약관인 (A), (B), (C)는 구약관의 A/R, WA, FPA에 각각 상응하며, 담보방 식도 (A)는 포괄담보방식, (B)와 (C)는 열거담보방식을 취하나 (A), (B), (C) 모 두 위험을 중심으로 담보 여부를 명시하고 있다.

담보구간은 적하보험증권인 경우 항해보험증권(voyage policy)이기 때문에 항해단위로 커버된다. 신·구약관 모두 운송약관(transit clause)에 의하여 매도 인이 창고에서 매수인의 창고까지 담보되므로 복합운송에도 사용할 수 있다.

(c) 담보금액

보험금액은 실제로 부보된 금액으로 전손이 발생한 경우 보험자가 보상하 여야 할 금액이다. 보험금액은 통상 적하보험에서는 CIF로 환산한 금액의 110%로 하고 있다. 여기에서 100%는 수출원가에 운임 및 보험료를 포함한 가 격이다. 나머지 10%는 피보험자의 기대이익으로 이를 적하보험에서 담보하도 록 하고 있다. 물품에 손해가 발생하여 보험자가 피보험자에게 지급하는 손해 보상금을 보험금(claim amount)이라고 한다. 전손이 발생하면 보험금액과 보험 금이 같게 된다.

(3) 계약종료에 관한 조건

(가) 클레임조항

무역거래시에는 거래상대방을 잘 아는 것이 가장 중요하다. 왜냐하면 무역거래도 사람이 하는 것이고 거래상대방의 character에 따라 클레임이 발생할 수 있는 상황에 대한 태도가 전혀 다를 것이기 때문이다. 이는 어디까지나 물품대금을 지급하는 시점에 당초 계약시와 비교하여 시장사정 등이 변한 경우에 사소한 트집을 잡는 '마켓클레임'을 예방하는 데 의미가 있다.

계약의 전부 또는 일부를 이행하지 못하여 야기되는 클레임의 예방책은 우선 계약을 정확하게 체결하는 것에서부터 출발해야 한다. 아무리 계약을 정확하게 체결한다 하더라도 계약을 이행하는 과정에서 계약체결시에는 예측할 수 없었던 불가피한 사정이 발생할 수도 있다. 이런 경우는 클레임에 대하여 슬기롭게 대처하는 방안으로 계약체결시 중재조항을 삽입하여 두면 좋을 것이다.

클레임은 계약내용과 맞지 않는 상황이 발생된 것을 의미한다. 계약은 다른 말로 계약 당사자에게는 이행책임을 의미한다. 계약관계가 성립되었기 때문에 계약내용에 따라 이를 이행할 책임이 있는 것이다. 따라서 계약을 체결하지 않았다면 당연히 클레임도 제기할 수 없다. 그런데 계약체결시 '설마 클레임이 발생할까?'라는 생각에 클레임 해결방안을 정해두지 않았다면 어떻게 될까? 우리나라 사람들은 다른 외국인과의 수출입시에 무역거래 일반조건에 대한 수출입 본계약도 체결하지 않고 간단한 오퍼(offer)나 주문(oder)만을 교환하고 거래를 수행하는 경우가 허다하다. 물론 오퍼나 주문의 확정도 계약을 확정하는 것이므로 거래가 아무런 문제없이 이행된다면 상관이 없다. 문제는 계약불이행은 물론 거래당사자간에 어떠한 분쟁이나 의견차이가 발생한 경우 이를 어떻게 해결하느냐 하는 점이다. 특히 수출입본계약을 체결하지 않았는데 클레임이 발생한 경우 문제는 복잡해진다.

결론적으로 클레임(claim)이란 계약당사자 어느 일방이 일종의 법률상 권리를 주장하는 이의신청 또는 이의제기로써 계약이행과 관련하여 발생하는 제반 분쟁에 대하여 금전적인 배상을 청구하거나 약정물품의 대체 또는 그 밖에 다른 구제조치를 구하는 문서상의 청구나 주장을 의미한다. 무역클레임은 거래당사자간의 무역계약에 따라 그 계약을 이행하면서 그 계약의 일부 또는 전부의 불이행으로 말미암아 발생되는 손해를 상대방에게 청구할 수 있는 권리를 말한다. 클레임 범위는 대금감액, 계약해제, 손해배상청구 등은 물론, 그 이전 단계인 불평, 불만, 의견차이, 논쟁, 분쟁 등으로 확대하여 처리한다. 따라서 향후 무역분쟁에 대비하기 위해 무역계약의 기본조건 이외 계약이행 후에 발생될 수 있는 클레임과 권리구제 등에 대해서도 약정해 두는 것이 바람직하다. 예컨대 중재조항, 사법관할조항, 준거법조항, 권리침해 등도 약정하는 것이다.

계약위반(breach of contract)의 유형에는 이행거절(renunciation), 이행불능(frustration, force majeure, act of god), 이행해태(failure of performance) 및 불완전이행이 있다. 그리고 클레임의 원인이 되는 사유를 구분해 보면, buyer's claim의 원인으로는 수량부족, 품질불량, 선적지연 등이 있고 seller's claim의 원인으로는 결제지연, 신용장 개설지연 등이 있다.

이행불능에 대비하여 무역계약에 불가항력조항(force majeure clause)으로써, 천재지변(act of god)인 태풍, 홍수, 화산폭발, 악천후, 지진 및 인위적인 사유인 전쟁(war), 동맹파업(strike), 폭동(riot), 소요(civil commotion), 나포 및 체포(seizure & capture) 등을 미리 정해놓고, 이에 대한 유예기간 및 입증서류 등을 미리 정해 놓는 것이 좋다. 이와 더불어 일방당사자의 클레임에 대비하여 클레임을 제기하는 기간, 방법 및 증명요구(surveyor report) 등을 정하는 것이 바람직하다. 일반적인 클레임의 해결방법에는 클레임의 포기(waiver of claim), 화해(amicable settlement, composition, compromise), 알선(intercession, recommendation), 조정(conciliation, mediation), 중재(arbitration) 및 소송(litigation)이 있다.

(나) 중재조항

중재는 당사자 쌍방의 중재합의로 법률관계를 법원의 소송절차에 의하지 아니하고 공정한 제3자를 중재인(arbitrator)으로 선정하여 중재판정부(arbitral tribunal)를 구성하고, 그 곳에서 내려진 중재판정(arbitral award)에 양 당사자가 무조건 승복함으로써 클레임을 해결하는 방법이다. 중재판정은 법원의 확정판결과 동일한 효력을 지니며, 외국중재판정의 승인 및 집행에 관한 국제연합협약[17](the United Nations Convention on the Recognition and Enforcement of Foreign Arbitral Awards: 일명 뉴욕협약)에 따라 각 체약국내에서는 외국중재판정의 승인 및 집행을 보장받게 된다.

중재는 소송에 비하여 저렴한 비용(1인: 30-60만원, 3인 : 180만원), 빠른 판정(3

---

17) 우리나라도 1973년 2월 8일 가입, 동년 5월 9일부터 그 효력이 발효됨에 따라 상설중재기관인 대한상사중재원에서 내려진 중재판정도 뉴욕협약 체약국간에서는 그 승인 및 집행을 보장받게 되었다.

월 이내: 단심제), 회사 기밀보호(비공개원칙), 공정성(arbitrator: 700~800명), 강제
집행력(뉴욕협약)에서 장점을 가지고 있다. 반면에 중재인이 비법률전문가인 관
계로 충분한 법률적 판단이 이루어지지 않을 수 있다는 점을 단점으로 들 수
있다.

중재계약이 유효하기 위해서는 중재지, 중재기관, 준거법을 반드시 서면으
로 약정해야 한다. 대한상사중재원의 중재절차를 살펴보면 중재신청접수→
중재비용 예납→ 중재신청 → 접수통지 → 중재인선정 → 심리절차 → 중재판정
→ 중재판정문 송달이다.

2) 정형거래조건

(1) 정형거래조건의 개념

국제물품매매계약은 계약당사자, 즉 매도인과 매수인의 권리·의무로 구성
되는데, 당사자의 모든 의무를 계약시마다 합의하여 기재한다면 매우 번거롭
고 복잡할 것이다. 그러나 매매당사자가 인도에 따른 계약내용을 일일이 계약
서에 명기하지 않고 단지 이들 부호를 선택함으로써 계약내용을 간단하고 명
료하게 확정할 수 있다면 매우 편리할 것이다.

당사자 의무 가운데 물품인도에 관하여는 오래전부터 확립된 관습이 존재
하고 있는데 인도장소, 인도방법, 운송·보험계약, 수출입통관, 위험 및 비용
의 부담 등에 관한 관습을 그 성격에 따라 부호화하여(FOB, CIF 등) 사용하고
있는데 이러한 부호를 정형거래조건(trade terms)이라 한다.

계약 당사자들이 정형거래조건에 함축된 내용을 달리 해석한다면 오해와
분쟁 및 소송이 일어날 것이다. 따라서 최대의 국제민간기구인 국제상업회의
소(ICC: International Chamber of Commerce)는 1936년에 Incoterms(정형거래조건
해석에관한국제규칙, International Rules for the Interpretation of Trade Terms)를
제정하여 사용하였으며, 그 동안 국제운송 및 통신의 발달과 무역관습의 변화
에 따라서 수차례(1953년, 1967년, 1976년, 1980년, 1990년, 2000, 2010, 2020년)
개정·보완되었으며, 현행 Incoterms® 2020은 2020년 1월 1일부터 발효하고
있다.

(2) 정형거래조건의 목적

무역거래에 있어 거래당사자들은 상대국의 법과 관습을 잘 모르기 때문에 당사자들 간 오해와 분쟁이 야기될 수 있고 나아가 법원에 소송(litigation)을 제기하는 일도 발생한다. 따라서 각국에서 사용하던 정형거래조건의 내용을 통일시켜 무역거래의 계약당사자들 사이에 발생할 수 있는 무역분쟁을 예방하고 해석의 차이로 인한 불확실성(uncertainties)을 최소화시키는데 궁극적으로는 시간과 금전상의 낭비를 방지하는데 Incoterms의 목적을 두고 있다.

정형거래조건은 가격조건이자 인도조건이라는 2가지 기능을 동시에 가지고 있다. 상술하면, 첫째, 가격조건적 기능으로써 예를 들어 FOB가격이라고 하면 매도인이 매수인에게 제시하는 가격에는 물품이 본선에 인도되기까지 소요되는 모든 비용이 포함되는 것을 의미한다. 둘째, 인도조건적 측면으로써 FOB조건 또는 FOB계약이라고 하면 매매당사자간의 권리 의무로써 인도장소, 위험이전, 운송 및 보험계약의 체결의무 및 수출입통관의무 등을 나타낸다.

정형거래조건은 당사자가 이행할 계약내용이 함축되어 있기 때문에 묵시조건(implied terms)의 성격을 지니고 있다.[18] 따라서 이것은 계약의 명시조건(express terms)을 보완하는 기능과 거래관습의 통일된 해석기준을 제시한다.[19]

(3) 정형거래조건에 관한 국제규칙

19세기부터 영국을 중심으로 사용되고 있던 FOB나 CIF와 같은 거래조건을 국제적으로 광범위하게 사용하기 위하여 민간경제기구인 ICC가 중심이 되어 Incoterms라는 정형거래조건에 관한 통일규칙을 제정하게 되었다. 한편 미국은 해상국가인 영국과 달리 인접국과 육상운송에 의한 거래가 증가하자 FOB조건을 다양화하여 독자적인 해석규칙을 제정하여 사용하고 있는데 이것이 「개정미국외국무역정의」(Revised American Foreign Trade Definitions, 1941)이다. 또한 미국은 국내거래에도 정형거래조건을 사용하기 때문에 제정법인 통일상법전(UCC: Uniform Commercial Code)에 규정하고 있다. 즉, FOB 및 FAS조건은 제2-319조에, CIF 및 C&F조건은 제2-320조 및 제2-321조에 규정하고 있다.

---

18) UN통일매매법 제9조 (1)항에는 "당사자들은 당사자 자신들이 동의한 관행과 당사자들 자신들 사이에서 확립된 관습에 구속된다"고 규정하고 (2)항에는"… 통상적으로 준수되고 있는 관행은 당사자들이 이를 그들의 계약 또는 계약성립에 묵시적으로 적용하는 것으로 본다"고 규정하고 있다.

19) 오원석, 최신무역관습, 삼영사, 1997, pp. 23~26.

특히 FOB조건은 ① FOB the place of shipment, ② FOB the place of desti-nation, ③ FOB vessel, car or other vehicle 등 3종으로 나누어 규정하고 있다.

정형거래조건 가운데 CIF조건은 법리상 문제가 있다고 판단되어 국제법협회(ILA: International Law Association)가 중심이 되어 1932년 CIF계약에 관한 Warsaw-Oxford규칙(Warsaw-Oxford Rules for C.I.F. Contract)을 제정하였다.

(가) Incoterms

앞에서 설명한 바와 같이 매매계약에서 매도인과 매수인이 부담할 의무와 책임이 다양하기 때문에 이를 일일이 계약서에 열거하지 않고 FOB나 CIF와 같은 정형화된 조건을 사용하여 거래를 하고 있다. 따라서 FOB나 CIF와 같은 조건에 대한 해석상의 통일이 이루어지지 않는다면 무역분쟁의 발생 등으로 정형거래조건 원래의 목적을 달성할 수 없다. 이러한 해석상의 통일을 위하여 국제민간경제기구인 ICC가 중심이 되어 통일규칙을 제정하게 되었다. 특히 Incoterms는 물품매매에 따르는 법률문제를 소유권주의에서 탈피하여 위험이전, 비용이전 및 인도 등의 문제를 개별적으로 규정하였다.

1920년에 성립된 ICC가 1923년의 "Trade Terms Definitions" 초판과 1929년 "Trade Terms" 제2판을 기초로 하여 1936년 11가지 정형거래조건에 관한 "Incoterms 1936"을 채택·공표하였다.

그 후 제2차 세계대전 후 "Incoterms 1953"에서는 11가지 조건 중 거의 이용되지 않고 있는 두 가지를 삭제하였다.

1967년 "Montreal Rules"에서 '국경 인도조건'(DAF)과 '관세납부 인도조건'(DDP)을 추가하였고, 1970년 이후의 국제항공화물운송의 증가를 수용하기 위하여 '공항 인도조건'(FOA)을 "Supplement 1976"에서 수용하였다.

"Incoterms 1980"에서는 복합운송을 수용하기 위하여 FRC와 CIP를 신설하고 내륙운송에만 사용되던 DCP를 복합운송에 적용할 수 있도록 하였다.

"Incoterms 1990"의 주된 개정이유는 EDI(Electronic Data Interchange : 전자자료교환) 사용과 컨테이너 운송을 포함한 운송기술의 발달에 있었는 바, "Incoterms, 1990"은 13가지 정형거래조건을 4개의 군(Group)으로 분류하고 있다.

"Incoterms 2000"은 Incoterms 1990의 FCA조건의 인도방법을 명료하게 하고 EDI Message의 본격적 사용, 그리고 EU국가간 통관절차의 불필요 등을 감안하여 부분적 개정내용이 반영되었다. 즉, 발송 인도조건의 E군(EXW), 주운임미지급 인도조건의 F군(FCA, FAS, FOB), 주운임지급필 인도조건의 C군(CFR, CIF, CPT, CIP), 도착지 인도조건의 D군(DAF, DEQ, DDU, DDP) 등이다. 또한 "Incoterms® 2000"은 매도인과 매수인의 의무를 각각 10개 조항으로 세분화하여 배열하고 있다.

"Incoterms® 2010"은 Incoterms 2000상 DES, DEQ, DAF, DDU 등 4개를 폐지하는 대신 DAP, DAT 등 2개 조건을 신설함으로 전체 11개 조건으로 축소 조정하여 무역거래당사자들에 그 편의성을 제고하였다. 그리고 이러한 11개 정형거래조건의 구조를 운송방식으로 분류하였는바, Incoterms® 2010은 종전의 Group E(Departure), Group F(Main carriage unpaid), Group C(Main carriage paid), Group D(Arrival)의 분류방식에서 운송방식불문조건(Rules for any mode or modes of transport)과 선박운송 전용조건(Rules for sea and inland waterway transport)으로 구분하였다.

"Incoterms® 2020"은 Incoterms® 2010상 11개 조건과 그 구성방식을 그대로 유지하되 DAT조건을 DPU조건으로 명칭변경 및 D조건의 배열순서 변경, CIP조건의 부보조건을 ICC(A) 내지 (A/R)로 변경, FCA조건에서 선택적으로 본선적재 표기 선하증권의 요청가능, FCA와 D조건군에서 매도인 또는 매수인의 자가운송의 허용하는 점에서 일부 변경이 이루어졌다.

(나) 개정미국외국무역정의(Revised American Foreign Trade Definitions, 1990)

해상매매를 중심으로 한 FOB 조건이 미국에 들어와서 육상운송수단 및 양륙지거래에까지 그 용도가 다양화되었다. 여러 거래형태의 FOB 조건에 관한 해석의 통일을 위하여 1919년 '전미무역협회'(National Foreign Trade Convention)에서 「수출가격조건의 정의」(Definitions of Export Quotations), 일명 「FOB에 관한 India House 규칙」(India House Rules for FOB)이 채택되었다. 여기에는 FOB, FAS, CIF 및 C&F 등 4종의 조건에 관한 표준정의를 규정하고, FOB 조건을 다시 4개, 총 8종으로 세분화하였다.

그 후 1941년 전미국무역협회 등에서 기존의 India House Rules에다 Ex(point of origin)와 Ex Dock을 추가하여 6종의 정형거래조건과 이 가운데 FOB를 6종으로 분류하여 표준해석과 당사자의 의무를 규정하고 있다. 6종의 FOB 가운데 "FOB Vessel-named Port of shipment"가 Incoterms의 FOB조건과 유사하다. 1990년에 개정되었지만 규정내용은 별다른 차이가 없다.

한편 미국의 제정법인 통일상법전(Uniform Commercial Code)은 FOB 및 FAS 조건에 관하여는 제2-319조에, CIF 및 C&F 조건에 관해서는 제2-320조 및 제2-321조에 규정하고 있다. 특히 FOB 조건에 관하여는 "FOB the place of shipment", "FOB the place of destination" 및 "FOB vessel, car or other vehicle" 등의 3종으로 나누고 있다.

(다) C.I.F. 계약에 관한 와루소-옥스포드 규칙(Warsaw-Oxford Rules for C.I.F. Contract)

국제법협회(International Law Association)가 채택한 와루소-옥스포드 규칙은 서문과 총 21개의 조문으로 구성되어 있는데, Incoterms와 달리 소유권이전에 관한 규정을 포함하고 있다. 이 규칙도 Incoterms나 미국외국무역정의와 같이 매매당사자가 임의로 채택할 수 있는 국제규칙에 불과하므로, 매매당사자가 본 규칙에 따를 것이라는 취지를 계약서에 명시한 경우에만 적용된다.

한편 국제법협회는 국제공법 및 국제사법의 연구·진흥·충돌의 해결에 관한 제안과 법률의 통일화를 촉진시키기 위한 사업활동을 전개하여 오고 있다. 이 협회의 주요한 성과는 공동해손의 정산에 관한 「1974년 요크-앤트워프 규칙」(The York-Antwerp Rules, 1974) 및 「1924년 선하증권통일규칙」(International Convention for the Unification of Certain Rules of Law relating to Bills of Lading)의 원안을 기초하는 등 국제무역에 사용되는 법규제정에 크게 기여하고 있다.

(4) Incoterms® 2020

(가) 개정의 특징 및 주요개선내용

Incoterms® 2020의 개정은 올바른 인코텀즈 규칙의 사용을 목적으로 한다. 매매계약과 종속계약(ancillary contract) 사이의 관계를 명확히 하고, 각 인코텀즈 규칙의 사용지침(guidance note)을 설명문(explanatory note)으로 업그레이드하였다. 아울러 개별규칙 10개의 조항순서를 변경하여 인도와 위험을 강조하였을 뿐만 아니라 비용에 관한 일람표(one-stop list)를 일괄적으로 열거하여 활용상 편의성을 도모하고 있다.[20] 이하에서 주요한 개정을 중심으로 정리하여 설명한다.

첫째, DAT조건의 명칭변경과 D조건군의 배열순서 조정이다. 먼저 DAT조건

---

20) ICC, Introduction to Incoterms 2020, 제58조.

이 DPU(Delivered at Place Unloaded, 도착지양하인도)조건으로 명칭변경 되었는데, DPU조건은 물품을 도착지에서 운송수단으로부터 양하된 상태로 매수인의 처분 하에 놓인 때에 인도되는 조건으로 '양하'를 강조한 'Unloaded'를 추가하고 약어도 DPU로 표기하였다. 또한 DPU 조건의 배열순서도 DAP 다음에 놓았다. 그렇게 함으로써 물류의 흐름에 맞추어 수입지 지정장소에 도착하여 인도하거나(DAP), 지정장소에서 물품을 내려서 인도하거나(DPU), 수입통관까지 마친 후에 인도(DDP)하게 된다.

둘째, 정형거래조건별 규칙에 대한 조항순서를 변경하였다. 매도인과 매수인의 의무는 각각 A1~A10와 B1~B10으로 10가지씩인데, Incoterms® 2020에서는 규칙의 목적이라 할 수 있는 당사자의 의무, 위험 및 비용을 중심으로 조항을 재배열하였다. 특히, 인도와 위험이전조항을 각각 A2/B2와 A3/B3로 배치하여 강조하고 있으며, 비용에 관해서는 A9/B9에서 비용에 관한 일람표(one-stop list)를 일괄적으로 열거하여 편의성을 도모하고 있다.

셋째, CIP의 부보조건을 ICC(A) 또는 (A/R)로 변경하였다. Incoterms에서 위험을 부담하지 않는 매도인이 매수인을 위하여 보험을 대신 가입하는 조건인 CIF와 CIP조건은 보험계약자는 매도인이지만, 피보험자는 매수인이다. 종전에는 최소부보(C or FPA)조건으로 가입하면 됐지만, Incoterms® 2020에서는 CIP는 최대부보조건인 ICC(A or A/R)조건으로 부보수준을 강화하여 종전 Incoterms® 2010과 다르게 CIF와 CIP 사이의 부보수준을 차별화하였다.

넷째, FCA조건에서 선택적으로 본선적재 표기 선하증권의 요청가능토록 하였다. FCA조건은 대표적인 복합운송조건으로서 매도인은 매수인이 지정한 운송인에게 물품을 인도하면 의무를 면하게 되어 있다. 그러나 Incoterms® 2020에서는 FCA조건에서 본선적재표기(on-board notation) 선하증권(B/L)을 추가옵션으로 할 수 있도록 하였다. 즉, FCA규칙에서 해상운송을 사용하는 경우에 본선적재(on-board) 표시된 선하증권이 필요하다면[21] 매수인은 운송인에게 본선적재 선하증권을 발행할 것을 지시할 수 있도록 하는 선택적 방식(optional mechanism)을 규정하였다.[22] 물론 이러한 경우에 운송인의 물품 수취일자와 본선적재일자는 차이가 있을 수 있으며, 매도인은 운송계약 조건에

---

21) 예를 들면, FCA Las Vegas 조건에서 물품이 Las Vegas에서 수취(received)되고, Los Angeles에서 선적(on board)되었음이 기재된 선하증권을 원할 경우.

22) ICC, Introduction to Incoterms 2020, FCA Explanatory notes for users 제6조.

관하여 매수인에 대하여 어떠한 의무도 없으며, Incoterms에서 FOB대신 FCA 의 권장은 여전히 유효하다.

다섯째, FCA, DAP, DPU, DDP조건에서 매도인 또는 매수인이 운송계약을 체결하거나(to contract for carriage) 또는 자신의 운송수단에 의한 운송(to arrange for carriage)을 허용하여 제3자 운송인의 개입이 없는 경우를 염두에 두었다. 예를 들어 "D"조건에서는 매도인이 수입지에서, "FCA"조건에서는 매수인이 수출지에서 제3자에게 운송을 의뢰하지 않고 자신의 차량을 사용하는 것을 허용한다. 주의할 점은 "CPT"조건과 "CIP"조건은 매도인이 수출지에서 운송계약을 체결하므로 "FCA"조건과 같은 자가운송 허용이 불필요하다는 점이다.

(나) 구성체계

Incoterms® 2010이전의 정형거래조건은 E-, F-, C-, D-Group으로 편제하였으나, Incoterms® 2020을 포함하여 Incoterms® 2010 이후로는 아래 표와 같이 '운송방식 불문조건'과 '선박운송 전용조건'으로 분류하고 있다. 아울러 종전과 달리 운송방식 불문조건을 전면에 배치함으로써 특히 FCA, CPT, CIP 등의 사용을 활성화하고자 하였다. 이는 특히 컨테이너화물의 경우 운송방식 불문조건을 사용하는 것이 바람직함에도 실무상 그렇게 하지 않았던 문제를 바로잡고자 하는 시도로 볼 수 있다. 또한 앞서 언급한 바와 같이 Incoterms® 2020에서는 Incoterms® 2010과는 달리 D조건군의 배열 순서를 물류흐름에 맞추어 수입지 지정장소에 도착하여 인도하는 DAP조건을 먼저 배치하고, 그 지정장소에서 물품을 하역하여 인도하는 DPU조건을 배치한 후, 그러한 하역 완료된 물품의 수입통관을 마친 상태로 인도하는 DDP조건을 배열하였다.

다음 〈표 8-2〉의 제1그룹은 운송방식과 무관하거나 하나 이상의 운송방식을 선택할 때 사용되는 조건들이다. 해상운송방식이 전혀 사용되지 않을 경우에도 사용될 수 있으며, 선박이 운송의 일부로서 사용될 경우에도 사용될 수 있다. 한편 제2그룹은 물품이 운송되어 매수인에게 인도되는 지점과 인도장소가 모두 항구인 해상과 내수로 운송에 사용 가능한 조건이다.

〈표 8-2〉 Incoterms® 2020 편제

제1그룹 (운송방식 불문 조건) (Rules for Any Mode or Modes of Transport)		제2그룹 (선박운송 전용 조건) (Rules for Sea and Inland Waterway Transport)	
EXW	Ex Works	FAS	Free Alongside Ship
FCA	Free Carrier	FOB	Free On Board
CPT	Carriage Paid To	CFR	Cost and Freight
CIP	Carriage and Insurance Paid to	CIF	Cost Insurance and Freight
DAP	Delivered At Place		
DPU	Delivered At Place Unloaded		
DDP	Delivered Duty Paid		

Incoterms® 2020에서는 매도인과 매수인의 의무를 상호 대칭되도록 "A란"에는 매도인의 의무를 "B란"에는 매수인의 의무를 배치하고 있다. 이러한 의무들은 매도인 또는 매수인에 의하여 개별적으로 수행될 수 있거나, 또는 계약서 또는 준거법에 따라서 특정 목적을 위하여 매도인 또는 매수인에 의하여 지정된 운송인, 복합운송주선인 또는 기타 당사자와 같은 중개자(intermediaries)에 의하여 이루어질 수 있다. Incoterms® 2020은 Seller와 Buyer의 의무조항의 배열 순서를 앞서 언급한 바와 같이 당사자의 의무, 위험 및 비용을 중심으로, 특히, 인도와 위험이전조항을 일반의무(A1/B1)에 이어 A2/B2와 A3/B3에 각각 배치하여 강조하고 있으며, 비용에 관해서는 A9/B9에서 비용에 관한 일람표(one-stop list)를 일괄적으로 열거하여 사용자의 편의성을 도모하고 있다.

〈표 8-3〉 Incoterms® 2010 및 Incoterms® 2020상 조항별 배열순서

조항	Incoterms 2010	Incoterms 2020
A1/B1	일반의무	일반의무
A2/B2	허가, 인가, 보안통관, 기타절차	인도/인도의 수령
A3/B3	운송계약과 보험계약	위험이전
A4/B4	인도/인도의 수령	운송
A5/B5	위험이전	보험
A6/B6	비용분담	인도/운송서류
A7/B7	매수인/매도인에 대한 통지	수출/수입통관
A8/B8	인도서류/인도의 증빙	점검/포장/하인표시
A9/B9	점검, 포장, 하인표시/물품검사	비용분담
A10/B10	정보에 관한 협조 및 관련비용	통지

(다) 주요내용

Incoterms® 2020상 매도인과 매수인의 많은 의무 가운데 위험이전, 비용이전 및 수출입허가에 관한 의무만을 도해하면 다음의 〈표 8-4〉와 같다.

〈표 8-4〉 Incoterms® 2020상의 정형거래조건

거래조건 \ 구분	위험이전(A)	비용이전(B)	비　고
EXW(Ex Works) (공장인도)	매도인의 작업장 구내에서 매수인의 임의처분할 수 있도록 물품을 인도하였을 때	매도인은 A(위험이전)까지의 제비용 부담	수출입통관·승인 : 매수인의무
FCA(Free Carrier) (운송인인도)	매도인이 매수인이 지정한 운송인에게 수출통관된 물품을 인도하였을 때 ・ 매도인 영업구내: 적재인도 ・ 영업구내 아닌 경우: 실린채인도	매도인은 A(위험이전)까지의 제비용 부담 ・ 추가의무부: 선적선하증권요구 ・ 자가운송 허용	수출통관 : 매도인 수입통관 : 매수인
CPT(Carriage Paid To) (운송비지급인도)	물품이 약정된 일자 또는 기간 내에 지정목적지까지 운송할 운송인의 보관하에 또는 후속운송인이 있을 경우 최초의 운송인에게 물품인도 시	매도인은 FCA 조건+지정된 목적지까지의　물품운송비(복합운송개념에서의 운송비)	〃
CIP(Carriage And Insurance Paid To) (운송비·보험료 지급인도)	〃	매도인은 CPT 조건+지정된 목적지까지의 적하보험료 부담 ・ 부보 : ICC(A) or ICC(A/R)	〃
DAP(Delivered At Place) (도착지인도)	지정목적지에서 도착운송수단에 실린 채 양하 준비된 상태로 매수인의 처분하에 놓이는 때	〃	〃
DPU(Delivered At Place Unloaded) (도착지양하인도)	도착운송수단으로부터 양하된 상태로 지정목적항이나 지정목적지의 지정터미널에서 매수인의 처분하에 놓이는 때	매도인은 A(위험이전)까지의 제비용 부담	〃
DDP(Delivered Duty Paid) (관세지급인도)	약정된 일자 또는 기간 내에 매도인이 지정된 수입국 내의 목적지점에 물품을 반입하여 매수인의 임의처분하에 인도한 때	〃 (단, 관세 포함)	수출입통관·승인 : 매도인의무
FAS(Free Alongside Ship) (선측인도)	물품이 지정선적항의 부두에 혹은 부선으로 본선의 선측에 인도하였을 때	매도인은 A(위험이전)까지의 제비용 부담	수출통관 : 매도인 수입통관 : 매수인
FOB(Free On Board) (본선인도)	물품이 지정선적항에서 본선에 적재하였을 때	〃	〃

CFR(Cost And Freight) (운임포함인도)	〃	매도인은 적재시까지의 제비용+ 목적항까지의 운임+정기선의 경 우 양하비 부담	〃
CIF(Cost Insurance And Freight) (운임 · 보험료포함인도)	〃	매도인은 적재시까지의 제비용+ 목적항까지의 운임 및 보험료+ 정기선의 경우 양하비 부담 · 부보 : ICC(C) or ICC(FPA)	〃

◢4 무역계약서의 작성

1) 계약서작성의 필요성

　무역계약은 구두나 전화로도 성립될 수 있는 불요식계약이다. 그렇지만 관습, 언어, 법률 및 통화가 다른 국가에 거주하는 계약당사자간에 후일 발생할지도모를 분쟁이나 계약내용에 대한 오해를 피하기 위하여 계약서를 작성할 필요가 있다. 특히 계약이 1회의 청약과 승낙으로 성립되지 않고 청약의 유인이나 대응청약이 반복될 경우 당사자간 계약내용에 대한 인식이 다를 수 있다. 따라서 합의된 내용에 관한 증거확보를 위하여도 계약내용을 문서화하고 서명하여 보관하는 것이 바람직하다.

　앞으로 인터넷 등 전자적인 방식에 의한 거래가 늘어나면 기본적 거래조건만 합의하고 거래가 이행될 수 있다. 이 경우 부수적인 조건에 대한 교전 (battle of forms)문제가 생길 수 있다. 따라서 당사자들은 정형거래조건의 해석규칙이나 준거법 조항 등을 포함한 계약서의 작성이나 일반거래조건협정서의 교환이 더욱 필요하게 될 것이다.

　필요에 따라서는 계약서를 작성 · 교환하기까지는 어떤 일이 있더라도 계약에 구속되지 않는다는 취지를 다음과 같이 일반협정서에 명시할 수 있다.

　　"It must be understood that no agreement enforceable at law is made or intended to be created until the exchange of contracts has taken place."

2) 계약서의 형식

무역계약은 불요식계약이므로 요식계약처럼 반드시 문서로 작성되어야 할 의무가 없으나 후일 분쟁발생시 계약내용을 증명하기 위한 문서화가 필요하다. 무역현장에서는 정식 무역계약서 없이 간단한 오퍼나 오더만으로 진행하는 경우가 많지만 무역계약의 이행불능 또는 계약위반의 경우에는 여러 가지 문제가 발생하므로 가급적 수출입 본계약을 체결해야 한다.

수출입 본계약을 체결하는 방법은 크게 두 가지가 있다. 하나는 거래가 성립될 때 마다 작성하는 개별계약방법(case by case contract)과 다른 하나는 계속 반복거래를 위한 일반거래조건협정서를 체결하고 필요시마다 수정을 가하는 포괄계약방법(master contract)이다.

개별계약방법(case by case contract)은 해당거래 건별로 먼저 간단한 오퍼나 오더를 확정한 후 수출입 본계약을 확정하는 방법으로 통상 거래상대방과의 최초 거래시나 중요 거래시에 활용하는 방법이다. 개별계약방식은 표면과 이면의 양면으로 구성되어 있는데, 표면약정에 포함되는 사항은 거래건별로 확정하여야 하는 개별약정사항들이다. 즉, 물품의 품질수준, 수량 및 가격 등 거래상품에 관한 사항과 선적일자, 결제방법 및 보험조건 등이 여기에 해당한다. 무역계약서의 이면약정사항은 무역에 관한 일반약정(general terms and conditions)으로서 무역계약의 체결당사자, 표면사항인 품질에 대한 검사, 수량, 가격 및 선적조건 등을 정하는 기준 등 개별약정사항을 해석하는 기준과 계약불이행과 관련한 조항으로서 불가항력조항, 클레임조항, 중재조항 및 준거법조항 등 수출입 거래시 일반적으로 적용되는 공통사항이 여기에 포함된다.

포괄계약방법(master contract)은 통상 동일한 거래상대방과 계속적으로 거래가 이루어지는 경우에 채택하는 방법이다. 이는 매거래시마다 건별로 수출입 본계약을 체결함에 따른 번거로움을 피하는데 적합한 방법으로써 수출입거래 당사자는 당사자간의 향후 수출입거래준칙에 해당하는 일반거래조건협정 (agreement on general terms and conditions of business)을 수출입 본계약으로 체결하는 바, 개별계약 방법시 무역계약서 이면약정 사항에 포함되는 무역거래일반약정(general terms and conditions) 사항과 함께 거래건별로 오퍼나 오더를 확정하는 방법을 정한다. 따라서 개별거래시는 포괄계약에서 정한 방법에 따라 간단한 offer나 order를 교환함으로써 무역계약을 확정한다.

〈표 8-5〉 **무역계약 체결방식 및 계약서 형식**

계약체결 방식	계약서 형식	비 고
개별계약방식 (case by case contract)	·표면사항 ·이면사항	첫거래, 건별거래, 중요거래
포괄계약방식 (master contract)	·일반거래조건협정서(이면사항과 유사) ·실제 진행 : offer/order sheet	계속·반복거래

　　Sales Contract를 매도인이 작성할 경우 Sales Note, 매수인이 작성할 경우 Purchase Note라고도 부른다. 개별계약서에는 품명, 규격, 수량, 단가, 금액, 인도시기, 선적항, 도착항, 포장, 보험 등을 명기하고, 포괄계약서에는 품질조건의 경우 품질의 기준과 기준시기, 가격조건의 경우 가격의 산출기준과 표시통화, 선적조건의 경우 선적일의 증명방법 등과 불가항력조항, 권리철회조항, 중재조항, 정형거래조건, 준거법조항 등이 명기된다. 포괄계약과 개별계약은 상호 보완적 기능을 하며 상호 모순될 경우 개별계약의 내용이 우선한다.

　　장기공급계약의 경우 long term 계약인 sales agreement가 작성된다. long term 계약의 경우 가격신축조항(escalation clause), 보증조항(warranty clause), 약정손해배상액조항(liquidated damage clause), 계약종료조항(termination) 등이 추가된다.

　　앞에서 「일반거래조건에 관한 협정서」를 소개하였으므로 여기서는 'Sales Note'(판매계약서), 'Purchase Note'(구매계약서) 및 'Sales Contract'(매매계약서)의 양식을 소개하고자 한다.

[예시0]   Sales Note

Dear Sirs,

Sales Note

 We are pleased to confirm our sale of the following commodity on terms and conditions outlined below :

Commodity : Cotton White Shirting Sample No. 253

Quantity   : 100 pieces(One Hundred pieces)

Price   : @ £ 4.08(Four pounds eight pence)CIF Hong Kong in
             Sterling Pound

Amount   : £ 672.00(Six hundred seventy two pounds only)in
             Sterling Pound CIF Hong Kong.

Terms   : Draft at 30 d/s under an irrevocable L/C

Shipment   : During July

Packing   : 10 PCs. in Hessian bale and 50 PCs. in wooden case

Marks   : $\langle TK \rangle$ with numbers 1 and up under port mark, Hong
             Kong, stating the country of origin, Made in Korea

Insurance : A/R for full invoice amount plus 10%

Remarks   : 1. Certificate of Quality Inspection & Shipment Samples to be sent
                prior to shipment
             2. Unless otherwise specified in this Sales Note, all matters not
                mentioned here are subject to the Agreement of the General
                Terms and Conditions of Business Concluded between both parties.

 Sincerely yours.

[예시]   Purchase Note

55 East Route 3, Suite 255 Paramus NJ 07652-2655 U.S.A.
Tel. 1 201 291 4450 Fax. 1 201 291 4455

December 2, 2020

Bestex Korea Co Ltd.,

744 Janghang-Dong, Ilsan-Gu

Koyang City

Gyoung-gi Do, 411-380, Korea

This is to confirm the purchase of the following goods on the terms and conditions stated below:

Descriptions : 500 dozen Sample No. 10 Cotton Goods @$10.00 per dozen C.I.F. New
York.
Packing :   1 dozen each to be packed in a carton box and 100 dozen in a bale.
Marks :   W.S.
New York B. No. 1-up
Shipment :   During February, 2021
Insurance :   To be covered on I.C.C.(B) including War Risks for 10% over the
invoice amount.
Terms :   Draft at 30 d/s under an Irrevocable Credit.

Unless otherwise specified, this contract is subject to General Agreement previously

exchanged.

Yours truly,

W H Hunt

W. H. Hunt
Vice President

[예시]]　　　　　　　　Sales Contract

JUNG WOO CO. LTD.

Address　　　　　　　　　　　　　　Cable ：
　　　　　　　　　　　　　　　　　　Telex ：
　　　　　　　　　　　　　　　　　　Tel　：
　　　　　　　　　　　　　　　　　　Fax　：

SALES CONTRACT

JUNG WOO CO. LTD., as seller, hereby confirms having concluded the sales contract with you(your company), as Buyer, to sell following goods on the date and on the terms and conditions hereinafter set forth. The Buyer is hereby requested to sign and return the original attached hereto.

MESSRS	CONTRACT DATE		CONTRACT NO
COMMODITY DESCRIPTION	QUANTITY	UNIT PRICE	AMOUNT

Time of Shipment ：
Port of Shipment ：
Port of Destination ：
Payment ：
Insurance ：
Packing ：
Special Terms & Conditions ：

Accepted by　　　　　　　　　　JUNG WOO CO. LTD.

(Buyer)　　　　　　　　　　　　　　(Seller)

Signature⎽⎽⎽⎽⎽⎽⎽⎽　　　　　　　Signature⎽⎽⎽⎽⎽⎽⎽⎽

(name & Title)　　　　　　　　　　(name & Title)

글로벌무역학개론
글로벌무역학개론
글로벌무역학개론
글로벌무역학개론
글로벌무역학개론

Chapter 9

무역계약의 이행

무역계약의 이행

수출입통관과 관세

1 수출입통관

1) 수출입통관의 의의

(1) 수출입통관의 개념

통관(customs clearance)이란 세관을 통과하는 것을 의미한다. 화물의 국제간 이동에는 국가마다 여러 가지 규제를 하고 있으며, 이러한 규제내용을 세관이라는 관문을 통하여 실현하고 있다. 우리나라도 국제수지의 균형과 국민경제의 발전을 위하여 대외무역법 등 각종 법령의 무역에 관한 규제조항을 두고 있는데 이러한 규제내용을 실제로 확인·집행하는 제도가 통관제도이다.

관세법상 통관이란 수출, 수입 및 반송을 뜻한다. 관세법 제1조에서 "이 법은 관세의 부과, 징수 및 수출입물품의 통관을 적정하게 하고 관세수입을 확보함으로써 국민경제의 발전에 이바지함을 목적으로 한다."고 규정하여 통관은 관세징수업무와 더불어 관세법상 매우 중요한 양대 기능을 하고 있음을 알 수 있다.

상품이 국가와 국가 간을 이동할 때에는 반드시 2번에 걸친 통관과정을 거친다. 물품을 수출하는 국가에서의 수출통관과 그 물품을 수입하는 국가에서의 수입통관이다. 통관과정에서는 수출국이나 수입국의 법률이 강제로 적용된다. 통관과정에서 적용되는 법률은 어느 경우에든 수출상이나 수입상이 통관을 담당하는 정부기관과 합의하여 적용하는 것이 아니다. 법률이 가진 강제력에 의해 당연히 적용되는 것이다. 그러므로 무역을 하고자 할 때는 미리 수출국 또는 수입국의 통관과정에서 적용되는 법률상의 규제내용을 정확하게 파악할 필요가 있다.

각국이 관세법 등으로 수출입물품에 대해 통제를 하고, 통관절차의 이행을 강제하며, 이를 일탈하는 행위에 대해 처벌을 하는 이유는 '수출입과 관련한 적법성의 확보'를 위해서이다. 통관과정에서 달성하고자 하는 이러한 적법성 확보에서 가장 중요한 것은 관세 및 내국소비세의 부과·징수이다. 또한 수출입관련 법령에 규정된 허가·승인·추천·표시·증명 기타 조건의 구비여부 확인도 중요하다. 적법성에서 '법'이란 관세법을 비롯한 수출입과 관련되는 모든 법령을 포함한다.

(2) 수출입통관의 종류

통관은 화물의 이동경로에 따라 수입통관, 수출통관 및 반송통관으로 구분된다. 수입통관은 물품이 외국에서 국내로 이동하는 경우의 통관이며, 수출통관은 물품이 국내에서 외국으로 이동하는 경우의 통관이다. 반송통관은 외국물품이 국내로 이동하였다가 외국물품 그대로 다시 외국으로 이동하는 경우의 통관을 말한다.

통관이 화물의 이동, 즉 수출입에 관한 국가의 규제사항을 현물과 대조 확인하는 것이라면 통관절차란 이러한 확인절차를 의미한다. 통관절차는 여러 단계로 이루어지는데 수출입신고를 하고 수출입신고필증을 교부받아 보세구역에서 물품을 반출하는 절차이다. 이 중 특히 수출입신고에서 수출입신고수리까지의 절차만 통관절차라고 말하기도 한다. 전자를 광의의 통관절차라 한다면 후자는 협의의 통관절차라고 할 수 있다.

2) 수출입통관절차

(1) 수출통관절차

(가) 수출신고

(a) 수출신고의 의의 및 신고시기

수출신고란 물품을 수출하려는 의사를 표시하는 행위이다. 수출자는 수출물품을 확보한 후 선적 스케줄 등을 감안하여 당해 물품을 선적하기 전까지 수출신고를 할 수 있으며 수출자는 당해 물품이 장치되어 있는 소재지를 관할하는 세관장에게 수출신고를 하고 수리를 받아야 한다.

(b) 수출신고인

수출신고는 관세사 · 관세법인 또는 통관취급법인(이하 "관세사등"이라 한다)을 통하여 할 수 있지만 수출화주(완제품 공급자 포함)가 직접 신고할 수도 있다. 수출화주가 직접 신고하는 경우에는 사업장을 관할하는 세관장에게 전자자료교환방식(EDI)에 의한 수출입신고업무처리를 위하여 신고자부호(ID)를 부여받아야 한다.

(c) 신고자료 전송

수출신고자는 수출신고서 작성요령 및 관세청장에게 등록된 수출신고서 작성 프로그램에 의하여 제출번호를 기재하여 작성한 신고자료를 관세청 인터넷통관포탈(Uni-Pass)시스템에 전송하여야 한다. 신고인이 전송한 신고자료에 대하여 내용을 수정하고자 하는 경우에는 신고번호가 부여되기 전까지 수정한 내용을 포함한 모든 신고자료를 수정전과 동일한 제출번호에 의하여 다시 전송하거나 기록하여야 한다.

(d) 서류제출 신고

수출통관 EDI제도 도입(1994년 12월) 및 수출신고제 전환(1996년 7월)에 따라 바르고 빠른 수출통관체제가 확립되어 수출신고서류의 처리기간은 '즉시'로 하여 최대한 신속하게 처리하도록 하고 서류없는(Paperless) 수출신고가 전면 허용되었으며, 수출신고물품의 약 95%가 수출신고 후 별도의 세관심사 없이 수출통관시스템에서 자동신고수리가 되고 있다.

하지만 다음의 경우에는 서류를 제출하여 신고한다. 즉, ① 관세법 제226조와 「관세법 제226조의 규정에 의한 세관장확인물품 및 확인방법 지정고시」 제7조제1항에 따른 수출물품 : 각 개별법령별 요건확인 서류(단, 수출요건내역을 전산망으로 확인할 수 없는 경우에 한함), ② 계약내용과 상이하여 재수출하는 물품 또는 재수출조건부로 수입통관되어 수출하는 물품 : 계약상이 및 재수출조건부 수출 심사에 필요한 서류(다만, 재수출조건부 수출의 경우 단순반복 사용을 위한 포장용기는 제외), ③ 수출자가 재수입시 관세 등의 감면, 환급 또는 사후관리 등을 위하여 서류제출로 신고하거나 세관검사를 요청하는 물품 : 각 사실

관계 확인 서류(다만, 단순반복 사용을 위한 포장용기는 제외), ④ 수출통관시스템에서 서류제출대상으로 통보된 물품 등이다.

수출신고 서류로는 ① 관세법 제226조의 규정에 의한 세관장 확인물품 및 확인방법 지정고시에 해당하는 경우에는 동 확인에 필요한 구비서류, ② 계약내용과 상이하여 재수출하는 물품 및 재수출조건으로 면세받은 물품을 수출신고 할 경우에는 그 이행사실 입증서류, ③ 수출신고의 효력은 수출통관시스템에서 신고번호가 부여된 시점부터 발생한다.

(나) 신고서 처리 및 심사

신고서 처리방법은 ① 전자통관심사, ② 심사(화면심사, 서류심사), ③ 물품검사후 수리로 구분하여 처리된다. 그러나 적재전 검사로 선별된 물품은 제외된다. 자동수리대상은 통관시스템에서 자동으로 신고수리되는 것으로 서류제출대상이 아닌 물품이 해당된다. 또한 심사대상은 심사후 수리하고, 검사후수리대상물품은 관세청통관시스템에서 검사로 지정한 물품 또는 세관장이 현품확인이 필요하다고 판단되어 검사로 지정한 물품이 해당된다.

첫째, 전자통관심사대상물품은 원칙적으로 심사를 요하지 않는다. 그러나 정확한 품명, 규격의 확인이 필요하여 관세청장이 정하는 경우에는 화면으로 심사할 수 있다. 이 경우에도 일정시간이 경과하면 자동 수리된다.

둘째, 심사대상물품은 컴퓨터 화면 및 신고서류를 통하여 ① 신고내용이 수출신고서 작성요령에 따라 정확하게 작성되었는지 여부, ② 관세법 제226조에 따라 세관장이 수출요건을 확인하는 물품의 품목분류의 적정여부 및 수출요건의 구비여부, ③ 동법 제230조에 따른 원산지 표시, ④ 그 밖에 수출신고수리여부를 결정하기 위하여 필요한 사항 등 형식적인 요건을 심사한다.

셋째, 실질적인 내용을 심사하여야 하는 물품은 ① 서류제출대상 및 서류제출신고물품인 경우, ② 위조상품수출 등 지식재산권 침해여부, ③ 관세환급과 관련하여 위장수출의 우려가 있는 경우, ④ 분석의뢰가 필요한 물품인 경우, ⑤ 기타 불법수출에 대한 우범성 정보가 있는 경우이다.

(다) 물품검사

수출신고물품의 검사는 원칙적으로 생략한다. 그러나 통관시스템에 의하여 검사대상으로 선별되었거나 신고의 내용을 심사한 결과 현품확인이 필요한 경우에는 예외적으로 검사를 할 수 있다. 세관장은 수출물품의 검사를 위하여 필요한 경우에는 검사시 포장명세서 등 관계자료의 제출을 요구할 수 있다. 세관장은 효율적인 물품검사를 위하여 컨테이너검색기 또는 차량이동형검색기 등을 활용하여 검사할 수 물품확인이 필요한 경우 전량검사, 발췌검사 또는 분석검사 등을 실시한다. 수출신고에 대한 검사대상 선별(C/S)은 물품, 수출자 또는 제조자, 신고인 등의 우범성 및 신용도 등을 고려하여 「수출물품 선별검사에 관한 훈령」 등 관세청장이 별도로 정한 기준에 따라 통관시스템에서 선별한다. 세관장은 검사대상으로 선별된 경우에도 다음의 어느 하나에 해당하는 업체가 수출하는 물품은 검사대상으로 선별하지 아니할 수 있다. ① 최근 2년간 관세법 위반사실 및 환급특례법 위반사실이 없는 「외국인 투자 촉진법」에 따른 외국인투자기업 ② 월별 납부업체 승인요건에 해당하는 업체, ③ 전분기 수출실적 상위 10% 해당업체로서 최근 1년간 수출검사에 따른 적발 실적이 없고 관세법 및 환특법 위반사실이 없는 업체, ④ 관세청장이 정하는 기준에 의하여 법규준수도가 높다고 인정된 업체 및 종합인증우수업체로 공인된 업체 등이다. 수출물품의 검사는 신고수리 후 적재지에서 검사하는 것을 원칙으로 한다. 그러나 세관장이 적재지 검사가 부적절하다고 판단되는 물품이나 반송물품, 계약상이물품, 수입상태 그대로 수출되는 자가사용물품, 재수출물품 및 원상태수출물품, 국제우편 운송 수출물품 등은 신고지 세관에서 물품검사를 실시할 수 있다. 적재지 관할 세관장은 필요하다고 인정되는 경우 물품검사 생략대상으로 수출신고수리된 물품에 대하여도 컨테이너검색기검사 등의 검사를 실시할 수 있다.

(라) 수출신고수리

수출신고수리는 신고서 처리방법에 따라 자동신고수리, 심사후 수리, 검사후 수리로 구분된다. 자동수리대상은 통관시스템에서 자동으로 신고 수리되는 것이다. 심사후 수리 또는 검사후 수리는 세관이 심사 또는 검사 후 이상이 없을 때 신고수리를 하는 것이다. 다만, 적재지검사대상은 수출물품을 적재하기 전에 검사를 받는 조건으로 신고를 수리할 수 있다.

세관장은 수출신고를 수리한 때에는 세관특수청인을 전자적으로 날인한 수출신고필증을 교부하며, 적재전 수출신고필증과 수출이행 수출신고필증을 구분하여 교부할 수 있다. 다만, 수출이행 수출신고필증은 출항이 완료된 이후에 교부한다. 교부된 신고필증이 통관시스템에 보관된 전자문서의 내용과 상이한 경우에는 통관시스템에 보관된 전자문서의 내용을 원본으로 한다.

신고인은 세관장으로부터 신고수리의 사실을 전산통보 받은 경우에는 수출신고 또는 제출한 자료(신고필증을 포함한다)를 관세법 제12조 및 동 시행령 제3조 제1항 제2호의 규정에 의거 신고수리일로부터 3년 동안 보관하여야 하며 해당 자료는 마이크로필름, 광디스크 등 자료전달 및 보관 매체에 의하여 보관할 수 있다.

(마) 특수형태의 수출신고

(a) 선상수출신고

선상수출신고가 가능한 경우는 ① 선적한 후 공인검정기관의 검정서에 의하여 수출물품의 수량을 확인하는 물품(예 산물, 광산물 등), ② 물품의 신선도 유지 등의 사유로 선상수출신고가 불가피하다고 인정되는 물품(예 내항선에 적재된 수산물을 다른 선박으로 이적하지 아니한 상태로 외국무역선으로 자격을 변경하여 출항하고자 하는 경우), ③ 자동차운반전용선박에 적재하여 수출하는 신품 자동차 등이다.

신고절차는 내국물품 적재허가를 얻은 후 선상수출신고를 필하고 출항하게 된다. 신고시기는 출항전까지 출항지 세관에 신고한다. 다만 검정서에 의하여 수량을 확인하는 물품으로서 규정된 경우[1]에는 출항 후 최초세관근무시간까지 수출신고를 할 수 있다.

(b) 현지수출 어패류신고

어패류를 외국 현지에서 판매한 후 대금을 정산하는 수출의 경우에는 출항허가를 받은 운반선에 의하여 현지에서 수출하는 것이 부득이한 경우에는 수출 후 대금결제전까지 출항허가를 받은 세관장에게 신고자료를 전송하고, 신고서류에 수출실적을 증명하는 서류(예 Cargo Receipt)를 첨부하여 제출하여야 한다.

(c) 원양수산물 신고

우리나라 선박이 공해에서 채포한 수산물을 현지 판매하는 경우에는 수출자가 수출후 대금결제전까지 수출사실을 증명하는 서류[예: Cargo Receipt, B/L, Final(Fish) Settlement]가 첨부된 수출실적보고서(수출신고서 양식 사용)를 한국원양산업협회를 경유하여 서울세관장에게 신고자료를 전송하여야 한다.

---

1) 관세법 제140조 제 4항 단서규정에 의한 적재허가를 받은 물품, 고시 제7조제2항제1호부터 제2호에 해당하지 않는 물품, 세관근무시간외에 적재 또는 출항하는 경우 등이다.

(d) 잠정수량신고 · 잠정가격신고 대상물품의 수출신고

배관 등 고정운반설비를 이용하여 적재하는 경우 또는 제조공정상의 이유 및 국제원자재 시세에 따른 금액이 사후에 확정되어 수출신고시에 수량이나 가격 확정이 곤란한 물품[2]을 수출하고자 하는 자는 수출신고시에 적재예정수 량 및 금액을 신고하고, 적재완료일로부터 수량의 경우 5일, 금액의 경우 180 일이 경과하기 전까지 실제 공급한 수량 및 금액을 신고할 수 있다.

(바) 수출물품의 적재 이행관리

수출신고가 수리된 물품은 관세법 제251조 제1항의 규정에 의하여 수출신고 가 수리된 날로부터 30일 이내에 우리나라와 외국간을 왕래하는 운송수단에 적재하여야 한다. 출항 또는 적재 일정변경 등 부득이한 사유로 인하여 적재 기간을 연장하려는 자는 변경전 적재기간내에 통관지 세관장에게 적재기간 연장승인(신청)서를 제출하여 수출신고수리일로부터 1년의 범위내에서 적재기 간 연장승인을 받을 수 있다.

수출신고수리를 취소하는 경우는 다음의 절차를 거친다. ① 통관지 세관장 은 수출신고수리물품의 적재기간이 경과한 물품에 대하여 신고인 등에게 수 출신고수리취소 예정통보를 하여야 한다. ② 수출신고수리취소 예정통보를 받 은 신고인은 취소예정통보일로부터 14일내에 적재된 화물이 있는지 여부에 대하여 원인규명을 하여야 하며 원인규명의 결과 이미 적재된 물품이 있는 경 우에는 정정 등의 조치를 취하여야 한다. ③ 미적재 원인규명 결과 적재되지 아니하였거나 원인을 규명할 수 없는 물품에 대하여 세관장은 적재관리시스 템에서 미적재 여부를 확인한 후 수출신고의 수리를 취소하고 과태료를 부과 한다.

(2) 수입통관절차

(가) 수입신고

(a) 수입통관의 의의 및 신고시기

수입통관이란 수입신고를 받은 세관장이 신고사항을 확인하여 일정한 요건 을 갖추었을 때 신고인에게 수입을 허용하는 것으로 수입신고 사항과 현품이

---

2) 가스, 액체, 전기, HS 제50류 내지 제60류 중 직물 및 편물, HS 71류부터 83류까지의 귀금속 및 비금 속제 물품, 전자상거래 수출물품, 위탁판매 수출물품 및 그 밖에 계약의 내용이나 거래의 특성상 잠정 수량 또는 잠정가격으로 신고하는 것이 불가피하다고 세관장이 인정하는 물품

부합한지 여부와 수입과 관련하여 제반 법규정을 충족하였는지 여부를 확인한 후 외국물품을 내국물품화하는 행정행위이다. 수입신고란 물품을 수입하려는 의사를 표시하는 것이다. 현행 관세법은 수입신고 수리후 관세납부제를 도입하여 통관절차와 과세절차를 분리하고 있다. 수입신고는 신고시점에 과세물건이 확정되고 신고일에 시행되는 법령(세율, 과세환율, 감면규정 포함)이 당해 수입물품에 적용된다는 점에서 중요한 의미를 갖는다.

　　수입신고의 시기는 원칙적으로 당해물품이 보세구역에 장치된 후 30일 이내이다. 신고시기별로 보세구역장치후신고, 보세구역도착전신고, 입항전신고, 출항전신고가 있다. 수입신고시기에 따른 통관절차는 〈표 9-1〉과 같다.

〈표 9-1〉 수입신고시기에 따른 통관절차 구분

구분	원 칙	예외(신속통관을 위함)		
	보세구역 장치 후 신고	보세구역 도착 전 신고	입항 전 신고	출항 전 신고
신고 시기	당해물품이 보세구역 장치된 후 신고 (장치 후 30일 이내)	당해물품이 우리나라 입항 후, 보세구역 도착 전	선박: 입항하기 5일전 항공기 : 〃 1일전	선박(항공기) 출항 전
신고 대상	제한 없음	제한 없음	컨테이너화물은 FCL인 경우에 한함	-항공 수입 또는 일본, 중국, 대만, 홍콩에서 선박 수입 -컨테이너화물은 FCL인 경우에 한함
신고 세관	보세구역 관할 세관	입항지 또는 보세 구역 관할 세관	입항 예정지 세관	입항 예정지 세관
검사 대상 통보 시기	수입신고일	수입신고일	수입신고일	출항 후
검사생략물품 신고수리시기	수입신고일	보세구역 도착일	적하목록 제출 후	적하목록 제출 후
검사대상물품 신고수리시기	검사 후	검사 후	검사 후	검사 후

　　① 출항전 신고는 수입물품을 적재한 선박 또는 항공기가 당해 물품을 적재한 항구 또는 공항에서 출항하기 전에 수입신고를 하는 것이다. 항공기로 수입되는 물품 또는 선박으로 수입되는 물품 중 일본, 중국, 대만, 홍콩으로부터 수입되는 물품이 대상이 된다. ② 입항전 신고는 수입물품을 선(기)적한 선

박 등이 물품을 적재한 항구나 공항에서 출항한 후 입항하기 전에 수입신고하는 것을 말한다. 다만 출항전 신고와 입항전 신고는 당해 물품을 적재한 선박 또는 항공기가 그 물품을 적재한 항구 또는 공항에서 출항하여 우리나라에 입항하기 5일전(항공기는 1일전)부터 수입신고를 할 수 있다. ③ 보세구역도착전 신고는 수입물품이 입항하여 당해 물품을 통관하기 위하여 반입하고자 하는 보세구역(부두밖 컨테이너보세창고 및 컨테이너내륙통관기지, 선상을 포함)에 도착하기 전에 수입신고를 하는 것이다. ④ 보세구역도착후 신고는 수입물품을 보세구역에 장치한 후 수입신고를 하는 것이다.

다음 각호의 물품은 당해 선박 등이 우리나라에 입항한 후에 신고하여야 한다. 즉, ㉮ 법령의 개정에 따라 새로운 수입요건의 구비가 요구되거나 당해 물품이 우리나라에 도착하는 날부터 높은 세율이 적용되도록 입법 예고된 물품, ㉯ 농수축산물 또는 그 가공품으로서 수입신고하는 때와 입항하는 때의 물품의 관세율표 번호 10단위가 변경되는 물품, ㉰ 농수축산물 또는 그 가공품으로서 수입신고하는 때와 입항하는 때의 과세단위(수량 또는 중량)가 변경되는 물품이 그것이다. 다만 제1호의 물품으로서 당해 선박 등이 우리나라에 입항하는 날에 해당 법령의 시행일보다 빠른 경우에는 그러하지 아니하다.

(b) 신고세관·신고인·납세의무자

수입신고 세관은 당해 물품을 통관하려는 세관에서 하며, 수입하려는 자는 출항전신고, 입항전신고, 보세구역 도착전신고, 보세구역 장치후신고 중에서 필요에 따라 신고방법을 선택하여 수입신고할 수 있다. 다만 출항전 신고 또는 입항전 신고는 수입물품을 적재한 선박 또는 항공기의 입항예정지를 관할하는 세관장에게 신고하고 보세구역 도착전 신고는 당해 물품이 도착할 보세구역을 관할하는 세관장에게 신고하여야 한다. 수입신고인은 관세사, 관세법인, 통관취급법인(이하 "관세사") 또는 수입화주의 명의로 하여야 한다. 그리고 납세의무자는 원칙적으로 수입신고를 한 물품에 대하여는 그 물품을 수입한 화주이다.

(c) 신고자료 전송 및 결과통보

수입신고인은 전자문서로 작성된 신고자료를 관세청통관시스템에 전송하여야 하며 서류제출 대상으로 지정된 수입신고건에 대하여는 서류를 제출하여야 한다. ① 전자자료교환(EDI)방식에 신고를 하고자 하는 자는 EDI방식에 의한 수출입신고업무처리승인(신청)서를 사업장 관할지 세관장에게 제출하여 사용자 ID를 부여 받아야 한다. ② 인터넷방식으로 신고를 하고자 하는 자는 「국가관세종합정보망의 이용 및 운영등에 관한 고시」의 규정에 의하여 인터넷통관포탈서비스 이용신청을 하고 세관장의 승인을 받아야 한다.[3]

세관장은 이상 없이 전송된 신고자료에 대하여는 신고일에 ① 접수여부 및 서류제출 대상여부, ② 통관시스템에 의한 검사대상여부(C/S결과), ③ 신고납부대상물품의 경우 납부서 번호, ④ 자동배부의 경우는 신고서 처리담당 직원의 부호를 신고인에게 통보한다.

(d) 제출서류 및 효력발생

수입신고시 서류제출 대상으로 지정된 수입신고 건에 대하여는 수입신고서에 송품장(상업송장), 가격신고서, 선하증권 또는 항공화물운송장 부본, 포장명세서, 원산지증명서 등 서류를 첨부하여 세관장에게 제출하여야 한다. 신고시 제출서류는 수입화주가 원본 대조필한 사본을 제출할 수 있으며 세관장이 필요로 하는 경우 신고수리전 또는 신고수리후 원본의 제출을 요구할 수 있다.

수입신고의 효력발생시점은 전송된 신고자료가 통관시스템에 접수된 시점이다. 다만 수작업에 의하여 신고하는 때에는 신고서가 통관지 세관에 접수된 시점으로 한다.

(e) 신고기간

통관을 하고자 하는 물품을 보세구역(지정장치장 또는 보세창고 등)에 반입하거나 보세구역이 아닌 장소에 장치한 자는 그 반입일 또는 장치일로부터 30일 이내에 수입신고를 하여야 한다. 이는 보세구역의 체화(congestion)를 방지하고 수입물품의 국내유통을 신속화하고 관세를 적기에 징수하기 위함이다.

세관장은 보세구역 등에 장치되어 물품을 수입하는 자가 전술한 보세구역 반입일 또는 장치일로부터 30일을 경과하여 수입신고를 하는 때에는 당해 물품의 과세가격의 100분의 2(§241조 4항)에 상당하는 금액의 범위에서 일정금액을 가산세로 징수한다.

(나) 가격신고

(a) 가격신고의 의의

가격신고제도란 관세의 신고납부제를 실시함에 따라 납세의무자는 수입신고를 할 때 대통령령으로 정하는 바에 따라 세관장에게 해당 물품의 가격에

---

3) 국가관세종합정보망 웹사이트: https://unipass.customs.go.kr

대한 신고를 하여야 하고 그 세액을 결정함에 있어서는 과세가격 산출근거가 명백하도록 신고해야 한다. 가격신고를 하려면 구매계약 내용 등 수입관련 거래에 관한 사항 및 가격결정 방법 및 기타 과세가격산출내용에 관한 사항을 기재한 신고서를 세관장에게 제출하여야 한다. 다만 신고서를 제출하지 아니하여도 과세가격 결정에 곤란이 없다고 관세청장이 인정하는 경우에는[4] 그러하지 아니하다.

가격신고 시기는 수입신고를 하는 때가 원칙이나 통관의 능률화를 위해 필요하다고 인정되면 수입신고일 이전에도 가격신고를 할 수 있으며, 신고하여야 할 가격이 확정되지 아니한 때에는 잠정가격으로 가격신고를 하고 세관장이 정하는 기간 내에 해당 물품의 확정가격을 세관장에게 신고하여야 한다.

(b) 과세자료

가격신고를 할 때에는 대통령령이 정하는 바에 의하여 수입관련거래에 관한 사항 및 과세가격산출내용 등 과세가격결정에 관계되는 과세자료를 제출하여야 한다. 과세자료란 송품장, 계약서, 각종 비용의 금액 및 산출근거를 나타내는 증빙자료, 기타 가격신고의 내용을 입증하는 데 필요한 자료를 말한다. 다만 당해 물품의 거래내용, 과세가격결정방법 등을 감안하여 세관장이 인정하는 경우 과세자료의 일부 또는 전부를 제출하지 아니할 수 있다(영 제15조 제2항).

(c) 잠정가격신고

가격신고를 함에 있어 신고할 금액이 확정되지 아니한 경우에는 잠정금액으로 가격신고를 할 수 있다. 잠정가격 신고를 할 수 있는 경우는 ① 거래관행상 거래가 성립된 때부터 일정기간이 지난 후에 가격이 정하여지는 물품(원유, 곡물, 광석 등)으로서 수입신고일 현재 그 가격이 정하여지지 아니한 경우, ② 거래가격을 구성하는 금액이 수입신고일부터 일정기간이 지난 후에 정하여 질 수 있음이 관련서류에 의하여 확인되는 경우, ③ 과세가격 결정방법의 사전심사를 신청한 경우, ④ 계약의 내용이나 거래의 특성상 잠정가격으로 가격신고를 하는 것이 불가피하다고 세관장이 인정하는 경우이다.

잠정가격 신고방법은 위 ①항의 경우에는 잠정거래계약에 따라서 수입자가 잠정적으로 지급하기로 한 가격이며, ②항에 해당하는 물품 중 당해 물품수입

---

4) 예를 들어 수입신고생략물품신고서에 의한 간이신고대상물품, 목록통관특송물품, 간이신고특송물품

후 판매수익 등의 결과에 따라 권리사용료 또는 사후 귀속이익 등 가산금액이 확정되는 물품은 사업계획서상 예상판매량 또는 예상생산량을 근거로 하여 산출된 예상 지급금액을 신고하고 일정기간 단위별 수입물품의 운송량 등에 따라 수입후 일정기간 경과 후에 운임이나 보험료가 확정되는 경우에는 당해 운송사업자 또는 보험사업자가 발행한 잠정계산서 등의 예상 지급금액을 잠정가산금액으로 신고할 수 있다.

(d) 확정가격신고

납세의무자가 잠정가격신고를 한 후 대통령령이 정한 일정기간 내에 세관장에게 과세자료를 제출하여 확정된 가격("확정가격신고")을 신고하여야 하며 세관장은 대통령령이 정하는 바에 의하여 잠정가격을 기초로 신고 납부한 세액과의 차액을 추징 또는 환급한다. 이때 불가피한 사유로 세관장이 지정한 신고기간내에 잠정가격을 확정할 수 없는 불가피한 사유가 있다고 인정되는 경우 확정가격 신고기간 만료일부터 2년을 초과하지 않는 범위 내에서 확정가격 신고기간을 연장할 수 있다. 이때 확정가격 신고기간을 연장하고자 하는 자는 확정가격신고 연장신청서를 확정가격신고기간 종료 3일전까지 확정가격신고기간 연장신청서에 관련 증빙자료를 첨부하여 전자통관시스템에 전송하여야 한다.

(다) 신고서 심사

(a) 신고서류 처리방법

신고서 배부를 받은 세관공무원은 통관시스템을 조회하여 우범화물선별시스템(Cargo Selectivity, "C/S")결과 통관심사 및 검사상 주의사항을 확인하고 ① 수입과 신고(물품검사와 심사병행→심사), ② 심사과 신고(심사→심사생략) 또는 ③ 전자통관 등의 신고서 처리방법으로 진행한다. 물품검사로 결정되어 신고서 처리 담당자가 변경되는 경우 통관시스템에 정정등록을 해야 하며 전자서류에 의한 수입신고물품 중 신고서에 의한 심사나 물품검사가 필요하다고 판단되는 경우에는 신고인에게 서류의 제출을 요구할 수 있으며 이 경우 서류제출대상으로 변경된 사실을 신고인에게 통보한다.

(b) 수입과 심사 및 심사과 심사

수입과의 심사자는 제출서류의 구비 및 신고서의 기재사항과 일치 여부, 수입신고서 작성요령에 따라 작성되었는지 여부, 분석의뢰 필요성 유무, 사전세액심사 대상물품의 품목분류, 세율, 과세가격, 세액, 감면, 분납신청의 적정여부, 관세법 제226조(허가, 승인 등의 증명 및 확인)의 규정에 의한 수입요건 구비여부, 관세법 제230조의 규정에 의한 원산지표시 및 관세법 제235조의 규정에 의한 지식재산권 침해여부, 법령에 따른 감면신청서 및 세율적용추천서의 구비여부, 전산에서 제공하는 화물정보 및 C/S정보와 수입신고내역의 비교·확인, 검사대상물품의 품목분류 및 세율의 적정여부, B/L분할신고된 물품이 영 제41조의 규정에 의한 징수금액 최저 미만인지 여부, 자유무역협정에 따른 협정세율 적용신청의 적정여부 등을 심사한다.

심사과의 심사자는 수입신고물품에 대한 관세 등 조세의 징수에 관한 사항, 신고수리후 관세 등 제세 미납신고서의 체납관리, 담보의 제공과 관리에 관한 사항, 관세 등 제세 충당업무에 관한 사항 등을 심사한다.

(c) 사전세액심사

신고납부 대상물품은 수입화주가 신고한 금액에 대하여 수입신고를 수리한 후에 이를 심사하는 사후세액심사가 원칙이다. 신고한 세액에 대하여 관세채권을 확보하기가 곤란하거나, 수입신고를 수리한 후 세액심사를 하는 것이 적당하지 아니하다고 인정하는 물품의 경우에는 수입신고를 수리하기 전에 세액심사를 하는 데 이를 신고수리전 세액심사(이하 "사전세액심사"라 한다)라고 한다. ① 법률 또는 조약에 의하여 관세 및 내국세의 감면을 받고자 하는 물품, ② 관세법 107조의 규정에 의해 관세를 분할납부하고자 하는 물품, ③ 관세체납 중에 있는 자의 신고물품(체납액 10만원 미만, 체납기간 7일 이내는 제외), ④ 납세자의 성실성 등을 참작하여 관세청장이 정하는 기준에 해당하는 불성실 신고인이 신고하는 물품, ⑤ 물품의 가격변동이 큰 물품 기타 수입신고 수리 후에 세액을 심사하는 것이 적합하지 아니하다고 인정하여 관세청장이 정하는 물품은 수입신고 수리전 세액심사 대상물품이다(시행규칙 §8조 제1항 각호).

(d) 보완요구

신고인이 제출한 서류 및 자료에 의하여 심사사항의 확인이 곤란한 경우에는 신고사항을 보완하는 서류 또는 자료를 요구한다. 보완요구를 하는 경우에는 보완하여야 할 사항, 보완요구이유 및 보완기간 등을 구체적으로 기재하여 수입과장 명의로 발부하게 된다.

(e) 통관보류

세관장은 통관심사결과 수입물품이 ① 신고서 기재사항 또는 신고서 제출 서류 등 중요한 사항이 미비 되어 보완이 필요한 경우, ② 관세법의 규정에 의한 의무사항을 위반하거나 국민보건 등을 위해할 우려가 있는 경우, ③ 관세범칙혐의로 고발의뢰하거나 조사하는 경우, ④ 그 밖에 통관심사결과 신고수리의 요건을 구비하는데 오랜 시일이 걸리는 경우, ⑤ 「국세징수법」 제30조의2에 따라 세관장에게 체납처분이 위탁된 해당 체납자가 수입하는 경우에는 당해 물품의 통관을 보류할 수 있으며 통관을 보류한 경우 이를 통관시스템에 입력하고 통관보류통지서를 신고인에게 전자문서로 통보하여야 한다.

(라) 물품검사

수입신고물품에 대하여는 신고사항과 현물의 일치여부 등 확인을 위하여 검사를 실시할 수 있다. 다만 수입물품을 전량 검사하는 것은 통관지연으로 물류비용이 증가하고 형식적 검사로 검사의 실효성을 확보할 수 없기 때문에 수입화주, 물품, 적출국, 원산지, 해외공급자 등을 추적 분석하여 우범성이 높은 물품만 선별하고 선별된 물품에 대하여는 집중적으로 검사함으로서 통관업무의 효율성을 높이는 검사기법인 우범화물선별시스템(C/S)를 이용하고 있다.

검사대상물품의 선별은 전국공통검사기준(Central C/S)과 세관선별검사기준(Local C/S)으로 구분하여 전자의 경우 무작위선별(C/S코드 "R")과 최초수입 및 우범성 기준에 의한 선별(C/S코드 "Y")기준과 후자의 경우 지역적 특성을 반영한 선별(C/S코드 "T")기준으로 선별된 물품이 주로 검사대상이 되며 C/S코드가 "QS"인 경우에는 대부분 검사생략으로 처리하고 있다. 그리고 ① 포괄적 즉시수리 적용업체가 수입하는 포괄적 즉시수리 대상물품, ② 동일업체가 반복수입하는 물품으로서 검사적발실적이 없는 물품, ③ 최근 3년간 관세법위반사실 및 체납사실이 없는 외국인투자촉진법의 규정에 의한 외국인투자기업이 수입하는 물품은 검사대상에서 선별하지 않는다.

검사대상으로 선별된 물품은 원칙적으로 신고물품 이외의 마약, 총기, 기타 밀수품이 은닉되어 수입되는지 여부를 확인하여 그 방법으로 단수검사와 복수검사 및 전량검사, 발췌검사, 분석검사 등이 있다. 또한 검사대상물품은 신고서처리와는 별도로 검사전담반에서 사전에 검사계획을 수립하여 검사를 실시하게 된다.

물품검사 시 신고인의 입회가 필요하다고 인정되거나 신고인으로부터 입회

요청을 받은 때에는 신고인이 입회할 수 있도록 검사일시 및 장소, 입회가능 시간을 통보하여야 한다.

　(마) 수입신고수리

　세관장은 수입신고한 내용을 심사한 후 적법하게 신고되고 담보를 제공하거나 관세를 납부한 물품에 대하여는 수입신고를 수리하며, 세관장은 수입신고를 수리한 때에는 세관특수청인을 전자적으로 날인한 신고필증을 교부한다(§248조). 수입신고수리에 의하여 외국물품이 내국물품화 되고 따라서 관세법의 기속으로부터 해방되고 보세구역으로부터의 물품반출이 허용된다.

(a) 신고수리전 반출

　세관장은 수입통관에 곤란한 사유가 없는 물품으로서 ① 완성물품의 세번으로 수입신고수리를 받고자 하는 물품이 미조립상태로 분할선적 수입되는 경우, ② 「조달사업에 관한 법률」에 따른 비축물자로 신고된 물품으로서 실수요자가 결정되지 아니한 경우, ③ 사전세액심사 대상물품(부과고지물품을 포함한다)으로서 세액결정에 오랜 시간이 걸리는 경우, ④ 품목분류나 세율결정에 오랜 시간이 걸리는 경우에는 납부하여야 할 관세 등에 상당하는 담보를 제공하고 세관장의 승인을 받아 신고수리전 물품반출이 허용된다. 신고수리전 반출 승인된 물품은 내국물품이 된다.

(b) 신고수리시 담보제공

　관세를 납부하여야 할 물품은 신고수리 전에 납부하여야 할 세액에 상당하는 담보를 제공하여야 한다. 다만, ① 정부기관, 지방자치단체 또는 정부투자기관이 수입하는 물품, ② 관세법 및 기타 법률, 조약에 의하여 관세 등의 감면, 징수기간연장 또는 분할납부승인시 담보를 제공받지 아니하는 경우, ③ 납부할 관세를 이미 납부한 경우, ④ 담보면제 및 포괄담보운영에 관한 고시에서 정하는 바에 의하면 담보제공 면제 업체로 지정 받은 경우에는 담보 제공을 생략할 수 있다.

(c) 의무이행 요구

　세관장은 다른 법령의 규정에 의하여 수입후 특정한 용도에 사용 등의 의무이행을 하도록 되어있는 물품에 대하여는 문서로 당해 의무를 이행할 것을 요구할 수 있는데 그 대상물품으로는 원산지표시대상물품으로서 수입신고수리후 분할 재포장시 원산지 표시의무를 이행하도록 되어 있는 물품이다. 이런 요구를 받은 자는 의무면제신청을 하여 의무의 면제를 받을 수 있는데 이때 의무면제 신청자는 다음의 경우에 한해 의무의 면제를 받을 수 있다. 즉, ① 법령이 정하는 허가, 승인, 추천 기타 조건을 구비하여 의무이행이 필요하지 아니하게 된 경우, ② 법령의 개정 등으로 의무이행이 해제된 경우, ③ 관계 행정기관의 장의 요청으로 부가된 의무를 이행할 수 없는 사유가 있다고 인정 된 경우 등이다.

(바) 간이통관절차

(a) 수입신고의 생략 및 간이신고

휴대품이나 우편물 같은 소량이면서 자주 반입되는 물품과 면세물품 등의 경우에는 다음과 같이 간이통관제도를 인정한다.

첫째, 다음의 어느 하나에 해당하는 물품 중 관세가 면제되거나 무세인 물 품은 수입신고를 생략한다. ① 외교행낭으로 반입되는 면제대상물품(§88조), ② 우리나라에 내방하는 외국의 원수와 그 가족 및 수행원에 속하는 면세대상 물품(§93조 제9호), ③ 장례를 위한 유해(유골)와 유체, ④ 신문, 뉴스를 취재한 필름·녹음테이프로서 문화체육관광부에 등록된 언론기관의 보도용품, ⑤ 제 외공관 등에서 외교통상부로 발송되는 자료, ⑥ 기록문서와 서류, ⑦ 외국에 주둔하는 국군으로부터 반환되는 공용품 등은 수입신고가 생략되고 B/L만 제 시하면 물품보관장소에서 즉시 인도한다. 이때 B/L 원본을 확인하고 물품인수 에 관한 권한있는 자의 신분을 확인하여 인수증을 제출받은 후 인계해야 한다.

둘째, 신고서에 의한 간이신고가 가능한 경우이다. ① 국내거주자가 수취하 는 해당물품의 총 가격이 미화150달러이하의 물품으로서 자가사용물품으로 인정되는 면세대상물품, ② 해당물품의 총 과세가격이 미화 250불이하의 면 세되는 상용견품, ③ 설계도 중 수입승인이 면제되는 것, ④ 외국환거래법의 규정에 의하여 금융기관이 외환업무를 영위하기 위하여 수입되는 지급수단 등은 첨부서류 없이 신고서에 수입신고사항을 기재하여 간이신고한다.

(b) 특급탁송물품

특송물품은 ① 목록통관특송물품[5], ② 간이신고특송물품[6], ③ 일반신고특

---

5) 물품가격이 미화 150달러(미합중국과의 협정에 따른 특송물품 통관의 특례에 해당하는 물품은 미화 200달러) 중 국내거주자가 수취하는 자가사용물품 또는 면세되는 상용견품
6) 물품가격이 미화 150달러(미합중국과의 협정에 따른 특송물품 통관의 특례에 해당하는 물품은 미화 200달러)를 초과하고 2,000달러 이하인 물품

송물품[7])과 같이 세 가지로 구분하여 ①번은 통관목록을, ②번은 수입신고서를, ③번은 수입신고서와 신고시 제출서류 첨부하여 통관절차를 진행한다.

(사) 수입신고수리후 확인

(a) 보세구역 반입명령

수입신고수리물품이 ① 의무이행의 요구에 의한 의무를 이행하지 아니한 경우(§227조), ② 원산지표시가 적법하게 표시되지 아니하였거나 수입신고수리 당시와 다르게 표시되어 있는 경우, ③ 상표권과 저작권을 침해한 경우 등에 당해 물품을 보세구역으로 반입할 것을 명령할 수 있다(§238조). 다만, 해당물품이 수입신고수리를 받은 후 3월이 경과하였거나 관련법령에 의하여 관계행정기관의 장의 시정조치가 있는 경우에는 반입명령을 할 수 없다.

보세구역 반입명령은 관세청장, 수입신고수리세관장, 반입명령대상물품위반 사항을 조사한 세관장, 반입명령대상물품의 소재지를 관할하는 세관장(이하 "반입명령인")이 할 수 있다. 반입명령인은 반입대상물품의 성질, 수량 및 물품소재지와 반입보세구역(원칙적으로 지정보세구역)간의 거리를 감안하여 반입기한을 지정하여야 한다.

반입명령수령인은 반입명령대상물품 전부를 반입기한 내에 지정된 보세구역에 반입하여야 하며 이를 이행하면서 발생되는 운송료, 보관료 및 기타 비용을 부담해야 한다. 한편 반입명령 수령인은 반입명령을 받은 당해 물품에 대하여 관련 법령에 의하여 이미 관계 행정기관의 장의 시정조치가 있는 경우에는 그 사실을 증명하는 서류를 제출해야 한다. 반입명령인은 보세구역 반입물품의 물품검사 결과에 따라 반입명령 수령인에게 보완, 정정 후 반출 또는 반송 또는 폐기의 조치를 명한다.

(b) 관세법 위반혐의 조사

수입물품에 대한 심사 및 검사결과 신고사항이 다음에 해당하는 경우 관세법 등 위반혐의로 조사의뢰하여야 한다. ① 수입신고에 있어 품명, 규격, 수량, 가격, 원산지 등 주요 사항을 정당한 사유 없이 허위로 신고하였을 때, ② 신고물품 이외의 물품이 수입되었을 때, ③ 수입승인서, 송품장, 원산지증명서 등 서류를 위조 또는 변조한 것으로 인정되는 경우, ④ 관세법상 수입금지품목이나 타법령에서 수입을 제한하고 있는 품목이 불법 수입되었을 때, ⑤

---

7) 물품가격이 미화 2,000달러를 초과하는 물품

출항전 또는 입항전 수입신고를 하고 정당한 사유없이 신고취하신청을 한 경우, ⑥ 관세사가 전자서류에 의한 수입신고를 하고 당해 규정을 위반하여 수입신고필증을 교부한 때, ⑦ 관세사가 전자서류에 의한 수입신고를 하고 서류의 보관 및 제출을 이행하지 아니한 때, ⑧ 보세구역반입명령을 이행하지 아니한 경우, ⑨ 기타 세관장이 범칙혐의가 있다고 인정할 때 등이다.

❷ 관세와 관세환급

1) 관세 및 과세요건

수입물품에는 관세, 부가가치세, 특별소비세, 주세, 교통세, 교육세, 농어촌특별세 등이 부과될 수 있다. 이들 조세가 부과되기 위한 과세요건은 각각 해당 세법에 규정되어 있다. 과세요건을 갖추었을 때 과세권자는 조세를 징수할 권리가 발생하고, 납세의무자는 조세를 납부할 의무가 발생한다. 수입물품에 대한 심사와 검사를 필하고 부과, 징수 또는 내국세의 징수가 끝나면 수입신고인에게 수입신고필증이 교부되고 물품의 보세구역 반출이 허용된다. 관세를 부과하는 절차를 과세절차라고 한다.

수입자가 수입신고시 물품의 가격을 신고하면 이에 대한 적정성 여부에 관한 심사를 거쳐 과세의 4대 요건인 과세물건, 납세의무자, 과세표준, 관세율이 결정되고 이에 따라 관세가 부과된다.

(1) 과세물건

과세물건은 수입물품이다. 우리나라는 모든 수입물품을 과세물건으로 하는 관세의무주의를 채택하고 있다. 수입되는 물품은 무역계약에서 수입까지 장기간 소요되는 것이 보통이며 이 과정에서 시기에 따라 변질, 도난, 파손 등으로 인해서 그 물품의 성질과 수량이 달라질 수 있다. 따라서 관세를 부과하기 위해서는 어느 한 때를 기준으로 하여야 하는데 이를 과세물건의 확정시기라 한다.

과세물건의 확정시기는 그 물품이 수입되는 방법에 따라 달라진다. 정상적으로 수입신고를 하는 대부분의 물품은 수입신고를 할 때의 성질과 수량이 과세물건이 된다. 그러나 선용품이나 기용품을 허가받은 대로 당해 외국무역선

(기)에 적재하지 않아 관세를 징수하는 경우와 같이 관세법에서 정한 특정한 사유가 발생하여 관세를 징수할 때는 예외적으로 관세법에 따로 규정한 때의 성질과 수량이 과세물건이 된다.

(2) 납세의무자

관세의 징수는 신고납부를 원칙으로 하기 때문에 세관장은 납세신고에 대한 확인·심사를 한 후 납부신고서를 교부하여 납세의무자로 하여금 관세를 납부하도록 한다. 납세의무자는 국가에 대해 관세를 납부하여야 할 법률상 의무를 지는 자를 말하며, 관세를 실제로 부담하는 최종 소비자와는 다르다.

관세법에 규정된 원칙적인 납세의무자는 물품을 수입하는 화주이다. 그러나 관세사가 수입신고하여 통관된 물품에 대해 납부세액에 부족이 있을 때 신고인이 화주를 명백히 하지 못하거나 화주의 주소 등이 불명확할 때는 그 신고인인 관세사가 수입화주와 연대하여 납세의무자가 되는 경우도 있다. 이때의 관세사를 연대납세의무자라 한다. 또 선용품이나 기용품을 허가받은 대로 적재하지 않아 관세를 징수하는 등 관세법에서 규정하고 있는 특정사유가 발생하여 관세를 징수할 때는 관세법에 규정한 특정인이 특별납세의무자로 관세의 납세의무를 진다. 그 외에 관세납부를 보증한 납세보증자와 국세기본법에 의한 제2차 납세의무자가 관세의 납세의무를 지는 경우도 있다.

(3) 과세표준

과세표준이란 관세액 결정의 기준이 되는 과세물건의 가격 및 수량을 말한다. 과세표준에 관세율을 곱하여 산출한 금액이 물품 수입시 납부하여야 하는 관세액이 된다. 과세표준은 수입물품의 가격(종가세) 또는 수량(종량세)이다. 수입물품에 대하여 정하여진 원칙에 따라 관세의 과세가격을 결정하는 절차를 관세평가라 한다. 현행 관세법상 과세가격을 결정하는 방법은 다음 여섯 가지이다. 이들 방법은 WTO협정의 하나인 평가협정상의 과세가격 결정방법을 수용하고 있는 것이다.

〈표 9-2〉 관세평가 방법

구 분	내 용
제1방법	해당 물품의 실제거래가격을 기초로 한 과세가격의 결정방법
제2방법	동종·동질물품의 거래가격을 기초로 한 과세가격의 결정방법
제3방법	유사물품의 거래가격을 기초로 한 과세가격의 결정방법
제4방법	국내판매가격을 기초로 한 과세가격의 결정방법
제5방법	산정(算定)가격을 기초로 한 과세가격의 결정방법
제6방법	합리적인 기준에 의한 과세가격의 결정방법

수입물품의 과세가격의 결정은 원칙적으로 이와 같은 여섯 가지 방법이 순차적으로 적용된다. 즉, 제1방법 적용이 불가능할 경우 제2방법이, 제2방법이 불가능할 경우 제3방법 순으로 적용되는 것이다. 다만, 제4방법과 제5방법은 납세의무자가 선택적으로 우선 적용할 수 있다. 현재 우리나라의 경우 대부분의 수입물품이 제1방법에 의해 과세가격이 결정되고 있다.

제1방법에서 실제거래가격이란 일정한 거래조건을 갖춘 거래로서, 구매자가 실제 지급하였거나 지급하여야 할 가격에, 가산 또는 공제금액을 조정한 가격을 말한다. 일정한 거래조건을 갖춘 거래란 다음 네 가지 조건을 모두 갖춘 거래를 말한다. ① 수입물품의 처분 또는 사용에 제한이 없을 것, ② 수입물품에 대한 거래의 성립 또는 가격의 결정이 금액을 계산할 수 없는 조건 또는 사정에 의하여 영향을 받지 아니할 것, ③ 수입물품의 수입후의 판매처분 또는 사용에 따른 수익의 일부가 직접 또는 간접으로 판매자에게 귀속되지 아니할 것, ④ 구매자와 판매자간에 대통령령으로 정하는 특수관계가 있어 그 관계가 수입물품의 가격에 영향을 미치는 것이 아닐 것 등이다.

구매자가 실제로 지급하였거나 지급하여야 할 가격이란 수입물품의 대가로서 구매자가 직·간접적으로 지급하였거나 앞으로 지급할 총 금액을 말한다. 이 총금액에는 구매자가 수입물품의 대가와 판매자의 채무를 상계하는 금액, 구매자가 판매자의 채무를 변제하는 금액, 기타 간접적인 지급액이 포함되어야 한다. 과세가격으로 가산되어야 하는 금액은 다음과 같다. ① 구매자가 부담하는 수수료 및 중개료. 다만 구매수수료는 제외한다. ② 수입물품과 동일체로 취급되는 용기의 비용과 그 물품의 포장에 소요되는 노무비 및 재료비로서 구매자가 부담하는 비용, ③ 구매자가 수입물품의 생산 및 수출거래를 위하여 무료 또는 인하된 가격으로 판매자에게 물품 및 용역을 공급하는 때에는 그 가격 또는 인하의 차액, ④ 특허권, 실용신안권, 의장권 및 이와 유사한 권리를 이용하는 대가, 다만 이러한 대가는 수입물품에 관련되고 그 물품의 거래조건으로 구매자가 직접 또는 간접으로 지급하는 금액에 한한다. ⑤ 수입물품의 전매, 처분 또는 사용에 따른 수입금액 중 판매자에게 직접 또는 간접으로 귀속되는 금액, ⑥ 수입물품의 수입항까지의 운임, 보험료, 기타 운송에 관련되는 비용이다.

구매자가 지급하였으나 과세가격에서 공제될 수 있는 것은 다음과 같다. ① 수입 후에 행해지는 당해 물품의 건설, 설치, 조립, 정비, 유지 또는 기술지원에 필요한 비용, ② 수입항 도착후에 당해 물품을 운송하는데 필요한 운임, 보험료, 기타 운송에 관련된 비용, ③ 우리나라에서 당해 수입물품에 부과된 관세 등의 세금과 기타 공과금, ④ 연불조건 수입시의 해당 수입물품에 대한 연불이자이다.

(4) 관세율

세율이란 세액결정을 위해 과세표준에 적용하는 비율을 말하며, 종가세(從價稅)는 과세표준을 금액으로 표시하는 것이고, 종량세(從量稅)는 과세표준을 수량으로 표시한 것이다. 우리나라는 종가세를 원칙으로 관세율을 정하고 있으나 영화용 필름, 일부 농산물 등에 예외적으로 종량세를 정해두고 있다. 또 종가세액과 종량세액을 모두 정해 두고 그 중 높은 쪽이나 낮은 쪽을 선택하여 부과하는 것을 선택세, 양쪽을 합하여 부과하는 것을 복합세라 한다.

우리나라에서 시행되는 관세율에는 법률적 근거에 따라 국정관세율과 협정관세율(양허세율)로 구분한다. 국정관세율에는 기본세율, 잠정세율, 탄력관세율, 환급에 갈음하는 인하세율, 간이세율, 합의세율, 용도세율이 있다. 협정세율은 다자간 협정세율과 양자간 협정세율로 구분되는데, 전자에는 WTO일반 양허관세율, WTO개도국간 양허관세율, 방콕협정 양허관세율, GSTP등에 의한 양허관세율이 있고, 후자는 쌍무협정에 따른 FTA 협정관세, 특정국과의 협정에 의한 양허관세율이 있다.

(가) 국정(國定)관세

국정관세율은 국회가 제정한 법률에 규정되어 있거나 그 법률의 위임에 이해 행정부가 정한 관세율을 말하며 다음 표와 같은 것들이 있다.

〈표 9-3〉 국정관세의 구조	
기본관세 (관세법 제49조)	관세법 별표 관세율표로 국회의 승인을 받아 확정
잠정관세 (관세법 제49조)	기본세율과 같이 국회의 승인을 받아 확정되나, 그 적용을 정지하거나 세율을 변경하는 것은 대통령령으로 정함
탄력관세 (관세법 제51~75조)	변화하는 환경에 대응하는 정책적 필요에 따라 행정부에 의해 관세율이 조정될 수 있는 세율, ① 덤핑방지관세, ② 상계관세, ③ 보복관세, ④ 긴급관세, ⑤ 특정국물품긴급관세, ⑥ 특별긴급관세, ⑦ 조정관세, ⑧ 할당관세, ⑨ 계절관세, ⑩ 편익관세
일반특혜관세(GSP) (관세법 제76조)	개발도상국 지원을 위하여 대통령령으로 대상국가와 대상물품을 지정하여 기본세율보다 낮은 관세율(현재 80여개 품목에 무세를 적용)을 적용하는 특혜관세

(a) 기본세율

관세법의 별표인 관세율표상의 기본세율을 말한다. 기본세율은 국회에서 제정된 법률에 의해 확정된 세율이며, 수입물품에 대하여 원칙적으로 적용되는 세율이다.

(b) 잠정세율

잠정세율이란 관세법 별표 관세율표에 기본세율과 함께 표시되어 있는데, 일정한 경우에 특정품목에 대하여 기본세율과는 다르게 다른 세율을 잠정적으로 적용하기 위해 마련된 세율이다. 기본세율과 잠정세율은 별표 관세율표에 따르되, 잠정세율을 기본세율에 우선하여 적용한다.

(c) 탄력세율

탄력관세율이란 법률로 위임받은 한도 내에서 행정부가 관세율을 인상 또는 인하하여 적용하는 관세율이다. 덤핑방지관세, 상계관세, 보복관세, 긴급관세, 농림축산물에 대한 특별긴급관세, 조정관세, 할당관세, 계절관세, 편익관세 등 대통령령 또는 기획재정부령이 정하는 세율을 말한다.

(i) **덤핑방지관세** : 정상보다 싼값으로 수입되는 물품으로부터 국내 산업을 보호하기 위하여 덤핑액 만큼을 기본관세율에 할증 부과하는 관세이다.

(ii) **상계관세** : 수출국으로부터 장려금이나 보조금을 지급받은 물품이 수입되어 국내산업을 저해하는 경우, 이러한 물품의 수입을 억제하기 위하여 해당 장려금이나 보조금 상당액을 기본관세율에 할증 부과하는 관세이다.

(iii) **보복관세** : 우리나라 수출품 또는 선박·항공기에 대해 불리한 대우를 하는 국가에 대해 그 나라로부터 수입되는 물품에 대해 보복적으로 기본관세율에 할증 부과하는 관세이다.

(iv) **긴급관세** : 특정물품의 수입증가로 피해 발생시 그 수입을 억제하기 위하여 기본관세율에 할증 부과하는 관세이다.

(ⅴ) **농림축산물에 대한 특별긴급관세** : 우루과이라운드(UR)에서 국내외 가격 차이에 상당하는 금액을 관세로 부과하는 것을 조건으로 시장을 개방한 농림축산물의 수입량이 급증하거나 수입가격이 하락한 경우, 국내 산업의 피해를 방지하기 위해 기본관세율에 할증 부과하는 관세이다.

(ⅵ) **조정관세** : 시장개방에 따른 부작용을 방지하기 위하여 기본관세율에 할증 부과하는 관세이다.

(ⅶ) **할당관세** : 물자 수급(需給)의 원활 또는 특정한 물품의 수입억제를 위하여 일정 수량을 할당(quota)해 두고 그 한도내 수입물품에는 낮은 세율을, 그 한도를 초과하는 수입물품에는 높은 세율을 적용하는 관세로 일종의 이중관세율이다.

(ⅷ) **계절관세** : 농산물 등 계절에 따라 가격변동이 심한 물품에 대해 국내물가가 안정될 수 있도록 기본세율에 할증 부과하거나 기본세율에서 인하 부과하는 관세이다.

(ⅸ) **편익관세** : 국제협력관세 관련 조약 체결국이 아니어서 관세상의 혜택을 받을 수 없는 나라에서 수입되는 물품에 대해 조약에서 양허한 범위내에서 관세상 편익을 부여하기 위해 정하는 관세이다.

(ⅹ) **일반특혜관세** : 일반특혜 관세는 개발도상국 지원을 위하여 대통령령으로 정한 개발도상국가(이하 "특혜대상국")를 원산지로 하는 특혜대상물품에 대하여는 기본세율보다 낮은 세율의 일반특혜관세를 부과할 수 있다. 일반특혜관세를 부과할 때 해당 특혜대상물품의 수입이 국내산업에 미치는 영향 등을 고려하여 그 물품에 적용되는 세율에 차등을 두거나 특혜대상물품의 수입수량 등을 한정할 수 있다.

(d) 환급에 갈음하는 인하세율

수출용원재료 중에서 수출등에 제공되는 물품의 생산에 주로 사용하기 위하여 수입되는 물품에 대하여는 그 수출등에 제공되는 비율을 고려하여 관세 등의 세율을 인하하여 적용할 수 있다. 즉 수입시에 인하된 세율을 적용하는 대신 그 원재료를 가지고 수출을 이행한 경우에는 관세 등의 일괄납부 및 환급을 하지 않도록 하고 있으며, 이러한 세율을 인하하는 물품과 세율은 대통령령으로 정한다.

(e) 간이세율

해외여행자나 승무원의 휴대품, 우편물과 같이 소액으로 빈번히 수입되는 물품에 대해 관세와 내국소비세인 부가가치세, 특별소비세 등을 통합하여 정한 단일세율을 말한다. 간이세율은 휴대품, 우편물(정식 수입신고물품은 제외), 외국에서 선박 또는 항공의 일부를 수리 등을 위하여 사용된 물품, 탁송이나 별송으로 수입되는 물품에 대해 적용한다. 그러나 물품을 수입하는 화주가 간이세율의 적용을 원하지 아니하거나 수출용원재료・무세물품과 감면물품・상업용으로 인정되는 물품 등으로 관세청장이 정하는 물품・종량세 적용물품 등은 간이세율을 적용하지 아니한다.

(f) 합의세율

여러 물품을 일괄하여 수입신고하는 경우 세율이 상이한 경우가 발생하는데 이때 화주의 신청에 의해 그 중 가장 높은 세율을 적용할 때의 세율을 말한다. 합의세율은 통관의 신속을 위해 필요한 경우가 있다. 합의세율은 세관과 신고인 간의 합의에 의해 적용한 것이므로 이러한 합의세율을 적용한 경우는 심사청구나 심판청구와 같은 행정상 쟁송을 제기할 수 없다.

(g) 용도세율

수입물품의 용도에 따라 관세율이 다르게 정해져 있는 경우 그 중 낮은 세율을 말한다. 용도세율을 적용하기 위해서는 수입신고를 할 때 세관장에게 용도세율 적용 신청을 하여 승인을 받아야 하며, 일정기간동안 용도 외에 사용하는지 여부를 세관장이 사후관리한다.

(나) 협정관세(국제협력관세)

외국과의 조약 또는 행정협정에 의해 결정된 관세율이다. 이에는 다음과 같은 것들이 있다.

〈표 9-4〉 협정관세의 구조

WTO협정관세	GATT협정에 의해 양허한 관세율
방콕협정 양허관세	ESCAP(UN 아시아태평양경제사회위원회) 개발도상국 간 협정에 의해 양허한 관세율
TNDC	WTO 개발도상국 간 협정으로 양허한 관세율
GSTP	UNCTAD 개발도상국 간 협정으로 양허한 관세율
FTA협정관세	FTA협정관세

관세율의 적용 순서가 중요한데, 실제 수입물품에 적용되는 관세율은 다음 순위에 의해 결정되며, 동일물품에 둘 이상의 세율이 경합하는 경우 아래의 순서에 따라 하나의 세율을 적용한다.

〈표 9-5〉 관세율의 적용순위

1순위	덤핑방지관세, 보복관세, 긴급관세, 상계관세, 농림축산물에 대한 특별긴급관세, 특정국물품긴급관세, 조정관세
2순위	FTA협정관세(3순위 내지 9순위보다 세율이 낮은 경우 우선 적용)
3순위	편익관세, 국제협력관세(4순위를 제외한 WTO양허관세, TNDC, GSTP, APTA, 기타 특정국과의 협정에 의한 양허관세) (4순위 내지 9순위보다 세율이 낮은 경우 우선 적용)
4순위	WTO 양허관세 중 국내외 가격차에 상당한 율로 양허하거나 국내시장 개방과 함께 기본세율보다 높은 율로 양허한 농림축산물에 대한 양허관세와 단순양허한 농림축산물 중 시장접근물량 설정품목의 양허관세 (세율이 높은 경우에도 8, 9순위보다 우선 적용)
5순위	조정관세, 계절관세
6순위	할당관세
7순위	최빈개발도상국에 대한 일반특혜관세
8순위	잠정관세
9순위	기본관세

2) 관세환급제도

(1) 관세환급제도의 의의

환급(drawback)이란 국가가 일단 부과·징수한 조세를 일정한 요건이 구비되었을 때 되돌려 주는 것을 말한다. 관세환급[8]이란 세관에서 일단 징수한 관세 등을 특정한 요건에 해당하는 경우에 그 전부 또는 일부를 되돌려 주는 것을 말한다. 일반적으로 수출용원재료를 수입할 때 납부한 관세 등을 당해 원재료로 제조·가공한 물품을 수출 또는 외화획득 행위에 사용한 때에 수입시에 징수한 관세 등을 수출상에게 되돌려 주는 제도를 말한다. 이는 수출지원의 한 방법으로 국내산업보호를 위하여 설치된 관세장벽을 수출의 경우에는 이를 제거하여 수출품의 국제경쟁력을 제고시키기 위한 제도이다. 관세환급제도의 이론적 배경은 관세 등도 소비세의 일종이기 때문에 국내에서 소비되지 않고 수출품의 생산에 필요한 원재료에 대한 세금을 부과하는 것은 적절하지 않다는 것이다.

물품수출에 따른 관세의 환급은 수출을 이행하였다는 사실을 입증할 수 있는 서류를 갖추어 환급을 신청한 경우에만 가능하다. 물품수출에 따른 조세의 환급은 수출물품의 생산에 사용된 원재료를 외국에서 수입할 때 징수한 조세를 환급하는 경우와 상품이 국내에서 거래되는 단계에서 징수한 조세를 환급하는 경우의 두 가지가 있다. 이들 조세는 환급하는 방법과 환급하는 국가기관이 서로 다르다. 먼저, 원재료를 수입할 때 징수될 수 있는 조세는 관세, 부가가치세, 임시수입부가세(臨時輸入附加稅), 개별소비세, 주세(酒稅), 교통·에너지·환경세, 농어촌특별세 및 교육세 등이다. 이들 조세 중 부가가치세를 제외한 나머지 조세는 환급특례법에 의해서 세관장이 환급한다.

환급특례법에서 관세 등의 환급이라 할 때는 부가가치세를 제외한 나머지 조세를 총칭하여 환급한다는 의미이다. 그러나 원재료를 수입할 때 징수되었다 하더라도 가산금이나 가산세, 벌금 등은 당해 원재료로 물품을 생산하여 수출하였다 하더라도 환급대상이 될 수 없다. 원재료를 수입할 때 징수된 조세 중 부가가치세는 부가가치세법 및 국세기본법에 의해 세무서장이 환급한다.

---

8) 관세환급에는 관세법에 의한 과오납환급과 위약물품환급이 있고, '수출용원재료에대한관세등환급에관한특례법(환급특례법)'에 의한 환급이 있다. 일반적으로 관세환급이라 하면 환급특례법에 의한 환급을 의미한다.

세법에서 환급을 허용하는 수출의 범위는 세법마다 차이가 있다. 환급특례법에서 정하고 있는 환급대상은 관세법에 의해 수출신고가 수리된 물품 중 유상(有償)수출의 물품은 모두 관세환급이 가능하다. 그러나 무상수출의 경우에는 기획재정부장관이 정한 다음의 경우만 환급의 대상이 된다. ① 박람회·전시회 등에 출품을 위한 수출(수출후 판매된 경우만 해당), ② 해외투자·건설용 기자재와 용품의 수출, ③ 대체물품의 수출, ④ 견본용물품의 수출, ⑤ 수탁가공한 물품의 수출·위탁가공을 위한 물품의 수출, ⑥ 위탁판매를 위한 물품의 수출(수출후 판매된 경우만 해당) 등이다.

관세법에 의해 수출신고가 수리되지 아니하는 경우 등으로서 다음에 해당하는 것도 관세환급의 대상이 될 수 있다. ① 주한미군에 대한 물품의 판매, ② 주한미군·주한 외국공관 등에 대한 공사, ③ 주한미군·주한 외교관 등에 대한 국산 승용차의 판매, ④ 외국인투자기업에 대한 자본재의 판매, ⑤ 국제경쟁입찰 낙찰물품의 판매, ⑥ 해외취업근로자에 대한 물품의 판매, ⑦ 보세창고에 대한 물품의 공급, ⑧ 보세공장에 대한 물품의 공급, ⑨ 보세판매장에 대한 물품의 공급, ⑩ 종합보세구역 입주기업체에 대한 물품의 공급, ⑪ 자유무역지역과 관세자유지역 입주기업체에 대한 물품의 공급, ⑫ 외항선(기)에 대한 선(기)용품의 공급, ⑬ 원양어선에 대한 물품의 송부이다.

북한지역으로 반출되는 물품에 대해서는 남북교류협력에관한법률에 의해 당해 물품 생산에 소요된 원재료가 수입될 때 납부한 관세 등을 관세환급특례법에 의한 관세등과 마찬가지로 세관장이 환급하고 있다.

(2) 환급방법

(가) 개별환급제도

관세환급 방법에는 개별(個別)환급과 정액(定額)환급의 두 가지가 있다. 개별환급 방법은 물품을 수출한 다음 환급을 받고자 하는 자가 스스로 환급액을 산출하여 세관장에게 신청하는 것이다. 개별환급방법에 의해 환급액을 산출하기 위해서는 다음 세 가지 사실이 서로 연결되어 확인되어야 한다. ① 어떤 물품을 얼마만큼 수출하였는가 하는 것이다. 이 사실의 확인은 수출신고필증 등 수출사실 확인서류에 의한다. ② 당해 수출물품에는 어떤 원재료가 얼마만큼 소요되었는가 하는 것이다. 이 사실의 확인은 소요량계산서에 의한다. ③ 소요량계산서에 표시된 소요원재료별로 그 원재료가 수입될 때 납부한 관세 등의 세액은 얼마인가 하는 것이다. 이 사실의 확인은 그 물품을 수입하여 사용한 것이라면 수입할 때 세관장으로부터 발급받은 수입신고필증, 수입신고필증분할증명서 또는 평균세액증명서로 한다. 만일 수입원재료를 국내에서 추가 가공한 것을 구매하여 사용한 때에는 그 원재료를 공급한 자가 세관장으로부터 발급 받아 물품 공급과 함께 제공하는 기초원재료납세증명서 또는 기초원재료납세증명분할증명서 등에 의한다.

수입신고필증 분할증명서는 하나의 수입신고필증에 포함되어 있는 원재료를 여러 생산자에게 공급하였을 때 세관장이 수입신고필증을 분할하여 증명서로서 발급하는 것이다. 평균세액증명서는 수입신고필증과 기초원재료납세증명서 및 수입신고필증분할증명서를 HS 10단위별로 통합함으로써 세부규격의 확인을 생략하고 전체 물량의 단위당 평균세액을 계산하여 증명서로서 발급하는 것이다. 기초원재료납세증명서를 약칭하여 '기납증'이라 하고, 기초원재료납세증명분할증명서는 약칭하여 '기납분증'이라 한다. 수입신고필증 등에 의해 수출물품 생산에 소요된 원재료 수입시 납부한 관세 등이 확인되면 이를 합산한 금액이 곧 개별환급방법에 의해 환급 받을 금액이 된다.

(나) 자율소요량계산제도

소요량은 수출물품을 생산하는데 소요되는 원재료의 양(量)으로서 생산과정에서 정상적으로 발생하는 손모량을 포함하는 것을 말한다. 즉, 소요량은 수출물품을 형성하고 있는 원재료의 양(단위실량)과 생산과정에서 발생하는 손모량을 합한 개념이다. 관세환급에 있어 소요량은 종전에는 기준소요량제도 등을 통해 정부가 그 양을 증명서로서 발급하는 소요량증명제도에 의하였다. 수출물품 생산기업 스스로가 소요량을 산정하여 이를 환급액 산출에 사용하는 자율소요량계산제도에 의하고 있다. 관세청장이 소요량계산업무를 간소화하기 위하여 필요하다고 인정하는 경우 수출물품별 평균소요량을 근거로 수출물품 1단위를 생산하는데 소요되는 원재료의 양을 고시하는 표준소요량제도를 운영할 수 있다.

(다) 정액환급제도

정액환급방법은 관세청장이 수출물품별로 소요된 원재료와 그 원재료가 수입될 때 납부되는 관세 등의 세액을 확인하여 이를 평균한 다음 그 금액을 정액환급율표로서 고시해 두고, 해당 물품을 수출한 자가 세관장에게 신청하면 고시된 금액을 환급하는 것이다. 정액환급제도에는 특수공정물품 정액환급제도와 간이정액환급제도의 두 가지가 있으나 현재 운용되고 있는 것은 간이정액환급제도 뿐이다. 간이정액환급은 정부가 수출물품별로 소요된 원재료와 그 원재료가 수입될 때 납부되는 관세 등의 세액을 확인하여 고시한 정액환급률표를 적용한다. 따라서 환급을 신청하는 수출상으로서는 원재료의 소요량계산이나 그 원재료를 수입할 때 납부한 세액이 얼마인지 등을 확인하여 계산할 필요가 없고 수출 사실을 증명하는 서류만 첨부하여 환급을 신청하면 되므로 환급절차가 매우 간편하다. 간이정액환급률표는 HSK 10단위별로 10,000원당 환급액을 고시하고 있다. 따라서 환급액 산출공식은 (FOB 원화금액(₩)/10,000) × 간이정액환급률표의 해당금액(₩)이다.

간이정액환급률표의 적용 기준일은 환급의 경우는 수출신고수리일이고, 기초원재료납세증명서 발급의 경우는 국내거래일이다. 정액환급은 수출품목별로 평균 개념을 적용하여 환급액을 책정·고시한다. 이것은 정액환급방법을 적용하여 환급받는 수출상에 따라서는 실제 환급받아야 할 세액보다 많이 받는 경우도 있고 적게 받는 경우도 있게 된다는 것을 의미한다. 이러한 문제점을 고려하여 관세환급특례법은 간이정액환급을 받을 수 있는 대상자를 ① 중소기업기본법 제2조에 의한 중소기업자로서, ② 환급신청일이 속하는 연도의 직전 2년간 매년도 환급실적이 6억원 이하인 제조업체로 제한하고 있다. 그러나 여기에 해당하는 중소기업자일지라도 자신이 수출한 품목이 간이정액환급률표에 고시되어 있지 아니하거나, 고시되어 있을지라도 개별환급방법에 의해 환급받는 것보다 불리할 때는 개별환급방법에 의해 환급받을 수 있다. 또한 수입한 상태 그대로 수출하는 물품(원상태 수출물품) 또는 비적용승인을 받은 자가 제조·가공한 물품에 대해서도 간이정액환급률표를 적용할 수 없다.

3) 보세제도

(1) 외국물품의 관리

외국물품은 수입의 경우 수입통관절차가 완료되고, 수출의 경우 선(기)적이 완료될 때까지 세관의 엄격한 관리와 감시를 받는다. 주요 관리내용은 ① 외국물품을 싣고 있는 선박(외국무역선) 또는 항공기(외국무역기)는 원칙적으로 개항(開港)으로만 출입하여야 한다. ② 외국무역선(기)에 물품을 싣거나 내릴 때는 먼저 세관장에게 신고하여야 한다. ③ 세관장 허가 없이 외국물품을 싣고 있는 선박간에 물품을 옮겨 실을 수 없다. ④ 외국물품은 원칙적으로 보세구역이 아닌 장소에 장치할 수 없다. ⑤ 외국물품을 국내에서 운송하고자 할 때는 먼저 보세운송으로서 세관장에게 신고하거나 승인을 받아야 한다. ⑥ 보세구역을 설영(設營)하고자 하는 경우에는 세관장의 특허를 받아야 한다. ⑦ 보세구역에 물품을 반입하거나 반출하고자 할 때는 세관장에게 신고하여야 한다. ⑧ 보세구역에 장치중인 외국물품에 대해 보수, 해체, 절단 등의 작업을 하거나, 부패·손상 등의 사유로 폐기하고자 할 때는 세관장의 승인을 받아야 한다. ⑨ 보세구역에 장치중인 외국물품의 전부 또는 일부를 견본품으로 반출하고자 할 때는 세관장의 허가를 받아야 한다.

(2) 보세제도 및 보세구역제도

보세제도는 외국물품이 우리나라에 도착한 후 관세의 징수를 유보하고 외국물품 상태 그대로 수입신고미필상태에서 일정 기간 및 장소에서 보관, 장치, 운송, 제조, 건설, 전시, 가공 등을 행하는데 따른 일련의 절차를 말한다.

보세(保稅)라는 용어는 일반적으로 관세유보 또는 관세미납의 뜻으로 인식될 수 있으나 그렇게 되면 무관세품의 경우에도 수입통관 이전에는 보세화물로 불리어질 수 있기 때문에 엄격한 의미에서 보면 수입신고미필상태를 뜻한다.

국가는 보세구역을 지정보세구역, 특허보세구역, 종합보세구역, 자유무역지역, 관세자유지역 등으로 구분하여 운영하고 있다.

지정보세구역은 세관장이 주로 국가나 공공기관의 토지·시설 등의 일정구역을 지정한 곳으로 지정장치장, 세관검사장이 있다. 전자는 통관하고자 하는 물품을 일시적으로 장치할 수 있는 장소이다. 장치 가능한 기간은 6개월이다. 대개 부두, 공항 또는 세관청사내에 특정지역을 세관장이 지정하고 있다. 후자는 수입 또는 수출통관하고자 하는 물품의 검사를 할 수 있는 장소이다. 공항입국장의 세관검사장이 대표적이다. 수출입 물품 중 세관검사가 필요한 물품이 모두 세관검사장에 반입되어야 하는 것은 아니며 대개 여행객의 휴대품이나 이사물품, 기타 탁송물품의 검사에 세관검사장이 이용된다.

특허보세구역은 민간인의 신청에 의해 세관장이 특허한 곳으로 주로 개인의 토지·시설 등의 일정한 구역으로 보세창고, 보세공장, 보세전시장, 보세건설장, 보세판매장 등이 있다. 보세창고는 수출 또는 수입통관 하고자 하는 물품을 장치할 수 있는 장소로 보세구역의 대부분을 차지한다. 보세창고에는 영리를 목적으로 불특정 다수인의 수출입물품을 보관해 주는 영업용 창고와 운송회사 또는 제조업체가 자신의 필요에 의해 운영하는 자가용 창고의 두 가지가 있다. 보세창고에 물품을 장치할 수 있는 기간은 1년이다.

보세공장은 외국물품이나, 외국물품과 내국물품을 원재료로 제조·가공 작업을 하기 위한 장소이다. 보세공장에는 수출용물품만을 제조·가공하는 수출용보세공장과 수입하기 위한 물품을 제조·가공하는 내수용보세공장, 그리고 이 둘을 겸하는 수출·내수겸용보세공장이 있다. 보세공장에는 외국물품 장치에 따로 제한기간을 두지 않는다. 보세공장은 원재료를 외국물품상태에서 제조·가공이 가능하므로 자금부담의 완화 등에 큰 도움이 될 수 있다.

보세전시장은 박람회·전시회 등을 위하여 외국물품을 장치하거나 사용할 수 있는 장소이다. 보세전시장제도는 일시적으로 국내에 반입되어 전시 등을 한 다음 다시 외국으로 반출되는 물품에 유용하게 적용할 수 있다. 수출입통관절차 없이 반입과 반출이 가능하기 때문이다. 보세전시장은 대개 해당 박람회·전시회 등의 기간 동안 특허되고, 외국물품의 장치기간도 보세전시기간 동안이다.

보세건설장은 외국물품 상태로 산업시설의 건설공사를 할 수 있는 장소이다. 건설된 시설은 가동하기 전에 수입통관절차를 필하여야 한다. 보세건설장제도는 대규모 산업설비 등의 건설에서 자금부담 완화에 큰 도움이 될 수 있다. 보세건설장은 당해 건설공사기간을 고려하여 일정기간동안 특허되며, 외국물품의 장치·사용기간은 해당 특허기간과 같다.

보세판매장은 외국물품을 보세상태에서 판매할 수 있는 장소이다. 공항 출국장의 면세점이 대표적이고 시내 주요 백화점 등에도 일부 설치되어 있다. 보세판매장을 이용할 수 있는 자는 외교관 면세권자나 출국예정자에 국한된다. 출국예정자가 보세판매장에서 구입한 물품은 공항의 출국장에서 인도되며, 반드시 국외로 반출하여야 한다.

종합보세구역은 공항 또는 항만의 일정한 지역을 관계행정기관이나 지방자치단체의 요청에 의하거나 관세청장이 직권으로 지정한다. 특허보세구역은 하나의 기업단위로 설치되는 것이 일반적이고 종합보세구역은 공항 또는 항만의 일정 지역을 지정하므로 해당 지역에 여러 기업이 입주할 수 있다. 종합보세구역은 보세창고, 보세공장, 보세전시장, 보세건설장, 보세판매장의 기능을 종합적으로 수행할 수 있는 장소이다. 종합보세구역을 이용하기 위해서는 먼저 종합보세구역에 입주하여야 한다. 물품의 장치기간에는 제한이 없다.

자유무역지역·관세자유지역은 관세법의 규정에 의한 보세구역이 아니라 자유무역지역의 지정 등에 관한 법률과 국제물류기지 육성을 위한 관세자유지역의 지정 및 운영에 관한 법률에 의해 지정된 지역이다. 그러나 외국물품이 보세상태에서 반입될 수 있다는 점에서 보세구역으로서의 성격을 갖는다. 그 외에 관세법에 의해 세관장의 허가를 받아 물품을 임시 장치하는 보세구역외 장치장도 보세구역은 아니지만 외국물품을 반입할 수 있다는 점에서 보세구역으로서의 성격이 있다.

(3) 보세운송제도

보세운송이란 외국물품을 보세상태로 국내에서 운송하는 것을 말한다. 개항으로 도착한 수입물품을 당해 항구 또는 공항내의 보세구역에서 수입통관 한다면 보세운송은 불필요할 것이다. 그러나 그 물품을 내륙지에 있는 보세구역으로 이송하여 통관하고자 한다면 도착항으로부터 내륙 목적지의 보세구역까지는 보세운송에 의해 운송하여야 한다. 보세운송제도의 주요 내용은 다음과 같다.

〈표 9–6〉 보세운송 주요 내용

보세운송 목적지	외국물품의 보세운송 목적지는 개항, 보세구역, 보세구역외장치장, 세관관서 등으로 지정되어 있다. 그러므로 자신의 공장내에 보세장치장을 특허받고 있다면 이 보세창고로 외국물품을 보세운송할 수 있다.
보세운송 신고 또는 승인	외국물품의 보세운송 신고 및 승인은 그 물품이 소재하고 있는 지역을 관할하는 세관장에게 받아야 한다. 승인대상이 아닌 경우에는 신고만 하고 보세운송 할 수 있고, 승인대상은 관세청장이 따로 정하고 있다. 대개 검역을 요하는 물품, 위험물품, 보세창고로 운송하는 물품 등이다.
보세운송 신고인	보세운송을 신청할 수 있는 자는 당해 외국물품의 화주, 관세사, 보세운송업자 등이다. 보세운송업자는 관세청장 또는 세관장에게 등록을 하고 보세운송을 업으로 하고 있는 운수업자이다.
보세운송 통로와 운송기간	보세운송 중에는 세관의 감시·단속을 일시 벗어나게 되므로 보세운송에는 운송통로와 운송기간을 제한하고 있다. 한편, 보세운송의 원칙적인 허용기간은 보세운송 신고일 부터 해상화물은 15일, 항공화물은 7일이다. 지정된 기간 내에 물품이 목적지에 도착하지 아니하면 세관장은 보세운송 신고인으로부터 해당 물품에 대한 관세를 징수한다.

수출신고가 수리된 물품의 예외 인정	수출신고가 수리되어 외국물품으로 간주되는 물품에 대하여는 원칙적으로 보세운송 절차가 생략된다. 따라서 운송통로나 운송인, 운송방법 등에 제한을 받지 아니한다. 다만, 수출신고가 수리된 날부터 30일 내에 선(기)적 하여야 하므로 이 기간 내에 화주의 책임 아래 선(기)적항으로 운송하여야 한다.

제2절 무역결제

1 무역결제의 기초

1) 무역결제의 의의

무역거래의 당사자들에게는 그 거래와 관련하여 다양한 위험에 직면하게 되는데 특히 수출자에게는 대금회수에 대한 위험이, 수입자에게는 물품의 계약적합성 및 납기에 대한 위험이 존재한다. 수출자는 전술한 대금회수의 위험을 안전한 지급조건(terms of payment)을 선택함으로써 줄이고자 한다. 즉, 무역거래시 수출상은 선적에 앞서 대금을 미리 받고 싶어 하지만, 반대로 수입상은 대금지급에 앞서 물품을 수령하기를 원한다. 이러한 사전 또는 사후 송금에 의한 대금결제방식은 수출상 또는 수입상에게 한쪽에게만 유리한 조건이기 때문에 신뢰가 쌓인 거래선이 아니면 선뜻 선택할 수 없을 것이다. 따라서 사전 또는 사후 송금(remittance)방식 사이에는 양 거래당사자의 이해관계를 절충하기 위하여 일반적으로 사용되는 신용장(letter of credit), 추심방식(collection) 및 혼합방식(mixed payment) 등이 존재하게 된다.

당사자가 수출입 대금결제방식을 선택하는 기준으로 상호간의 신뢰도, 상대방의 신용도, 상품의 특성, 상거래 관습, 양 당사자의 협상력, 해당 국가의 수출입규제, 국가위험 등을 종합적으로 고려하게 된다. 이렇게 선택된 대금결제방식은 통상적으로 매매계약서(sales contract), 청약서(offer sheet), 주문서(order sheet) 등에 지급조건(terms of payment)으로 나타나게 되며, 실무적으로는 이러한 서류들을 근거로 거래은행과 '환거래약정'을 체결하여 진행하게 된다. 다시 말해서 대금결제(settlement)는 매도인과 매수인간에 체결하는 주계약인 매매계약(sales contract)의 한 부분인 결제조건을 실행하기 위하여 당사자가 은행 등 제3자와 결제계약을 체결·이행하는 종속계약이라 할 수 있다.

〈표 9-7〉 결제형태 vs. 당사자의 위험

위험도	대금결제방식·시기	위험도
매도인 (Seller) 높음 ↑ 낮음	○ 사후송금방식(later remittance) · CAD(cash against document), COD(cash on delivery) · Open Account ○ 추심결제방식(collection) · 인수인도방식(document against acceptance) · 지급인도방식(document against payment) ○ 신용장방식 · 기한부신용장(usance L/C) · 일람불신용장(sight L/C) ○ 사전송금방식(advance remittance) · CWO(cash with order) · Payment in advance by T/T	낮음 ↓ 높음 매수인 (Buyer)

무역계약서에 표시되는 지급조건의 예문을 보면 다음과 같다.

① Sight L/C : By irrevocable & confirmed documentary L/C, in favour of Charlie's Corporation, Seoul and draft at sight

② Usance L/C : By irrevocable & confirmed documentary L/C, at 30 days after sight to be opened in favour of Charlie's Corporation, Seoul

③ D/P contract : Under D/P at sight in U.S. dollars

④ D/A contract : Under D/A at 30 days after sight in U.S. dollars

⑤ Remittance basis : Payment in advance by T/T basis in U.S. dollars

2) 무역결제방식의 분류

(1) 지급시기에 따른 분류

지급시기를 일정한 기준에 따라 일률적으로 나누는 것이 어렵지만 물품선적 시점 또는 선적서류의 인도시점을 기준으로 선지급, 동시지급, 후지급, 분할지급 등으로 구분할 수 있다.

선지급(advance payment)은 매도인이 물품을 매수인이나 운송인에게 인도하기 전에 물품대금을 지급하는 방식이다. 선지급은 견본구매나 소액거래시 주로 이루어지고 지급방식은 송금수표나 우편환 또는 전신환 등이 이용된다.

후지급(deferred payment)은 물품 또는 서류가 매수인에게 인도되고 일정기간 경과후에 매도인이 대금을 지급받는 방식을 말한다. 후지급방식은 지급자가 매수인인 경우와 매수인의 거래은행인 경우로 나눌 수 있다. 전자를 인수인도방식(D/A)이라 하고, 후자를 기한부신용장(usance L/C)방식이라고 한다. 한편 동시지급방식은 현물상환방식과 서류상환방식이 있다. 물품 인도시에 대금지급이 이루어지는 현물상환지급(COD: cash on delivery)방식이 있으며, 서류 인도시에 대금지급이 이루어지는 서류상환지급(CAD: cash against document)방식이 있다. 서류상환도방식은 서류가 은행을 통하지 않고 제시되는 경우와 서류가 은행을 통하여 제시되는 경우가 있다. 서류가 은행을 통하여 제시되는 경우에는 지급자가 매수인인 경우와 거래은행인 경우로 나눌 수 있는데, 전자를 지급인도방식(D/P)이라 하고, 후자는 일람출급신용장방식(sight L/C)이라고 한다.

분할지급(progressive payment)은 여러 단계로 구분하여 분할지급하는 방식이다. 예를 들어 선급금은 계약체결시에 지급하고, 잔금은 선적후 또는 선적서류가 인도된 후 2회 이상 분할하여 지급하는 방식이다.

(2) 지급방법에 따른 분류

지급방법에 따라서 현금방식, 수표송금방식, 환결제방식, 환어음방식 및 기타방식으로 구분할 수 있다.

현금(cash)방식은 현물상환지급(COD)과 서류상환지급(CAD) 가운데 서류가 은행을 경유하지 않고 전달되는 경우에 매수인이 매도인에게 현금(cash)을 지급하는 방식이다. 실무에서 흔히 '보따리무역상'에 의한 대금지급이 대표적인 현금방식이라 하겠다.

수표(check)송금방식은 수표를 사용한 결제방식이다. 수표는 은행수표(banker's check)와 개인수표(personal check)가 사용되는데, 후자는 사후 지급거절 및 계좌에 잔고부족에 따른 부도 위험성이 있으므로 국제결제수단으로 사용시에 주의해야 한다.

환(transfer)결제방식은 송금은행이 매수인에게 수표를 발행하는 대신 수출지에 있는 지급은행에 일정 금액을 매도인에게 지급해 줄 것을 위탁하는 지급지시서(payment order)를 발급하는 것이다. 이러한 지급지시서를 우편으로 보내는 것을 우편환(M/T: mail transfer), 전신으로 보내는 것을 전신환(T/T: telegraphic transfer)이라 한다. 현재는 T/T가 주로 사용된다.

환어음(draft or bill of exchange)방식은 채권자가 채무자 또는 채무자 거래은행 앞으로 발행하는 환어음을 사용하는 것이다. 환어음은 채권자가 발행하여 지급을 지시하기 때문에 추심어음 또는 역환어음이라고 한다. 채권자는 자신이 발행하는 환어음에 선적서류를 첨부하게 되는데 이를 화환어음(documentary bill of exchange)이라고 한다. 이러한 화환어음은 매수인을 지급으로 할 것인지 개설은행을 지급인으로 할 것인지에 따라 계약베이스와 신용장베이스로 나누어진다.

기타방식으로는 전자화폐, 국제팩토링(international factoring), 포페이팅(forfaiting), 신용카드결제(credit card), 페이팔(paypal)결제 및 혼합결제 등이 있다.

3) 외국환

국제거래에서 대금결제는 현금(cash)이 아닌 외국환(foreign exchange)에 의해 이루어진다. 환(exchange)이란 격지자간의 채권·채무관계를 직접 현금으로 결제하지 않고, 금융기관의 중개를 통한 지급위탁의 방법으로 결제하는 수단이나 방법을 말한다. 외국환(foreign exchange)은 추상적으로는 국제간의 대차결제수단 또는 자금이동수단이며, 실제적으로는 외국환거래에서 실제 사용되는 구체적인 수단이다. 외국환거래법에서 외국환이라 함은 대외지급수단, 외화증권 및 외화채권을 말한다(법 제3조 제1항 제11호).

외국환은 다음과 같은 특징이 있다. 첫째, 환율문제가 발생한다. 다른 국가간 대차결제로 해당국 통화간의 교환비율(환율)이라는 변수가 개입하고, 환율변동에 따른 환위험이 존재한다. 둘째, 대차(貸借) 관계가 발생한다. 국제적인 채권·채무의 지급결제 거래로 인하여 국가간의 대차관계 및 국제수지가 발생한다. 셋째, 결제차액이 발생한다. 국가간의 결제거래로 인하여 대차관계의 차액이 발생하고 다양한 국제금융 거래가 파생된다. 넷째, 이자요소가 개입한다. 국가와 국가간의 지급결제라는 특성으로 일정한 기간이 소요되고 이에 대한 자금 손실분에 대한 보상차원의 이자요소가 개입한다.

외국환의 발생원인은 경상거래와 자본거래이다. 첫째, 경상거래는 상품수출입거래, 운송, 여행 등 용역(서비스)거래, 임금과 이자 등 소득거래, 무상원조 및 증여성 송금 등 이전거래에 의해 발생한다. 둘째, 자본거래는 해외직접투자, 대부 및 차관거래 등으로 발생한다.

　외국환의 형태는 여러 가지가 있다. 첫째, 당발환(outward exchange)과 타발환(inward exchange)이다. 외국환거래의 시발점인 은행을 기준으로 자행(自行)인 경우가 당발환이고, 상대은행인 경우는 타발환이다. 둘째, 송금환(remittance exchange)과 추심환(collection exchange)이다. 자금을 보내주는 순환이 송금환이고, 자금을 청구하는 역환이 추심환이다. 셋째, 매도환(selling exchange)과 매입환(buying exchange)이다. 은행이 원화의 수납을 대가로 외국환을 매각하는 것이 매도환이고, 은행이 원화의 지급을 대가로 외국환을 수납하는 것이 매입환이다.

[그림 9-1] **외국환의 종류**

■2 신용장결제방식

1) 신용장의 개요

(1) 신용장의 의의

　신용장(信用狀, L/C: letter of credit)은 개설의뢰인(applicant)의 요청에 따라 개설은행(issuing bank)이 수출상(beneficiary)에게 서류요건 충족시 대금지급을 약속하는 '조건부 지급 확약서'(conditional bank undertaking of payment)이다. 즉, 신용장은 신용이 불충분한 수입상을 대신하여 신용이 충분한 은행이 신용을 제공하는 서신이라고 이해하면 좋겠다.

　신용장통일규칙(UCP600: Uniform Customs and Practices for Documentary Credit, 2007 Revision, ICC Publication No. 600)[9]에 따르면 신용장은 "그 명칭이

나 표현에 관계없이 일치하는 서류의 제시에 대하여 결제하겠다는 발행은행의 절대적 약속을 구성하는 취소 불가능한 확약"(§2)이라 정의되고 있다. 여기서 "결제"(honour)란 ① 일람지급신용장의 경우에는 일람지급, ② 연지급신용장의 경우에는 연지급 확약 후 만기 지급, ③ 인수신용장의 경우에는 수익자에 의해 발행되어진 환어음의 인수후 만기 지급을 의미한다.

결국 신용장이란 그 명칭에 관계없이 개설은행이 ① 개설의뢰인(수입상)의 지시에 따라, ② 자신이 개설한 신용장조건에 일치한 서류와 상환으로, ③ 수익자에게 지급, 어음의 인수 또는 매입, 또는 타은행에 지급, 인수 또는 매입을 수권하는 약정(arrangement)[10]을 의미한다. 따라서 신용장조건에 일치한 환어음과 서류는 비록 수입상이 대금결제를 하지 못하더라도 개설은행이 환어음의 지급인(drawee)이 되든지 또는 지급에 대한 최종적인 책임을 지게 되므로 수출상과 수출상의 환어음을 매입하는 매입은행은 안심하고 거래할 수 있다.

신용장거래를 통하여 매도인은 매수인으로부터 대금지급에 대한 불안을 해소할 수 있으며, 매수인이 일방적으로 주문을 취소할 위험을 방지할 수 있다. 즉, 신용위험에서 해방될 수 있다. 한편 매수인은 자신이 주문한 물품이 약정된 기간내에 선적된다는 보장을 받을 수 있기 때문에 상업위험에 대한 불안으로부터 해방될 수 있다.

또한 수출상은 신용장으로 무역금융 등 금융상의 편익을 누릴 수 있으며 수입국내의 전쟁이나 수입제한 등 이전위험(transfer risk)이 발생하더라도 별 문제가 되지 않는다. 한편 수입상도 신용장에 의한 결제의 경우 무신용장베이스보다 싼 가격으로 수입할 수 있고, 수입금융을 이용하여 물품을 판매한 후 그 대금으로 결제가 가능하다.

(2) 신용장의 특성

(가) 독립성의 원칙(principle of autonomy)

매매당사자가 매매계약의 지급조건(payment terms)에서 취소불능신용장으로 거래대금을 결제하기로 약정한 경우 수입상은 자신의 거래은행에 신용장의

---

9) 제6차 개정 신용장통일규칙, 2006년 개정, 2007년 7월 1일부터 시행

10) U.C.C. 5-103에서는 "arrangement"란 용어 대신 "engagement"란 단어를 사용하고 있다. 이들 용어들의 의미는 약정(undertaking), 확약(definite undertaking), 약속(promise)의 뜻으로 "보증"(guarantee)과는 의미가 다르다.

개설을 의뢰하게 된다. 이 경우 신용장은 분명히 매매계약에 근거를 두고 개설되지만 일단 개설되면 신용장은 그 기초가 되는 매매계약 등 기본계약 (underlying contract)으로부터 독립된다(UCP600 제4조). 이를 신용장의 독립성 (autonomy of letter of credit)이라 한다.

따라서 수입상은 신용장의 조건이 매매계약과 다르다는 이유로 대금지급을 지연시킬 수 없고, 수출상은 신용장거래에서 매매계약조건을 이유로 은행이나 수입상에 대항할 수 없다. 같은 이치로 비록 신용장상에 그러한 계약에 관하여 참조하도록 언급하고 있다고 하더라도 신용장의 당사자들은 그러한 계약에 구속을 받지 않는다. 이것은 신용장거래에는 매매당사자가 아닌 은행이 개입하고 있기 때문이다.

(나) 추상성의 원칙(principle of abstraction)

신용장거래는 물품의 거래가 아닌 서류에 의한 거래이다(UCP600 제5조). 이는 곧 신용장의 개설은행은 신용장에 기술된 물품을 선적하여야 대금을 지급하겠다고 약속한 것이 아니라 신용장에 나타난 서류를 제시하여야 대금을 지급하겠다고 약속하고 있음을 의미한다. 따라서 신용장거래에서 수출상이 물품을 선적하고 신용장에서 요구하는 서류를 제시하면 은행은 그 서류만을 가지고 수리여부를 판단하여야 하며, 비록 물품이 이미 목적지에 도착하였더라도 이를 검사한 뒤에 대금을 지급하겠다고 주장할 수 없다. 그 이유는 신용장거래에 개입한 은행은 물품거래의 당사자가 아니므로 은행은 매매당사자간의 매매의 목적물인 물품에 대하여 알 수가 없기 때문이다. 이러한 신용장이 물품을 상징하는 서류에 의한 거래를 나타내는 것이 신용장의 추상성(the abstraction of the credit)이다.

한편 수입상의 입장에서 신용장조건과 일치하는 서류로 수입대금을 결제하였으나 그 후 물품이 선적되지 않았거나 또는 계약물품과 다른 물품이 선적되었다면 수입상은 수출상이 매매계약을 위반하였다는 이유로 수출상을 상대로 클레임을 제기하여 권리구제(remedy)를 받을 수 있다.

서류가 문면상 신용장의 조건과 일치하면 은행은 대금을 지급하여야 하지만 여기에는 한 가지 예외가 있다. 즉, 서류가 문면상 신용장의 조건과 일치하였으나 사기로 작성되고 수익자가 이에 관련된 것이 입증되면 은행은 지급을 거절하여야 하는데 이를 사기거래배제의 원칙(fraud rule) 또는 사기성 예외 (fraud exception)라고 한다.

사기의 원칙은 신용장제도를 악용한 사기적 지급청구에 대처하기 위한 수단이지만 은행의 공신력 및 신용장의 독립·추상성을 감안하면 명백한 증거가 뒷받침되는 경우에 한하여 예외적으로 사용되어야 한다. 따라서 차선책으로 법원의 지급정지명령(injunction)을 받아 대금지급을 거절할 수 있다. 지급정지명령이란 우리나라 법원의 가처분에 해당하는 것으로 신용장거래에서 신용장 개설은행의 대금지급을 금지하는 법원의 결정을 말한다. 하지만 이것은 신용장거래가 서류거래하는 대원칙을 깨뜨리는 것으로 사기(fraud)와 같은 불법에 따른 지급정지명령의 적용은 엄격히 제한되어 적용되고 있다.

(다) 독립·추상성의 한계

신용장은 매매계약과 독립되고 서류에 의한 거래라는 독립·추상성의 본질 때문에 거래당사자들의 모든 문제를 충족시켜 줄 수 있는 절대적인 제도는 아니다. 먼저 수출상의 입장에서 보면 신용장은 현금, 어음 또는 수표와 같은 절대적이고 독립된 지급수단이 못된다. 신용장은 특정인이 지정된 조건에 일치하는 서류를 기일내에 제시한 경우에만 은행이 지급한다는 제한적인 조건부 지급약정에 지나지 않는다. 또한 수입상은 이러한 성질을 악용하여 수출상이 계약내용을 성실히 이행하였음에도 불구하고 서류상 사소한 불일치(minor discrepancy)를 이유로 지급을 거절하거나 가격할인을 요구할 수 있다.

수입상의 입장에서 보면 신용장을 개설한다고 해도 수입상이 요구하는 물품을 반드시 수취할 수 있다는 보장이 없다. 수입상이 구매하고자 하는 것은 서류가 아니고 물품이다. 서류는 사람이 작성하기 때문에 얼마든지 선적품과 다르게 작성할 수 있다. 실제 매매계약의 품질조건과 불일치한 물품이 선적되었더라도 위조된 서류를 작성 제시하여 신용장조건과 일치하면 수입상은 신용장 개설약정에 따라 개설은행에게 반드시 대금을 지급하여야 한다.

결론적으로 신용장은 상인들 간 상호 불신을 제거하고 편의를 도모하기 위하여 고안되어 오늘날 국제거래에 많이 사용되는 결제수단이지만 독립·추상성이라는 특성 때문에 그 한계성도 지니고 있기 때문에 매매당사자는 각별히 유의하여야 한다.

2) 신용장 거래당사자

신용장 거래의 관계당사자는 기본당사자와 기타당사자로 나눌 수 있다. 기본당사자는 신용장거래에서 직접적인 권리와 의무를 부담하는 자를 말하며, 기타당사자는 신용장거래의 원활한 거래를 위하여 간접적으로 참여하는 은행을 말한다. 취소불능신용장의 경우에는 위의 기본당사자의 전원의 합의 없이는 신용장의 취소나 변경이 불가능하다.

기본당사자는 개설의뢰인(applicant), 개설은행(issuing bank), 수익자(beneficiary) 등이고, 확인신용장의 경우 확인은행(confirming bank)이 포함된다. 기타당사자는 통지은행(advising bank), 지급은행(paying bank), 인수은행(accepting bank), 매입은행(negotiating bank), 상환은행(reimbursing bank) 등이 있다.

(1) 기본당사자(Basic Parties Concerned)

(가) 개설의뢰인(Applicant)

매수인은 매매계약의 지급조건에 따라 자신의 거래은행에 매도인 앞으로 신용장의 개설을 의뢰하게 된다. 개설의뢰인은 수입상, 수화인(Consignee), 채무자(Accountee) 등으로도 불린다.

(나) 개설은행(Issuing Bank)

개설의뢰인의 지시와 요청에 따라 수출상 앞으로 신용장을 개설하고, 수출상이 발행하는 환어음을 인수 또는 지급을 확약하거나, 이들을 수권한 은행에 대하여 보상의무가 있는 은행으로 'Opening Bank' 또는 'Establishing Bank'라고도 한다.

개설은행은 신용장거래에서 가장 중요한 역할을 하기 때문에 개설의뢰인은 자신의 거래은행 가운데 국제적으로 가장 신용이 있고 외국환업무에 경험과 지식이 있으며 해외에 많은 지점이나 환거래은행(Correspondent Bank)을 갖고 있는 은행을 선택하여야 한다.

(다) 수익자(Beneficiary)

개설된 신용장의 편익을 누리는 자로서 일반적으로 수출상이다. 수익자는 신용장을 사용하는 사용자(User)이며, 환어음의 발행자(Drawer)인 동시에 화물을 발송하는 송화인(Shipper 또는 consignor)이다.

양도가능신용장에서 최초의 수익자를 제1수익자(First Beneficiary)라고 하고, 이를 양도받은 양수인을 제2수익자(Second Beneficiary)라고 한다. 화환신용장에서 수익자는 일반적으로 수출상이지만 보증신용장(Stand-by L/C)의 경우 은행이 수익자가 될 수 있다. 신용장통일규칙에는 수익자를 "beneficiary"로 표현하지만 계약문구에는 "in favor of" 또는 "F/O" 다음에 수익자명을 기재한다.

(라) 확인은행(Confirming Bank)

개설은행의 위탁을 받은 제3의 은행이 신용장에 의거하여 발행된 환어음의 지급·인수 또는 매입을 추가로 확약하는 은행을 확인은행이라고 한다. 확인은행이 개입되는 것을 확인신용장이라고 하는데, 이는 개설은행의 확약만으로 불충분하다고 생각될 때 수출상의 요청에 따라 수출지의 통지은행이 확약을 추가한다. 확인은행의 확약은 개설은행의 지급불이행시에 발생하는 지급책임이 아닌 독자적인 책임이다.

(2) 기타 당사자

(가) 통지은행(Advising Bank)

신용장개설은행의 요청으로 수익자에게 신용장이 개설된 사실과 그 내용을 통지하는 은행으로 이를 'notifying bank' 또는 'transmitting bank'라고도 부른다. 통상 매도인이 소재하는 수출지에 있는 개설은행의 본·지점이나 개설은행의 환거래은행이 통지은행이 된다.

통지은행은 신용장을 통지할 때 신용장의 외관상 진정성(authenticity)을 확인하기 위하여 상당한 주의를 기울여야 하지만, 신용장에 의거하여 발행된 어음의 지급·인수 또는 매입에 대하여는 아무런 책임이 없다.

(나) 매입은행(Negotiating Bank)

수익자는 신용장의 조건에 따라 발행된 환어음에 선적서류를 첨부하여 자신이 거래하는 은행에 화환어음의 매입을 의뢰하게 되는데 이를 매입하는 은행을 매입은행 또는 어음할인은행이라고 한다. 이때 매입은행은 자신의 자금으로 화환어음을 매입한 후 이를 개설은행으로 송부하여 보상받게 되므로 수익자가 발행한 환어음의 선의의 소지인(bona-fide holder)이 된다.

신용장에 매입은행이 지정된 경우를 제한신용장(Special/Restricted L/C)이라고 하고, 그렇지 않은 경우를 개방신용장(Open/General L/C)이라고 한다. 매입은행이 매입한 화환어음이 개설은행에서 지급이 거절될 경우 매입지의 어음법에 따라 수익자에 대하여 상환청구권(recourse)을 갖는다.

(다) 지급은행(Paying Bank)

수익자가 발행한 환어음을 최종적으로 개설은행이 지급하지만, 지급신용장 (Straight L/C)에서 개설은행은 자기의 예치환거래은행(Depository Correspondent Bank)을 지급은행으로 지정한다. 지급신용장에서는 매도인이 발행하는 환어음의 매입을 허용하지 않고 지정은행으로 하여금 선적서류와 상환으로 지급하도록 지시하고 있다.

(라) 인수은행(Accepting Bank)

신용장의 조건에 따라 발행된 환어음이 기한부어음(usance bill)인 경우 은행은 지급에 앞서 이를 인수하게 된다. 인수신용장에서 개설은행은 반드시 인수은행을 지정하여야 한다. 인수은행의 인수는 어음의 만기일이 되면 상환청구권의 행사 없이 어음의 대금을 지급하여야 하는 무조건적인 지급확약이다.

(마) 상환은행(Reimbursing Bank)

신용장에서 지급, 인수 또는 매입은행에 대한 상환을 개설은행의 본·지점 또는 제3의 은행으로 청구하도록 지정한 경우 개설은행을 대신하여 이들 은행에 상환업무를 수행하는 은행이다. 이것은 신용장의 결제통화가 제3국의 통화인 경우 제3국에 소재하는 개설은행의 본·지점이나 예치환거래은행이 상환은행이 된다. 특히 상환은행은 지급, 인수 또는 매입은행에게 어음대금을 결제하기 때문에 이를 일명 결제은행(settling bank)이라고도 한다.

상환은행은 대개 개설은행의 예치계정을 보유하고 있으므로 개설은행의 수권이나 지시로 상환업무를 대행한다. 상환은행이 상환하지 못하면 최종적으로 개설은행이 책임을 지고 이를 상환하여야 한다. 상환은행은 오직 개설은행의 지시에 따라 대금의 상환업무만 대행할 뿐 지급, 인수 또는 매입은행에 대하여 서류의 일치를 요구할 권리가 없다.

3) 신용장 종류

신용장은 개인이나 기업이 국제상거래시 결제나 보증용으로 사용된다. 이러한 상업신용장도 그 기능과 성격 그리고 용도 등을 기준으로 그 종류가 다양하다. 따라서 한 종류의 신용장은 한 가지 기능만을 지닌 것이 아니라 여러 가지 복합적 성격을 지니고 있다.

(1) 화환신용장과 무담보신용장

신용장에 의하여 발행되는 어음에 선적서류의 첨부여부에 따라 화환신용장(Documentary L/C)과 무담보신용장(Clean L/C)으로 나눈다. 전자는 신용장의 수익자인 수출상이 선적후에 자신이 발행한 환어음에 첨부된 선적서류가 신용장조건과 일치하면 개설은행이 그 어음의 지급·인수를 확약하는 신용장이다. 후자는 신용장에 따라 발행되는 환어음에 선적서류가 첨부되지 않은 경우로 해외여행에 사용되는 여행자신용장(Traveller's L/C)과 운임, 보험료 및 계약의 담보금 등에 이용되는 보증신용장(Stand-by L/C)이 있다.

특히 보증신용장은 현지금융의 수단으로서 해외지점의 채무보증을 위하여 본사의 거래은행이 채권자인 현지은행 앞으로 개설한다. 이 밖에 보증신용장은 입금보증금(bid bond)이나 이행보증금(performance bond)의 적립시에도 이용된다.

(2) 취소불능신용장과 취소가능신용장

신용장의 취소가능 여부에 따라 취소불능신용장(Irrevocable L/C)과 취소가능신용장(Revocable L/C)으로 구분한다. 전자는 신용장거래의 기본당사자 전원의 합의가 없으면 조건변경이나 취소가 불가능한 신용장이며, 후자는 개설은행과 수익자 사이에 확약이 없으므로 개설은행은 수익자에게 통지하지 않고 일방적으로 취소나 조건변경을 할 수 있다. 신용장은 취소불능의 표시가 없더라도 취소불능신용장으로 자동 간주되므로 취소가능신용장을 사용하고자 한다면 최소가능(revocable)의 표시를 신용장상에 명료하게 표시하여야 한다.

취소불능신용장의 경우 개설은행은 수익자에 대하여 절대적인 지급채무를 지며, 이러한 내용이 신용장의 지급 또는 매입에 대한 확약문언(engagement clause)에 나타나 있다. 취소가능신용장은 언제 취소 또는 변경될지 모르기 때문에 수출상의 입장에서는 매우 불안하며 개설은행의 지급확약이 없기 때문에 신용장의 기능을 충분히 할 수는 없다.

(3) 확인신용장과 무확인신용장

신용장을 확인여부에 따라 확인신용장(Confirmed L/C)과 무확인신용장(Unconfirmed L/C)으로 나눈다. 전자는 신용장의 개설은행 이외에 제3은행 특히 국제적으로 신용있는 은행이 개설은행의 요청에 의하여 수익자가 발행한

어음에 대하여 지급·인수 또는 매입을 확약한 신용장을 말한다. 이것은 수익자가 개설은행의 대외신용을 의심하거나 수입국의 정치, 경제 등의 상태가 불안할 때 신용장의 확인을 요구하게 되며, 통상 개설은행의 요청에 따라 통지은행이 확인을 추가하여 통지한다. 이때 확인은행은 개설은행과 동일한 지급의무가 있다. 한편 후자인 무확인신용장은 이러한 확약이 추가되지 않은 신용장으로 수익자가 개설은행의 지급확약만을 믿고 거래를 한다.

(4) 상환청구가능신용장과 상환청구불능신용장

상환청구권의 발동여부에 따라 상환청구가능신용장(With recourse L/C)과 상환청구불능신용장(Without recourse L/C)으로 나눈다. 전자는 수익자가 발행한 환어음을 매입한 은행이 이를 지급인에게 제시하여 지급이나 인수가 거절될 때 이를 다시 환어음의 발행인에게 제시하고 지급한 환어음의 대금을 청구할 수 있는 신용장이다. 반대로 후자는 환어음의 발행인이 이를 매입한 은행의 상환청구에 상환의무가 없는 신용장이다.

그러나 'With Recourse'나 'Without Recourse'의 문언보다 환어음의 경우 행위지의 강행법규인 어음법이 당사자간의 특약이나 신용장통일규칙보다 우선하므로 우리나라의 경우 어음법에 따라 비록 신용장상에 'Without Recourse'란 문언이 있어도 상환청구가 가능하다.

(5) 매입신용장과 지급신용장

신용장에 의한 결제가 매입이냐 지급이냐에 따라 매입신용장(Negotiation L/C)과 지급신용장(Straight L/C)으로 구분된다. 전자는 개설은행이 수익자인 어음의 발행인뿐만 아니라 배서인 및 선의의 소지인에게도 지급을 확약한 신용장이다. 한편 후자는 개설은행이 배서인이나 선의의 소지인에 대한 확약은 없이 수익자에게 개설은행이나 지정은행에서 선적서류를 제시하고 신용장대금을 지급받도록 확약하고 있다. 따라서 매입신용장에서는 수출상은 반드시 환어음을 발행하여야 하나 지급신용장의 경우에는 별도의 요구가 없는 한 환어음의 제시가 필요하지 않다.

(6) 일람출급신용장과 기한부신용장

신용장에 의하여 발행되는 환어음의 지급기간에 따라 일람출급신용장(Sight L/C)과 기한부신용장(Usance L/C)으로 나눈다. 전자는 신용장에 따라 환어음이 지급인인 개설은행에 제시되는 즉시 개설은행이 지급을 확약하는 신용장이다. 후자는 어음이 지급인에게 제시된 후 일정기간 후에 대금지급을 확약하는 신용장이다. 기한부신용장에서 그 기간에 따른 이자를 매수인이 부담하는 경우를 Buyers Usance 또는 Banker's Usance라고 부르고, 이를 매도인이 부담할 때 Seller's Usance라 부른다.

(7) 양도가능신용장과 양도불능신용장

신용장은 양도가능 여부에 따라 양도가능신용장(Transferable L/C)과 양도불능신용장(Non-transferable L/C)으로 나눈다. 전자는 신용장상에 'Transferable'이란 표시가 있어 최초의 수익자, 즉 제1수익자(first beneficiary)가 제3자인 제2수익자(second beneficiary)에게 1회에 한하여 신용장금액의 전부 또는 일부의 사용권을 양도할 수 있도록 허용된 신용장을 말한다. 후자는 그러한 양도가 금지된 신용장이다.

신용장을 양도하는 이유는 ① 수익자가 주문받은 물품을 소유하거나 생산하지 않고 생산자로부터 구매하여 발송하거나, ② 수입상이 수출지의 수출상 앞으로 각각 신용장을 개설하기보다 현지 사정에 밝은 자신의 지사나 대리점 앞으로 일괄하여 신용장을 개설할 경우, ③ 수입상이 자신의 대리점이나 수출상으로 하여금 제조업자와 매매계약을 촉진할 목적으로 이들 앞으로 신용장을 개설할 경우, ④ 무역업자로 등록되지 않은 수출상이 자기의 명의로 수출할 수 없는 경우 등이다.

(8) 원신용장과 내국신용장

신용장의 발행지를 중심으로 수입상의 요청으로 해외에서 개설된 신용장을 원신용장(Master L/C)이라고 하고, 이를 견질로 국내은행이 국내공급자 앞으로 개설한 신용장이 내국신용장(Local L/C)이다.

내국신용장은 수익자인 수출상이 수출물품이나 수출용원자재를 국내에서 공급받기 위하여 국내의 완제품공급자나 원자재공급자 앞으로 자신이 해외에서 받은 신용장을 견질로 하고 발행하는 신용장이다. 내국신용장은 수출상에게는 수출물품을 구매함에 있어서 무역금융제도에 따라 사전에 대금을 지급하지 않아도 되는 편익을 제공하고, 국내의 완제품이나 원자재공급자에게는 개설은행의 지급확약을 부여받기 때문에 안심하고 물품을 공급할 수 있도록 할 뿐만 아니라 이러한 공급도 해외에 수출한 것과 같이 수출실적으로 인정된다.

양도가능신용장은 신용장 자체가 양도되는데 반하여 내국신용장은 원신용장을 견질로 한 제2신용장(secondary L/C)이며, 전자는 원신용장을 개설한 외국의 개설은행의 지급확약이 있으나 내국신용장은 국내은행의 지급확약에 따른다.

내국신용장의 조건 중에 금액, 단가, 선적기일 및 유효기일을 제외하고는 원신용장과 일치하나 보통 원신용장보다 단가가 적고 유효기일도 단축되는 것이 일반적이다. 이것은 원신용장의 수익자가 그 차액을 취하기 위해서이다. 내국신용장의 수익자는 원신용장과 관계없이 인도기일(delivery date)내에 물품을 인도하고 신용장 개설의뢰인 앞으로 어음을 발행하여 내국신용장 개설은행을 통하여 대금을 회수한다.

(9) 기타 신용장

(가) 회전신용장(Revolving L/C)

수출상과 수입상간에 동일물품을 계속적으로 거래하여야 할 경우, 매 거래시마다 신용장을 개설하면 번거로움이 따르고 그렇다고 거래예상금액을 한꺼번에 개설하면 많은 개설담보금이 필요하기 때문에 개설의뢰인에게 너무 과중한 자금부담이 생긴다. 이런 경우 일정한 기간 동안 일정한 범위내에서 신용장금액이 자동적으로 갱신되도록 되어 있는 신용장을 회전신용장이라 한다.

회전신용장에는 처음 개설한 신용장이 이행되면 일정한 기간이 경과한 후 자동적으로 동액의 신용장이 갱신되는데, 갱신방법은 화환어음의 지급통지가 있을 때, 또는 화환어음의 결제일수를 정해 놓고 그 기간 동안에 부도의 통지가 없으면 자동적으로 갱신되는 방법이 있다. 회전방법은 전기에 미이행한 분이 다음 기로 이월되는 누적적(cumulative)방법과, 해당기에 이행되지 않은 부분은 자동적으로 취소되는 비누적적(none-cumulative)인 방법이 있다.

(나) 동시개설신용장(Back to Back L/C)

구상무역에 사용되는 신용장으로, 신용장의 'Special Instruction'란에 이 신용장수령 후 며칠 이내에 수익자가 개설의뢰인 앞으로 동액의 신용장을 개설하는 경우에 한하여 유효하다는 조건이 붙은 신용장이다. 미국에서는 내국신용장을 의미하기도 하다.

(다) 기탁신용장(Escrow L/C)

구상무역에 사용되는 신용장으로 신용장의 어음매입대금을 수익자에게 지급하지 않고 수출상과 수입상이 합의한 Escrow A/C에 입금해 두었다가 그 수익자가 수입상을 상대로 대응신용장을 개설하는 경우 그것의 결제대금으로만 사용하도록 하는 신용장이다. Escrow A/C는 약정에 의하여 매입은행, 개설은행 또는 제3국에 있는 환거래은행 중 어느 곳에나 설치·운용할 수 있다.

(라) Tomas L/C

구상무역에 사용되는 신용장으로 수출입 양측이 동액의 신용장을 개설하는 거래방식을 채택하는데, 거래당사자 일방의 수출물품이 아직 확정되지 않음에 따라 상대방이 개설한 신용장에 대하여 일정기간 이내에 신용장을 개설하겠다는 보증서를 발행한 경우에만 개설한 신용장이 유효하다는 조건이 부가된 신용장이다.

(마) 보증신용장(Stand-by L/C)

무담보신용장의 일종으로 물품의 대금결제를 목적으로 하는 화환신용장이 아니라 금융이나 보증을 위하여 발행되는 특수한 신용장으로 주채무자가 계약을 불이행할 경우 채권자가 보증신용장으로 채무변제를 받을 수 있는 신용장이다. Stand-by L/C는 채무보증 이외에 입찰보증이나 이행보증용으로 이용된다. 미국에서는 주에 따라 지급보증서(letter of payment guarantee)의 사용이 제한됨에 따라 Stand-by L/C를 많이 사용하고 있다.

(바) 선대신용장(Red-Clause L/C 또는 Packing L/C)

신용장 개설의뢰인의 요청에 따라 개설은행은 통지은행 또는 확인은행에게 수출상의 물품의 제조, 가공, 집하자금의 조달을 용이하게 하기 위하여 일정 조건하에서 수출상에게 수출대금의 일부 또는 전부를 운송서류의 제시전에 선대(先貸)하도록 수권하는 조건이 있는 신용장이다. 보통 이러한 선대조건을 적자(赤字)로 인쇄하기 때문에 이를 Red-Clause L/C라 부른다.

(사) 연지급신용장(Deferred Payment L/C)

연지급신용장은 수출상이 수입상을 믿고 물품대금의 지급을 일정기간 유예하는 신용장이다. 연지급신용장은 기한부신용장과 달리 환어음이 동반되지 않는다. 신용장상에 연지급을 위한 서류를 제시할 은행과 지급 만기일을 지정하여야 하는데, 연지급신용장에서는 통상 통지은행이 연지급은행이 되며 그 은행이 개설은행의 예금계정을 갖고 있을 때 사용된다.

4) 신용장통일규칙

(1) 신용장통일규칙의 의의

제1차 세계대전 후 국제간 교역량이 증가하자 신용장의 이용도 늘어났다. 그렇지만 신용장의 통일성이 결여되어 신용장거래에서 많은 분쟁이 발생되었다. 신용장 통일운동은 미국에서 시작되었으나, 1920년에 창설된 국제상업회의소가 통일작업을 주도하며 1933년 6월 3일 Wien의 ICC 제7차 총회에서 정식 채택되었다. 영어 명칭은 「Uniform Customs and Practice for Commercial Documentary Credit」(상업화환신용장에 관한 통일된 관습 및 관행)이며 ICC Brochure No. 82로 발효되었다. 이를 통상 "신용장통일규칙"(UCP)이라고 한다. UCP는 국제민간단체인 ICC에서 제정한 것으로 국제적인 협약이나 통일법과 같이 사법상의 구속력이 없고 통일관습에 불과하다. 따라서 당사자가 실제 거래에서 이를 적용하기로 합의한 경우에 구속력을 갖는다.

UCP 제정 당시에는 유럽 국가들이 중심이 되었기 때문에 국제적인 통일규칙이라고 하기에는 미흡한 면이 있었다. 한편 이 규칙은 신용장 관련 관습에 바탕을 두고 있기 때문에 국제거래에서 각종 관습, 즉 매매관습, 운송관습, 결제관습이 바뀜에 따라 개정이 불가피하여 매 10년 단위로 개정이 이루어져 왔는데 2006년까지 총 6차례의 개정이 있었다.

(2) UCP600

「화환신용장에 관한 통일규칙 및 관례」(The Uniform Customs and Practice for Documentary Credits, 2007 Revision, ICC publication no. 600)가 2006년 10월 25일 파리에서 개최된 ICC 은행위원회에서 승인되어, UCP600이 2007년 7월 1일부터 새롭게 시행되었다.

UCP600은 제2조(definitions, 정의) 및 제3조(interpretations, 해석) 등을 추가하는 한편, 기존의 49개 조항을 다음과 같이 39개 조항으로 통합·정리하였다.

〈표 9-8〉 UCP 600의 조항별 내용

Article	Title	Article	Title
§1	UCP의 적용	§21	비유통성 해상화물운송장
§2	정의	§22	용선계약 선하증권
§3	해석	§23	항공운송서류
§4	신용장 vs 계약	§24	도로, 철도, 내수로 운송서류
§5	서류 vs 물품, 용역, 이행	§25	특송화물수령증, 우편수령증, 우편증명서
§6	사용가능성, 유효기일 및 제시장소	§26	갑판적, 부지약관 및 부가운임
§7	개설은행 확약	§27	무고장 운송서류
§8	확인은행 확약	§28	보험서류 및 담보
§9	신용장 및 변경 통지	§29	유효기일의 연장, 최종제시일자
§10	조건변경	§30	금액, 수량 및 단가의 용인
§11	전송, 사전통지신용장, 조건변경	§31	분할 어음발행 또는 선적
§12	지정	§32	할부 어음발행 또는 선적
§13	은행 간 상환약정	§33	제시기간
§14	서류심사 기준	§34	서류효력에 관한 면책
§15	일치하는 제시	§35	송달 및 번역에 관한 면책
§16	불일치서류, 권리포기 및 통지	§36	불가항력
§17	원본서류 및 사본	§37	피지시인의 행위에 대한 면책
§18	상업송장	§38	양도가능 신용장
§19	2가지 이상의 운송방식을 표시하는 운송서류	§39	대금의 양도
§20	선하증권		

UCP 600에서 신설된 조항으로는 §2(정의), §3(해석), §9(신용장 및 변경통지), §12(지정), §15(일치하는 제시), §17(원본서류 및 사본)이 있고, UCP 500에서 폐지된 조항으로는 §5(신용장의 개설/변경 지시), §6조(취소 가능한…), §8(취소), §12(불완전 또는 불명료한 지시), §38(다른 서류들) 및 기타 많은 조항의 내용들이 UCP 600 원문내에 통합되었다.

UCP 600에서 눈에 띄는 내용상 변화는 서류심사기간이 제7은행영업일내 상당기간에서 최장 제5은행영업일로 단축되었다. 또한 연지급신용장의 할인을 허용하고, 불명확한 용어를 제거하였다는 점이다.

5) 신용장거래절차

　신용장거래에서 신용장이 개설, 통지, 매입 및 대금상환으로 이어지는 전 과정을 이해하는 것은 신용장실무를 이해하는데 도움이 된다. 여기서는 매입 신용장을 기준으로 거래경로를 설명하고자 한다.

① 먼저 매도인(수출상)과 매수인(수입상) 사이에 매매계약(sales contract)이 체 결되고 여기서 지급조건을 신용장에 의하도록 약정한다.

② 위의 계약을 이행하기 위하여 수입상은 자신의 거래은행에 신용장의 개설 을 의뢰한다. 이때 수입상은 개설의뢰인(applicant)이 되고, 거래은행은 개 설은행(issuing bank)이 된다.

③ · ④ 개설은행은 수출상의 소재지에 있는 환거래은행을 통하여 수출상에게 신용장을 통지한다. 이때 환거래은행은 통지은행(advising bank)이 되고 통 지를 받은 수출상은 수익자(beneficiary)가 된다.

⑤ 신용장을 받은 수출상은 물품을 생산 또는 집하하여 선적한다.

⑥ 선적후 수익자는 환어음의 발행자(drawer)가 되어 환어음을 발행하고 신용 장상에 명기된 선적서류를 첨부하여 자신의 거래은행에 화환어음의 매입 을 의뢰한다. 이때 거래은행은 매입은행(negotiating bank)이 되어 화환어음 을 매입하고 매입대금을 지급한다. 이러한 절차는 매입신용장을 전제한 것 이고, 지급신용장의 경우에는 지급은행이, 인수신용장의 경우에는 인수은 행이 각각 매입은행을 대신하며, 통지은행이 확인(confirmation)을 추가한 경우에는 확인은행(confirming bank)이 개입될 수 있다.

⑦ · ⑧ 화환어음을 매입한 매입은행은 이를 개설은행 앞으로 송부하고 개설 은행으로부터 매입대금을 보상받는다. 만약 매입은행과 개설은행간에 환 거래계약이 체결되어 있지 않을 경우 보상은행(reimbursing bank)을 통하여 결제된다.

⑨ 개설은행은 신용장의 개설의뢰인인 수입상에게 수입대금을 받고 송부되어 온 선적서류를 인도한다.

⑩ 수입상은 선적서류를 선박회사에 인도하고 인도지시서(delivery order)를 교 부받아 이를 통하여 물품을 수령한다.

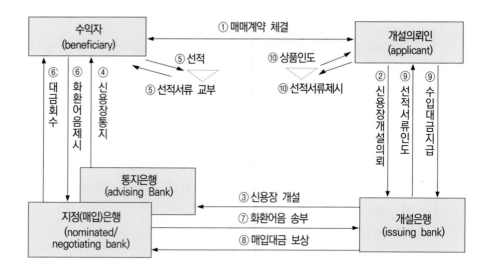

[그림 9-2] **신용장의 거래절차**

ᕃ 추심결제방식

1) 추심결제방식의 개요

추심(推尋, collection)결제방식은 수출상(customer; principal)의 의뢰를 받은 추심의뢰은행(remitting bank)이 추심은행(collecting bank)을 통해 환어음을 수입상에게 제시하여 대금을 회수하는 거래로써 사용실적이 많은 편은 아니다. 실무적으로 추심결제방식에서 거래위험을 수출상이 전적으로 부담하기 때문에 본·지사간 거래 등 수출·입상간 신뢰가 두터운 경우에 사용한다. 추심결제거래에서 은행은 단순하게 통로역할만 담당하며, 대금(D/P) 또는 인수 사인(D/A)과 교환하여 선적서류를 인계해야하는 최소한의 책임만 진다.

추심결제방식의 특징은 다음과 같다. ① 수출상이 환어음을 발행하는 어음부거래(어음법 적용), ② 수출상은 선적서류를 은행을 통해 송부, ③ 수입상은 수입대금을 은행을 통해 지급, ④ 추심에 관한 통일규칙(Uniform Rules for Collection, URC522)이라는 국제규칙 존재, ⑤ 수입자의 신용에 바탕을 둔 거래, ⑥ 신용장거래에 비해 낮은 은행수수료를 부담한다.

2) 추심결제방식의 종류

(1) 지급인도(D/P)방식

D/P(documents against payment)란 수출상의 선적서류를 수입상에게 제시할 때 수입상이 대금결제를 하여야 서류를 넘겨줄 수 있다는 의미이다. 즉, 환어음이 일람불인 경우 환어음의 제시에 대하여 대금을 지급하고 지급과 동시에 선적서류를 환어음 지급인에게 인도하는 지급인도조건이다.

수출업자가 수입업자와 맺은 무역계약에 따라서 상품을 선적한 다음 선하증권(B/L) 등 선적서류를 갖추어 수입업자 앞으로 일람불어음(sight bill)을 발행하여 외국환은행에 추심(매입)을 의뢰하면, 추심을 의뢰받은 외국환은행은 수입지의 추심은행에 이를 의뢰하며 추심은행은 어음지급인인 수입업자로부터 상품대금을 지급받고 이와 상환으로 수입업자에게 선적서류를 인도하고, 지급받은 상품대금은 추심의뢰은행(수출업자의 거래은행)에 송금하여 수출업자가 수출대금을 지급받게 하는 대금결제방식을 말한다. 여기서 일람불어음이란 어음이 지급인에게 제시되는 날이 어음의 만기일이 되는 어음을 말한다.

(2) 인수인도(D/A)방식

D/A(document against acceptance, 인수인도)는 화환신용장 없이 수출입업자 간에 맺은 무역계약에 따라서 화물환어음으로 대금을 결제하는 방식으로서 대금추심절차는 D/P거래의 경우와 유사하다.

D/A의 경우에는, 추심은행이 수출업자가 발행한 기한부어음(usance draft)을 수입업자에게 제시하고 수입업자가 이 기한부어음에 "Accepted"라고 서명하면 수입업자에게 선적서류를 인도해주고, 선적서류를 인도받은 수입업자는 이 선적서류를 이용하여 수입상품을 인수한 다음, 그 상품을 판매하여 그 판매대금으로 정해진 기간내에 추심은행에 수입대금을 결제하고 추심은행은 이 대금을 추심의뢰은행에 송금하여 수출업자가 수출대금을 지급받게 하는 거래방식을 말한다.

인수(引受, acceptance)라 함은 환어음의 지급인이 어음에 기명날인하여 주된 어음채무자가 되는 어음행위를 말한다. 지급인은 소지인에 대한 채무자가 아니고 발행인으로부터 어음금의 지급을 위임받고 있는 수임인에 지나지 않는다. 그러나 한번 인수의 기명날인을 하면 약속어음의 발행인과 같이 주채무자로서 소지인에 대하여 만기에 어음의 지급의무를 부담하게 된다. 실무적으로 어음의 인수는 만기일에 대금을 지급하겠다는 지급인의 약속인 동시에 추심은행이 선적서류를 수입상에게 인도하였음을 입증하는 어음법상 행위이다. 즉, D/A거래에서 추심은행의 기본적인 의무는 인수사인을 받고 선적서류를 수입상에게 넘겨주어야 하는 것이다.

4 송금결제방식

1) 송금결제방식의 개요

송금(remittance, 送金)결제방식은 수입상이 계약물품을 수령하기 전(前), 후 (後) 또는 동시에 전신환(T/T: telegraphic transfer), 우편환(M/T: mail transfer) 및 수표(D/D: demand draft) 등의 방법으로 수출상에게 송금하여 수입대금을 결제하는 방식으로 대부분 T/T방식을 사용하고 있으며, T/T방식은 수입상의 요청에 따라 송금은행이 지급은행에 대하여 일정한 금액을 전신환으로 발행하여 이를 송금은행이 직접 지급은행 앞으로 송신하는 방식이다. 우리나라 및 무역업체의 신용도 상승, 본·지사거래 비중 증가 및 수수료 절감 노력 등을 이유로 현재 우리나라에서 가장 많이 사용하고 있는 방식이다.

송금방식에 의한 수출입거래는 환어음을 사용하지 않기 때문에 수출자는 B/L 등 선적서류를 은행을 통하지 않고 직접 송부하며, 수입자가 물품대금을 은행을 통하지 않고 직접 지급할 수도 있는데 은행을 이용하는 것은 송금창구 역할로서 계정이체를 통한 송금이나, 수표 등을 통한 대금수취의 편의, 국가관리 목적 등 여러 이유 때문이다. 송금방식의 거래는 단순(사전)송금의 경우 수입자가 불리한 입장에 놓이므로 거래당사자간의 신용이 두터운 경우에 은행을 통할 경우 발생하는 추심 수수료나 신용장 수수료 등 비용절감을 위해 이용된다. 송금결제방식은 물품의 인도방법 중 현실인도의 결제에 많이 이용되는데 이는 당사자간 신용이 두터운 경우나 대금 선지급 또는 동시지급의 경우 매도인의 소유권유보 이유가 없기 때문이다. 또한 송금결제방식의 수출의 경우 수출자는 수출물품 확보를 위한 원자재구매 및 생산자금 등 무역금융을 수혜받을 수 있다.

송금방식의 특징은 다음과 같다. ① 대금결제방식 중 은행수수료가 가장 저렴하다. 따라서 우리나라 한 외국환은행의 경우 US $50,000 이상 송금의 경우에도 3만원의 수수료만 부담하면 된다. ② 환어음(draft or bill of exchange)을 사용하지 않으며, 따라서 어음법의 적용을 받지 않는다. ③ 서류 및 대금결제의 위험을 수출자 또는 수입자가 지게 된다. 즉, 사전송금방식은 수입자에게, 사후송금방식은 수출자에게 위험부담이 있다. ④ 신용장 및 추심과 달리 송금방식에 적용되는 국제규칙이 없다.

실무적으로 매매계약서의 송금방식 관련 결제조건(terms of payment)란에는 다음과 같이 기재하며, 송금을 받을 은행명칭과 계좌번호를 계약서에 기재하거나 별도로 알려준다.

사전송금의 경우는 ① By T/T in advance within 10 days after the date of sales contract, ② T/T remittance in advance on March 19, 20XX, ③ By T/T remittance before shipment in favor of supplier, ④ T/T in advance in favor of supplier, ⑤ T/T remittance after receiving firm offer sheet 등이다.

사후송금의 경우는 ① By T/T within 10days after Bill of Lading date, ② T/T in favor of supplier on receipt a copy of B/L consigned to the buyer, ③ Buyer shall remit by wire transfer within 10 days after the date of B/L issuance, ④ Buyer shall remit by T/T payment within 10 days after the shipment, ⑤ Buyer shall remit by wire transfer within 60 days after the date of arrival at buyer's warehouse. 등이다.

2) 송금결제방식의 종류

송금방식에 의한 수출입은 수출입하기 전에 미리 수출입대금을 외화로 지급, 영수한 후 수출입하는 단순송금방식과 물품 및 서류의 인도, 인수와 동시 또는 일정기간 후에 수출입 대금을 외화로 지급, 영수하는 사후송금방식(COD 및 CAD)이 있다.

(1) 단순송금방식

단순송금방식에 의한 수출입은 수출입대금 전액을 물품선적 전에 외화, 수표 등으로 미리 영수, 지급하고 일정한 기일내에 이에 상응하는 물품을 수출입 하는 것을 말한다. 이 방식에는 주문불(cash with order)수입, 수출선수금(payment in advance) 등이 있는데 주문불수입은 주문과 동시에 물품대금을 지불하는 것이고 수출 선수금은 계약서조건에 따라 수출대금의 일부 또는 전부를 수출물품 선적전에 영수한다는 것이다. 또한 이 방식은 수출상의 입장에서 보면 수출대금을 미리 받는다는 장점이 있으나 수입상의 입장에서 보면 수입대금을 미리 송부하기 때문에 자금면에서 부담이 크고 수입물품의 확실한 인수보장이 없다는 단점이 있다. 단순(사전)송금방식 수출입의 수출입대금 지급 또는 영수에는 D/D(demand draft: 송금환수표), M/T(mail transfer: 우편송금환), T/T(telegraphic transfer: 전신송금환) 및 Check Base(수표) 등이 이용되며, 견본품 구매나 소액의 시험주문 등에서 이루어진다.

(2) 사후송금방식

물품이나 서류의 인도와 동시에 또는 인도 후에 수출대금을 외화로 영수하는 조건부거래를 대금교환도(COD 및 CAD)조건수출이라 하며, 대금교환의 대상이 현물인 현물상환방식(COD: cash on delivery)과 서류상환방식(CAD: cash against document)이 있다. COD, CAD 방식은 대금교환조건, 즉 동시지급조건이지만 실무적으로 COD 30d/s 또는 CAD 60d/s처럼 사후송금(후불)방식으로 많이 쓰이고 있으며, 순수한 의미의 사후송금방식은 청산계정, 상호계산(open account)이다.

현물상환방식(COD: cash on delivery)은 수입자가 소재하는 국가에 수출자의 지사나 대리인이 있는 경우, 수출자가 물품을 지사 등에 송부하면 수입자가 물품의 품질 등을 검사한 후 물품과 현금을 상환하여 물품대금을 송금하는 방식의 거래로 귀금속 등 고가품으로서 직접 물품의 검사를 하기 전에는 품질 등을 정확히 파악하기 어려운 경우에 활용되고 있다. 수출상은 B/L 등 선적서류 작성 시 수화인(consignee)을 외국에 소재하는 수출상의 지사, 대리인 또는 수입상의 거래은행으로 하고 통지인(notify party)을 수입상으로 하여 수입상이 대금을 지급하지 않고는 물품의 인수를 하지 못하게 함으로써 수출대금을 회수하지 못하는 위험을 사전에 방지하고 만약 대금결제가 되지 않을 경우에는 물품이 반송되도록 하고 있다.

서류상환방식(CAD: cash against documents)은 수출자가 물품을 선적하고 수입자 또는 수출국에 소재하는 수입자의 대리인이나 지사에게 운송서류를 제시하면 서류와 상환하여 대금을 결제하는 방식이다. 이 방식에서 통상 수입자의 대리인 등은 수출국내에서 물품의 제조과정을 지켜보게 되고 계약물품에

대한 검사를 행한다. CAD 방식으로 거래하는 경우 대부분 수출국에 수입상의
지사나 대리인이 없는 경우 은행이 그 역할을 대신하는데, 이때 CAD 방식은
D/P 방식과 형식상 유사하다. 그러므로 CAD 방식을 유럽식 D/P 방식이라고
도 한다. 이 두 거래방식의 근본적인 차이점은 대금결제 시 환어음을 발행하
는지 여부에 있는데 D/P 거래는 어음결제방식으로서 환어음을 발행하여 「추
심에 관한 통일규칙」에 의거, 화환(운송서류를 첨부한 환어음)추심으로 대금을
결제하고, CAD 거래는 송금방식으로서 수입자는 운송서류를 영수한 후 은행
을 통해 물품대금을 송금하여 대금결제를 한다.

송금방식거래시 유의사항으로 수출대금은 반드시 외국환은행을 통하여 송
금 받아야 한다. 수입지에 지사 등이 없는 경우 수출자는 운송서류 작성 시
화물의 수화인(consignee)을 수입자의 거래은행으로 하고 통지인(notify party)
을 수입자로 하여, 물품대금을 송금하지 않은 채 운송인으로부터 물품을 인수
받지 못하도록 하여야 한다.

제3절 무역운송

1 무역운송의 기초

1) 무역운송의 의의

무역운송(transport for trade)은 무역거래에 수반되는 국제운송이다. 여기서
국제운송(international transport)은 물품을 제공하는 한 나라의 장소와 물품을
제공받는 다른 나라 장소 사이에 존재하는 공간적 거리를 좁히기 위한 물품의
공간적 이동과 시간적인 극복을 통하여 재화와 용역의 효용가치를 증대시키
는 행위이다.

과거 생산자 중심의 산업사회에서는 운송의 중요성이 부각되지 않았으나,
오늘날에는 산업구조의 고도화, 국제경쟁의 심화, 세계시장의 통합, 소비자
요구의 다양화 등으로 인해 무역운송의 중요성이 나날이 강조되고 있다. 즉,
보다 많은 수량을 얼마나 안전하고 신속하게, 보다 저렴한 비용으로 운송하느

냐가 전체 마케팅 비용의 절감과 고객서비스의 향상에 직결되기 때문에 무역운송이 중요하게 된다. 통계에 따르면 우리나라의 경우 운송이 전체 물류비에서 차지하는 비중이 약 50%에 달하고 있으며 전체 물류비는 기업 매출액의 12% 내외에 이르고 있다.

한편 무역계약의 이행을 위해서는 매도인으로부터 매수인에게 물품의 인도가 필요하지만 매도인과 매수인은 서로 멀리 떨어져 있기 때문에 매도인이 물품을 직접 매수인에게 인도할 수 없다. 물품의 인도를 위하여 매매당사자간에 개입되는 제3자가 운송인이다. 결국 매도인은 운송인의 운송서비스를 이용하여 자신의 인도의무를 이행한다. 매매당사자가 운송인의 운송서비스를 이용하기 위하여 운송인과 체결하는 계약이 운송계약이다. 운송계약은 매매계약의 종속 계약적 성격이 있기 때문에 운송계약의 내용은 무역계약의 선적조건에 따라 결정된다. 선적조건에는 일반적으로 선적기일, 운송방법(mode of transportation), 선적항(POL: port of loading), 도착항(POD: port of discharge), 분할선적 및 환적여부 등이 포함된다.

그러나 무역계약에서는 운송계약의 내용 중 선적시기만 선적조건(shipment terms)에 명기하고, 나머지 운송계약체결 당사자, 운송방법, 운임부담자, 인도방법 등은 매매당사자간에 구체적으로 합의하기보다는 당사자가 선택하는 정형거래조건에 의하여 자동적으로 결정되는 것이 일반적이다.

정형거래조건(trade terms)은 가격조건을 뜻하는 명시조건(明示條件)인 한편, 계약목적물에 대한 권리이전 시기, 위험부담 및 비용부담의 분기점, 인도장소, 운송계약 및 보험계약 체결의무 등에 관한 보완적인 기능을 수행하는 묵시조건(黙示條件)이기도 하다. 이러한 정형거래조건(trade terms)을 규정한 국제규칙중 대표적인 것이 Incoterms® 2020이다. Incoterms® 2020의 11가지 정형거래조건 가운데, 내수로를 포함한 해상운송에 적합한 정형거래조건으로는 FOB, FAS, CFR, CIF 4개 조건이다. 기타 운송방식과는 무관하게 사용될 수 있는 정형거래조건으로는 EXW, FCA, CPT, CIP, DAP, DPU, DDP 7개 조건이다.

2) 무역운송의 종류

운송은 장소적 관점에서 국내운송과 국제운송으로 구별되며, 국내운송(domestic transport)은 운송이 동일국가 내에서 이루어지는 반면에 국제운송(international transport)은 한 국가의 범위를 넘어 다른 국가간에 이루어지는 운송이다. 즉, 국내운송은 수출자 입장에서 자가창고나 공장에서 선적항까지의 운송 또는 수입자 입장에서 도착항에서 자가창고나 공장까지의 운송을 의미하고, 국제운송은 선적항에서 도착항 혹은 최종목적지까지의 운송을 의미한다.

해상운송은 운송계약 체결방식에 따라 개품운송계약에 의한 정기선운송과 용선운송계약에 의한 부정기선운송이 있다. 개품운송(個品運送)은 개개의 물품을 대상으로 계약하는 운송을 말하는 것으로 운송인이 다수의 화주로부터 화물을 인수하여 혼적하는 것으로 대부분 공산품의 수출입은 정기컨테이너선에 의한 개품운송 방식에 따르고 있다. 개품운송에는 해상, 항공, 철도 운송과 같이 하나의 운송수단을 이용하는 단일운송과 운송인의 책임하에 2개 이상의 운송수단이 활용되는 복합운송이 이용된다. 부정기선운송은 보통 선사로부터 선박의 전부(전부용선) 또는 일부(일부용선)를 빌려오는 방식의 운송계약이다. 전부용선의 경우는 기간용선(time charter), 항해용선(voyage or trip charter)이 있다.

운송수단에 따라 트럭에 의한 도로운송, 기차에 의한 철도운송, 선박에 의한 해상운송, 화물기에 의한 항공운송 및 파이프라인에 의한 운송 등으로 구분할 수 있다. 오늘날은 국제운송에서 운송의 효율성 증대와 물류비절감이라는 측면에서 한 운송인이 화주에게 모든 책임을 지고 두 가지 이상의 운송수단을 사용하여 송하인 문전에서 수하인 문전까지 일관운송(door to door)을 담당하는 복합운송(multimodal transportation)이 많이 이용되고 있다.

화주입장에서 최적의 운송수단의 선택은 수출입단가, 고객서비스 등에 지대한 영향을 미치기 때문에 국제경쟁력 제고 차원에서 매우 중요하다. 최적의 운송수단을 선택하는 판단기준으로 ① 화물의 종류, ② 중량 및 용적, ③ 운송경로, ④ 운송거리, ⑤ 운송시간, ⑥ 운송비 등을 고려해야 한다. 운임과 운송시간이 가장 중요한 선택요소이지만, 납품시기, 운임 부담능력, 발착시설 등 운송수요의 각 관점에서 종합적으로 평가할 필요가 있다.

⬛2 해상운송

1) 해상운송의 의의 및 해상운송계약

(1) 해상운송의 의의

해상운송(carriage by sea, shipping, ocean shipping, ocean transportation, marine transportation)이란 해상에서 선박을 이용하여 인간 및 재화의 장소적·공간적 이전을 목적으로 하는 해상서비스를 의미한다. 즉, 선박이라는 고정적 생산설비를 이용하여 선박의 장소적 이동에 따라 해운서비스를 생산하고, 이 운송서비스를 수요자에게 제공하여 그 반대급부로써 운임을 획득하는 상행위이다.

해상운송은 육상운송이나 항공운송과 비교하여 ① 대량수송, ② 원거리운송, ③ 자유로운 운송로, ④ 저렴한 운송비, ⑤ 국제성, ⑥ 느린 속력이라는 특성을 가지고 있기 때문에 다음 〈표 9-9〉와 같은 장·단점을 지니게 된다.

〈표 9-9〉 해상운송의 장·단점

장　점	단　점
대량수송이 용이 장거리 수송에 적합 운송비 저렴 부피, 중량이 큰 화물의 운송 가능	항만시설에 하역기기 등의 설치 필요 기후에 민감 운송시간의 장기화 타 운송수단에 비해 높은 위험도 존재

해상운송은 원거리, 대량운송으로 운임이 다른 운송수단보다 저렴하다는 특성 이외에도 선박만 있으면 세계 모든 나라의 영해와 항구를 거의 자유롭게 입·출항 할 수 있기 때문에 국제적 경쟁 산업이며 국가전략산업이다. 오늘날의 해상운송은 조선기술의 발달, 전자 및 정보통신의 발달 등 계속적인 기술혁신에 의하여 선박운송의 안정성이 크게 높아졌으며 선박의 대형화, 고속화, 전용선화, 컨테이너선화가 크게 진전되었다.

(2) 해상운송계약

해상운송계약(contract of carriage of goods by sea, contract of affreightment)은 운송인(carrier)이 해상에 있어서 선박에 의하여 행하는 물품운송을 인수하

는 계약이다. 여기에는 개개의 운송물품을 계약의 목적으로 하는 개품운송계약(contract of carriage in a general ship)과 선박의 전부 또는 일부를 계약의 목적으로 하는 용선계약(charter party)이 있는데 전자는 정기선(liner)에 의하여, 후자는 부정기선(tramper)에 의하여 운송서비스가 제공된다. 또한 정기선운송은 주로 컨테이너 화물이 이용되며, 부정기선운송은 주로 벌크(재래)화물이 이용된다.

〈표 9-10〉 개품운송계약 vs. 용선계약

	개품운송계약	용선계약
계약의 목적	개개의 물품운송	선복의 일부 또는 전부
운송방법	정기선(liner)	부정기선(tramper)
적용법규	성문법(statute law)	보통법(common law)
책임관계	운송인 면책확대 불인정	운송인 책임 수정가능
당사자	선주와 송하인	선주와 용선자
화주	불특정 다수 화주	특정 화주
화물	잡화와 같은 비교적 적은 화물	대량산화물(원유, 철강, 석탄, 곡물 등)
계약의 증빙	선하증권(B/L)	용선계약서(C/P)
운임률	공표운임률(tariff rate)	수급에 의한 시세(open rate)
운임조건	Berth(Liner) Term	FI, FO, FIO

정기선의 경우 선사들이 배선표(shipping schedule)를 공표하면, 화주는 선복요청서(S/R: shipping request)를 제출하고 선주가 이를 승낙하는 인수확약서(booking note)를 교부함으로써 운송계약이 체결된다. 개품운송계약에서는 개별계약서가 작성되지 않고 선하증권(Bill of Lading: B/L)이 발행된다. 이때 선하증권은 운송계약 성립의 추정적 증빙(prima facie evidence)이 된다. 개품운송의 경우에는 1인의 선주와 다수의 화주가 계약을 체결하기 때문에 계약자유의 원칙이 제한을 받으며 운송인이 제시한 계약내용이 인쇄된 선하증권을 수령함으로써 계약책임을 져야 하는 부합계약(附合契約, contract of adhesion)적 성격을 갖고 있다.

부정기선의 경우는 용선계약서가 작성되고 그 후 용선한 선박에 화물이 적재되면 용선자는 화주에게 용선계약선하증권(charter party B/L)을 발행한다.

용선운송의 경우 용선계약서가 따로 작성되므로 운송계약에 관한 한 계약서(charter party)가 선하증권(charter party B/L)보다 우선한다. 용선계약에서 선복(shipping space)을 임차하는 방식에 따라 일정기간을 중심으로 한 기간용선(time charter), 특정항해 단위를 중심으로 한 항해용선(voyage charter) 그리고 선박 자체만을 임차하는 나용선(bareboat charter)이 있다. 용선계약서의 표준계약서식에는 여러 종류가 있으나 항해용선계약서에는 GENCON Form이, 기간용선계약에서는 Baltime Form(Uniform Time char-term)이나 Produce Form이 주로 사용된다. 위의 기간용선이나 나용선은 주로 선박회사가 다른 선주로부터 용선하는 운송인 용선에 쓰여 지고, 항해용선은 무역업자가 선주로부터 용선하는 화주용선의 경우에 이용된다.

2) 선적절차

(1) 재래선에 의한 선적절차

화물의 생산이 진행됨에 따라 통상 매도인은 화물을 매수인에게 발송하기 위하여 운송을 수배하고 선박회사와 운송계약을 체결하여야 한다. 개품운송의 경우도 재래선(conventional ship, general ship)을 이용하는 경우와 컨테이너를 이용하는 경우가 있으나 운송계약을 체결하는 수속은 같다. 즉, 수출상은 신용장의 선적기일(shipping date)에 맞추어 운항일정(sailing schedule) 및 운임요율표(freight tariffs)를 참조하여 선박회사에 선복신청서(shipping request: S/R)를 제출한다. 선박회사가 이를 승낙(acceptance)하면 인수확약서(booking note: B/N)를 교부한다. 이러한 선복의 신청과 승낙으로 확약서를 교부하면 송화인(shipper)과 운송인(carrier) 사이에 운송계약이 체결된다. 개품운송계약에서는 운송계약서가 작성되지 않고 선하증권이 발행되면 이것이 운송계약 성립의 추정적 증거(prima facie proof)가 된다.

선박회사는 화주가 신청한 선복신청을 승낙한 후 이를 선복원부에 기입하는 데, 이를 booking이라고 한다. 이에 선박회사는 선장에게 계약된 화물을 선박에 적재하여 목적지까지 운송할 것을 선장에게 지시하게 되는데 이러한 지시서를 선적지시서(shipping order: S/O)라고 한다. 선적지시서에는 화물의 명세, 검수인이 검수한 용적 및 증량의 증명, 송화인의 성명 및 양륙항이 기재되어야 한다.

본선적재시 승선세관원의 입회하에 선적지시서와 수출허가 등을 대조·확인한 후 적부가 행하여진다. 선적이 끝나면 승선세관원은 수출면장에 선적확인을 하고 이를 화주에게 돌려준다.

본선적재시 본선측과 화주측은 선적지시대로 선적되었는지를 확인하기 위하여 검수인(tally man)의 입회하에 화물의 수량과 상태를 조사하여 그 결과를 검수표(tally sheet)로 작성하여 이를 일등항해사(chief mate)에게 보고한다. 일등항해사는 검수표와 선적지시서를 대조한 후 화물을 창내에 적부시키고 화물수령의 증거로 본선수령증(mate's receipt : M/R)을 발급한다. 그러나 선적지시서에 기재된 내용과 적부된 화물이 불일치하거나 화물이나 포장에 이상이 있을 때 M/R의 비고란('Remarks'란)에 그러한 사실을 기재하게 된다. 이 경우의 M/R을 고장부 본선수령증(foul receipt)이라 하며, 이에 따라 발급된 선하증권도 고장부 선하증권(foul B/L)이 된다.

통상 신용장에서는 무고장 선하증권(clean B/L)을 요구하기 때문에 고장부 선하증권은 화환취결시 담보서류로서 적절하지 않다. 그러므로 송화인은 선박회사에 파손화물보상장(letter of indemnity : L/I)을 제공하고 무고장 선하증권을 받게 된다. L/I는 화물이 후일 문제가 되더라도 선박회사에 책임을 전가시키지 않는다는 취지의 각서이다.

개품운송계약에서 선내로의 적재, 적부 및 양하의 작업은 전적으로 선내하역인부(stevedore)에 의하여 행하여진다. 이들의 임금인 선내하역인부임(stevedorage)은 일반적으로 선박회사가 부담하는 Berth Term 또는 Liner Term이다. 물론 이러한 임금은 운임에 반영되어 FOB 조건에서는 매수인이, CIF조건에서는 매도인이 부담하게 된다. 하역조건도 용선계약과는 달리 관습적 조속하역조건(customary quick despatch : CQD)이다.

(2) 컨테이너선에 의한 선적절차

컨테이너선적의 경우도 운송계약 체결시까지의 절차는 재래선의 경우와 같다. 선적절차에서는 FCL(full container load) Cargo냐 LCL(less than container load) Cargo냐에 따라 반입장소, 검량시기 및 통관수속시점 등이 다르다.

FCL Cargo의 경우에는 화주는 빈 컨테이너를 선박회사의 CY에서 자신의 공장이나 보세창고까지 운반하여 화물을 자신의 책임하에 적재하며(shipper's pack), 동시에 컨테이너 적치표(container load plan : CLP)를 각 컨테이너별로 작성하고 기기인수도증(equipment interchange receipt: EIR)에 서명한다. 그 후 EIR, CLP, 수출면장을 컨테이너 화물과 함께 CY Operator에게 제출한다. 이에 선박회사는 화주가 봉인한 컨테이너를 인수·보관하였다가 자신의 책임 하에 본선에 적재한다. 이때 선박회사와 화주간의 책임의 분기점은 CY가 되고, 매도인과 매수인이 사용하는 계약조건은 FOB가 아닌 FCA가 적절하다.

FCL Cargo의 경우 화주가 적재된 컨테이너를 CY Operator에게 인도할 때 선박회사의 대리인인 CY operator는 화주가 제출한 서류와 컨테이너에 적입된 화물을 대조한 후 부두수령증(dock receipt: D/R)을 발행하여 화주에게 교부한다. 화주는 이 D/R과 상환으로 컨테이너 선하증권(container B/L)을 교부받게 된다. 이때의 선하증권에는 부지약관(Unknown Clause)이 인쇄된다.

한편 LCL Cargo의 경우에는 화주는 자신의 생산공장이나 창고로부터 자신의 위험과 비용부담으로 화물을 CFS(container freight station)에 반입하여 CFS Operator에게 인도한다. CFS Operator는 여러 화주의 화물을 동일목적지별로 분류한 후 컨테이너에 혼재하고(carrier's pack), 이 혼재 컨테이너를 CFS Operator에게 인도하여 선적한다. 이때 CFS Operator는 CLP를 작성하여 혼재 컨테이너와 함께 인도한다. 이때 화주와 선박회사간의 책임의 분기점은 CFS에의 인도시점이 되며, 화주는 선하증권을 받기 위하여 container service charge를 선사에 지급하여야 한다.

LCL Cargo인 경우는 FCL Cargo와 같이 검량이나 통관이 끝나고 CFS에 반입하는 경우와 CFS에 반입한 후에 통관하는 경우로 나눌 수 있다. 전자의 경우는 화물에 D/R을 작성하여 CFS Operator에게 인도하면 CFS Operator는 화물을 목적지별·화물종류별로 분류하여 여러 화주의 화물을 혼재한 후 D/R을 교부하여 준다. 이에 화주는 운임과 D/R을 선박회사나 그 대리점에 제시하고 컨테이너 선하증권을 발급받는다. 그러나 후자의 경우와 같이 통관미필상태에서 CFS에 반입한 경우는 반입한 후 수출신고를 하고 통관수속을 취해야 한다. 통관이 끝나면 화물을 CFS Operator에게 인도하고 D/R을 교부받아 이를 선박회사나 그 대리점에 제시하고 컨테이너 선하증권을 교부받는다. D/R은 선박회사가 화주로부터 화물을 CY에 인수하고 CY Operator가 화물수령을 입증하는 화물수령증이다. 이는 재래선의 경우 M/R과 동일한 성질의 서류이다. 이를 근거로 선박회사나 그 대리점은 선하증권을 발행한다. 실무적으로는 CY Operator가 D/R, CLP, 수출면장 등 관련서류를 상호 대조·검토한 후 확인·

서명하여 본사 B/L 발행부서로 이송하면 본사에서는 이 서류를 근거로 운임 및 수수료를 징수한 후 B/L을 발급한다.

3) 해상운임

(1) 해상운임의 의의

해상운임(ocean freight)이란 선박이 사람이나 화물을 운송한 대가로서 지불 또는 수취하는 보수를 말한다. 일반적으로 정기선 운송시 항로별로 해운동맹이 결성되어 있어 요율표(tariff)를 보유하고 있으나 역외선사(outsiders)와의 경쟁으로 인해 실제로 선사가 징수하는 시장운임(market rate)은 표정운임(表定運賃: tariff rate) 보다 낮은 경우가 대부분이며 시황에 따라 변동폭도 크다.

화주가 정기선에 컨테이너 운송을 의뢰하면 기본운임외에 할증료(surcharge), 추가운임(additional charges) 및 기타요금도 내야 할 경우가 있다. 따라서 화주는 선복예약(booking)시 선사가 알려주는 운임이 기본운임을 말하는 것인지 부대비를 포함한 것인지 정확히 해두어야 한다.

(가) 해상운임의 결정이론

해상운임도 운송서비스의 수요와 공급에 의하여 결정되어야 하나 실제로 해상운송시장에서는 서비스 수급의 불균형 및 공급의 독과점 여부에 따라 원가개념과는 관계없이 가격인 운임이 결정된다.

해상운임의 결정, 즉 정기선의 운임결정에 관하여 전통적인 두 가지 이론은 운임원가설과 운임부담력설이다. 운임원가설은 일명 운송비용설이라고도 하는데, 운임결정에 있어 화물종류에 관계없이 수량과 거리에 따라 결정되어야 한다는 학설이다. 이는 운송 서비스의 공급측면을 중시한 학설이다. 한편 운임부담력설은 수요자측면을 중심으로 화물의 운임부담능력을 고려하여 차등요율을 적용하자는 학설이다. 결국 운임의 최고한도는 수요자측에서 본 부담능력이고, 최저한도는 공급자측에서 본 운송비이다. 그러므로 운송업자가 실제로 운임을 부담할 때 부담능력과 운송비용 사이의 어느 지점에서 절충하게 된다.

(나) 해상운임의 지급시기

해상운임은 선적과 동시에 송화인이 지급하는 선급운임(freight prepaid)과 양륙지에서 매수인이 물품을 수령할 때 지급하는 후급운임(freight collect)이

있다. FOB 계약에서는 매수인이 운임을 지급하기 때문에 후급운임이며, CIF
나 CFR 계약에서는 매도인이 운임을 지급하기 때문에 선급운임이 일반적이다.

　원래 운임은 운송서비스에 대한 보수이기 때문에 운송서비스가 제공된 후
양륙지에서 운송인이 양륙수량에 따라 화물을 인도할 때 청구하는 것이 원칙
이다. 그러나 거의 모든 선하증권이나 용선계약에서는 운임수득약관이 있어
운임이 선지급되고 있다.

(2) 기본운임

　지급시기에 따라서 ① 선불운임(freight prepaid)은 CIF 또는 CFR 조건의 경
우 수출업자가 선적지에서 운임을 선불하는 경우로서 선사는 B/L발급 시 운
임을 징수한다. ② 후불운임(freight collect)은 FOB 조건의 경우 수입업자가 화
물의 도착지에서 운임을 지급하는 경우로서 화물인도지시서(D/O: delivery or-
der) 발행 시 징수한다.

　부과방법(산정기준)에 따라서 ① 종가운임(ad valorem freight)은 귀금속 등 고
가품의 운송에 있어 화물의 가격을 기초로 일정률을 징수하는 운임이다. ②
최저운임(minimum rate)은 화물의 용적이나 중량이 일정기준 이하일 경우 설
정된 최저운임을 부과한다. ③ 차별임(discrimination rate) 및 무차별운임(FAK:
freight all kinds rate)는 화물, 장소, 화주에 따라 운임을 차별적으로 부과하는
차별임과 운송거리를 기준으로 일률적으로 운임을 책정하는 무차별운임이다.
④ 중량(weight)기준운임은 실제 중량(ton)을 기준으로 한 운임이다. ⑤ 용적
(Measurement)기준운임은 용적(CBM)을 기준으로 부과하는 운임이다. ⑥ 운임
톤(R/T: revenue ton)은 중량(weight) 또는 용적(measurement) 중 운임이 높은
쪽으로 실제운임을 부과하는 운임이다. ⑦ Box Rate는 톤당 운임에 기초한
운임산정의 번거로움을 줄이기 위하여 화물 종류나 중량에 관계없이 컨테이
너당 받는 운임을 말하며, 무차별운임(FAK: freight all kinds rate), 화물의 성
질별로 나누어 적용되는 등급운임(class rate), 화물의 품목별로 나누어 적용되
는 품목별 운임(CBR: commodity box rate)이 있다.

　선내 하역비 부담에 따라서 ① Berth Term(liner term)운임은 선적 및 양하
비용을 선주가 부담하는 운임이다. ② FIO(free in & out)운임은 선적 및 양하
비용을 화주가 별도로 부담하는 운임이다. ③ FI(free in)운임은 화주가 선적비
용을 부담하는 운임이다. ④ FO(free out)운임은 화주가 양하 비용을 부담하는

운임이다.

기타 해운동맹의 여러 가지 운임형태에 따라서 ① 특별운임(special rate)은 해운동맹이 비동맹선사와의 경쟁을 위해 일정조건을 갖춘 경우 Tariff 요율을 인하하여 화물을 운송하는 경우의 운임이다. ② 자유운임(open rate)은 광산물 등 대량화물의 수송에 있어 동맹선사의 경쟁력을 높이기 위해 동맹선사 스스로가 운임을 결정토록 하는 경우의 운임이다. ③ 기간물량운임(time volume rate)은 선박회사 해운동맹이 일정기간에 제공되는 화물량에 따라 다른 운임율을 부과할 수 있도록 승인된 운임으로서 대량화주는 선사로부터 운임을 할인받을 수 있다. ④ 우대운송계약(S/C: service contract)에 의한 운임은 특정 화주 또는 화주단체(Shipper's Association)가 정기선 화물운송을 위해 운임동맹 또는 비동맹선사와 체결하는 계약으로 화주는 계약기간 중 일정 수량을 제공할 것을 보증하며, 운임동맹 또는 비동맹선사는 스페이스, 운송기간, 기항지 등과 같은 일정한 서비스뿐만 아니라 표준운임상의 일반운임 보다 저렴한 운임을 보증한다.

(3) 부대운임

부대운임은 운송의 발달에 따라 운송에 관련되는 시설이나 인력도 갈수록 전문화되면서 선사가 해상운임만으로 경영이 어렵게 되자 이의 보전을 위해서 도입하게된 할증료(surcharge) 및 추가운임(additional charge)이다.

(가) 터미널화물처리비(THC: terminal handling charge)

수출화물의 CY 입고시점부터 선측까지, 그리고 수입화물의 본선선측에서 CY게이트 통과시까지 화물의 이동에 따르는 화물처리비용을 말한다. 예전에는 선사가 해상운임에 포함하여 징수하였으나 '90년에 FEFC가 분리하여 징수하면서 다른 항로에도 거의 대부분 확산되었다. 우리나라, 대만, 홍콩, ASEAN, 유럽에서는 THC라는 명칭으로, 일본은 아시아 항로에 CHC(container handling charge)를 부과하고 있으며, 미국은 DDC(destination delivery charge)라고 하여 THC에 내륙운송비를 추가하여 부과하고 있다. 우리나라는 101,000원/TEU, 137,000원/FEU를 받고 있다.

(나) CFS작업료(CFS charge)

선사가 컨테이너 한 개의 분량이 못되는 소량화물(LCL cargo)을 운송하는 경우 선적지 및 도착지의 CFS에서 화물의 혼적 또는 분류작업을 하게 되는데 이때 발생하는 비용을 CFS Charge라 한다. 따라서 FCL화물에 CFS charge를 청구해서는 안된다.

(다) 서류발급비(documentation fee)

선사가 일반관리비 보전을 목적으로 수출은 선하증권(B/L)을 발급해 줄 때, 수입은 화물인도지시서(D/O)를 발급해 줄 때 징수하는 비용이다. 이는 THC의 신설취지와 유사하게 시황에 따라 등락을 반복하는 해상운임과는 달리 선사가 안정적인 수입을 확보하기 위해 만든 소산물이라고 여겨진다.

(라) 체화할증료(port congestion surcharge)

도착항의 항만사정이 선박으로 혼잡할 경우 신속히 하역할 수 없게 되어 선박의 가동률이 저하되어 선박회사에 손해가 발생하므로 이를 화주에 전가하는 요금이다.

(마) 유류할증료(BAF: bunker adjustment factor)

선박의 운항비용중 연료비가 20~30%를 차지하는데, 선박의 주연료인 벙커유의 가격변동에 따른 손실을 보전하기 위해 부과하는 할증료로서 기본운임에 대하여 일정비율(%) 또는 일정액을 징수하고 있다. 예를 들어, 1배럴당 25$를 기준으로 운임계약을 체결하였으나 유가가 1배럴당 40$로 올랐을 경우 부과 된다.

(바) 통화할증료(CAF: currency adjustment factor)

운임표시 통화의 가치하락에 따른 손실을 보전하기 위해 도입한 할증료로서 일정기간 해당통화의 가치변동률을 감안하여 기본운임의 일정비율(%)을 부과하고 있다. 해상운임은 국내무역업체에게도 US$로 징수하고 있는데, 가령 1$ = 1,200원일 때 운송계약을 체결하였으나 달러 가치의 하락으로 1$=1,000원밖에 되지 않는다면 선사는 그 만큼의 손실을 보게 되므로 이를 보전해달라는 취지의 요금이다.

(사) 성수기할증료(peak season charge)

수출화물이 특정기간에 집중되어 화주들의 선복수요를 충족시키기 위해 선박용선료, 기기확보 비용의 성수기 상승분을 보전받기 위해 대부분 원양항로에 적용되고 있는 요금이다.

(아) 지체료(detention charge)

화주가 컨테이너 또는 트레일러를 대여 받았을 경우 규정된 시간(free time) 내에 반환을 못할 경우 벌과금으로 운송업체에게 지불해야 하는 비용이다. 정기선사들은 보통 4일~10일 기간의 free time을 설정해두고 그 이상을 경과하면 하루당 10$ 정도의 지체료를 징수하고 있다.

4) 해상운송서류

(1) 선하증권

(가) 선하증권의 의의 및 기능

선하증권(B/L: bill of lading)은 운송인이 화주로부터 화물을 수령 또는 선적하였음을 나타내며 도착항까지 운송하여 증권의 정당한 소지인에게 화물의 인도를 약속하는 유가증권(valuable instrument)이자 권리증권(document of title)을 말한다. 선하증권의 발행은 그것에 기재된 물품의 수령증(a receipt of cargo)인 동시에 물품의 권리를 상징하는 권리증권(a document of title)이다. 또한 그것은 송하인과 운송인 사이에 운송계약이 체결되었음을 나타내는 운송계약의 증빙서류(an evidence of contract of carriage)이다. 선하증권은 권리증권이기 때문에 배서(endorsement)나 인도로 권리가 이전되는 유통증권이며, 운송인이 물품을 인수했다는 원인이 있어야 발행되기 때문에 요인증권이다.

오늘날 무역에서 인도는 매도인으로부터 매수인에게 현실적 인도(actual delivery)가 이루어지지 않고, 선하증권을 포함한 선적서류에 의한 상징적 인도(symbolic delivery)로 이행된다. 특히 B/L은 환어음(bill of exchange)과 결부되어 화환계약을 통하여 매도인은 인도의무의 이행과 이에 대한 대금수령이 가능하게 되고, 화환계약에 개입하는 은행은 유통성 B/L을 물적 담보로 확보하여 안심하고 매수인을 대신하여 대금을 결제하기 때문에 매도인이 발행한 화환어음의 결제가 가능하게 되어 결국 오늘날 무역이 이루어지게 된다. 특히, 환어음에 선적서류가 결합된 화환어음(documentary bill of exchange)은 다시 신용장제도와 결부하여 개설은행의 지급확약을 기반으로 격지자 간의 무역거래를 가능하게 만들었다.

(나) 선하증권의 종류

(a) 선적선하증권(shipped or on board B/L)과 수취선하증권(received B/L)

선적선하증권이란 선박회사가 화주로부터 수령한 운송화물을 선적한 후에 발행하는 선하증권으로서 증권면에 선적완료 사실이 'Shipped' 또는 'Shipped on Board'로서 표시된다. 오늘날 가장 많이 이용되고 있는 FOB 또는 CIF 같은 무역조건은 본선인도를 전제로 한 것이기 때문에 이 경우 당연히 Shipped B/L이 발행되어야 한다.

수취선하증권은 화물을 선적할 선박이 화물을 적재하기 위하여 항내에 정박 중이거나 아직 입항되지는 아니하였으나 선박이 지정된 경우에 선박회사가 화물을 수령하고 선적전에 발행하는 선하증권이다. 그러나 추후 실제 선적이 이루어지면 선적일을 기입하고 선박회사가 서명하면, 즉 "on board notation"이 있으면 선적선하증권과 동일한 효력을 가지게 되는데, 신용장통일규칙에 의하면 신용장이 특별한 선적운송서류를 요구하지 않는 한 Received B/L도 은행에서 수리를 하도록 하고 있다.

미국의 해운관습은 화주의 청구가 있을 때는 선적전이라도 운송인이 지정한 창고에 화물이 입고되면 일단 B/L을 발행해주고 선적이 끝난 후에 선적일자를 스탬프한 후 서명함으로써 Shipped B/L로서의 효력을 갖도록 하는 것이 보편화되어 있다. 매수인이 수취선하증권보다 선적선하증권을 선호하여 L/C 상에 이를 요구하는 이유는 수취선하증권의 경우 언제 선적될 것인지 불안하고 수입항에 도착할 일자를 예상할 수 없기 때문이다.

(b) 사고선하증권(dirty or foul B/L)과 무사고선하증권(clean B/L)

무고장선하증권 또는 무사고선하증권은 선하증권의 비고란에 기재사항이 없는 것을 말한다. B/L에는 "외관상 양호한 상태로 적재되었음 ..."(shipped on board in apparent good order and condition ...)과 같은 문언이 인쇄되어 있기 때문에 remarks가 없으면 자동적으로 무고장선하증권이 된다. 신용장통일규칙에도[11] "은행은 무고장 운송서류만을 수리한다. 무고장 운송서류는 물품 또는 포장에 하자가 있는 상태를 명시적으로 표시하는 조항이나 단서가 기재되어 있지 아니한 것을 말한다. 신용장에서 운송서류가 무고장본선적재(clean on board)라는 요건이 있는 경우에도 무고장(clean)이라는 단어는 운송서류상 보

---

11) UCP600 Art. 27

일 필요가 없다."고 규정하고 있다.

사고선하증권은 물품이나 포장상태의 하자에 관한 기록이 B/L상에 기재되어 있다. 통상 사고선하증권은 은행에서 수리되지 않으며 이에 따라 수출상은 수출대금을 수령할 수 없기 때문에 또한 파손화물의 대체나 교환이 시간적으로 가능하지 않을 경우 수출상은 선박회사에 파손화물보상장(L/I: letter of indemnity)을 제출하고 무사고선하증권을 발급받는다. 그렇지만 이러한 L/I는 송하인과 선박회사 사이에만 유효한 보상약속이므로 운송인은 선의의 제3자인 수하인이나 보험자에 대하여는 대항할 수 없다. 특히 보험회사도 L/I에 대하여는 보상약속이 없기 때문에 수출상은 이를 보험자에게 고지하여야 한다. 그렇지 않으면 고지의무위반이 되어 보험계약이 취소된다.[12]

(c) 기명식선하증권(straight B/L)과 지시식선하증권(order B/L)

기명식선하증권은 수하인(consignee)란에 특정인이 기명되는 경우이므로 기명된 자를 제외하고는 아무도 화물을 수령할 수가 없다. 따라서 기명식선하증권은 유통에 제한을 받는다. 통상 유통기간이 짧아서 운송도중 유통의 실익이 없는 Air Waybill이나 해상운송도중 유통할 필요가 없는 Sea Waybill의 경우에 기명식으로 발행된다.

지시식선하증권은 수하인란에 특정인을 기명하지 않고 'order', 'order of shipper' 또는 'order of xxx bank'등으로 기입된다. 지시식선하증권의 경우 지시에 의하여 양도된 선하증권의 소지인은 화물청구권을 갖기 때문에 선하증권의 담보물권적 기능이 충분히 발휘된다.

지시식선하증권은 화환신용장제도와 조화를 이룬다. 은행이 국제결제에 개입하려면 질권확보가 되어야 하는데, 정당하게 지시된 선하증권을 질권으로 확보하고 대금을 지급한다. 신용장거래에서는 주로 선하증권의 수하인란을 개설은행의 지시인 'to the order of A bank'로 기재할 것을 요구한다. 이것은 개설은행이 L/C 개설시 충분한 담보를 확보하지 않은 경우 자신의 지시 없이는 수하인이 물품수령을 할 수 없도록 함으로써 화물에 대한 권리를 결제시까지 확보하기 위한 방법이다.

(d) Groupage B/L과 House B/L

운송주선인이 여러 화주로부터 화물을 수집하여 컨테이너 적입작업을 하는

---

12) MIA (1906) sec. 18(1)

경우 운송주선인이 각 화주 앞으로 발급하는 선하증권을 House B/L이라고 하고 선주가 전체 화물에 대하여 운송주선인 앞으로 발행하는 선하증권을 Groupage B/L 또는 Omnibus B/L이라 한다.

House B/L이 은행에서 수리되기 위해서는 L/C상에 'House B/L Acceptable' 또는 'Forwarder's B/L Acceptable'과 같은 문언을 삽입하는 것이 편리하다. 그렇지 않을 경우 이러한 House B/L을 발행한 운송주선인이 운송인 또는 그 대리인의 자격으로 발행한 경우에만 수리가능하다.

(e) 통선하증권(through B/L)

통선하증권은 화물을 목적지까지 운송하는데 최초의 운송인인 선주가 도중에 다른 선박에 환적하거나 또는 육상운송수단을 이용할 경우 최초의 운송인이 전구간의 운송에 대하여 책임을 지고 발행한 선하증권으로 특히 미국에서 해상과 육상운송을 겸한 선하증권을 Overland B/L이라고 한다.

(f) 약식선하증권(short form B/L)

약식선하증권은 Long Form B/L의 이면약관이 생략된 것을 말한다. 그러나 분쟁이 발생하면 Long Form B/L상의 약관을 따르도록 "All the terms of the carrier's regular long form of Bill of Lading are corporated herein with like force and effect as if they were written at length herein. A copy of such Bill of Lading may be obtained from the carrier, its agent or the master."라고 명기하고 있다. Charter Party B/L은 보통 Short Form이지만 개품운송에 의한 정기선의 경우도 Short Form이 많이 사용되고 있다.

(g) 권리포기선하증권(surrender B/L)

화주의 요청에 따라 선사가 B/L에 'Surrendered'라는 스탬프를 날인하여 발행하는 B/L로 수하인이 이를 FAX로 받아 선사에 제출하고 화물을 수령할 수 있다. 이는 화물이 B/L보다 먼저 도착할 경우를 대비하여 L/G 대신 사용하는 것이지만 수하인이 수입대금을 결제하지 않고 물품을 수령하는 것을 막기 위하여 수취인을 개설은행으로 지정할 수 있다. 이는 대금결제조건이 신용장(L/C)방식에서는 발생하지 않고 사전송금(T/T) 방식에서는 종종 발생하고 있다. 현재 국내에서는 대부분의 외국적선사가 surrender B/L에 대해 surrender fee로서 건당 2만원을 징수하고 있다. 물론 B/L Surrender를 허용한 선사의 경우 현지 대리점이나 지사에 surrender되었다는 내용의 증거서류를 보내주어야 하며, 궁극적으로는 선하증권 원본은 목적지에서 보관하고 있어야 하므로 나중에라도 선사가 이를 보내주게 된다.

(h) 기간경과선하증권(stale B/L)

기간경과선하증권이란 발급된 날로부터 너무 오랜 기간이 경과한 선하증권을 말한다. 신용장통일규칙에는 선적후 21일이 경과하면 Stale B/L로 간주하여 수리를 거절하도록 규정하고 있다.[13] 보세창고도거래(BWT)에서는 물품을 수입지의 보세창고에 장치한 후에 매매계약이 체결되기 때문에 Stale B/L이 될 가능성이 높다. 이러한 경우에는 L/C상에 "Stale B/L Acceptable"이란 문언이 삽입되어야 한다.

(i) 제3자선하증권(third party B/L)

제3자선하증권이란 선하증권상에 표시된 송하인이 L/C상의 수익자가 아닌 제3자로 되어 있는 선하증권을 말한다. 이러한 선하증권은 양도가능신용장하에서 제2수익자의 명의로 선하증권이 발급되는 경우 또는 중계무역에서 발생할수 있다. 이러한 제3자선하증권은 신용장통일규칙에 의하여 수리가능하다.[14]

(j) 용선계약선하증권(charter party B/L)

용선계약선하증권은 선주와 용선계약을 체결한 용선자가 제3자의 화물을 운송하면서 화주 앞으로 발행해 주는 선하증권이다. 용선계약선하증권인 경우 용선자와 화주간에 운송계약과 선주와 용선자간에 용선계약이 동시에 존재하게 된다. 이 경우 운송계약은 상위계약인 용선계약에 영향을 받을 수 있으므로 과거에는 신용장거래에서 은행이 지급거절하는 대표적인 운송서류였다. 그러나 현행 신용장통일규칙에는[15] 용선계약부 선하증권의 수리요건을 규정하고 있다.

(다) 선하증권 기재사항

선하증권은 원래 본선의 선장이 발행하는 해상운송물의 수취증으로써 화물은 B/L과 상환으로 목적지에서 수하인에게 인도된다. 따라서 선하증권에는 운송물의 동일성을 표시하는 사항을 비롯하여 선박명, 운임, 송하인, 수하인, 선적항, 양륙항 등 운송상 중요한 사항을 기입할 필요가 있다. 이것을 법정기

---

13) UCP600 Art. 14. c
14) UCP600 Art. 14. k. : The shipper or consignor of the goods indicated on any document need not be beneficiary of credit.
15) UCP600 Art. 22

재사항이라고 한다. 이 밖에 계약자유의 원칙에 따라 각 당사자간의 특약에 의하여 여러 가지 사항을 기재하는 것을 인정하고 있는데 이것을 임의기재사항이라고 한다.

(a) 법정기재사항[16]

선하증권에는 다음의 사항을 기재하고 운송인이 기명날인 또는 서명하여야 한다. ① 선박의 명칭·국적 및 톤수, ② 송하인이 서면으로 통지한 운송물의 종류, 중량 또는 용적, 포장의 종별, 개수와 기호, ③ 운송물의 외관상태, ④ 용선자 또는 송하인의 성명·상호, ⑤ 수하인 또는 통지수령인의 성명·상호, ⑥ 선적항, ⑦ 양륙항, ⑧ 운임, ⑨ 발행지와 그 발행연월일, ⑩ 수통의 선하증권을 발행한 때에는 그 수, ⑪ 운송인의 성명 또는 상호, ⑫ 운송인의 주된 영업소 소재지

다만 위 ②의 기재사항 중 운송물의 중량·용적·개수 또는 기호가 운송인이 실제로 수령한 운송물을 정확하게 표시하고 있지 아니하다고 의심할 만한 상당한 이유가 있는 때 또는 이를 확인할 적당한 방법이 없는 때에는 그 기재를 생략할 수 있다.

(b) 임의기재사항

선하증권에는 법정기재사항 이외에도 화물의 수령에서 인도에 이르기까지의 운송계약내용을 더욱 명료하게 하기 위한 보충 및 참고사항, 운송인과 화주간의 특약사항(일반거래약관, 운송인 면책약관)을 B/L 표면 또는 이면에 기재할 수 있는데 이를 B/L의 임의기재사항이라 한다. 주요한 임의기재사항은 다음과 같다.

① 항해번호(voyage no): 선사가 임의 결정한 번호, ② 통지처(notify party), 참고용 최종 목적지(final destination), ③ 운임 지불지 및 환율, ④ 선하증권 번호(B/L No), ⑤ 송하인 신고사항(shipper's declared clause), ⑥ 컨테이너 번호 및 sealing 번호, ⑦ 면책약관(general clause or exception): 면책약관은 보통 선하증권의 표면약관이나 이면약관 중에 명백히 인쇄되어 있으며 이러한 면책약관을 일반약관(general clause)이라 한다. 그 밖에 선하증권의 여백에 기입하거나 고무인, 스탬프 등으로 기입되는 것을 특별약관(special clause)이라 한다.

---

16) 상법 제853조 ①항.

(2) 해상화물운송장

해상화물운송장(SWB: sea waybill)은 B/L과 마찬가지로 해상운송인 앞으로 발행하는 운송서류이다. 즉, 그것이 운송계약의 증빙서류이며 화물의 영수증이라는 점에서는 B/L과 공통점이 있으나 권리증권이 아니므로 제3자에게 유통시킬 수 없으며 도착지에서 화물의 수령시 이를 제출할 필요도 없다.

1970년대에 등장한 해상화물운송장은 전통적인 선하증권의 단점을 보완하는 기능을 한다. 즉, 해상운송의 고속화로 화물이 B/L보다 먼저 목적지에 도착한 경우, 만일 수입상이 B/L 도착전에 화물을 수령하려면 화물선취보증장(L/G)을 은행으로부터 발급받아야 하는 바, L/G발급에 따른 까다로운 절차 및 비용 그리고 L/G의 위조문제 등 여러 가지 문제가 제기될 수 있다. 이러한 문제점을 해결하기 위하여 운송중 전매될 화물이 아닌 경우에는 SWB를 이용할 수 있다.

SWB의 장점으로는 ① 화물인도의 신속성, ② 서류의 분실에 따른 위험해소, ③ 화물처리업무의 합리화촉진, ④ 경비절감 등을 들 수 있다.

실무적으로 이를 이용하고자 하면 신용장에 B/L 대신 SWB를 수리하도록 명기하여야 한다. 신용장통일규칙에도 SWB의 수리요건을 규정하고 있다.[17] 또한 매매관습인 INCOTERMS® 2020에도 매도인이 매수인에게 인도의 증빙서류로 SWB를 제시할 수 있도록 규정하고 있다. 현재 한국이나 일본 및 태평양권에서는 SWB의 사용이 그리 많지 않으나, 대서양권에서는 선하증권보다 SWB를 보다 많이 사용하고 있다.

〈표 9-11〉 Sea Waybill과 Bill of Lading 비교

구 분	Bill of Lading	Sea Waybill
화물 수령 증거	있 음	있 음
운송계약증서	있 음	있 음
화물권리증권	있 음	없 음
요인증권성	있 음	있 음
인도와 원본상환	화물인도 시 OB/L 상환 필요	화물인도 시 SWB원본 상환 불요
수하인 기재방식	지시식 및 기명식	기명식

---

17) UCP600 Art. 21

정당한 수하인	적절히 배서된 B/L소지인	SWB상 기명 수하인
화물 권리 이전	B/L 교부로 권리취득 ·인도증권성, 물권적효력 있음	운송계약에 지정된 자가 권리취득 ·인도증권성 및 물권적효력 없음
적용법규 (compulsory law or rules)	상법(해상편) Hague/Visby Rules B/L Act, COGSA 등	규율하는 법규 없음

❸ 항공운송

1) 항공운송의 의의

항공운송(air transportation)은 항공기를 이용하여 여객과 화물을 국내외의 공항에서 다른 공항까지 운송하는 수송시스템을 의미한다. 항공운송은 해상운송이나 육상운송보다 늦게 도입된 수송제도이지만 반도체, 광학기기, 필름 등 고급상품과 송이버섯이나 생화와 같이 신속성을 요하는 물품의 운송에서는 해상운송이나 다른 운송수단으로는 커버할 수 없는 특성이 있다.

항공운송은 다른 운송방식과 비교하여 다음과 같은 세 가지 특성을 갖고 있다. 첫째, 항공운송의 최대 장점은 신속성이다. 따라서 기회비용이 중시되는 계절상품, 유행상품, 또한 납기가 촉박한 상품의 수송에 적합하다. 둘째, 안전성으로, 항공화물은 운송도중 분실, 훼손의 가능성이 적기 때문에 방사선물질, 뉴스필름, 원고, 서류 등의 수송에 적합하다. 셋째, 경제성으로, 단위당 운임은 해상운송에 비하여 높으나 포장비, 창고료, 관리비 등과 배달시간 등을 고려한 종합비용면에서는 오히려 경제성을 갖춘 경우도 있다.

2) 항공운송계약

항공운송 계약체결 당사자는 FCA조건일지라도 일반적으로 운송인과 매도인이다. 항공운송계약 결과 발행되는 항공화물운송장(AWB: air waybill, ACN: air consignment note)은 항공운송계약체결의 추정적 증거이다. 항공운송계약의 내용은 항공화물운송장의 이면약관에 나타난다. 이면약관의 대표적인 것이 국제항공운송협회(IATA: International Air Transport Association)의 표준약관(The General Condition of Carriage)이다. 이 약관은 1929년의 Warsaw Convention과

1955년의 Hague Protocol에 반하지 않는 범위 내에서만 적용되며, 오늘날 대부분의 항공사가 IATA 표준약관을 수용하거나 약간 수정하여 채택하고 있다.

Hague Protocol 제19조에는 "본 의정서의 당사국 간에 있어서는 1929년 Warsaw Convention과 Hague Protocol을 합쳐서 단일조약으로 간주하고 이를 합하여 Warsaw Convention이라 부른다."고 규정하고 있기 때문에 바르샤바 체제(Warsaw System)는 1929년 Warsaw Convention과 1955년의 Hague의정서, 그 후 1961년 Guadalajara Convention, 1975년 몬트리올 제1, 제2, 제3, 제4차 추가의정서(Montreal Addition Protocols Nos. 1, 2, 3 & 4), 1999년 몬트리올협약 (Montreal Convention: Convention for the Unification of Certain Rules for International Carriage by Air)까지의 일련의 조약체계를 말한다.

바르샤바체제를 보충하기 위하여 미국 민간항공국의 결정에 따라 1966년 항공사간의 협정인 몬트리올협정(Montreal Agreement)이 있는데, 이것도 바르샤바 체제에 포함시켜 논의된다. 현재 바르샤바체제가 국제항공운송의 기본법으로 세계 각국에서 시행되고 있는데 우리나라는 이들 조약 중 1955년 헤이그 의정서에 가입하였다.

국제협약상 운송인의 책임은 과실추정주의를 택하고 있다. 즉, 운송중 발생한 모든 사고는 일단 운송인의 과실에 있는 것으로 추정한다. 따라서 운송인이 스스로 무과실을 입증하지 않는 한, 면책되지 않는다.

3) 항공운송서류

(1) 항공화물운송장의 의의

항공운송에서 해상운송의 선하증권에 해당하는 서류는 항공화물운송장 (AWB: air waybill)과 항공화물탁송장(ACN: air consignment note)이다. 전자는 헤이그의정서(1955)에서 인정하는 운송서류이고 후자는 바르샤바협약(1929)에서 인정하는 서류이다. 본서에서 설명하고 있는 항공화물운송장은 양자를 통칭하는 개념이다.

선하증권은 화물의 수령을 증명하는 영수증, 운송계약의 체결을 나타내는 운송계약의 증빙서류, 그리고 화물의 권리를 나타내는 권리증권의 기능을 동시에 갖고 있으나 항공화물운송장은 화물의 수령을 나타내는 영수증과 운송계약의 증빙서류의 기능만 갖는다. 즉, 항공화물운송장은 ① 운송 위탁된 화물을 접수했다는 영수증, ② 운송계약체결에 대한 문서상의 증명, ③ 요금계산서 (Freight Bill), ④ 송하인이 화주보험(AWB에 보험금액과 보험료가 기재됨)에 부보한 경우 보험가입증명서, ⑤ 세관신고서 및 화물운송의 지침서(취급, 중계, 배달 등)의 기능을 수행한다.

화환신용장거래에서 화물을 항공운송할 경우 수출상이 발행하는 환어음은 무담보어음(clean bill)이다. 왜냐하면 첨부되는 AWB가 B/L처럼 유가증권이 아닌 단순한 화물수령증에 불과하기 때문이다. 따라서 매입은행도 환어음 매입시 선적서류를 담보로 한 화환어음의 매입이 아니라 담보물권이 없는 무담보어음의 매입을 한다. 양자를 비교하면 다음과 같다.

〈표 9-12〉 항공화물운송장과 선하증권의 비교

항공화물운송장(AWB)	선하증권(B/L)
유가증권이 아닌 단순한 화물운송장	유가증권
비유통성(non-negotiable)	유통성(negotiable)
기명식	지시식
수취식(창고에서 수령하고 발행)	선적식(본선 선적후 발행)
송하인이 작성하는 것이 원칙	운송인이 작성

(2) 항공화물운송장의 발행

항공화물운송장은 화주가 작성, 제출해야 함이 원칙이나 항공사나 항공사의 권한을 위임받은 대리점에 의해 이행되는 것이 통례이다. 대리점은 화주가 가져온 상업송장 등 선적서류와 화물운송화주지시서에 의해 운송장을 발행하며 화물전량을 인수한 후에 발행함이 원칙이다.

바르샤바협약에 의하면 항공화물운송장은 송하인이 원본 3통을 작성하여 화물과 함께 항공운송인에게 교부하도록 규정하고 있다. 항공화물운송장은 원본 3장, 부본 6장으로 구성되는 것을 원칙으로 하나, 항공사에 따라서 부본을 5장까지 추가할 수도 있다. 대한항공의 화물운송장은 원본 3장, 부본 9장, 합계 12장으로 구성되어 있으며 항공사의 필요에 따라 매수 조절이 가능하다. 제1원본은 운송인용(녹색)으로 송화인이 기재한다. 제2원본은 수화인용(적색)으로 송화인 및 운송인이 서명하여 화물과 함께 송부한다. 제3원본은 송화인용(청색)으로 운송인이 화물을 인수한 후에 송화인에게 교부한다.

(3) 항공화물운송장의 작성

항공운송장에 기록되는 문자와 숫자는 라틴문자와 아라비아 숫자를 사용한다. 따라서 사용문자는 영어, 불어, 스페인어를 사용하는 것이 원칙이다. 라틴문자 외에 다른 문자를 사용하는 경우 영어를 병기하는 것이 바람직하다. 작성된 항공운송장의 내용을 수정하거나 추가할 때는 원본과 사본 전체에 대해서 수정 또는 추가해야 한다. 화물이 수송되는 도중이나 목적지에서 이와 같은 수정이나 추가사항이 발생하였을 경우에는 잔여분에 대한 수정이나 추가 내용이 반영되어야 한다. 화물운송장을 작성할 때는 typing을 하고 block letter를 사용하는 것이 원칙이며 경우에 따라서는 hand writing 하기도 하는데 어떤 경우이든 원본과 부본 전체가 명확히 복사되도록 유의하여 작성해야 한다.

4 복합운송

1) 복합운송의 의의 및 복합운송인

(1) 복합운송의 의의

국제복합운송(international multimodal(combined) transport)이란 복합운송인에 의하여 물품이 어느 한 국가의 지점에서 다른 국가의 인도지점까지 적어도 두 가지 이상의 운송방식에 의하여 이루어지는 물품운송을 말한다.

〈표 9-13〉 통운송 vs. 복합운송

구 분	통(through)운송	복합(multimodal)운송
운송수단의 조합	· 동종운송수단의 조합 · 이종운송수단의 조합	· 이종운송수단과의 조합만 가능
운송계약의 형태	· 형태불문, 최종목적지까지 전반운송 증명만으로 가능	· 복합운송계약(하청운송형태)
운송인의 책임형태	· 각 운송인의 분할책임	· 전 구간 단일책임(Network Uniform Liability System)
운송인 간 관계	· 2차 운송인에 대한 1차 운송인은 화주의 단순 운송대리인	· 1차 운송인: 원청 운송인 · 2차 운송인: 하청 운송인

운송서류의 발행인	· 선박회사와 그 대리인	· 운송인, 운송주선인 등 발행인의 특별한 제한 없음
운송서류의 형식	· B/L의 형식	· B/L 이외의 형식 가능
on board notation	· shipped B/L로써 지정선박에의 적재 증명	· Taking in charge로 증명

복합운송의 장점으로는 ① 환적작업 등 수송기관 간의 접점에서 발생하는 작업비용의 절감과 작업흐름의 원활화, ② 컨테이너화에 의해 수송수속의 간소화로 서류체크가 단순화, ③ 복합운송인에 의한 일괄운송업무 수행으로 운송책임의 일원화, ④ 단일의 운송인에 의해 취급되므로 화물의 추적이 용이하다. 복합운송은 복수의 운송인이 참여한다는 점에서 통운송(through transport)과 유사하지만 다소 차이가 있다.

(2) 복합운송인

복합운송인은 이종 또는 동종의 운송수단을 조합하여 일관된 운송시스템을 편성하여 송하인에 대하여 운송계약의 당사자로 행동하는 사람이다. TCM조약(Project de Convention sur le Transport Combiné Internationale de Merchandises)에서는 CTO(combined transport operator), UN국제물품복합운송협약(United Nations Convention on International Multimodal Transport of Goods, 1980)에서는 MTO(multimodal transport operator), 미국에서는 ITO(international transport operator)라 부른다.

TCM조약은 복합운송인을 ① 복합운송서류를 발행하며, ② 화물의 수령으로부터 인도까지 전구간에 걸쳐 자기의 이름으로 운송을 이행하고, ③ 조약에 규정된 운송인의 책임을 부담하며, ④ 복합운송서류에 기명된 자 또는 정당하게 배서된 서류의 소지인에게 화물의 인도를 확실히 하기 위하여 필요한 모든 조치를 다하는 자로 규정하고 있다. 요약컨대, 복합운송인의 구비조건은 ① 화주에 대한 전구간 단일책임, ② 복합운송서류(MTD: multimodal transport document) 발급, ③ 전구간에 대하여 일관운임(through rate)을 제공하여야 한다.

복합운송인은 실제 운송수단을 갖고 있는 실제운송인(actual carrier)과 실제 운송수단을 보유하지 않지만 계약에 의하여 복합운송을 수행하는 계약운송인(contracting carrier)으로 구분할 수 있다.

(가) 실제운송인형 복합운송인

UNCTAD/ICC복합운송서류규칙(UNCTAD/ICC Rules for Multimodal Transport Document, 1992) 제2조 3항에는 "운송인은 복합운송인과 동일인의 여부와 관계없이 운송의 전부 또는 일부를 이행하거나 또는 그 이행을 약속하는(to undertake) 자"로 정의하고 있다. 실제운송인은 선박회사, 철도회사, 항공회사 등이 복합운송인이 될 수 있으며, 컨테이너의 등장으로 운송서비스가 Door to Door로 확대됨에 따라 가장 큰 운송공간이 해상구간이므로 선박회사가 대표적인 실제운송인이라고 할 수 있다.

(나) 계약운송인형 복합운송인

계약운송인은 자신이 선박, 트럭, 항공기 등 운송수단을 보유하고 있지 않으나 운송계약의 당사자로부터 복합운송인의 책임을 다하는 자이다. 대표적인 계약운송인은 운송주선인(freight forwarder)이다. 운송주선인은 실무에서는 '포워더'라고 부르지만 'forwarding agent', 'shipping agent', 'air freight agent', 'shipping & forwarding agent'를 총칭하는 개념으로 운송주선인과 복합운송인의 역할 둘 다 수행한다. 전자의 기능은 물품의 집하, 선적, 운송, 보관, 통관 등의 업무를 주선하는 기능이고, 후자는 운송계약의 당사자로서 전 구간 운송을 커버하고 복합운송서류를 발행하는 기능이다. 미국에서 운송수단을 보유하지 않은 NVOCC(non-vessel operating common carrier)가 계약운송인에 속한다. 우리나라는 화물유통촉진법에 운송주선인을 복합운송주선업자로 규정하고 있다.

2) 복합운송인의 책임

복합운송인은 화주와 복합운송계약을 체결하고 그 증빙으로 복합운송서류를 발행한다. 복합운송인은 복합운송계약에 따라 전운송기간에 대하여 책임을 지며 이를 단일운송책임제(single carrier's liability)라고 한다.

복합운송인의 책임과 관련하여, 복합운송에 동원되는 개개의 운송수단이 운송을 수행하는 개별구간에서 발생하는 손해에 대하여 복합운송인이 동일한 책임원칙에 따라 책임을 지는 동일책임체계(uniform liability system)와 운송수단별로 운송인의 책임이 달라지는 이종책임체계(network liability system)가 있다. 특히 이종책임체계의 경우 손해가 어느 특정구간에서 발생하고 그 구간에

관한 국제조약 또는 국내강행법이 UN국제물품복합운송협약에서 정한 배상한
도액보다 높을 경우에는 이러한 조약이나 국내법에 따르지만 그렇지 않은 경
우에는 UN협약을 적용하는 변형동일책임체계(modified uniform liability system)
가 있다.

3) 복합운송서류

(1) 복합운송서류의 의의

복합운송서류(multimodal transport document)는 복합운송계약에 따라 복합운
송인이 화물을 자신의 관리 하에 수취하였다는 것 및 그 계약조건에 따라 이
를 인도할 의무를 부담함을 증명하는 서류이다(UN국제물품복합운송협약 제1조 4
항). 또는 복합운송계약을 증빙하는 서류이며 유통성 또는 비유통성 서식으로
발행할 수 있다(UNCTAD/ICC 규칙 제2조 6항). 결론컨대, 복합운송서류란 선박,
철도, 항공기 또는 자동차에 의한 운송방식 중 적어도 두 가지 이상의 운송방
식의 결합에 의하여 물품의 수탁지와 인도지간에 이루어지는 복합운송에 관한
계약을 증명하는 서류이다. 복합운송서류는 유통성 복합운송서류(negotiable)지만
비유통성(non-negotiable)으로도 발행될 수 있다. 유통성 복합운송서류는 지시
식(to order)과 소지인식(bearer)으로 구분된다.

복합운송서류가 국제법규에 따라 유통성을 갖도록 발행될 수 있지만 이것
이 전통적인 선하증권과 같이 유가증권적 기능을 갖는지는 불투명하다. 따라
서 저자는 "multimodal transport document"를 '복합운송증권'이라고 번역하
지 않고 '복합운송서류'로 번역하여 기술해 왔다. 복합운송서류가 유통성을 지
닐 경우 ① 지시식 또는 소지인식으로 되어야 하며, ② 지시식으로 발행된 경
우 배서에 의하여 양도할 수 있고, ③ 무기명식으로 발행된 경우 배서 없이
양도할 수 있다. 복합운송서류가 비유통성으로 발행된 경우 ① 지정된 수하인
이 기명되어야 하며, ② 복합운송인은 증권에 지정된 수하인 또는 수하인으로
부터 정당하게 지시받은 당사자가 아닌 그 밖의 사람에게 인도할 의무가 없다.

(2) 국제복합운송서류의 종류

복합운송서류의 종류는 여러 가지 분류기준에 따라 나눌 수 있다. 첫째, 복
합운송인의 책임형태에 따라 책임분할형 서류와 단일책임형 서류로 나눌 수
있고, 단일책임형의 경우 이종책임형 서류와 동일책임형 서류로 나눌 수 있다.

둘째, 서류의 유통성 여부에 따라 유통형 서류와 비유통형 서류로, 유통형 서류는 다시 지시식과 소지인식으로 나눌 수 있다.

셋째, 서류의 명칭에 따라 선하증권의 명칭을 지닌 것과 그렇지 않은 것이 있다. UNCTAD /ICC규칙에 따른 "Negotiable(Non-negotiable) Multimodal Transport Document subject to ICC Publication No. 481"과 같은 문언을 포함한 선하증권의 명칭을 포함하지 않은 복합운송서류가 있다. 이런 반면에 선하증권 형식의 복합운송서류에는 'Combined Transport Bill of Lading', 'Multimodal Transport Bill of Lading', 'International Transport Bill of Lading' 등의 명칭을 갖고 있다. 그리고 국제운송주선인협회연맹(Fédération Internationale des Associations de Transitaires et Assimilés: FIATA)은 FIATA 복합운송선하증권(FIATA Multimodal Transport Bill of Lading: FIATA FBL)을 발행한다.

제4절 ▶ 무역보험

1 해상보험의 기초

1) 해상보험의 의의

해상보험(marine insurance)이란 해상이나 항해사업과 관련된 육상 및 항공에서 발생한 손해까지 보상하는 보험이다. 해상보험과 해상보험계약(contract of marine insurance)을 구별할 필요는 없다. 전자는 일종의 경제제도를 칭하는 것이라면 후자는 그 제도의 운용방법이기 때문이다. 우리나라 상법 제693조에는 "해상보험계약의 보험자는 해상사업에 관한 사고로 인하여 생길 손해를 보상할 책임이 있다."고 정의하고 있으며, 영국해상보험법(MIA: Marine Insurance Act, 1906) 제1조에는 "해상보험계약은 보험자가 피보험자에 대하여 그 계약에서 합의된 방법과 범위내에서 해상손해, 즉 항해사업에 수반되는 손해를 보상할 것을 약정하는 계약이다"라고 정의하고 있다.[18] 이와 같이 해상보험은 항

---

18) A contract of marine insurance is a contract whereby the insurance undertakes to indemnify

해사업과 관련된 사고로 인한 손해를 보상하며, 또한 피보험자가 입은 손해만을 보상하기 때문에 손해보상보험이다.

해상보험은 생명보험이나 여타의 손해보험과는 다른 몇 가지 특징이 있다. 첫째, 해상보험은 국제성을 지니고 있다. 물론 오늘날 보험시장의 개방으로 거의 모든 보험분야에서 국제간 거래가 일어나고 있지만 해상보험은 바로 국제거래와 관련된 보험이다. 또한 해상사고도 주로 공해상에서 발생된다. 따라서 보험자의 책임과 보상에 관하여 국제적 통일법이 요구된다. 오늘날 세계적으로 널리 채택되고 있는 준거법으로 영국의 법과 관습이 적용된다.[19] 우리나라 해상보험업계에서 이용하고 있는 보험약관 역시 런던보험자협회에서 제정한 약관이다.

둘째, 해상보험은 기업보험의 성격을 지니고 있다. 보험가입자가 개인이 아닌 무역회사나 선박회사이다.

셋째, 해상보험은 다른 손해보험과 마찬가지로 저축성보험이 아닌 보장성보험의 성격을 지니고 있다. 비록 보험계약자가 보험료를 납부하였더라도 피보험목적물의 손해에 대해서만 보상할 뿐 손해와 관계없이 보상되는 인보험(人保險)과는 다르다.

넷째, 해상보험은 국제무역의 촉진제 역할을 한다. 무역이 활성화되기 위해서는 운송산업이 활성화되어야 하며 운송산업이 활성화되기 위해서는 위험을 커버하는 보험제도가 확립되어야 한다.

2) 해상보험의 분류

(1) 보험가입대상에 따른 분류

해상보험은 보험가입대상에 따라 적하보험, 선박보험, 선임보험, 희망이익보험으로 구분할 수 있는데 그 내용은 아래와 같다.

첫째, 적하보험(cargo insurance)은 보험가입대상이 화물인 경우로 수출상 또는 수입상이 이용한다.

---

the assured, in manner and the extent thereby agreed, against marine losses, that is to say, the losses incident to marine adventure.

19) 준거법약관(신해상보험증권 본문약관) : Notwithstanding anything contained therein or attached hereto to the contrary, their insurance is understood and agreed to be subject to English law and practice only as to liability for and settlement of any and all claims.

둘째, 선박보험(hull insurance)은 보험가입대상이 선체인 경우로 선주가 주로 이용하며, 보통 해상보험이라고 하면 적하보험과 선박보험이 그 중심이 된다.

셋째, 선임보험(freight insurance)은 선주, 용선자, 또는 운송주선인 등이 화물 또는 여객을 무사히 운송한 경우에 취득할 선임을 보험가입대상으로 하는 보험이다.

넷째, 희망이익보험(insurance on respected profit)은 화물의 도착으로 화주가 얻게 될 기대이익을 보험가입대상으로 하는 보험이다. 일반적으로 적하보험에서는 수출원가에 도착항까지 운임과 보험료를 합한 CIF Value의 10%를 희망이익으로 하고 있다.

(2) 보험기간을 정하는 방법에 따른 분류

해상보험은 보험기간을 정하는 방법에 따라 항해보험, 기간보험 및 혼합보험으로 구분할 수 있는데 그 내용은 아래와 같다.

첫째, 항해보험(voyage insurance)은 특정항해구간을 정하여 이를 보험기간으로 할 때 이를 항해보험이라고 하며 대부분의 적하보험은 항해보험이다.

둘째, 기간보험(time insurance)은 특정기간을 정하여 이를 보험기간으로 할 때 이를 기간보험이라고 하며 대부분의 선박보험은 기간보험이다.

셋째, 혼합보험(mixed insurance)은 항해구간과 기간의 2가지 기준을 동시에 보험기간으로 규정하고 있는 보험으로 종전에는 선박보험에서 이용되었으나 오늘날에는 거의 이용되지 않는다.

3) 해상보험의 주요용어

해상보험을 이해하기 위하여 그 실무에 주로 사용되는 용어를 숙지하는 것이 필요한데, 그 주요용어와 의미는 아래와 같다.

(1) 위험(risk, peril)

위험(risk)이란 손해발생가능을 말한다. 이와 유사한 용어로 손인(perils)이 있다. 이는 손해의 원인을 말하며 좌초, 충돌, 화재 등을 들 수 있다. 현행 협회약관에는 이를 따로 구분하지 않고 risk란 용어만 사용하고 있다.

해상보험에서는 모든 손해를 담보하는 것이 아니고, 일정한 위험에 의해 야기된 손해만을 담보하며 일정한 위험은 보험약관상에 나타난다. 보험약관은 담보위험과 면책위험으로 구성되는데, 담보위험은 보험자가 부담하는 위험, 즉 당해 위험으로 발생한 손해를 보험자가 보상하기로 약속하는 위험이다. 반면 면책위험은 법률이나 약관에 의해 보험자의 보상책임을 면제시키는 위험을 말한다.

(2) 손해(loss, damage)

위험의 발생으로 피보험목적물의 전부 또는 일부가 소멸되거나 손상을 입는 것을 말한다. 해상손해는 손해발생의 원인에 따라 물적 손해, 비용손해, 책임손해로 구분된다. 손해의 정도에 따라 전손과 분손으로 구분되는데 전손은 현실전손과 추정전손으로 분손은 단독해손과 공동해손으로 구분된다.

(3) 담보와 보상(to cover & to pay)

보험자가 손해발생의 가능성에 대하여 책임을 지는 것을 담보(擔保, cover)라고 하고, 위험의 발생으로 피보험자가 입은 경제적 손해에 대하여 책임을 지는 것을 보상(補償, pay)이라고 한다. 보험자는 담보한 위험에 대한 손해만을 보상할 의무가 있는데 이를 인과관계(causation)라고 한다. 보통 '위험을 담보하다'(to cover the risk)라고 할 때는 cover란 용어를 사용하지만 "명시담보", "묵시담보", "담보위반" 등에서는 warranty란 용어를 사용한다.

(4) 보험계약의 당사자

(가) 보험자(insurer, assurer)

보험계약의 당사자로서 위험을 인수하는 자를 말하며 보험사고 발생시 손해보상책임을 지는 자다. 실무적으로 회사형태의 보험회사(insurance company)와 개인보험업자(underwriter)가 있다.

(나) 보험계약자(policy holder)

보험자에게 보험료를 지급하고 보험계약을 체결하는 당사자이다. 실무적으로 누가 보험계약을 체결할 것인지는 별도의 명시가 없는 한 정형거래조건에 따라 결정된다. 보험계약 체결자가 반드시 피보험자일 필요는 없다. FOB조건나 FCA조건에서는 보험계약자가 피보험자이지만 CIF조건이나 CIP조건에서는 매도인이 보험계약자이지만 피보험자는 매수인이다.

(다) 피보험자(insured, assured)

피보험목적물에 대하여 이해관계를 갖는 자로, 보험사고의 발생시 보상청구권을 갖는다. 결국 보험금을 수령하는 자이다.

(5) 보험료, 보험금, 보험금액, 보험가액

(가) 보험료(insurance premium)

보험자의 위험인수에 대하여 보험계약자가 지급하는 대가로 보험계약의 약인(consideration)이 된다. 보험료는 보험금에 대한 백분비로 표시하며 보험금에 보험요율을 곱하여 계산한다.

(나) 보험금(claim amount, claims)

보험사고의 발생으로 피보험자가 보험자로부터 보상받는 손해보상액을 말한다. 보험금은 실손보상의 원칙에 따라 보험금액의 한도내에서 보상된다. 그렇다고 보험금이 반드시 실손액과 일치된다고 볼 수 없다. 왜냐하면 해상보험계약은 계약당사자가 "상호 합의한 방법과 범위까지"(in a manner and to the extent thereby agreed) 보상되기 때문이다.

(다) 보험금액(amount insured)

보험가입금액으로 사고발생시 보험자가 보상하는 최고 한도액이다. 보험자는 손해방지비용의 경우를 제외하고 어떤 경우에도 보험금액을 초과하여 보상할 책임이 없다. 전액보험(full insurance)의 경우 보험금액은 보험가액과 일치하며, 적하보험의 경우 보험금액은 일반적으로 CIF value × 110%이다.

(라) 보험가액(insurable value)

이것은 피보험목적물의 평가액이다. 피보험목적물의 경제적 가치는 계속 변하기 때문에 보험계약 체결시 이를 변하지 않는 확정금액으로 전제하고 계약을 체결한다. 이를 보험가액불변의 원칙이라고 하며 이러한 원칙에 따라 발행하는 증권을 기평가보험증권(valued policy)이라고 한다.

(6) 일부보험 · 전부보험 · 초과보험 · 중복보험

(가) 일부보험(under insurance)

보험금액이 보험가액보다 적은 경우로 보험사고의 발생시 보험자는 보험가액에 대한 보험금액의 비율로 비례보상을 한다. 선박보험의 경우가 주로 여기에 해당한다.

(나) 전부보험(full insurance)

보험금액이 보험가액과 같은 경우로 주로 적하보험이 여기에 해당하며 실손보상의 원칙이 적용될 수 있다.

(다) 초과보험(over insurance)

보험금액이 보험가액을 초과하는 경우를 말한다. 초과보험이 보험계약자의 사기에 의하지 않고 선의로 체결되었을 경우에는 보험자는 보험금액의 감액을 청구할 수 있지만 사기에 의한 초과보험은 무효가 된다.

(라) 중복보험(double insurance)

동일한 피보험목적물에 대하여 복수의 보험계약이 존재하는 경우로서 전체 보험 금액이 보험가액을 초과하는 경우를 말한다. 이 경우에는 각 보험자는 보험금액의 한도 내에서 연대책임을 진다.

(7) 보험증권과 보험약관

보험증권(insurance policy)은 보험자가 보험계약의 성립과 그 내용을 증명하기 위하여 작성·교부하는 증서이다. 해상보험계약은 낙성계약이므로 증권의 발행·교부가 보험계약의 성립에 전제조건이 아니지만 해상보험계약은 보험증권상에 나타나지 않으면 증거로 인정되지 않는다.

보험약관(clauses)은 보험계약의 내용을 구성하는 계약조항을 통칭한다. 약관을 구성하는 개개의 계약내용을 조항(clause)이라고 하나 실무적으로는 약관과 조항을 구별하지 않고 혼용하여 사용하고 있다.

(8) 보험기간·보험계약기간

보험기간(duration of risk)은 피보험목적물에 대한 보험자의 책임이 존속하는 기간으로 피보험자가 보험으로부터 보호받는 시간적·공간적 한계를 말한다.

보험계약기간(duration of policy)은 보험계약이 유효하게 존속하는 기간으로 일반적으로 보험기간과 일치한다. 그렇지만 소급보험이나 예정보험에서는 양자가 불일치한다.

(9) 보험의 목적 · 보험계약의 목적

보험의 목적은 보험계약의 객체를 의미하며 적하보험에서는 화물이며 선박보험에서는 선박이다. 보험의 목적을 피보험목적물 또는 보험목적물(subject-matter insured)이라고 한다.

보험계약의 목적은 피보험자가 보험계약을 통하여 담보되는 대상으로 피보험목적물에 대한 피보험자의 경제적 이해관계인 피보험이익(insurable interest)이다. 피보험자가 보험계약을 체결하는 목적은 이러한 피보험이익을 보호받기 위함이다.

(10) 피보험이익

특정인이 피보험목적물에 대한 경제적 이해관계를 피보험이익(insurable interest)이라 하고 보험의 보호대상이 된다. 해상보험계약은 손해보상계약이기 때문에 바로 이러한 경제적 이해관계가 없다면 손해를 입을 염려가 없다.

◨ 해상손해

1) 해상손해의 종류

해상손해(marine loss or damage)란 피보험목적물이 해상위험으로 인하여 전부 또는 일부가 멸실·손상됨으로써 피보험자가 입게 되는 경제적 손실을 말한다. 이러한 해상손해는 피보험목적물 자체의 멸실이나 손상을 의미하는 직접손해와 이로 인하여 부수적으로 발생하는 간접손해로 나눌 수 있다.

해상손해라고 반드시 해상에서 발생하는 손해만을 의미하지 않으며 여기에는 해상항해에 부수되는 내수 및 육상의 손해까지 포함된다. 보험자가 보상하는 손해는 피보험자가 피보험목적물에 피보험이익을 가져야 하며 손해와 담보위험과 근인관계가 있어야 한다.

해상손해는 분류기준에 따라 여러 가지로 나눌 수 있다. 먼저 직접손해와 간접손해로 나눌 수 있다. 직접손해는 피보험목적물 자체의 손해이며 간접손해는 직접손해의 결과 부수적으로 입게 되는 손해로 이익의 상실이나 운임의 상실 등이 여기에 속한다.

해상보험은 직접손해보상의 원칙에 따라 직접손해만을 보상함을 원칙으로

하지만 약관에서 특별히 정한 경우에 간접손해도 보상한다. 일반적으로 해상
손해는 크게 물적손해, 비용손해, 책임손해 3가지로 분류되고 이들은 다시 다
음과 같이 구분된다.

[그림 9-3] **해상손해의 분류**

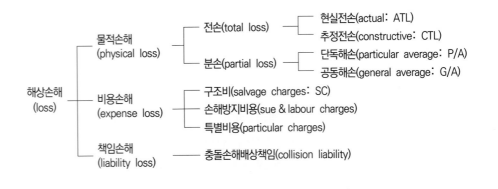

먼저 물적손해에는 전손과 분손이 있는데 전손은 다시 현실전손과 추정전
손으로 분류 된다. 여기서 현실전손은 피보험목적물이 파괴되거나 부보된 종
류의 물품으로 존재할 수 없을 정도로 심한 손상을 받은 경우 또는 피보험자
가 피보험목적물에 대하여 소유권을 박탈당하고 이를 회복할 수 없을 때 현실
전손이 존재한다. 한편 추정전손은 피보험목적물을 그대로 두면 현실전손이
불가피하다고 생각되는 경우 또는 그 가액을 초과하는 비용을 지급하여야 현
실전손을 면할 수 있는 경우에 이를 합리적으로 위부(委付)할 것을 전제로 추
정전손이 된다. 그리고 분손은 분손의 발생원인에 따라 그 손해를 특정의 피
보험자가 혼자서 부담하여야 할 분손을 단독해손이라고 하고, 이를 이해관계
자 모두에게 공평하게 나누어 부담시켜야 할 경우 공동해손이 된다.

비용손해는 크게 구조비, 손해방지비용 및 특별비용으로 구분되는데, 구조
비는 계약에 의하지 않는 제3자에 의하여 임의로 행하여진 구조행위에 따른
비용으로 구조에 성공한 경우에 한하여 보험금액을 한도로 보상된다. 그리고
손해방지비용은 보험계약자 또는 피보험자가 손해를 방지하거나 경감하기 위
하여 합리적인 조치를 취하면서 소요된 비용으로 보험에서 담보된다. 마지막
으로 특별비용은 피보험목적물의 안전이나 보존을 위하여 피보험자에 의하여

또는 피보험자를 위하여 지출된 비용으로 공동해손비용과 구조비 이외의 것을 특별비용이라고 한다. 즉, 클레임을 입증하고 손해액을 확정하는데 지출된 비용으로 이재조사비(罹災調査費), 재조정비 및 재포장비 등이 이에 속한다.

책임손해에는 충돌손해배상책임이 있는데 이는 선원의 과실에 의하여 피보험선박이 타선과 충돌하여 피보험선박 자체가 입은 물적 손해는 물론 그 충돌로 인하여 상대선박의 선주 및 그 선박에 적재된 화주의 화물에 대하여 피보험자가 책임질 배상책임까지 보험에서 보상한다.

2) 위부 및 보상청구

(1) 위 부

위부(abandonment)란 피보험자가 보험자에게 피보험목적물에 대한 손해를 전손으로 추정되도록 하기 위하여 잔존물의 소유권과 제3자에 대한 구상권을 보험자에게 양도하는 것을 말한다. 위부는 주로 추정전손의 경우에 이루어지나 현실전손의 경우에도 전손에 대한 판정이 지연되기 때문에 속히 보험금을 받기 위하여 위부의 수속을 취하기도 한다. 따라서 위부의 요건은 ① 현실전손이 불가피한 것으로 보이거나, ② 피보험목적물의 가액을 초과하는 비용지출이 없으면 회복이 불가능한 경우이다.

피보험자는 위부를 결정하면 이를 보험자에게 통지하여야 한다. 위부가 유효하게 성립되면 보험자는 피보험목적물에 잔존하는 일체의 이익과 이에 부수되는 일체의 권리를 취득한다. 이에 반하여 보험자가 피보험자에게 보험금을 지급한 경우에는 피보험목적물에 대한 일체의 권리와 과실있는 제3자에 대한 구상권 등을 승계하는 것을 대위(subrogation)라고 한다.

(2) 보상청구

보험사고가 발생하면 피보험자나 그의 대리인은 지체 없이 이를 보험회사나 그의 대리인에게 구두나 서면으로 통지하여야 한다. 또한 손해사실을 증명하기 위하여 보험증권에 지정되어 있는 로이즈 대리점이나 보험회사가 지정한 검정회사로부터 손해정도와 원인에 대한 Survey Report(검정보고서)를 발급받아야 한다. 더욱 중요한 것은 손해발생에 책임이 있는 제3자, 즉 운송회사나 항만당국에 손해배상청구를 하고, 이러한 제3자에 대한 청구권을 보험자에게 위부하여야 한다.

무역거래에서 화주는 통상 운송계약과 보험계약을 체결한다. 따라서 운송중의 손해에 대하여 운송인을 상대로 손해배상청구권을, 그리고 보험자를 상대로 손해보상청구권을 행사할 수 있다. 그러나 화주는 이들 두 가지 권리를 동시에 행사할 수 없다. 왜냐하면 손해보상의 원리 가운데 실손보상원리가 있기 때문이다.

일반적으로 화주는 보험자를 상대로 손해배상청구를 한다. 왜냐하면 운송계약에는 면책조항도 많고, 운송인의 책임한도에 의하여 실손보상을 받기 어렵기 때문이다. 따라서 화주는 실손보상이 가능한 보험자를 상대로 손해보상청구를 하면서 운송인에 대한 청구권을 보험자에게 위부한다.

3 해상보험증권과 해상적하보험약관

1) 증권 및 약관 개요

우리나라에서 사용되고 있는 보험증권은 1779년 Lloyd's 총회에서 채택된 Lloyd's S.G. Policy에 근거를 두고 200년이 넘도록 사용해온 구 증권인 런던보험자협회(ILU)의 Companies Combined Policy와 1982년에 새롭게 등장한 신증권인 New ILU Marine Policy가 있다. 이들 2가지 보험증권은 담보체계나 담보내용이 약간씩 차이가 있으나 현재 이들 증권을 한 장에 인쇄하여 이용하고 있다.

한편 이들 증권에 사용되는 약관은 런던보험자협회(ILU), 그리고 그 후신인 국제언더라이팅협회(IUA)와 로이즈시장협회(LMA)가 공동으로 제정한 「협회적하약관」(ICC: Institute Cargo Clause)이 기본으로 활용되고 있다. 이러한 협회적하약관은 런던보험자협회(ILU)의 구약관과 국제언더라이팅협회(IUA)와 로이즈시장협회(LMA)가 공동으로 제정한 신약관으로 구분된다. 신약관은 1982년 런던보험자협회(ILU)에 의해 최초 제정되어 사용되어 오다가 지난 2006년 런던의 국제언더라이팅협회(IUA)와 로이즈시장협회(LMA)의 합동적하위원회(JCC)에서 ICC(1982)의 개정을 검토하기로 결정하였다. 그 후 3년의 준비과정과 전 세계적인 자문을 거쳐 2009년 1월 1일자로 ICC(A), (B), (C) 및 그에 부수하는 협회전쟁약관과 스트라이크약관을 공표하였다.

구 증권의 담보체계는 총 19개의 약관으로 구성된 본문약관, 3개의 이탤릭체약관, 난외약관, 및 특약으로 협회약관이 첨부된다. 대표적인 협회약관은 각각 총 14개 조항으로 구성된 A/R, WA, FPA 등이 있으며 이 가운데 어느 하나를 선택하여 첨부한다. 즉, 구 증권은 담보체계를 본문약관과 협회약관의 2중적 체계를 갖고 있다.

〈표 9-14〉 신·구 증권 및 약관 대비표

Lloyd's S.G. Policy	신 증권, 협회적하약관 및 M.I.A.
1. 모두약관	삭제
2. 양도약관	삭제, 참고 MIA 제15, 50, 51조
3. 소급약관	삭제, 협회약관 제11조 피보험이익약관
4. 위험개시약관	삭제
5. 보험목적물의 표시약관	삭제
6. 적재선박명의 표시약관	삭제, 스케쥴에 기재
7. 선장명의 표시약관	삭제
8. 보험기간 약관	삭제, 협회약관 제8조 운송약관
9. 기항·정박약관	삭제, 협회약관 제11조 항해변경약관
10. 보험가액평가약관	삭제, 증권면에 "Valued at the same amount insured"로 표기
11. 위험약관	협회약관 제1조 담보위험약관
12. 손해방지약관	협회약관 제16조 피보험자의무약관
13. 위부포기약관	협회약관 제17조 위부포기약관
14. 보험증권의 효력에 관한 약관	삭제
15. 구속약관	신 증권 표면에 표시
16. 약인약관	신 증권 표면에 표시
17. 면책률약관	삭제
18. 준거법약관	신 증권 표면 및 협회약관 제19조 영국의 법과 관습약관
19. 선서약관	신 증권 표면에 표시됨
이탤릭체 약관	**신 증권, 협회적하약관**
1. 포획·나포 부담보약관	협회약관 제6조 전쟁위험면책약관
2. 동맹파업·폭동·소요 부담보약관	협회약관 제7조 동맹파업면책약관
3. 항해중간부담보약관	삭제
난외약관	**신 증권, 협회적하약관**
1. 교사약관	삭제, 협회약관 (B), (C)의 제1조에 명시
2. 타보험약관	신 증권표면에 표시
3. 손해통지약관	삭제

신 증권은 구 증권에 비하여 담보체계가 매우 단순화되었다. 본문약관에는 4개의 약관만 남기고 담보위험약관은 삭제하였을 뿐만 아니라 구약관처럼 손

해의 형태를 분리하지 않고 위험 중심으로 통일했으며 담보위험에 관하여는 협회약관으로 모두 수용하였다. 신·구증권과 이에 첨부되는 협회약관의 대비표는 다음 〈표 9-15〉와 같다.

〈표 9-15〉 신·구 협회적하약관 비교

구 증권상 특약 협회적하약관	신 협회적하약관
제1조 운송약관(Transit clause)	제8조 운송약관(Transit clause)
제2조 항해종료약관 (Termination of Adventure clause)	제9조 운송계약종료약관(삭제) (Termination of Contract of Carriage clause)
제3조 부선약관(Craft, etc. clause)	
제4조 항해변경약관 (Change of Voyage clause)	제10조 항해변경약관 (Change of Voyage clause)
제5조 분손부담보약관(F.P.A. clause) 분손담보약관(W.A. clause) 전위험담보약관(A/R clause)	(C) clause 제1조 (B) clause 제1조 (A) clause 제1조
제6조 추정전손약관 (Construction Total Loss clause)	제13조 추정전손약관 (Construction Total Loss clause)
제7조 공동해손약관 (General Average clause)	제2조 공동해손약관 (General Average clause)
제8조 내항 승인약관 (Seaworthiness Admitted clause)	제5조 불내항·부적합 면책약관 (Unseaworthiness and Unfitness Exclusion clause)
제9조 수탁자약관 (Bailee clause)	제16조 피보험자 의무약관 (Duty of Assured clause)
제10조 보험이익불공여약관 (Not to insure clause)	제15조 보험이익불공여약관 (Not to insure clause)
제11조 쌍방과실충돌약관 (Both to Blame Collision clause)	제3조 쌍방과실충돌약관 (Both to Blame Collision clause)
제12조 포획·나포 부담보약관 (F.C. & S. clause)	제6조 전쟁위험면책약관 (War Exclusion clause)
제13조 동맹파업·폭동·소요 부담보약관 (F.S.R. & C.C. clause)	제7조 동맹파업 면책약관 (Strikes Exclusion clause)
제14조 신속조치약관 (Resonable Despatch clause)	제18조 신속조치약관 (Resonable Despatch clause)

2) 구 증권과 구 협회적하약관

(1) 구 증권 약관

구 증권의 약관은 본문약관, 이탤릭체약관 및 난외약관으로 구성된다.

① 본문약관은 모두약관, 양도약관, 소급약관, 위험개시약관, 피보험목적물 표시약관, 선박명의 표시약관, 선장표시약관, 보험기간약관, 기항·정박약관, 보험가액평가약관, 위험약관, 손해방지약관, 위부표기약관, 보험증권의 효력에 관한 약관, 구속약관, 보험료 영수승인약관, 선서약관, 면책률약관, 영국법 준거법 약관 등 총 19개의 약관으로 되어 있다.

② 이탤릭체약관은 본문약관보다 우선한다. 오늘날은 이탤릭체로 인쇄되지 않으나 그 효력에는 차이가 없다. 이에 해당하는 것은 포획·나포 부담보약관(F.C. & S. clause), 동맹파업·폭동·소요 부담보약관(F. S. R. & C.C. clause) 및 항해중단부담보약관(frustration clause) 등이 있다. 비록 본문약관에서 담보되는 위험이라도 이탤릭체에서 면책으로 규정되면 면책된다.

③ 난외약관은 보험증권의 우측 또는 좌측상단에 인쇄된 약관으로, 협회약물약관(institute dangerous drug clause), 교사약관(grounding clause), 타보험약관(other insurance clause), 손해통지약관(claim notice clause) 등이 있으며 오늘날 실무에서 사용되는 보험증권에는 손해통지 및 절차를 규정한 중요약관(important clause)이 있다. 이러한 난외약관도 본문약관보다 우선한다. 이러한 많은 약관 가운데 가장 중심이 되는 것이 담보위험에 관한 위험약관(perils clause)[20]이다. 위험약관에 나타난 위험을 분류하면 다음과 같다.

---

20) Touching the Adventures and Perils Which the said Company are contented to bear and do take upon themselves in this voyage, they are, of the Seas, Men-of War, fire, Enemies, Pirates, Rovers, Thieves, Jettisons, Letters of Mart and Countermart, Surprisals, Takings at Sea, Arrests, Restraints and Detainments of all kings, Princes and People, of what Nation, Condition, or Quality soever, Barratry of the Master and Mariners, and of all other Perils, Losses and Misfortunes, that have or shall come to the Hurt, Detriment or Damage of the said Goods and Merchandises, and Ship: &., or any Part thereof. (본 보험자가 본 항해에 있어서 담보할 것을 약속하는 모험 및 위험에 관하여서는 다음과 같다. 즉, 해상고유의 위험·군함·화재·외적·해적·표도·강도·투하·포획면허장 및 보복포획면허장·습격·해상탈취, 국적상황 또는 성질의 여하를 불문하고 모든 국왕·군주 및 국민의 강류·억지 및 억류, 선장 및 선원의 악행, 화물·상품 또는 선박 및 기타에 대하여 혹은 그들 일부에 대하여 파손·훼손 또는 손상을 발생케 했거나 또는 발생케 할 기타의 일체의 위험과 멸실 혹은 불행으로 한다.)

〈표 9-16〉 위험약관상 위험의 분류

해상고유의 위험 (Perils of the Seas)	① S.S.C.위험(stranding(좌초), sinking(침몰), collision(충돌) ② Heavy Weather(악천후)
해상위험 (Perils on the Seas)	① Fire(Burning)(화재), ② Jettisons(투하) ③ Barratry(선원의 악행) ④ Pirates, Rovers, Thieves(해적, 표도, 강도)
전쟁위험 (War Perils)	① Men-of-War(군함) ② Enemies(외적) ③ Surprisals and Capture(습격과 포획) ④ Taking at Sea & Seizure(해상탈취 및 나포) ⑤ Arrests, Restraints and Detainments Kings, Princes and People (관헌의 강류, 억지 및 억류) ⑥ Letters of Mart and Countermart
기타 일체의 위험 (All Other Perils)	동종제한의 원칙에 따라 위에 열거한 위험과 동종의 모든 것

(2) 구 협회적하약관

구 협회적하약관은 A/R, WA, FPA의 3가지 종류의 약관이 있으며, 모두 14개 조항으로 구성되어 있다. 제1조 운송약관(transit clause), 제2조 항해종료담보약관(termination of adventure clause), 제3조 부선약관(craft, etc. clause), 제4조 항해변경약관 제5조 위험담보약관, 제6조 추정전손약관(constructive total loss clause), 제7조 공동해손약관(general average clause), 제8조 감항성승인약관(seaworthiness admitted clause), 제9조 수탁자약관(bailee clause), 제10조 보험이익불공여약관(not to insure clause), 제11조 쌍방과실충돌약관(both to blame collision clause), 제12조 포획·나포부담보약관(F.C. & S. clause), 제13조 동맹파업·소요·폭동 부담보약관(F. S. R. & C. C. clause), 제14조 신속조치약관(reasonable dispatch clause) 등으로 구성된다. 14개 조문 중 제5조만 다르고 나머지는 동일하다. 이 가운데 제5조 위험담보약관의 A/R, WA, FPA가 서로 다르기 때문에 이를 소개하면 다음과 같다.

(가) A/R약관(all risks clause)

This insurance is against all risks of loss of or damage to the subject-matter insured but shall in no case be deemed. All Risks to extend to cover loss damage or expense proximately caused by delay or inherent vice or nature of the subject-matter insured. Claims recoverable hereunder shall be payable irrespective of percentage. (본 보험은 보험목적의 멸실 또는

손상의 모든 위험을 담보함. 그러나 여하한 경우에도 지연 또는 보험목적물의 고유의 하자 또는 성질을 근인으로 해서 생기는 멸실, 손상 또는 비용까지도 확장담보하는 것으로 간주하여서는 안됨. 이 보험에 의거 청구할 수 있는 보상금은 손해율의 다과에 관계없이 지급된다.)

전위험담보조건이라고는 하지만 면책위험은 여전히 존재한다. 영국해상보험법 제55조상의 면책위험이 대표적인 것이다. 영국해상보험법 제55조상의 면책위험으로는 고의의 불법행위, 지연, 통상의 자연소모, 통상의 누손, 파손, 고유의 하자나 성질에 기인한 손해, 쥐나 벌레 등에 근인한 손해 등이 있다. 뿐만 아니라 본문약관에서 규정하고 있는 이탤릭서체약관의 내용(포획·나포부담보약관 등)도 역시 면책이다.

(나) WA약관(With Average Clause)

Warranted free from average under the percentage specified in the policy, unless general, or the vessel or craft be stranded, sunk or burnt, but notwithstanding this warranty the Underwriters are to pay the insured value of any package which may be totally lost in loading, transhipment or discharge, also for any loss of or damage to the interest insured which may reasonably be attributed to fire, explosion, collision or contract of vessel and/or craft and/or conveyance with any external substance (ice included) other than water, or to discharge of cargo at a port of distress. This clause shall operate during the whole period covered by the policy. (분손은 그것이 공동해손이 성립되었을 때 혹은 선박 또는 부선이 좌초되거나 침몰되거나 또는 대화재를 입었을 경우를 제외하고는 담보증권에 기재된 퍼센트 미만일 경우에는 이를 담보치 않음. 그러나 상기 면책비율에 불구하고, 보험자는 선적, 환적, 혹은 양하시에 전손이 되는 수가 있는 화물 1포마다의 보험금액을 보상하고, 다시 화재, 폭발, 선박 간의 충돌 혹은 선박 및/또는 부선 및/또는 운송용구와 물 이외의 타물체(얼음포함)와의 접촉 혹은 조난항에서의 양하작업에 기인된다고 정당하게 간주될 수 있는 보험목적의 멸실 또는 손상에 대해서도 보상한다. 이 약관은 본 보험증권하에서 담보되는 전기간에 걸쳐서 적용되는 것으로 한다.)

본 약관은 본문약관의 위험약관에 규정된 담보위험으로 인한 손해중에서 분손에 해당하는 손해를 담보하기는 하지만 특정비율 미만의 손해는 담보하지 않는다는 것이다. 그러나 분손 중에서 공동해손의 경우나 좌초, 침몰, 대화재의 경우에는 비율에 관계없이 담보한다는 것이다. 본문약관의 면책률약관에서 대마, 아마, 피혁 등에 대해서는 5% 미만의 손해에 대해서는 담보하지 않으며, 기타의 화물에 대해서는 3% 미만의 손해에 대해서는 담보하지 않는다고 규정하고 있다. 실무적으로는 WA 3%, 또는 WAIOP 등으로 사용되고 있다. WAIOP조건으로 보험에 가입하게 되면 비율에 관계없이 보상을 받을 수 있다. 그리고 WA 3%는 3% 미만의 손해에 대해서는 보상하지 않으며 3%를 초과하게 되면 전액 보상하게 된다는 것이다.

(다) 불특정분손부담보약관(Free form Particular Average Clause)

Warranted free from Particular Average unless the vessel or craft be stranded, sunk, or burnt, but notwithstanding this warranty the Underwriters are to pay the insured value of any package or packages which may be totally lost in loading, transhipment or discharge, also for any loss of or damage to the interest insured which may reasonably be attributed to fire, explosion, collision or contract of the vessel and/or to discharge of cargo at a port of distress, also to pay special charges for landing warehousing and forwarding if incurred at an intermediate port of call or refuge, for which Underwriters would be liable under the standard form of English Marine Policy with the Institute Cargo Clauses(W.A.) attached. This clause shall operate during the whole period covered by the policy. (선박 또는 부선이 좌초되거나 침몰되거나 혹은 대화재를 입었을 경우를 제외하고 단독해손을 담보하지 않는다. 그러나 이러한 면책에도 불구하고 보험자는 선적, 환적 혹은 양하시에 발생하는 포장당 전손에 해당하는 보험금액을 지급하며 또한 화재, 폭발, 선박 간의 충돌, 선박 또는 부선, 운송용구와 물 이외의 타물체(얼음포함)와의 접촉 혹은 조난항에서의 양하작업에 상당인과관계가 있는 보험목적의 멸실 또는 손상을 보상한다. 또한, 만약에 중간의 기항항 혹은 피난항에서의 양하작업, 창고입고 작업 및 계속운반을 위해 특별비용을 지출했을 경우에, 만약 별첨의 협회적하약관(WA)에서 책임을 지는 것이라면 이러한 특별비용을 지급한다. 본 약관은 본 보험증권하에서 담보되어지는 전 기간에 걸쳐서 적용되는 것으로 한다.)

본 약관은 흔히 단독해손부담보약관이라고 부르고 있으나 보다 명확한 내용은 불특정단독해손부담보약관이라고 해야 할 것이다. 즉, 단독해손 중에서도 특정단독해손인 SSB위험으로 인한 단독해손은 담보하기 때문이다. 실무적으로는 WA약관과 FPA약관의 차이점은 악천후(heavy weather)에 의한 단독해손을 담보하느냐 하지 않느냐에 있다고 할 수 있다.

이와 같이 구 협회적하약관은 본문약관에서 정하고 있는 담보위험에 의한 손해 중에서 다시 손해의 형태를 분손 또는 단독해손 등으로 구분하여 최종적으로 담보여부를 결정하게 된다. 따라서 담보체계가 이중적으로 되어있는 것이 특징이다. 이에 비해서 신 보험증권하에서의 담보체계는 담보위험으로 인한 손해를 보상하는 것으로 되어 있기 때문에 담보체계가 훨씬 간소화되었다고 할 수 있다.

이렇게 볼 때 A/R약관은 위험을 보험자의 책임기준으로 설정하고 있는데 반해서 WA, FPA약관은 손해의 형태를 보험자의 책임으로 설정하고 있기 때문에 근본적으로 그 성질이 다른 약관으로 이해해야 한다. CIF와 CIP계약에서 별도의 당사자간 약정이 없는 경우에 매도인은 구약관을 선택시 보험가입조건은 CIF의 경우 FPA를 CIP의 경우 A/R조건으로 보험계약을 체결하면 된다.

담보위험을 기준으로 3대 약관을 비교하면 다음과 같다.

〈표 9-17〉 **구 약관 3대조건의 담보범위 비교**

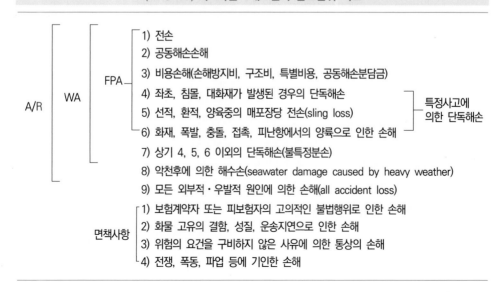

3) 신 증권과 신 협회적하약관

(1) 신 증권의 약관

신 증권의 본문약관에는 기본적인 4개약관, 즉 준거법약관, 타보험약관, 약인약관, 선서약관만 남겨두고 모두 삭제하거나 협회적하약관으로 수용하였다. 이 외에도 보험사고 발생시 손해통지 및 절차에 관한 중요약관(important clause)을 난외약관에 두고 있다.

(2) 신 협회적하약관

신 협회적하약관은 (A), (B), (C)의 세 종류가 있다. I.C.C.(A)는 구 약관 A/R, I.C.C.(B)는 WA, I.C.C.(C)는 FPA에 대응하는 것이다. 3개 약관은 모두 19개 조항으로 구성되어 있으며 제1조가 담보위험을 규정한 조항으로 (A), (B), (C)가 서로 달리 규정하고 있다. I.C.C.(A)는 포괄담보주의를, I.C.C. (B)와 (C)는 열거담보주의를 채택하고 있다.

이 외의 조항은 제4조 면책위험 중 1개 항목을 제외하고 모두 거의 동일한 내용으로 구성되어 있다. 제1조 위험약관(risk clause), 제2조 공동해손약관(general average clause), 제3조 쌍방과실충돌약관(both to blame collision clause), 제4조 일반면책약관(general exclusion clause), 제5조 불내항·부적합면책약관(unseaworthiness and unfitness exclusion clause), 제6조 전쟁위험면책약관(war exclusion clause), 제7조 동맹파업면책약관(strikes exclusion clause), 제8조 운송약관(transit clause), 제9조 운송계약종료약관(termination of contract of carriage clause), 제10조 항해변경약관(change of voyage clause), 제11조 피보험이익약관(insurable interest clause), 제12조 계반비용약관(forwarding charges clause), 제13조 추정전손약관(constructive total loss clause), 제14조 증액약관(increased value clause), 제15조 보험이익불공여약관(not to inure clause), 제16조 피보험자 의무약관(duty of assured clause), 제17조 위부포기약관(waiver clause), 제18조 신속조치약관(reasonable despatch clause), 제19조 준거법약관(english law and practice clause) 등이 있다. 이들 가운데 A, B, C의 제1조 위험약관을 보면 다음과 같다.

〈표 9-18〉 신·구 해상보험증권상 전위험담보의 구성과 대비

구 분	약 관	약관No	동일표현	표현변경	신설
	I.C.C.(A)(신약관)	**I.C.C.(A/R)(구약관)**			
담보위험	1. Risk Clause	5		○	
	2. General Average Clause	7		○	
	3. Both to Blame Collision Clause	11	○		
면책위험	4. General Exclusion Clause	5		○	
	5. Unseaworthiness and Unfitness Exclusion Clause	8		○	
	6. War Exclusion Clause	12		○	
	7. Strikes Exclusion Clause	13		○	
보험기간	8. Transit Clause	1	○		
	9. Termination of Contract of Carriage Clause	2		○	
	10. Change of Voyage Clause	4		○	
보험금 청 구	11. Insurable Interest Clause				○
	12. Forwarding Charges Clause				○
	13. Constructive Total Loss Clause	6	○		
	14. Increased Value Clause				○
보험이익	15. Not to Inure Clause	10	○		
손해경감	16. Duty of Assured Clause	9		○	
	17. Waiver Clause				○
지연방지	18. Reasonable Despatch Clause	14	○		
법률관습	19. English Law and Practice Clause				○

(가) ICC(A)

1. This insurance covers all risks of loss of or damage to the subject-matter insured except as provided in Clauses 4, 5, 6 and 7 below. (본위험은 아래 제4, 5, 6, 7조에서 규정하고 있는 면책위험을 제외하고 모든 위험을 담보한다.)

전위험담보조건이라고 불리우는 본 약관은 제4, 5, 6, 7조에서 규정하고 있는 면책위험을 제외하고 나머지 모든 위험에 대해서 보험자가 담보한다는 것이다. 따라서 포괄담보주의를 채택하고 있으며, 3개의 약관 중에서 가장 담보범위가 넓은 약관이다. 손해발생시에 면책위험에 해당하는 것을 보험자가 입증하지 못하면 보상책임을 부담해야 한다. 즉, 포괄책임주의를 채택하고 있기

때문에 입증책임을 보험자가 부담해야 한다. 그리고 제4, 5, 6, 7조에 열거된 면책위험중에는 영국해상보험법 제55조에서 규정하고 보험자의 면책사항이 대개가 다 포함되어 있으나 열거되지 않은 법정면책위험이 있다. 이러한 법정 면책위험의 경우에는 약관상에 열거되지 않았다고 하더라도 보험자가 면책되는 위험으로 해석된다. 또한 법정면책위험으로 열거되지 아니한 위험도 여기 적하약관에서 면책위험으로 열거되는 경우에는 보험자가 면책되는 위험으로 해석된다.

구 협회적하약관 ICC(A/R)과 비교해 보면 면책위험이 제4, 5, 6, 7조에서 구체적으로 열거되면서 면책위험이 추가되었다. 즉, 원자력, 핵에 의한 위험 도 면책위험에 추가되었고, 영국해상보험법 제55조에 규정되어 있지 않은 면 책위험, 예를 들면 포장의 부적합, 운송인의 지급불능위험과 같은 것이다. 한 편, piracy(해적행위)는 구 협회적하약관에서는 전쟁위험의 일종으로 간주되어 면책되었으나 신 협회적하약관 제6조 전쟁위험면책약관에서 제외됨으로써 보 험자가 담보하는 위험으로 변경되었다. 전체적으로는 구 협회적하약관보다는 담보범위가 축소되었다고 볼 수 있다.

CIP계약에서 별도의 당사자간 약정이 없는 경우에 매도인은 신약관을 선택 시 보험가입조건은 이 조건으로 하면 된다.

(나) ICC(B)

1 This insurance covers, except as provided in Clauses 4, 5, 6 and 7 below,
　　1.1 loss of or damage to the subject-matter insured reasonably attrib-
　　　　utable to
　　　　1.1.1 fire or explosion
　　　　1.1.2 vessel or craft being stranded grounded sunk or capsized
　　　　1.1.3 overturning or derailment of land conveyance
　　　　1.1.4 collision or contact of vessel craft or conveyance with any
　　　　　　　external object other than water
　　　　1.1.5 discharge of cargo at a port of distress
　　　　1.1.6 earthquake volcanic eruption or lightening
　　1.2 loss of or damage to the subject-matter insured caused by
　　　　1.2.1 general average sacrifice
　　　　1.2.2 jettison or washing overboard

1.3 total loss of any package lost overboard or dropped whilst　loading
　　on to, or unloading from, vessel or craft.

(1 본 보험 하에서는 아래 제4, 5, 6, 7조에 정하고 있는 면책위험을 제외하고 다음의
　위험을 담보한다.

　1.1 다음의 위험에 상당인과관계가 있는 피보험목적물의 멸실이나 손상

　　　1.1.1 화재 또는 폭발

　　　1.1.2 본선 또는 부선의 좌초, 교사, 침몰 또는 전복

　　　1.1.3 육상운송용구의 전복 또는 탈선

　　　1.1.4 본선, 부선 또는 운송용구와 물 이외의 타물과의 충돌 또는 접촉

　　　1.1.5 피난항에서의 화물의 하역

　　　1.1.6 지진, 화산의 분화, 낙뢰

　1.2 다음의 원인에 근인하여 발생한 목적물의 멸실이나 손상

　　　1.2.1 공동해손희생손해

　　　1.2.2 투하 또는 갑판유실

　1.3 본선 또는 부선으로의 선적 또는 하역작업 중 바다에 떨어지거나 갑판에 추락
　　　한 포장단위당 전손)

　본 약관은 구체적으로 담보위험을 열거하고 있는 열거담보주의를 채택하고
있다. 따라서 손해가 발생했을 경우에 여기에 열거된 위험으로 인하여 발생했
다는 인과관계가 성립하기만 하면 보험자는 보상책임을 지게 된다. 단, 여기
에서 담보위험으로 인한 손해를 결정하기 위한 인과관계를 밝히는데 2가지
기준이 제시되고 있다는데 유의해야 한다. 하나는 상당인과관계를 가지면 보험
자가 보상책임을 진다는 내용이고 다른 하나는 근인하여 발생한 손해를 보상
한다는 내용이다. 즉, 1.1에서 규정하고 있는 위험은 상당인과관계(attributable
to)를 가지는 경우에 보상책임을 지며, 1.2에서 규정하고 있는 위험은 근인관
계(caused by)가 성립되어야 보상책임을 진다는 내용이다. 왜 이와 같이 2가지
기준을 나누어서 규정하고 있는지는 확실치 않으나 실무적인 큰 차이는 없는
것으로 보인다. 다만 상당인과관계를 규정하고 있는 것은 구체적으로 인과관
계를 밝히지 않더라도 쉽게 그러한 위험(화재나 폭발 등과 같은 위험)으로 인하
여 손해가 발생했다는 것을 알 수 있기 때문에 그 기준을 완화하여 적용하고
자 하는 것으로 해석할 수 있다.

　구 협회적하약관하에서의 담보범위와 비교해 보면 우선 가장 큰 변화가 면

책률이 사라졌다는 것이다. 그러나 면책률이 사라졌다고 하여 반드시 담보범위가 확대되었다고 보기는 힘들고, 구 증권의 담보위험약관에 있었던 'all other perils'라고 하는 문구가 또한 사라짐으로써 열거되지 않은 유사한 위험으로 인한 손해를 담보받을 수 없다. 그리고 구 증권의 WA조건하에서 담보되던 악천후에 의한 손해도 침수에 의한 손해로 한정되었다. 이러한 점으로 미루어 볼 때 신 협회적하약관 ICC(B)조건이 구 협회적하약관 ICC(WA)보다 담보범위가 축소된 것으로 이해된다.

(다) ICC(C)

1 This insurance covers, except as provided in Clauses 4, 5, 6 and 7 below

  1.1 loss of or damage to the subject-matter insured reasonably attributable to

    1.1.1 fire or explosion

    1.1.2 vessel or craft being stranded grounded sunk or capsized

    1.1.3 overturning or derailment of land conveyance

    1.1.4 collision or contact of vessel craft or conveyance with any external object other than water

    1.1.5 discharge of cargo at a port of distress

  1.2 loss of or damage to the subject-matter insured caused by

    1.2.1 general average sacrifice

    1.2.2 jettison

(1 본 보험 하에서는 아래 제4, 5, 6, 7조에 정하고 있는 면책위험을 제외하고 다음의 위험을 담보한다.

  1.1 다음의 위험에 상당인과관계가 있는 피보험목적물의 멸실이나 손상

    1.1.1 화재 또는 폭발

    1.1.2 본선 또는 부선의 좌초, 교사, 침몰 또는 전복

    1.1.3 육상운송용구의 전복 또는 탈선

    1.1.4 본선, 부선 또는 운송용구와 물 이외의 타물과의 충돌 또는 접촉

    1.1.5 피난항에서의 화물의 하역

  1.2 다음의 원인에 근인하여 발생된 피보험목적물의 멸실이나 손상

    1.2.1 공동해손희생손해

    1.2.2 투하)

본 약관은 신 협회적하약관 중에서 가장 담보범위가 좁은 최소담보조건이다. CIF계약에서 별도의 당사자간 약정이 없는 경우에 보험가입조건은 이 조건으로 하면 된다. 구 협회적하약관의 FPA약관과 대비되는 약관이기는 하지만 Sling Loss가 담보되지 않는 등 실제로는 이 약관이 FPA약관보다 담보범위가 좁다고 할 수 있다.

4 기타 무역보험

운송중인 물품의 위험을 담보하는 해상적하보험 이외에 무역과 관련된 여러 가지 종류의 보험제도가 있다. 먼저 선주가 이용하는 선박보험(hull insurance), 운송위험이 적하보험으로 담보되는 대신 비상위험(emergency risk, contingency risk)을 담보하는 수출보험(export insurance), 선박보험에서 담보되지 않는 비용손해 및 배상책임을 담보하기 위한 선주들의 상호보험조합인 P&I(protection & indemnity)보험, 그리고 제조물배상책임을 담보하는 제조물책임보험(production liability insurance) 등이 있다. 이들 가운데 본서에서는 수출보험과 P&I 보험을 설명하고자 한다.

1) 수출보험

수출보험이란 수출거래에 수반되는 여러 가지 위험 가운데에서 해상보험과 같은 통상의 보험으로는 구제하기 곤란한 위험, 즉 수입자의 계약파기, 파산, 대금지급지연 또는 거절 등의 신용위험(commercial risk)과 수입국에서의 전쟁, 내란, 또는 환거래 제한 등의 비상위험(political risk)으로 인하여 수출자, 생산자 또는 수출자금을 대출해준 금융기관이 입게 되는 불의의 손실을 보상함으로써 궁극적으로 수출 진흥을 도모하기 위한 비영리·정책보험이다. 즉, 수출업자가 수출과정에서 수출대금의 회수불능사태에 직면하게 되는 경우에 수출보험에서 이를 적절히 담보해 준다는 것이다. 수출업자가 부담하게 되는 비상위험은 수입국 정부의 일방적인 조치로 인한 대금회수불능과 같은 정치경제적 위험이 대부분이다.

우리나라 수출보험 상품은 아래와 같다.

〈표 9-19〉 수출보험 상품

구 분		내 용
단기성보험	단기수출보험	수출대금의 결제기간이 2년 이내인 수출계약을 체결한 후 수출이 불가능하게 되거나 수출대금을 받을 수 없는 경우의 손실을 보상
	농수산물수출보험	농수산물수출계약 후 수출이 불가능하게 되거나, 수출대금을 받지 못할 경우 또는 국내 가격 변동으로 수출이행시 입게 되는 손실을 보상
	문화수출보험	수출이 계획된 문화상품(영화, 드라마, 게임, 공연 등)의 제작과 관련한 투자 또는 융자에 대한 손실이나 수출(또는 매출)실적 부진에 따른 손실 보상
	해외마케팅보험	기업이 해외시장 개척 활동을 위하여 필요한 비용을 지출하였으나 이에 상응하는 수출 증가 등의 효과를 얻지 못함으로써 입게 되는 손실을 보상
	부품·소재 신뢰성보험	국산 부품·소재를 사용하는 기업에게 제품의 신뢰성과 관련된 재산적 피해를 담보
중장기성보험	중장기수출보험	결제기간이 2년을 초과하는 수출계약을 체결한 후 수출이 불가능하게 되거나 수출대금을 받을 수 없는 경우에 입게 되는 손실을 보상
	수출보증보험	금융기관이 해외공사계약 또는 수출계약과 관련하여 수입자에게 보증서(Bond)를 발급 후, 보증채무를 이행시에 발생하는 손실을 보상
	해외공사보험	해외건설공사등의 기성고방식 또는 연불수출방식 수출에서 수출대금의 미회수 또는 투입장비의 권리상실등으로 입게되는 손실을 보상
	해외투자보험	주식취득 등 해외투자 후 원리금, 배당금 등을 회수할 수 없게 될 경우 이를 보상
	해외사업금융보험	국내외 금융기관이 수출증진, 외화획득 효과가 있을 것으로 예상되는 해외사업에 자금을 대출하고 회수하지 못하는 경우의 손실을 보상
	서비스 종합보험	국내 서비스사업자가 서비스를 의뢰한 해외수입자에게 서비스를 제공하고 수입국 또는 수입자 책임으로 서비스대금을 받지 못하는 경우의 손실을 보상
	이자율변동보험	금융기관의 조달금리(변동금리)와 수출자금 제공금리(고정금리)간 차이로 인해 발생하는 손실을 보상 (이익은 환수)
	수출기반보험	금융기관이 국적외항선사 또는 국적외항선사의 해외현지법인(SPC포함) 에게 상환기간 2년 초과의 선박 구매자금을 대출하고 대출원리금을 회수할 수 없게 된 경우에 발생하는 손실을 보상
환변동보험 등	환변동보험	수출업체에 일정환율을 보장해 준 후 수출대금 입금 또는 결제시점 환율과 비교하여 환차손 발생시 보상하고 환차익 발생시 환수
	원자재가격 변동보험	수출기업이 원자재가격변동위험으로 입게 되는 손실을 보상하고 이익을 환수
기타보험	탄소종합보험	교토의정서에서 정하고 있는 탄소배출권 획득사업을 위한 투자, 금융, 보증 과정에서 발생할 수 있는 손실을 종합적으로 담보하는 보험
	녹색산업 종합보험	지원가능한 특약항목을 『녹색산업종합보험』 형태로 제정하고, 녹색산업에 해당되는 경우 기존이용 보험약관에 수출기업이 선택한 특약을 추가하여 우대하는 제도
	해외자원개발 펀드보험	해외자원개발사업에 투자하여 발생할수 있는 손실을 보상하는 보험 (수출보험기금과 별도로 투자위험보증계정 운영)
수출신용보증	선적전보증 선적후보증	수출입자가 수출입계약과 관련하여 금융기관 등으로부터 대출을 받거나 환어음 매각에 따른 금융기관앞 수출금융채무를 공사가 연대보증

2) P&I 보험

P&I(Protection & Indemnity)보험은 선박보험과 더불어 중요한 해상보험의 일종으로 선박보험에서 담보되지 않는 비용손해 및 배상책임을 담보하기 위하여 선주들이 상호보험조합을 구성하여 운영하는 비영리 상호보험(mutual insurance)이다. 보호(protection)는 선주 또는 용선자가 선박의 운항에 따른 제3자에 대한 책임 및 선원에 대한 고용주로서의 책임을 말하며, 배상(indemnity)은 운송계약에 따라 운송인으로서 화주에 대한 계약상의 책임을 말한다.

선박보험과 P&I 보험을 비교하여 보면 다음과 같다. 첫째, 선박보험은 선박 자체를 보험의 대상으로 하는 물(物)보험으로 보험가액과 보험금액이 사전에 확정되는데 비해서 P&I 보험은 선박의 운항에 따른 책임보험으로 보험가액과 보험금액이 사전에 확정되지 않으며 최고보상한도만 설정되는 보험이다. 둘째, P&I 보험은 상호보험이기 때문에 보험에 가입하는 선주는 피보험자이면서 P&I 클럽의 회원이 되기도 한다. 셋째, P&I 보험료는 분담금(contribution or call)으로 불리는 것으로 가입시에 선납분담금(advance call)과 결산후 정산하는 보충분담금(supplementary call)으로 나누어 납부한다. 넷째, 선박보험은 기간보험으로 보험개시일이 임의의 날짜가 되지만 P&I 보험은 일률적으로 2월 20일을 개시일로 하고 있다.

한편 P&I 보험의 담보내용은 다음과 같다. ① 선원에 관한 책임 및 비용 : 선원의 사망, 상해에 따른 이로비용, 송환비용, 선원의 조난, 탈선 또는 파업에 관한 책임 및 비용을 담보한다. ② 여객에 관한 책임 및 비용 : 여객의 사망, 행방불명, 상해 등에 따른 치료비, 입원비, 장례비 등을 담보한다. ③ 선원, 여객 이외의 자에 관한 책임 : 본선원 이외의 방문해 온 선원이나 관리인, 검역관, 청소부, 하역노동자 등의 사상에 대한 책임 및 이것으로 인한 이로비용, 그리고 선원, 여객 이외의 자를 인명구조하기 위한 이로비용을 포함한다. ④ 적하에 관한 책임 및 비용 : 선주 또는 용선자가 적하의 멸실, 손상 등에 대하여 운송계약위반으로 배상책임을 부담하는 경우의 책임손해를 담보한다. ⑤ 밀항자, 난민을 하선시키기 위한 비용, 유탁(油濁, oil pollution)과 관련된 비용, 타선에 충돌하여 입힌 손해배상책임 등을 담보한다.

Chapter 10

무역계약의 종료

제1절 계약불이행과 권리구제
제2절 무역클레임과 중재

무역계약의 종료

계약불이행과 권리구제

매매당사자간 체결된 계약의 효력이 계약기간 전에 끝나는 것을 계약종료 (termination)라고 하며 계약기간이 완료되어 계약의 효력이 끝나는 것은 계약 만료(expiry)라 한다. 일반적으로 매도인은 약정된 물품을 인도하고 매수인은 약정된 대금을 지급하면 계약은 이행된다.

그렇지만 계약이 이행되지 않아도 계약당사자는 합의에 의한 계약해제, 한 당사자의 계약위반에 대하여 다른 당사자의 계약종료, 불가항력 등의 사유로 인한 계약의 종료, 또는 부실고지 등 고지의무위반이나 사기 등으로 인한 계 약의 취소 등에 의해서도 계약은 종료된다. 이러한 계약종료의 사유 가운데 여기서는 계약의 이행불능에 의한 계약해제와 상대방의 계약위반에 대한 구 제에 관하여 설명하고자 한다.

1 계약의 이행불능

국제물품매매계약이 성립하면 계약당사자는 이를 이행하여야 한다. 계약이 행에 따른 당사자의 의무는 명시적으로 합의한 바가 없는 한 정형거래조건에 따라야 한다. 한편 계약체결 후 당사자의 과실에 의하지 않고, 당사자가 통제 불가능한 장애(impediment beyond his control) 또는 불가항력(Force Majeure) 사 태로 계약을 이행할 수 없거나 사정의 근본적 변화로 계약이행의 의미가 상실된 경우를 계약의 이행불능(frustration of contract)이라고 하고, 이러한 경우에는 상대방은 불이행 당사자에게 손해배상책임을 지울 수 없지만 필요한 경우 계약을 해제할 권리를 갖는다.

계약의 이행불능요건이나 그 효과에 관하여 보통법, 영미법계 사이에 차이가 있다. 따라서 매매당사자는 일반협정서(General Agreement)에 불가항력조항(Force Majeure Clause)을 두어 구체적인 불가항력내용과 그 효과에 관하여 규정하는 것이 좋다.

2 계약위반과 권리구제

계약위반에 있어 권리구제라 함은 계약당사자 일방이 매매계약상의 의무를 불이행함에 따라 피해당사자의 손해에 대해 보충하여 주는 것을 말한다. 무역계약이 성립되면 계약내용과 매매당사자의 계약이행의무가 결정된다. 매매당사자의 의무는 계약상에 명시적인 약정이 없는 한 묵시조건인 정형거래조건에 따라 결정된다. 그러나 계약의 성립요건과 상대방 당사자의 계약위반(Breach)에 대한 구제(Remedies)에 관하여는 정형거래조건의 해석에 관한 국제규칙인 Incoterms에서 명시하고 있지 않기 때문에 이에 대하여는 계약상의 준거법에 따르게 된다. 일반적으로 준거법은 특정국가의 국내법보다는 UN에서 정한 국제물품매매계약에 관한 UN협약(CISG)을 채택하는 것이 좋다.

매도인의 계약위반에 대한 매수인의 구제는 이행청구권, 추가기간 지정권, 하자보완청구권, 계약해제권, 대금감액권 등이 있다. 매수인의 계약위반에 대한 매도인의 구제는 이행청구권, 추가기간 지정권, 계약해제권, 물품명세확정권 등이 있다. 매매당사자에게 공통적인 구제는 이행의 정지, 이행기 이전의 계약해제 및 손해배상청구권 등이 있다.

1) 매수인의 권리구제

매수인의 권리구제는 매도인의 계약위반과 관련되어 있다. 매도인은 계약에 적합한 물품을 매수인에게 인도하여야 하며 물품이 계약에 적합하지 않거나 인도의무를 이행하지 않는 경우 매수인은 권리구제수단을 사용할 수 있다.

매수인은 다른 구제를 구하는 권리를 행사함으로써 손해배상을 청구할 수 있는 권리를 박탈당하지 아니한다. 따라서 매도인에게 의무의 이행을 청구하는 매수인은 이행상의 지연이나 기타 다른 하자로부터 기인하는 손해를 보상받을 수 있고, 계약을 해제하는 경우에도 매도인의 계약위반의 결과로 입은 손해에 대한 배상을 청구할 수 있다.

(1) 이행청구권

매도인이 계약을 이행하지 않는 경우에 매수인은 매도인에게 그 의무의 이행을 청구할 수 있다. 그러나 매수인이 손해배상청구를 제외하고 이행청구와 양립하지 아니하는 구제를 구하는 경우에는 의무의 이행을 청구할 수 없다.

(2) 대체품인도청구권

물품이 계약과 일치하지 않는 경우 그 불일치가 계약의 근본적 위반에 해당하는 경우에 한하여 일정한 기간내에 대체품의 인도를 청구할 수 있다. 그러나 매수인이 이미 수령한 물품을 반환할 수 없거나 수령시와 동일한 상태로 반환할 수 없는 경우에는 대체품인도청구권을 상실한다.

(3) 하자보완청구권

물품이 계약과 일치하지 않는 경우 매수인은 모든 사정으로 보아 불합리하지 않는 한 매도인으로 하여금 수리에 의한 불일치의 시정을 청구할 수 있다.

(4) 추가기간지정권

매수인은 매도인의 의무이행을 위한 합리적인 추가기간을 지정할 수 있다. 만일 매수인이 매도인으로부터 이러한 추가기간내에 계약을 이행하지 아니하겠다는 통지를 수령하지 않는 한, 매수인은 그 기간 중에는 다른 어떤 구제도 구할 수 없다. 그러나 이행지체에 대한 손해배상을 청구할 권리는 박탈당하지 아니한다.

만일 매수인이 지정한 추가기간내에 매도인이 물품을 인도하지 않는 경우에는 매수인은 계약을 해제할 수 있다. 이 경우 매수인은 매도인의 계약위반이 근본적임을 입증할 필요가 없다. 즉, 이행을 위한 추가기간의 설정은 근본적 계약위반의 기준에 대한 불확실성을 보충한다.

(5) 계약해제권

계약의 해제는 계약당사자의 어떠한 의무 불이행이 계약의 근본적 위반에 이르는 경우에만 가능하다. 근본적 계약위반이라 함은 당사자 일방이 범한 계약위반이 그 계약하에서 상대방이 기대할 수 있는 바를 실질적으로 박탈하는 정도의 손해를 초래하는 경우를 말한다.

(6) 대금감액청구권

물품이 계약과 일치하지 않는 경우 대금이 이미 지급되었는지의 여부에 상관없이 매수인은 실제로 인도된 물품의 인도시 가액이 계약에 일치하는 물품이 그 당시 가지고 있었을 가액에 대한 비율에 따라 대금을 감액할 수 있다.

(7) 손해배상청구권

손해배상청구권은 매도인과 매수인에게 공통되는 규정으로 다른 구제수단과 중복하여 사용할 수 있다. 일방당사자의 계약위반에 대한 손해배상액은 계약위반으로 상대방이 입은 손실과 상실된 이익을 포함한다. 그러한 손해액은 위반 당사자가 알았거나 알았어야 했던 사실 및 사정에 비추어 위반 당사자가 계약체결시 계약위반의 결과로서 예견하였거나 예견하였어야 했던 손실을 초과할 수 없다.

계약위반을 원용하는 당사자는 계약위반의 결과로 발생하는 이익의 손실을 포함하여 손실을 경감하기 위해 그 상황하에서 합리적인 조치를 취해야 하며 이러한 조치를 취하지 아니한 때는 위반당사자는 경감되었을 손실만큼 그 금액을 손해액에서 감액하도록 청구할 수 있다.

2) 매도인의 권리구제

매수인은 계약 및 본 협약에서 요구되는 바에 따라 물품의 대금을 지급하고 물품의 인도를 수령하여야 한다.

(1) 이행청구권

매도인은 매수인에게 대금의 지급과 물품의 수령을 요구할 수 있다. 그러나 손해배상청구를 제외하고 매도인이 이와 양립하지 아니하는 구제를 구한 경우에는 이행청구를 할 수 없다.

(2) 추가기간지정권

매도인은 매수인의 의무이행을 위한 합리적인 추가기간을 설정할 수 있다. 만일 매수인이 이러한 추가기간내에 계약을 이행하지 아니하겠다는 통지를 수령하지 않는 한 매도인은 그 기간 중에는 다른 어떤 구제도 구할 수 없다. 그러나 이행지체에 대한 손해배상을 청구할 권리는 박탈당하지 아니한다.

(3) 계약해제권

매도인은 매수인의 어떠한 의무의 불이행이 근본적 계약위반에 해당하는 경우 계약을 해제할 수 있다. 또한, 매도인이 매수인의 의무이행을 위해 정한 추가기간내에 매수인이 대금지급이나 물품수령의무를 이행하지 아니하거나 이행하지 않을 것을 선언한 경우에도 계약을 해제할 수 있다. 이 경우 매도인은 매수인의 계약위반이 근본적임을 입증할 필요가 없다.

(4) 물품명세확정권

계약상 매수인이 물품의 명세, 즉 물품의 형식이나 규격 등에 대해 특정하기로 하고 합의된 기일 또는 매수인이 매도인으로 부터 요청받은 후 상당한 기간내에 그러한 특정을 하지 않는 경우 매도인은 매수인의 요구사항을 참작하여 스스로 물품명세를 특정할 수 있다.

매도인이 명세를 특정한 경우 이를 매수인에게 통지하여 알려주어야 하며 매수인이 통지를 받은 후 지정된 기간내에 특정하지 않는 경우 매도인의 명세확정은 구속력을 발휘한다.

제2절 무역클레임과 중재

1 무역클레임

1) 무역클레임의 의의

무역거래에서 클레임(Claim)이란 매매당사자의 일방이 상대방의 계약위반으로 입은 손해에 대하여 상대방에게 손해배상을 청구하는 것을 말한다. 이러한 클레임은 'complaint'나 'dispute'와 구별하는 것이 좋다. 'complaint'(불평)는 피해감정에 입각한 불평이나 불안을 내용으로 하며 주관적인 면이 강하다. 이에 반하여 'Claim'은 객관적인 타당성을 지녀야 한다. 또한 클레임은 'dispute'(분쟁)와 구별되어야 한다. 클레임은 일방의 상대방에 대한 손해배상청구인데 이것이 상대방에 의하여 수리되지 않아 생긴 현상이 'dispute'이다.

무역클레임은 매매당사자인 피해자(claimant)가 가해자(claimee 또는 respondent)에게 제기하게 되는데 일반적으로 'claimant'는 매수인, 'claimee'는 매도인이 되는 경우가 있으나 그 반대인 경우도 있을 수 있다.

클레임은 통상 기본계약상 물품 자체에 대한 약정인 품질조건, 수량조건 또는 포장조건 등이 그 대상이 되고, 다음은 계약의 이행에 관한 약정인 선적조건, 보험조건 및 결제조건 등으로부터 생기기도 한다. 클레임의 제기기간은 당사자간의 약정에 따라 다르지만, 별도의 약정이 없으면 각국의 규정이 다르기 때문에 유의하여야 한다. 우리나라 상법에서는 드러난 하자의 경우에는 즉시 클레임을 통지하여야 하고, 잠재하자의 경우에는 6개월(민법 1년)의 기간을 주고 있으나, CISG에서는 드러난 하자는 단기간내에 검사하고 합리적인 기간 내에 통지하도록 하며 잠재하자의 경우에도 2년을 넘지 못하도록 규정하고 있다.

무역클레임의 청구내용은 금전배상이나 계약해제, 화물의 반환, 부족분의 추가인도 등이 된다.

2) 무역클레임의 해결방법

무역클레임의 해결방법으로서는 청구권의 포기(waiver of claim), 화해(amicable settlement), 알선(intercession), 조정(conciliation), 중재(arbitration) 및 소송(litigation) 등이 있다. 이 가운데 중재는 재판보다 낫고, 조정은 중재보다 나으며, 분쟁의 예방은 조정보다 낫다.

(1) 청구권의 포기

피해자가 상대방에게 청구권을 행사하지 않는 경우로서, 이는 대체로 상대방이 사전 또는 즉각적으로 손해배상제의를 통하여 해결하거나 피해자가 클레임을 제기할 만한 가치가 없다고 생각하는 경우이다.

(2) 화 해

화해는 당사자간의 자주적인 교섭과 양보를 통하여 분쟁을 해결하는 방법으로 당사자가 직접적인 협의를 통하여 상호평등의 원칙에 따라 서로가 납득할 수 있는 타협점을 찾는 방법을 말한다.

화해에도 두 가지가 있다. 하나는 당사자간의 교섭에 의하여 이루어지는 재판외의 화해이고, 다른 하나는 법원의 중개에 의한 소송상의 화해이다. 우리나라 민법상의 재판 외의 화해는 ① 당사자가 서로 양보할 것, ② 분쟁을 정지할 것, ③ 그 뜻을 약정할 것 등 세 가지 요건을 필요로 한다.

(3) 알 선

알선이란 공정한 제3자적 기관이 당사자의 일방 또는 쌍방의 의뢰에 의하여 사건에 개입하여 원만한 타협이 이루어지도록 협조하는 방법으로 당사자간에 비밀이 보장되고 거래관계가 지속적으로 유지될 수 있는 장점이 있다. 알선기관으로 국제적으로 널리 이용되고 있는 곳이 상업회의소이다. 알선안은 양 당사자가 수락후 거부하더라도 강제구속력은 없다.

알선은 쌍방의 협력이 없으면 실패할 수밖에 없는 강제력이 없는 방법이다. 그러나 알선수임기관의 역량에 따라 그 실효성이 나타나는 방법으로 대한상사중재원에 의뢰한 사건 중 90% 이상이 알선단계에서 해결되었다. 이것은 조정이나 중재와는 달리 형식적 절차가 없다.

(4) 조 정

조정은 당사자 일방 또는 쌍방의 요청에 따라 공정한 제3자를 조정인(Conciliator)으로 선임하고 그가 제시하는 구체적인 해결방안에 대하여 합의함으로써 클레임을 해결하는 방법이다. 우리나라의 중재규칙상 중재신청 후 양 당사자가 요청할 경우 조정인을 선정, 조정을 시도할 수 있도록 되어 있어 조정안을 수락하면 조정결정은 중재판정과 동일한 효력을 갖게 되나, 실패하면 30일 내에 조정절차는 자동적으로 폐기되며, 중재인을 선정하여 중재절차를 시작한다.

(5) 중 재

중재는 조정의 경우와 같이 양 당사자가 공정한 제3자를 중재인(arbitrator)

으로 선임하고 이러한 중재인의 판정에 복종함으로써 최종적으로 해결하는 방법이다. 조정은 당사자 일방이 요청할 경우에도 가능하나 중재는 반드시 양 당사자의 합의가 있어야 하며, 양 당사자는 중재판정에 절대 복종하여야 한다. 즉, 그 효력이 법원의 확정판결과 동일하며 외국에서도 그 집행이 보장된다. 중재는 단심제이며 중재에 의뢰한 사건은 소송에서 다룰 수 없다.

(6) 소 송

소송은 개인간의 분쟁을 국가기관인 법원의 판결에 의하여 강제적으로 해결하는 방법이다. 그러나 국가간의 거래에 있어서는 상대방이 법역을 달리한 외국에 있는 것이 보통이므로 우리나라 재판권이 상대국에 미치지 못한다는 문제점이 있다.

■■ 2 상사중재

1) 상사중재의 의의 및 이점

중재라 함은 당사자간의 합의, 즉 중재합의에 의하여 사법상의 권리, 기타 법률관계에 관한 분쟁을 법원의 소송절차에 의하지 않고 민간인인 제3자를 중재인으로 선정하여 그에게 분쟁의 해결을 맡기고 그 결정에 복종함으로써 분쟁을 해결하는 제도이다. 당사자간의 중재합의는 법원의 재판권을 배제하는 약속이므로 중재제도는 국가의 법원이 아닌 민간인에 대한 자주적 분쟁해결 방법이다.

이 제도에는 소송과 비교하여 다음과 같은 이점이 있다.

첫째, 중재는 분쟁의 신속한 해결방법이다(단심제).

둘째, 중재를 이용하면 비용이 절약된다(변호사비용 등이 절약).

셋째, 합리적이고 공정한 판정이 가능하다(중재인은 상관습에 정통).

넷째, 중재심리가 비공개이다(기업비밀의 유지).

다섯째, 중재는 효력의 범위가 국제적이다(외국에서도 그 집행이 보장됨).

여섯째, 중재인은 당해 상거래와 관습에 정통하다(사실문제에 정통)

그렇지만 중재제도는 다음과 같은 몇 가지 문제점을 갖고 있다.

첫째, 중재판정은 법적 안정성이 결여되기 쉽다(구속되는 판례가 없이 중재인의 자의적인 판단가능성).

둘째, 중재제도는 상소제도가 없다.

셋째, 중재인의 대리인적 경향을 배제할 수 없다(각자가 선임한 중재인이 각자의 이익대변)

넷째, 중재인은 법률문제에 대한 판단능력이 다소 미흡하다.

다섯째, 중재판정이 절충식 판정인 경향이 있다.

2) 중재절차

중재절차는 중재사건이 접수되어 판정이 내려질 때까지 전과정을 의미한다. 중재절차도 계약자유의 원칙에 따라 정할 수 있으나 만약 당사자간 이러한 절차에 관하여 합의가 없을 경우 우리나라에서는 상사중재규칙에 따라 결정된다. 즉, 중재신청서 접수 → 중재비용예납 → 중재신청의 접수통지 → 중재인 선정(1인 또는 3인) → 제1차 심문기일통지 → 심문개최 → 피신청인으로부터 반대신청서 접수 → 심문종결 → 중재판정 → 중재판정문 정본(당사자) 및 원본(법원) 송달 → 사건종결과 같이 중재절차가 진행되며(중재법 제19조~제28조), 이러한 절차는 어느 국가나 유사하다.

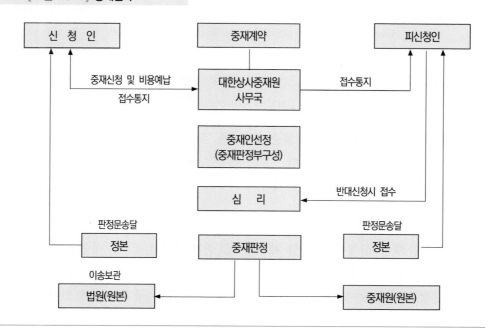

[그림 10-1] **중재절차**

(1) 중재계약

클레임을 중재로 해결하려면 양 당사자간 중재협정(arbitration agreement)이 있어야 한다. 이것은 당사자간 분쟁의 해결을 중재인의 판정(award)에 맡기기를 합의한 계약이다. 이러한 협정이 분쟁발생 전에 체결되면 중재조항(arbitration clause)이 되고, 분쟁발생후에 체결되면 중재부탁(submission to arbitration) 합의가 된다.

그렇지만 일단 분쟁이 발생하면 자신이 불리하다고 판단되는 당사자는 중재에 회부하는 데에 동의하지 않을 것이므로, 계약체결시 중재조항을 설정(통상 일반협정서에 포함)해 두는 것이 바람직하다.

실제로 분쟁이 발생한 경우 중재의뢰를 원활하게 하기 위해서는 중재조항에 ① 중재가 행하여지는 장소, ② 이용할 중재기관, ③ 적용할 중재규칙 또는 준거법 등 이상 세 가지 내용이 필수적으로 명시되어 있어야 한다. 그렇지 않을 경우 비록 중재조항이 있다고 하더라도 이들 사항을 다시 합의하여야 한다.

우리나라 대한상사중재원이 권고하는 중재조항은 다음과 같다.

"All dispute, controversies, or differences which may arise between the parties, out of or in relation to or in connection with this contract, or for the breach thereof, shall be finally settled by arbitration in Seoul, Korea in accordance with the Commercial Arbitration Rules of The Korean Commercial Arbitration Board and under the Law of Korea. The award rendered by the arbitrators shall be final and binding upon both parties concerned."

대부분의 국가가 상설중재기관을 두고 있으며 그 대부분은 상업회의소의 부속기관으로 되어 있다. 우리나라도 대한상사중재원을 두고 있으며, 중재규칙과 중재인명부도 마련되어 있다.

(2) 중재신청

중재를 신청하고자 할 때에는 ① 중재신청서, ② 중재합의서 또는 중재조항이 삽입된 계약서, ③ 입증서류(거래사실 증빙, survey report 등), ④ 대리인인 경우 위임장 및 ⑤ 중재요금예납 등의 서류를 구비하여야 한다.

(3) 중재인의 선정

중재인의 선정에 관하여 당사자간 약정이 있으면 그것에 따른다. 그렇지 않을 경우에는 중재원 사무국에 중재인 선정을 의뢰한다. 사무국이 중재인을 선정하는 경우, 당사자 일방이 한국 이외의 국가의 주민이거나 국민인 때에는 단독중재인이나 중재판정부의 의장으로 행동할 중립중재인은 당사자 가운데 어느 일방의 요구가 있으면 당사자의 어느 편에도 속하지 아니하는 제3국인 중에서 선정하여야 한다. 사무국은 중재인 명부에서 중재인 후보자 10명을 선정하고 그 명단을 기재하여 양 당사자에게 보내면 양 당사자는 30일 이내에 의장중재인과 기타 중재인에 대하여 호선순위를 표시하여 반송하여야 한다. 사무국은 양 당사자로부터 받은 호선순위를 합산하여 순위가 빠른 중재인 3인을 선임한다(신속처리절차는 1인). 다만 계약서의 중재조항에서 중재인의 수를 정하였을 경우에는 이에 따른다.

(4) 중재심리

사무국은 중재인 후보자 선정명단 중에서 희망순위에 따라 선정된 중재인에게 수락서를 받아 중재판정부를 구성하고, 제1차 심문기일을 결정하여 사전준비를 위해 당사자에게 10일 전(국제 통지는 20일전)에 통지한다. 당사자는 심문이나 기타 중재절차를 변호사나 중재판정부의 허가를 받은 사람에게 대리하게 할 수 있다. 대리인이 중재절차에 참가하게 될 경우에는 위임장의 원본을 사무국에 제출하여야 한다. 당사자의 주장이나 입증이 끝나면 중재인은 심문을 종결하고 30일 이내에 중재판정을 내리게 된다.

(5) 중재판정

중재판정은 중재인들의 다수의 결정에 의하여 내려진다. 일단 판정이 절차상 확정되면 기판력(旣判力)이 발생하여 법원의 확정판결과 동일한 효력을 지니게 된다. 일단 판정후에 중재인은 이를 철회하거나 변경할 수 없다.

3) 중재에 관한 국제협약과 중재협정

무역은 국제간 거래이기 때문에 중재판정의 효력이 외국에 미치지 않는다면 그 판정은 의미가 없다. 국가간의 상사분쟁을 효율적으로 해결하기 위해서는 각국간 외국의 중재판정에 대한 상호보장을 필요로 한다. 이러한 목적으로 중재에 관한 국제협약 및 양국간 협정이 체결되어 있다.

(1) 국제협약

중재에 관한 최초의 다수국가간 협약은 1923년에 체결된 「중재조항에 관한 의정서」(Protocol on Arbitration Clause)로 통상 제네바의정서라 부른다. 여기서는 외국중재판정의 승인과 집행이 보장되어 있지 않기 때문에 1927년 「외국중재판정의 집행에 관한 협약」(Convention on the Execution of Foreign Arbitral Awards)이 제정되었으며, 이를 제네바협약이라고 부른다. 여기서는 외국중재판정에 대한 강제집행을 부여하였으나 우리나라는 이에 가입하지 않았다.

그 후 1958년 6월 뉴욕의 UN본부에서 「외국중재판정의 승인 및 집행에 관한 UN 협약」(United Nations Convention on the Recognition and Enforcement of Foreign Arbitral Awards)이 체결되었으며 이를 일반적으로 뉴욕협약이라 부른다. 여기서도 물론 외국중재판정의 승인 및 집행을 보장하고 있다. 우리나라는 1973년 2월 9일자로 가입하여 42번째 가입국이 됨에 따라 국내유일의 상설중재기관인 대한상사중재원의 중재판정이 본 협약의 체약국간에는 그 승인 및 집행을 보장받게 되었다.

(2) 2개국 간 중재협정

중재협정은 대개 민간단체인 중재기관간의 협정이므로 양국의 무역당사자를 구속하는 것은 아니지만 이들 협정에서 권고하는 중재조항을 계약서에 삽입하면 원활한 분쟁해결을 보장받을 수 있다. 쌍무중재협정에는 대개 중재지 결정, 상호시설협조 및 정보제공 등에 관한 내용이 포함되어 있다.

특히 양자간에 무역계약을 체결할 때 중재장소에 관한 합의가 이루어지지 아니하면 계약체결이 어렵게 되는 것을 방지하는데 큰 의미가 있다. 2024년 7월 현재 우리나라는 미국, 일본, 중국, 러시아, 호주, 인도네시아 등 주요국의 36개 중재기관과 중재협정을 맺고 있으며, 중재업무협정도 37개의 중재기관과 체결하고 있다.

Chapter 11

전자무역

전자무역

전자무역의 의의

1 전자무역의 개념

전자무역은 재화 또는 서비스의 국가간 거래인 무역행위의 본질적 업무를 인터넷을 포함한 IT수단을 활용하여 전자적·정보집약적 방법으로 수행하는 무역활동으로 정의할 수 있다. 전자무역은 일련의 무역프로세스에서 발생하는 모든 정보를 전자적 방식으로 처리함으로써 무역거래의 효율성과 신뢰성을 획기적으로 개선하는 것을 목표로 한다. 따라서 단순히 기존의 무역거래방식을 인터넷으로 전환하는 것은 물론이며 더 나아가 새로운 기술에 기초하여 기존의 프로세스와 방식을 근본적으로 개선하는 과정 및 그 결과를 포함한다.

구조적 측면에서는 전자무역은 전자무역을 주도하는 행위주체로서의 전자무역기업은 물론, 전자무역 프로세스의 기술기반을 구성하는 정보기술 인프라, 프로세스상의 여러 관련 기업 및 산업의 커뮤니티인 전자무역 관련 산업, 그리고 프로세스를 뒷받침하는 법·제도 등 기반요소 등으로 구성된다.

첫째, 전자무역 프로세스는 기업이 수출 또는 수입과정에서 수행하는 일련의 활동(통관/물류, 결제 등)에서 각각의 활동과 관련된 기업들(선사, 외국환은행, 포워더 등)과 주고받는 정보(문서)의 흐름으로 정의되며, 전자무역인프라는 이러한 정보(문서)의 교환행위를 전자적 방식으로 처리해주는 기능을 제공한다.

둘째, 전자무역의 관련 산업은 전자무역인프라에 의해 매개되는 무역프로세스상의 다양한 기업들, 즉 금융·물류·보험·e-MP 등을 포괄한다.

셋째, 광의의 전자무역인프라에 포함하거나 혹은 전자무역의 사회적 기반으로 파악되는 전자무역 관련 법·제도는 전자무역 프로세스상의 정보교환 행위가 많은 경우 법·제도에 의해 규율되기 때문에 중요한 의의를 갖는다.

넷째, 전자무역기업은 전통 무역기업과 구별하여, 전자무역 프로세스에 참여하는 기업을 의미한다. 특히, 전자무역기업의 개념은 기업 내부프로세스의 정보화 또는 e-비즈니스화를 토대로 전자무역 인프라와의 연계·통합을 통해 무역을 행하는 기업을 의미한다.

여기에서 전자무역 프로세스란 기업이 수출 또는 수입과정에서 수행하는 일련의 활동, 즉 통관 및 물류, 결제 등에서 각각의 활동과 관련된 기업들 예컨대 선사, 외국환은행, 포워더 등과 주고받는 정보 또는 문서의 흐름으로 정의되며, 전자무역인프라는 이러한 정보 또는 문서의 교환행위를 전자적 방식으로 처리해주는 기능을 제공하고, 전자무역의 관련 산업은 전자무역인 프라에 의해 매개되는 무역프로세스상의 다양한 기업들, 즉 금융·물류·보험·e-MP 등을 포괄한다. 광의의 전자무역인프라에 포함되는 전자무역 관련 법·제도는 전자무역 프로세스상의 정보교환행위가 많은 경우 법·제도에 의해 규율되어 중요한 의의를 가진다.

[그림 11-1] **전자무역 프로세스**

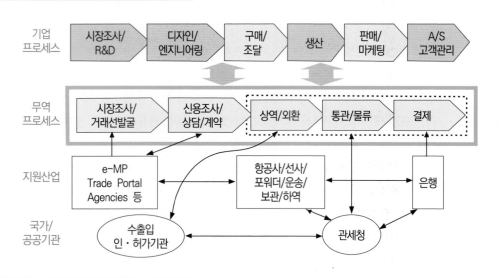

📒 전자무역과 유사개념

1) 전자무역과 e-비즈니스

e-비즈니스는 기업과 산업의 프로세스를 인터넷 및 관련 정보기술을 활용하여 개선 또는 혁신하는 일반적인 개념이며, 전자무역은 e-비즈니스의 적용대상으로서의 무역이라는 특정영역을 강조한다. 따라서 전자무역은 무역프로세스의 e-비즈니스화로 이해될 수 있다. 그러나 무역프로세스가 단일산업, 단일기업의 프로세스가 아니라, 모든 산업과 모든 기업이 관여되는 프로세스로서 개별기업단위 또는 특정산업을 중심으로 논의되는 기존 e-비즈니스 개념과 구별된다.

전자무역은 첫째, 무역프로세스에 관련된 무역유관기관(주요 인허가 기관)의 e-비즈니스화, 전자정부화(e-government), 둘째, 무역기업 및 관련 산업 내 기업의 e-비즈니스화, 셋째, 전자정부와 기업 e-비즈니스간의 정보(문서)교환을 효율적이고 일관되게 매개할 수 있는 전자무역인프라로 구분된다. 따라서 전자무역은 거래측면에서는 B2B(business-to-business)와 G2B(government-to-business)를 포함하며, 전통프로세스의 개선 또는 혁신이라는 측면에서는 무역프로세스의 e-비즈니스화를 의미한다.

전자무역과 e-비즈니스는 상대적 중요성 또는 논의의 중심은 상황과 목적에 따라서 달라질 수 있다. 특히, 무역의 높은 대외의존도, 수출입 프로세스 및 관련 산업의 e-비즈니스화 진전도 등을 고려할 때 우리나라의 경우 전자무역은 무역프로세스를 중심으로 정부(유관기관)와 기업의 e-비즈니스를 포괄하는 측면에서 조망할 필요가 있다.

2) 사이버 및 인터넷무역

사이버 및 인터넷무역은 전자적으로 거래가 이루어진다는 측면에서 전자상거래와 유사하지만 전자상거래는 국제간에 이루어지는 무역프로세스보다 제품정보의 검색, 물품주문, 서비스에 대한 대금지불, 고객서비스 등의 영역이 온라인에서 이루어진다는 측면에서 차별성을 가지고 있다.

사이버무역(cyber trade)은 무역의 전부 또는 일부를 전자문서교환(EDI)방식의 무역자동화망이나 인터넷 등의 각종 정보통신망을 통해 전자적으로 처리함으로써 시·공간의 제약 없이 무역업무를 보다 신속·정확·편리하고 경제적으로 수행할 수 있는 무역거래방식이라고 정의할 수 있다. 사이버무역은 폐쇄형 네트워크인 부가가치통신망과 같은 무역자동화망이나 개방형 네트워크인 인터넷을 통하여 무역업무를 처리하는 것이므로 EDI방식의 무역자동화나 인터넷무역을 포함하는 것이라 할 수 있다. 인터넷무역(internet trade)은 불특정 다수를 대상으로 완전히 개방된 인터넷을 통해서 무역업무가 수행되는 무역거래를 말하는 것으로서, 무역과 관련된 데이터나 정보 등이 주로 인터넷을 통하여 전송 또는 송·수신된다는 측면을 강조한 것이다. 인터넷이 거래상대기업을 물색하기 위해 사용되는 단계에 그치는 것이 아니라, 앞으로 국내외 각종 상거래 및 무역을 위한 수단으로 자리 잡게 되어 선적과 물류를 제외한 대금결제에 이르기까지 총체적 무역행위가 모두 인터넷을 통해 처리될 수 있다면 그 때에는 인터넷무역과 사이버무역은 동일한 의미로 사용될 수 있을 것이다.

이 밖에 전자무역과 유사개념으로 혼용되는 전자상거래, 무역자동화 등의 개념을 비교하면 다음과 같다.

〈표 11-1〉 전자무역과 유사개념 비교

개 념	정 의
무역자동화	무역업자와 무역유관기관이 대외무역법령 및 대외무역법 제15조 제2항의 규정에 의한 통합공고와 관련되는 법령·수출보험법령·외국환관리법령등 대통령령이 정하는 법령 및 당사자간 계약(이하 "무역관련법령등"이라 한다)에서 정한 무역 업무를 전자문서교환방식으로 행하는 것을 말한다(무역자동화법률 제2조 1항).
전자무역거래	인터넷 등 정보통신망을 통하여 수행하는 무역거래 기반의 구축(무역거래기반법 제4조 1항 6호)
e-Trade	e-Trade is Simply e-Commerce across International Borders(ITC, International Trade Center)
사이버무역 (인터넷무역)	인터넷을 이용하여 실제의 무역거래과정을 단축하거나 효율화하는 과정 혹은 방법

자료 : 사이버무역 : 국제동향과 성공전략, 한국무역협회, 2001.

| 제**2**절 | **전자무역의 특징** |

전자무역은 기존의 전통적인 무역방식과는 여러 측면에서 다른 특징을 갖는다. 그리고 전자무역은 성장·발전이 진행형이기 때문에 현재 파악가능한 모습만이 아니라, 향후 예측가능한 전자무역의 모습까지도 고려하여야 할 것이다.

〈표 11-2〉 전통적 무역과 전자무역의 비교

구분	전통적 무역	전자무역
정보 수집	· 현지 직접방문, 거래알선기관 면담 등	· 인터넷을 이용한 정보검색, 거래 알선 사이트 이용 등
서류·통관	· 종이서류, 관세사	· 전자문서, 통관EDI
거래 지역	· 제한된 일부 지역	· 전 세계
영업 시간	· 제약된 영업 시간	· 24시간
의사 소통	· 국제전화·팩스, 우편, 출장 등	· 전자우편, 인터넷, 전화, 팩스 등
대금 결제	· 신용장, D/A, D/P, CAD, COD 등	· Trade Card, Bolero, 전자자금이체 등
물류 운송	· 포워더, 해운, 항공 운송 등	· 특급 운송, 온라인 전송 등
유통 경로	· 생산자 ↔ 수입업자 ↔ 수출업자 ↔ 소비자	· 생산자 ↔ 소비자

자료 : 심상렬, "국제무역에서의 전자상거래 구현사례 : KTNET", 「CALS/EC Korea 1998 발표논문집」, 한국CALS/EC학회, 1998.

첫째, 전자무역은 인터넷 및 관련 정보통신기술을 기반으로 비대면방식으로 거래가 이루어진다. 전자무역에서는 거래 상대방과 직접 만나지 않고서도 인터넷과 컴퓨터, 기타 통신망을 이용하여 거래 상대방을 물색하고 협상하여 계약을 체결하고 이행하는 방식으로 이루어진다. 따라서 전자무역은 기존 무역과 달리 시간적·공간적 제약을 비교적 용이하게 극복할 수 있다. 특히, 자체적 역량이 부족한 중소·중견기업에게는 매우 효과적인 마케팅 수단을 제공한다. 이론적으로는 365일 24시간 업무가 가능하며, 인터넷을 통한 정보는 전 세계 어디에나 도달할 수 있기 때문이다. 따라서 국내·외 구별 없이 세계를 단일시장으로 보고 무역활동을 할 수 있다.

둘째, 전자무역은 효과적으로 이루어질 경우 기존의 무역프로세스를 상당히 단축함으로써 효율성을 제고할 수 있다. 프로세스의 단축과 더불어 각 프로세스의 처리시간 및 비용 역시 상당정도 감축할 수 있다. 프로세스의 단축 또는 개선은 종이문서의 전자문서화와 함께 이루어진다. 전자무역에서는 무역거래에 필요한 수많은 종이문서를 단순화·표준화하고 이를 전자화 함으로써 무역 프로세스의 효율성을 획기적으로 제고할 수 있다.

셋째, 무역프로세스의 정보, 물류, 대금결제의 흐름 중에서 정보와 대금결제의 흐름은 완전히 전자적인 방식으로 처리될 수 있다. 대금결제의 경우에는 전자화폐, 전자자금 이체, Tradecard 등의 방식으로 결제된다. 반면에 물류의 흐름은 물류정보와 실제 물류가 분리되어 처리되게 된다. 이와 같은 전자무역의 특성을 구체적으로 살펴보면 다음과 같다.

1 거래관습의 변화

전자상거래는 컴퓨터와 통신 네트워크에 의하여 이루어지는 것인 만큼 거래당사자간의 교섭방식과 거래방식에 상당한 변화를 주고 있다. 지금까지는 거래당사자간에 서신, 팩스, 전화 등을 이용하여 거래당사자간에 직접 교섭하는 방식이 주를 이루었다. 그러나 이제는 거래당사자가 웹 사이트를 구축하고 여기에 데이터베이스를 연결하여 상대방의 일반적이고 반복적인 질문에 즉시 회신할 수 있도록 하고 있다.

기업 대 개인 거래의 경우, 기업은 일방적으로 각종의 정보를 제시할 뿐이며, 개인 소비자는 기업이 제공한 정보와 미리 입력된 자료에 의하여 기업과 교섭을 하게 됨으로써 철저하게 비대인적(impersonal) 교섭이 이루어진다. 물론 이러한 교섭은 거래조회 및 협상단계에서 주로 이루어지는 것이며, 개인은 전자우편을 통하여 기업에 대한 대화를 요구할 수 있다.

기업 대 기업이 인터넷에 등재되어 있는 상품을 보고 가격협상을 하는 경우에는 결국 대인적 접촉이 발생하지만 대량판매 및 대량구매로 이어지는 조달의 경우를 보면 입찰에 의하여 모든 거래가 완료되기 때문에 실질적인 대인접촉이 없는 경우가 많이 발생하고 있다.

결과적으로 온라인 계약체결에 대한 새로운 관습이 발생하게 되며, 이에 따른 배송 및 결제에 대한 관습의 변화가 이어지고 있다. 대금결제에도 Tradecard나 Bolero와 같은 완전히 새로운 방식의 대금결제의 경우는 당연하다고 하겠지만 전통적인 신용장에 의한 대금결제의 경우에도 이제는 전자신용장에 의하여 인터넷을 통하여 신용장의 개설 및 통지가 이루어짐에 따라 수출업자, 수입업자, 금융기관 등의 기존의 유관기관은 물론 전자문서를 전송해주는 중개업자들도 새로운 법률관계의 틀 속에 들어가게 된다.

2 거래당사자의 다양화

전자상거래를 거래대상을 기준으로 B2B, B2C, B2G, C2G[1] 등으로 구분할 수 있는데, 이러한 현상은 무역에도 그대로 적용되어 때로는 일반 소비자들이 자신도 모르는 사이에 무역거래를 하게 된다. 해외의 쇼핑몰에서 물건을 사는 행위나 해외의 게임 사이트에서 게임을 즐기는 것, 해외의 음악사이트에서 유료로 음악을 다운받는 행위 등이 기업과 개인간 무역이 되는 것이다. 이제는 해외의 교육기관을 통하여 온라인으로 학위를 취득하거나 자문을 구하는 것도 기업과 개인간 거래로 인정된다. 반대로 우리나라의 교육기관이 해외 수강생이나 기업을 대상으로 유상으로 온라인 교육을 하는 경우 정식수출로 인정되며, 인기 있는 게임을 개발하여 해외의 게이머들이 유료로 한국에 접속하여 게임을 즐기는 경우도 수출이 되는 것이다. 향후에는 기업과 개인간 거래는 물론 외국정부에 대한 조달과 같은 기업과 정부간 거래, 국제 서비스 무역 등도 중요한 이슈가 될 것이다.

3 전자적 무체물 및 서비스무역

전통적인 무역의 전자무역은 재래상품의 국제거래를 위하여 전자상거래 지원시스템을 구축하고 e-마켓플레이스와 무역자동화 시스템을 이용하는 데에 주안점을 두고 있어 오프라인 무역의 온라인화를 중요하게 여기고 있다. 하지만 전자무역은 소프트웨어, 디지털 컨텐츠, 게임, 영상, 음악, 교육, 컨설팅과 같은 디지털 제품 및 서비스를 거래의 대상으로 하고 있다. 이 분야는 지식집약적 산업분야로써 재래산업에 비하여 부가가치가 매우 높은 것으로 평가되

---

[1] B2B(business to business, 기업과 기업간 거래), B2C(business to consumer, 기업과 개인간 거래), B2G(business to government, 기업과 정부간 거래), C2G(consumer to government, 정부와 개인간 거래)

고 있기 때문에 정부적 차원에서도 많은 투자가 이루어지고 있다.

디지털 제품은 웹서비스, 이메일서비스, 도메인서비스, 데이터베이스서비스, 사서함서비스, 검색서비스, 보안서비스, 전자결제서비스, 온라인컨설팅서비스, 온라인교육서비스, 인터넷마케팅서비스 등과 같이 네트워크상에서 거래되는 온라인 서비스상품을 비롯하여, 위성방송서비스 등 유무선 방송서비스 상품, 이동통신을 비롯한 유무선 통신서비스 상품 등이 속한다. 디지털제품이 각광을 받는 이유로는 정보재의 성격을 가지고 있으며 고의로 저장장치에서 지워버리지 않는 한 아무리 사용하여도 소멸되지 않고(비소멸성), 디지털신호로 구성되어 있기 때문에 다른 상품으로의 변형이 용이하며(가변형성), 무제한으로 복제할 수 있어 재생산성이 뛰어나기 때문이다.

■4 해외시장 개척수단의 변화

전통적인 무역에서는 해외시장개척을 위하여 해외의 거래처, 은행, 무역협회, KOTRA, 영사관 등의 기관을 이용하거나 관련 자료를 참조하였다. 오늘날에는 인터넷을 통하여 자료를 검색하는 정도를 넘어서 인터넷을 통하여 거래정보를 올리고 3D그림과 화상대화를 통하여 거래조회를 하기도 한다. 해외시장을 개척하기 위하여 가장 많이 이용하는 것으로써 인터넷을 통하여 많은 판매자와 소비자가 모이는 시장인 e-마켓플레이스가 있다. e-마켓플레이스에 참여하는 사람이나 기업들에 대한 국적을 가리지 않으며 다만 그 시장을 주도하는 자가판매자 중심인가 아니면 구매자 중심인가 아니면 다수의 판매자와 구매자가 함께 모이는 중개자 중심인가로 구분되어 있다.

동종의 기업들이 연합하여 대형 사이트를 구축하고 공동으로 물품의 판매 및 구매를 하기도 한다. 세계의 대기업들은 자사에서 필요로 하는 생산용 부품이나 원자재를 인터넷을 통하여 전 세계의 공급자로부터 물품을 조달받고 있으며, 대형 판매자들은 인터넷을 통하여 전 세계의 소비자들에게 물건을 판매하고 있다. 중개자 중심의 e-마켓플레이스들은 국내외의 무역업체나 제조업체들이 등록한 오퍼를 해외의 다른 e-마켓플레이스와 연계하여 공급하고 반대로 해외의 오퍼를 국내에 조달해 주는 역할도 하고 있다. 따라서 우리나라의 무역 e-마켓플레이스들에 따라 차이는 있지만 국내기업만이 아니라 해외기업들도 회원으로 받아들여 무역중개의 업무를 수행하고 있다.

e-마켓플레이스들은 여러 공급자와 구매자들의 무역이 원활하게 이행되도록 지원하기 위하여 정보제공, 협상, 경매, 역경매, 자동거래처리 등은 물론, 부가서비스로 각종 정보의 수집·축적·가공 처리에 의한 컨텐츠 제공, 각종 전자상거래지원시스템 계약, 물류, 보험, 결제 등의 여러 가지 업무를 제3자의 입장에서 제공하는 제3자군 서비스(TPS: third party service)를 제공하기도 한다.

5 무역업무 처리방식의 자동화

무역업무 처리방식은 전자문서를 이용하기 이전에도 무역절차 간소화 및 무역서류 표준화 등의 오랜 기간 동안의 준비를 거쳐 인터넷 서비스까지 발전해 왔다. 예전에는 무역관련 문서를 수작업에 의하여 작성하여 인편으로 직접 제출하거나 우편을 이용하였으며, 문서를 제출하고 나면 수작업에 의하여 확인 및 서명이라는 절차를 거쳐서 정식문서로 사용해 왔다.

무역에서 사용되는 문서의 종류도 많았지만 각 문서에 기재되는 내용은 대략 70% 가량이 중복되어 기재되는 내용이며, 반복기재 및 재작성 등의 과정을 거치면서 많은 시간과 오류가 발생하곤 하였다. 이러한 문제를 해결하기 위하여 한번만 컴퓨터 시스템에 입력을 하면 반복되는 자료는 자동으로 입력이 되고 입력된 문서는 네트워크를 통하여 제출하며 일상적인 업무는 컴퓨터를 통하여 자동으로 이루어지도록 하는 기술이 발달하였으며 그 핵심기술이 EDI라는 것이다. EDI가 도입됨에 따라 문서들 중 정형문서는 정형전자문서로 개발되고 이 전자문서의 서명은 전자서명으로 대체되고 이에 대한 법률적 효과도 인정되고 있다. 더 나아가 이제는 인터넷을 통하여 모든 전자문서를 주고받으며 인증기관을 이용함으로써 법적으로 유효한 정식 전자문서의 제출과 교부가 이루어지고 있다.

이와 같은 업무처리방식은 무역의 관행과 법적 효력에 많은 영향을 미치고 있으며 무역업체의 경우 예전에는 평균 3주일 이상이 걸리던 무역절차를 1주일 이내로 단축하여 시간과 비용의 절감을 이루는 생산성 증대 효과를 거두고 있다.

제3절 ▶ 거래절차 및 발전단계

1 전자무역 거래절차

무역거래는 정보, 계약 및 이행단계로 구분할 수 있다.[2] 정보단계(information phase)는 잠재적 거래당사자간 정보를 수집하는 단계이며, 계약단계(agreement phase)는 계약을 체결하기 위한 거래조건을 협상하는 단계이고, 이행단계(settlement phase)는 계약상 합의된 사항을 실행하는 단계를 말한다. 이를 전자무역절차에 대입할 수 있다.

첫째, 정보단계는 무역거래 대상제품에 대한 광고 및 거래상대방에 대한 탐색과정이다. 이 단계에서 수출업자는 수출품을 해외 바이어에게 다양한 방식을 통하여 홍보하고, 적극적으로 잠재적 수입자를 파악하기 위한 각종 정보를 수집하게 된다. 이러한 과정을 통해 잠재적 거래상대방을 확인할 수 있다.

둘째, 계약단계는 거래관련 의사교환 과정을 말하는데, 이 과정에서는 거래대상품목의 자세한 내용, 가격, 대금지급방법, 운송방법, 보험 등 각종 거래조건 등에 대해서는 거래당사자간 합의가 이루어지는 단계이다. 이러한 협의가 쌍방간 합의로 발전할 경우 세 번째 단계인 이행단계로 연결된다.

셋째, 이행단계에서는 그 계약조건을 실행하는 단계가 시작되는데, 계약이행의 핵심은 대금결제와 운송이다. 대금결제와 운송에는 매우 다양한 방식이 있는데, 이 과정에서 은행, 선박회사 그리고 세관 등이 관여하게 된다. 통상적으로 전통적인 무역에서는 은행이 신용장을 개설하여 대금결제와 관련된 단계가 시작되지만, 전자무역에서는 신용장을 전자적으로 대체하는 방식이 이용된다. 그리고 오프라인상에서 제품의 선적, 수송, 하역, 검사, 통관 등의 일련의 물류과정이 온라인상의 등록 및 추적과 동시에 진행된다.

린데만과 런지가 제시한 거래이행단계를 세분하면 ① 시장, 제품 및 매수인에 대한 정보수집단계, ② 자사제품의 해외홍보, 매수인 발굴 등의 해외마케팅 단계, ③ 발굴된 매수인과의 각종 거래조건 협의후 계약에 이르는 거래협상단계, ④ 물품을 매수인에게 운송하는 물류운송단계, ⑤ 물품공급에 대한

---

2) Lindermann, Markus & Runge, Alexander, "An Electronic Contracting within the Reference Model for Electronic Markets", Journal of Marketing, 1997.

대가로서 대금을 지급받는 대금결제단계로 구분할 수 있다.

1) 정보수집단계

전통적인 무역방식은 시장이나 제품, 거래선에 대한 정보를 수집하기 위해서는 무역박람회, 컨벤션, 대한무역투자진흥공사(KOTRA)를 통하여 카탈로그, 홍보매체 등을 이용하거나 또는 직접 출장을 가는 것이 통례였다. 그러나 전자무역에서는 중소기업도 외국 웹 사이트를 검색함으로써 국내 및 해외의 신제품이나 거래선에 대한 정보를 신속하고 용이하게 수집할 수 있다.

2) 해외 마케팅단계

전자무역에서는 수출업체의 경우 인터넷을 통해 자사제품의 웹 카탈로그를 보내거나 전자우편 마케팅을 할 수 있으며, 인터넷 홈페이지 개설이나 거래알선 사이트, 유즈넷, 메일링 리스트, 배너 광고 등을 통하여 쉽게 자사제품과 서비스에 대한 글로벌 마케팅을 수행할 수 있다. 시장이나 제품, 매수인에 대한 정보수집단계와 자사제품의 해외홍보, 매수인 발굴 등의 해외 마케팅단계가 사이버 공간에서 수행하게 되는 경우를 사이버마케팅이라고 정의할 수 있을 것이다. 현재 다수의 해외 마케팅 서비스기관[3]이 활동하고 있다.

3) 거래협상단계

전자무역에서는 인터넷을 이용하여 거래관련 자료나 화상을 전자우편이나 인터넷 팩스로 전송하여 사이버공간에서 얼굴, 음성 및 정보교환으로 무역협상이 가능해진다. 발굴된 매수인(Buyer)과의 각종 거래조건 협의후 계약에 이르는 거래협상단계가 사이버공간에서 수행되는 비대면의 협상을 사이버협상이라고 정의할 수 있다.

---

3) 국가정보(무역협회(kita.net), KOTRA, 수출입은행), 무역통계(무역협회, KTNET, 관세청), e-마켓플레이스(EC21, Ecplaza, Tpage, BuyKorea.com, Alibaba, Worldbid 등), 웹비즈니스 디렉토리(Kompass, Europages, Thomas Register, Tradeleader 등), 신용조사(D&B, 신용보증기금, 무역보험공사, KOTRA, D&B, ABC 등)

4) 물류운송단계

전자무역에 있어서 유형재의 경우에는 수출업자는 인터넷 등의 사이버공간에서 매매계약을 체결한 다음, 종래와 같이 물리적인 방법으로 운송인을 통하여 수입업자에게 인도하는데, 이 중에서 책이나 음반과 같이 부피가 크지 않거나 특별한 취급이 필요 없는 소액물품의 경우에는 우편서비스 또는 국제택배서비스가 활용되고 있다. 전자서적, 음반, 소프트웨어 등의 디지털제품의 경우에는 인터넷 등의 사이버공간을 통하여 계약체결과 동시에 다운로드하거나 계약조건에 따라 필요할 때에 전송받을 수 있다. 전자무역이라 하더라도 디지털제품이 아닌 유형재는 사이버공간이 아닌 현실세계의 재래식 운송이 반드시 필요하게 되는 것이다.

5) 대금결제단계

물품의 국가간의 이동이 수반되는 무역거래를 이행하기 위해서는 물품인도와 더불어 이에 따른 대가를 교환하는 대금결제가 필요하다. 기존의 무역거래에 있어서는 통상적으로 송금결제방식, 추심결제방식, 신용장거래에 의한 결제방식 등이 이용되어 왔다. 전자무역의 경우에는 매수인이 매도인의 물품공급에 대한 대가로서 대금을 지불할 때 사이버공간에서 대금결제를 수행할 수 있는 전자신용장이나 TradeCard방식 등의 새로운 전자결제시스템을 구현하고 있다.

6) 계약의 종료

매도인의 물품인도와 매수인의 대금결제가 이행되었다는 것은 무역계약이 종료하였다는 것을 의미한다. 계약이 종료한 후에는 거래정보에 대한 사후관리를 위하여 DB마케팅이 필요하고, 무역분쟁이 발생한 경우에는 그 분쟁의 해결을 위하여 노력하여야 한다. 첫째, 거래가 종료된 후에도 DB마케팅을 도입함으로써 거래상대방의 요구를 충족할 수 있는 상품을 개발 또는 거래상대방과 상품에 대한 정보를 교환하는 등 지속적인 관리가 필요할 것이다.

둘째, 매매당사자의 의사표시가 컴퓨터 등의 네트워크를 통하여 이루어지는 경우에는 전자매체의 특성상 안전하고 신뢰성 있는 기술적 기반이 결여될 수 있으므로 분쟁이 발생할 소지가 충분히 존재한다.

2 전자무역 발전단계

전자무역의 발전단계는 두 가지 측면에서 나누어 볼 수 있다. 첫째, 기업의 전자무역은 VAN/EDI방식의 폐쇄적 네트워크를 통한 주요 거래기업간 전자적 정보교환에서 시작하여, 인터넷 기반의 개방형 거래모델로 발전하고 있다. VAN/EDI방식에서는 전통적 거래방식에서 발생하는 각종 정보수요를 전자문서 및 관련시스템을 통해 신속하고 정확하게 교환하는데 그치는 것이 일반적이다. 이에 반해 인터넷 기반의 개방형 모델에 참여하는 기업은 새로운 거래대상의 발굴은 물론 거래방식에서도 경매·역경매와 같은 새로운 방식에 따라 거래를 수행한다.

둘째, 기업의 전자무역은 기업간 교환행위에 직·간접 관련된 업무를 중심으로 시작하여, 점차적으로 기업의 내부업무와 통합하는 방향으로 진전되어 나간다. 예컨대, 초기단계에서는 기업내부의 무역전담 부서만이 전자무역인프라상의 시스템 또는 거래대상 기업의 시스템과 접속할 뿐 타부서와의 직접적인 시스템 연동 등은 이루어지지 않는 것이 일반적이다. 이 단계에서는 주로 거래이전단계의 정보교환에 활동이 집중되어진다. 자사의 상품정보를 다수 기업에게 제공하고, 타사의 제품 및 서비스에 대한 정보를 외부로부터 탐색하는 활동 등 가장 초보적인 단계에서 시작하여 일반적인 기업간 거래행위까지 포함한다.

전자무역은 모든 기업이 언제 어디서나 인터넷을 통해 전 세계를 대상으로 가장 경제적이고 효과적인 방법으로 무역활동을 수행할 수 있는 시스템을 구축하는 것이다. 궁극적으로 무역업체가 전자무역 플랫폼을 통하여 언제 어디서나 24시간 365일 인터넷을 통해 시장조사, 바이어 발굴, 무역상담, 무역계약 등과 수출입승인, 통관, 물류, 대금결제 등 모든 무역 업무를 단절 없이 처리함으로써 서류 없는 완전한 전자무역을 실현하는 것이며, 이에 따라 모든 무역절차를 일괄 처리하는 통합된 단일의 전자무역 플랫폼을 구축하는 것이다.[4]

---

4) 채진익, 「최신 전자무역」, 두남, 2004, pp. 140~141.

〈표 11-3〉 전자무역의 발전단계

단 계	주요 내용	기업의 주요 활동
제1단계	· 무역자동화 시스템 사용	· 기업간 거래정보의 전자문서를 통한 교환
제2단계	· 자사 웹사이트 개설 · 타사 웹사이트, B2B사이트이용	· 기업 및 상품정보 제공 · 기업 및 상품정보 검색
제3단계	· 웹사이트를 통한 제품거래 · B2B 익스체인지와의 연계	· 웹사이트를 통한 제품거래 · 개방형 e-마켓플레이스, 비개방형 익스체인지 등에 참여하여 거래
제4단계	· 자사 웹사이트와 내부시스템 간 통합	· 전자무역을 담당하는 자사의 웹사이트와 자사의 기간시스템과의 통합
제5단계	· B2B익스체인지와 내부시스템 간 통합	· 개방형 e-마켓플레이스, 비개방형 익스체인지 등과 자사의 기간 시스템을 연계 또는 통합

PART 5

글로벌 경영

Chapter 12

글로벌 경영과 다국적기업

글로벌 경영과 다국적기업

제1절 ▶ 글로벌 경영의 개념

　제2차 세계대전 이후 GATT 체제하에서 세계경제는 개방화의 확대에 힘입어 각국의 기업들은 물품과 서비스 등을 포함한 다양한 국제거래와 타국으로의 해외투자를 범세계적으로 전개해 왔다. 즉 자유무역체제의 확산은 기업의 경영활동에 있어 국경이라는 개념의 중요성을 퇴색시키면서, 기업의 경영활동을 세계로 확대해 나가고 있다. 기업의 글로벌 경영은 범세계적인 시각에서 기업의 경영활동으로서 제품의 생산과 서비스의 공급, 유무형의 상품 판매뿐만 아니라 구매, 연구개발, 인사관리 등이 한 나라 안에서 국한되지 않고 국경을 초월하여 이루어지는 것을 말한다. 이는 세계적인 시야로 생산, 판매, 조달 등 일련의 기업경영활동을 세계무대로 이동시켜 수익원을 분산시키고 경영활동의 모든 면에서 국제적 분업의 조직화를 꾀하는 경영방식이라고 할 수 있다.

　기업이 글로벌 경영을 추구하는 궁극적인 목적은 심화되고 있는 세계 경쟁 속에서 자사의 이윤추구와 해외시장의 확보를 위해 세계에 분산된 자원, 자금, 인재 및 생산 등을 효율적으로 활용하는 것에서 찾을 수 있다. 즉 세계적인 시각에서 우수 인재를 모으고 상대적으로 저렴한 원자재와 자금 등을 조달하며, 원가가 절감되는 곳에서 생산하고 효율을 극대화할 수 있는 활동을 통해 시장수익원의 분산과 국제분업의 조직화를 목적으로 한다. 기업은 이러한 목적의 성공적인 달성을 위해 기업간 적절한 협력과 제휴 관계를 맺어 타지역 시장에서 토착화할 필요가 있을 것이다.

| 제**2**절 | **기업의 글로벌화와 다국적기업** |

1 기업의 글로벌화

1) 글로벌화의 개념

기업의 경영에 있어 글로벌화(globalization)에 대한 개념은 학자마다 다르게 정의하고 있지만 일반적으로는 기업이 개별 국가별로 서로 다른 전략을 수립하기보다는 전세계 시장을 하나의 시장으로 간주하고 통합된 전략을 설정하는 것을 말한다.[1] 글로벌화는 통상 국제화 개념과 비교되는데, 여기서 국제화(internationalization)란 시장이 개별 국가단위로 형성되어 있는 상태에서 특정 국가의 특정 기업이 국경을 넘어서 다른 국가로 진출하는 것을 뜻한다. 반면, 글로벌화란 시장을 국경에 따라 구분하는 개념 자체가 없어진 상태를 의미한다. 즉, 글로벌화된 시장환경에서는 제품 및 각종 기술, 서비스는 물론 인적자원과 자본 등도 제한 없이 자유롭게 각 국으로 이동하는 것이 가능하게 된다.

이처럼 국경을 기준으로 구분되던 시장들은 현재 전세계적으로 하나의 시장으로 통합되어 가고 있다. 이렇듯 각국별 시장이 통합되면서 글로벌화가 이루어지고 있는 것은 최근에 발생한 현상이 아니라 인류역사 속에서 지속적으로 이어져 온 일반적인 추세라고 할 수 있다.

2) 글로벌화의 동기

기업이 글로벌화를 추진하게 된 동기로는 초창기에는 협소한 국내시장의 탈피, 생산효율성 향상의 필요성 제기, 기업의 경영활동에서 발생할 수 있는 여러 가지 위험요소의 분산 등이었다. 그러나 이러한 동기가 점차 변화하여 최근에는 해외 조달시장의 진출, 국제 사업망의 구축 필요 등이 주요 원인으로 꼽히고 있다.

기업이 글로벌화 하게 된 동기를 구체적으로 정리하면 다음과 같다.

첫째, 국내시장이 협소하기 때문이다. 기업의 최대목표는 이윤추구이며 이

---

1) Michael Poter, *Competition in Global Industries*, Harvard Business School Press, 1986.

윤을 극대화하기 위해 기업은 새로운 시장을 개척할 필요성을 갖게 된다. 이에 기업은 해외시장에 진출하기 위해 글로벌화를 추진하게 된다. 또한 기업이 현재는 해당 분야에서 우위를 점하고 있더라도 국내시장에서의 경쟁이 과열되거나 포화상태에 이르렀을 경우 기업은 해외시장으로 진출하여 활동 범위를 넓히고자 하며, 현지시장에 수요를 창출하고 서비스의 필요성을 환기하기 위해 진출국의 현지사정에 맞는 전략을 구사한다.

둘째, 생산효율성의 향상을 위해 글로벌화를 추진한다. 이를테면 반도체, 자동차, 선박, 대형설비, 석유화학, 철강 등과 같이 산업시설의 집중도가 높은 분야의 경우에 기업은 생산효율성을 높이기 위해 해외시장으로 진출한다. 해외진출을 통해 생산량이 증가하면 기업은 규모의 경제효과를 누릴 수 있으며, 경험의 축적을 통해 경험곡선효과도 기대해볼 수 있게 된다. 뿐만 아니라 원자재를 대량으로 구매하고 운송함으로써 원가절감 효과도 누릴 수 있게 되어, 궁극적으로 가격경쟁력을 높이고 시장점유율을 확장시키는 효과를 가져 오게 된다.

셋째, 기업이 경영활동을 함에 있어 발생할 수 있는 위험요소를 분산시킬 수 있다. 기업이 여러 해외시장에 진출해 경영활동을 하면 국내에서 단일사업을 하는 것보다 위험요소를 분산시키는 효과를 누릴 수 있다. 이는 국가에 따라 경제발전 단계가 상이할 뿐만 아니라 시장상황 또한 상이하기 때문이다. 또한 수출시장이 다양하게 존재하는 경우 수요패턴에 급격하게 변하는 시기에도 위험요소로 작용할 수 있는 판매량 감소에 따른 손해를 최소화할 수 있게 된다.

넷째, 경쟁기업을 견제하기 위한 목적으로 글로벌화를 추진한다. 동일한 분야에서 다른 기업과 경쟁구도를 형성하는 기업의 경우 경쟁업체의 전략에 민감하게 반응할 수밖에 없다. 따라서 기업은 경쟁에서 뒤처지지 않기 위해 해외 진출을 모색하는데 이는 크게 두 가지 형태로 나타난다. 먼저 국내시장에서 극심한 경쟁이 이루어지고 있는 상황에서 경쟁업체가 해외시장으로 활동 범위를 넓히는 경우 상대기업 또한 해외시장으로 진출하는 경우가 있다. 또한 글로벌 시장에서 극심한 경쟁상황이 벌어지는 경우 국내시장으로 진출해 들어오는 외국 경쟁업체에 대응하기 위한 전략으로서 해외시장 진출을 고려하기도 한다.

다섯째, 저가 생산 및 조달을 통해 원가를 절감하기 위해 글로벌화를 추진한다. 다국적기업은 해외 다른 지역에서 제품을 생산해 원가절감과 조달에 소요되는 비용을 줄이게 되는데, 이러한 해외 생산활동은 다국적기업의 특징이라 할 수 있다. 즉, 해외의 값싼 노동력과 천연자원을 활용해 원가를 절감하는 것이다. 또한 다국적기업은 저임금국가에 자회사의 제조시설을 설립, 직접투자의 방식을 취하는데 이것은 생산방식이 표준화되는 시기에 가격경쟁력을 확보하기 위한 전략이다. 즉, 완제품 혹은 부품을 본국에서보다 저가로 생산함으로써 원가를 절감하고 가격경쟁력을 확보하는 전략이다.

여섯째, 글로벌 네트워크를 구축하기 위한 목적으로 글로벌화를 추진한다. 기업은 해외시장에서 생산과 마케팅 활동을 함으로써 글로벌 네트워크를 구축하고, 각각의 자회사가 가진 비교우위를 적절히 활용하여 경영활동을 전개하게 되면 시장운영의 효율성을 제고할 수 있게 된다. 이렇듯 글로벌 시장을 기반으로 사업을 전개할 때 시장운영을 효율화하겠다는 동기에서 글로벌화를 시도하는 기업이 늘고 있다.

일곱째, 첨단기술의 습득을 위해 글로벌화를 추진한다. 기업은 보다 발전된 첨단기술 및 경영기법 등을 배우기 위해 선진국으로 진출하기도 한다. 이를테면 첨단기술을 습득하고자 세계 유수의 전자기업들이 미국의 실리콘밸리에 현지 법인을 설립하는 사례를 들 수 있다.

3) 글로벌화를 촉진하는 요인

글로벌화를 촉진하는 요인으로는 다음과 같은 것이 있다.

첫째, 무역장벽의 감소와 시장경제의 활성화를 들 수 있다. WTO 출범 이후 기업의 경영활동에 대한 정부의 규제가 줄어들고, 전세계적으로 무역장벽은 낮아졌다. 또한 상품이나 생산요소의 이동이 자유로워져 기업이 해외시장에서 생산활동을 하는 데 있어 발생하는 위험요소들은 크게 경감하게 되었다. 이는 기업이 해외시장으로 활동범위를 넓히는 것을 가속화하는 계기로 작용하였다. 이외에도 WTO 출범으로 인해 각국에서는 지식재산권을 보호하는 활동이 활성화되었으며, 이에 따라 국가 간의 기술이전 역시 활기를 띠게 되었다. 또한 이러한 추세에 힘입어 기업은 전 세계 여러 지역에 퍼져 있는 경영자원 및 고객의 욕구에 대한 정보 또한 얻을 수 있게 되었으며, 이러한 정보를 자사의 역량과 결합시켜 기업의 새로운 경쟁력을 창출하고자 글로벌화를 추진하게 되었다.

둘째, 산업의 글로벌화를 들 수 있다. 반도체, 자동차, 가전, 제약산업 등은 대표적인 글로벌 산업에 속하는 분야이다. 이러한 산업은 빠른 속도로 글로벌화하였고, 이에 따라 관련 기업들은 국내기업뿐만 아니라 세계적인 기업과도 경쟁하게 되었다. 이러한 글로벌 산업의 가장 큰 특징은 자본집약적 생산방식이라는 것과 기술의 진보속도가 매우 빠르다는 것이다. 즉, 산업분야가 글로벌화됨에 따라 생산에 소요되는 자본 또한 증가하게 되었고, 새로운 기술을 개발하기 위한 연구개발비 또한 급속도로 증가하였다. 그 결과 글로벌 산업에서는 국내시장과 해외시장의 구분이 무의미해지고, 글로벌 시장은 점차 단일화되어 국경 없는 무한경쟁이 더욱 가속화되고 있다.

셋째, 세계 각국 소비자의 기호가 점차 동질화되어 가고 있는 점을 들 수 있다. 점차 정보통신기술이 발달하고, 전 세계적으로 소득수준 및 교육수준이 향상되면서 현대인은 글로벌화에 대한 욕구를 가지게 되었다. 더불어 교통수단의 발달은 국가와 지역 사이의 격차를 완화시키는 데 중요한 요소로 작용하였다. 이러한 요소들로 인해 소비자의 수요는 동질화되어가고 있으며, 이로 인해 점차 글로벌 시장에서 표준화된 제품들이 출현하고 있다.

마지막으로 인터넷 비즈니스의 활성화를 들 수 있다. 인터넷이 활성화되면서 기업은 구매자 및 판매자들과 웹상에서 실시간으로 접촉할 수 있게 되었다. 이에 따라 기업의 해외진출은 가상의 인터넷 공간을 통해 용이하게 이루어질 수 있게 되었다. 이처럼 기업의 e-Business가 활기를 띄게 됨에 따라 기업 간에도 인터넷을 활용한 거래가 급속도로 증가했으며 기존 기업뿐만 아니라 신생기업도 해외 사업추진의 기회가 주어지게 되었다. 특히 웹상에서는 지리적, 시간적, 문화적 장벽이 아무런 장애가 되지 않음에 따라 거래를 위한 소요시간과 비용을 크게 경감시켰으며, 이러한 변화는 기업의 해외경영활동의 효율성을 향상시켰다.

4) 글로벌화의 과정

기업의 글로벌화는 단순한 국내경영활동의 틀에서 벗어나 국내와는 상이한 조건과 환경 아래에 놓여 있는 해외시장에서 초기의 수출활동을 시작으로 복잡하고 방대한 세계적인 글로벌 경영활동에 이르는 과정을 거친다. 기업의 글로벌화는 대체로 국내기업단계 → 수출기업단계 → 국제기업단계 → 세계기업단계의 4단계를 거친다고 볼 수 있다. 이러한 기업의 글로벌화 과정을 살펴봄으로써 다국적기업의 개념을 보다 명확하게 이해할 수 있을 것이다.

(1) 제 1 단계(국내기업)

국내기업은 단순히 국내생산·판매를 목표로 하는 기업이다. 기업설립 초기부터 수출과 수입을 목표로 하는 회사는 처음부터 해외시장을 상대로 영업활동을 하지만 대부분의 제조업체는 국내시장을 목표로 영업을 개시하게 된다.

(2) 제 2 단계(수출기업)

이는 해외지향기업으로 국내에서 어느 정도 자리를 잡은 기업은 이제 해외로 사업영역의 확대를 도모할 필요성을 느끼게 된다. 국내시장만으로는 공장가동의 한계성을 극복할 수 없기 때문에 축적된 기술을 바탕으로 해외에 진출하고자 하는 것이다. 기업이 해외에 진출하는 방법에는 여러 가지가 있으나 해외진출의 초기에는 수출이 가장 적절한 대안으로 제시된다. 이렇게 국내생산분을 국내판매 및 해외판매에까지 영역을 넓히고 있는 기업을 수출기업이라고 할 수 있다.

(3) 제 3 단계(국제기업)

이는 현지지향기업으로 여러 국가에 본격적인 거점을 마련하고 생산, 마케팅 등의 경영활동을 수행하는 단계이다. 기업의 수출이 일정한 단계에 도달하면 더 이상 확대될 수 없는 여러 가지 장애요인이 발생한다. 이러한 장애요인을 극복하기 위하여 현지국에 직접투자를 하게 되는데 이러한 기업을 국제기업이라고 한다.

(4) 제 4 단계(세계기업)

이는 세계지향기업으로 세계를 무대로 하여 경영활동을 본격적으로 수행하는 단계에 해당한다. 어떤 국가이든지 자국의 자원만으로 자급자족의 독자적인 경제활동을 영위하기는 힘들다. 장기적으로 전 세계는 무역자유화 및 운송수단의 발달 등으로 인하여 하나의 시장으로 형성될 것이다. 그러면 기업은 세계에서 가장 저렴한 비용으로 생산할 수 있는 국가에서 생산활동을 하고 전 세계시장을 상대로 마케팅 활동을 수행해야 한다. 이러한 경영활동을 하는 기업을 세계기업이라고 한다.

② 다국적기업

1) 다국적기업의 의의

　　다국적기업(multinational corporation)은 두 국가 이상에서 현지법인을 운영하고 있는 기업을 의미하는 것으로 이에 관한 정의는 통일된 것이 없이 학자마다 다르게 정의하고 있으며, 또한 여러 가지 명칭으로 사용되고 있다. 다국적기업이란 용어는 1970년대부터 일반적으로 사용하게 되었으며, 이와 유사한 의미의 용어로는 국제기업, 초국가기업, 세계기업, 지구기업, 무국적기업 등이 있다.

　　다국적기업이라는 용어에 대해 최초로 정의한 학자인 릴리엔탈(D. E. Liliental)은 "2개 이상의 국가에서 해외 생산활동을 벌이면서 생산 및 판매, 연구개발에 대한 의사결정을 하는 기업"이라고 하였다. 한편, 버논(Raymond Vermon)은 다국적기업에 대해 "포춘(Fortune)이 선정하는 세계 500대 기업에 연 2회 이상 포함되어 있으며, 6개국 이상에서 현지 생산활동 및 판매활동을 하고 있는 기업"으로 정의하여, 그는 릴리엔탈과는 달리 거대한 규모의 제조기업만을 다국적기업으로 인정하였다. 또한 펄뮤터(H. V. Perlmutter)는 다국적기업을 정의함에 있어 경영자의 가치관을 중시했다. 즉, 그는 다국적기업에 대해 경영자의 가치관이 본국 중심, 현지국 중심, 세계중심에 있는지 여부에 따라 '세계 중심적 경영을 하는 기업'이 다국적기업이라고 말하고 있다.

　　다국적기업의 명칭은 기업의 다국적성(multinationality)을 어떠한 측면에서 보는가에 따라 달라지는데, 그 기준으로는 구조적 측면, 성과적 측면, 행태측면으로 구분해 볼 수 있다.

　　첫째, 구조적 측면을 기준으로 하는 경우에는 기업의 경영활동범위의 정도, 기업소유권자의 국적의 수, 최고경영자(CEO)의 국적 등을 판단기준으로 하여 이들 중에서 한 가지 이상이 다국적기업의 요건을 충족하는 경우 다국적기업으로 간주한다.

　　둘째, 성과적 측면을 기준으로 하는 경우에는 기업의 전체 매출액 중 해외에서의 매출액의 비중, 그리고 자산 및 생산규모, 직원의 수가 기업 전체 대비 해외부문의 비중을 근거로 하여 다국적기업 여부를 판단하고 있다. 이를테면 해외에서의 매출액이 기업의 전체 매출액에서 25%이상을 차지할 경우 다국적기업으로 본다.

셋째, 행태측면을 기준으로 하는 경우에는 최고경영자가 경영에 대한 관점이 국제적인 경우, 즉 국제적인 사고와 판단을 하는 CEO가 활동하는 기업이 다국적기업이 된다.

〈표 12-1〉 다국적기업의 기준과 명칭

관점	기준	명칭	학자
구조	경영활동을 전개하는 국가의 수 ≥ 2	Multinational firm	D. E. Lilienthal, J. Fayerweather
	기업 소유자의 국적의 수 ≥ 2	Multinational firm	J. Behrman
	최고경영자 국적의 수 ≥ 2	Transnational enterprise	D. Kircher
	6개국 이상 제조업에의 투자	Multinational enterprise	R. Vernon
	초국적 주체에 의해 관리되는 기업	Cosmo corporation	G. ball
성과	해외부문의 매출액, 투자, 생산, 고용 등 ≥ 25%	International corporation	S. Rolf
	해외부분의 매출액, 이익, 자산, 직원 수 ≥ 일정비율	Multinational corporation	J. Bruck & F. Lee
행태	국제적인 경영의 관점	World corporation	G. Clee & A. Discipio
	세계적 관점에서의 자원배분	Supernational corporation	R. Robinson
	본국 중심적인 사고 현지 중심적인 사고 세계 중심적인 사고	Ethnocentric firm Polycentric firm Geocentric firm	H. Perlmutter
	세계시장을 한 개의 시스템으로 파악하여 각국의 경영전략에 대해 유기적으로 조정	Global corporation	M. Porter

다국적기업은 해외직접투자에 의해서 형성된다. 해외직접투자에 관하여는 제14장에서 자세히 다루어지나, 간략하게 설명하자면 해외직접투자는 다른 국가에 자본을 투자하여 생산 혹은 판매를 위한 자회사를 설립하는 것이다. 다국적기업은 해외 직접투자를 통해 각국에 활동거점을 확보하고, 이들 자회사들을 본사와 유기적으로 연결하는 구조를 취한다. 이렇게 세계적인 기업들은 해외직접투자를 통해 그 활동범위를 더욱 넓히고 있어 해외직접투자는 빠른 속도로 증가하는 추세이며, 이로 인해 기업들은 급격히 다국적기업화되고 있다. 해외직접투자의 대상이 되는 국가는 과거 선진국 중심에서 개도국을 포함하여 폭넓게 진행되고 있다.

2) 다국적기업의 유형

(1) 본국시장중심 기업

본국시장중심 기업인 경우 경영활동은 본국(home market)시장이 중심이 되어 전개된다. 또한 이 경우 해외시장은 본국에서 생산된 상품을 수출하는 시장으로서 기능한다. 조직적 측면에서 보면 수출부 혹은 국제사업부와 같은 조직체계를 보유하며, 먼저 본사에서 세계통합적인 전략을 설정한 후 본사에서 해외 판매지점에 업무 관련 지침을 내리는 구조를 취한다.

(2) 현지시장중심 기업

현지시장중심 기업은 경영활동 및 자원배분의 거점을 해외 현지시장(local market)에 두는 것이 특징이다. 기업이 해외직접투자를 통해 현지에 자회사를 설립하면 현지시장은 제품의 생산지이자 판매시장이 된다. 이때 본국에 위치한 모기업의 조직적 구조는 지역별 사업부 조직을 보유하며, 현지시장에서는 자체적으로 설정한 목표달성을 위해 현지시장 환경에 적합한 전략을 수립한다. 따라서 현지의 모든 기업활동은 현지 자회사의 책임 하에 이루어진다.

(3) 지역시장중심 기업

지역시장중심인 기업의 경우 경영활동이 지역시장(regional market)을 중심으로 전개된다. 해외진출 횟수가 증가하면서 기업은 필연적으로 지역 내 자회사의 수가 증가하게 되고, 이에 따라 자회사들 간 협력의 필요성을 가지게 된다. 이때 모기업은 지역 본사를 통해 현지 자회사를 관리하며, 지역 본사는 동일 지역 내 자회사들과의 협의를 통해 경영목표를 세우고 현지 사정에 맞는 전략을 수립한다.

(4) 세계시장중심 기업

세계시장중심 기업은 전체 세계시장(global marker)을 중심으로 하여 경영활동을 전개한다. 이러한 유형의 기업은 본국과 해외시장을 구별하지 않고, 세계적 관점에서 사고하기 때문에 기업활동을 수행하기에 최적의 국가를 선택하여 경영활동을 배치하는 것이 특징이다. 또한 경영전략을 전사적 관점에서 수립하여 해외 자회사들을 관리하며, 이러한 기업의 조직적 구조는 네트워크 조직구조의 체계로 생산, 마케팅, 물류 등의 활동이 전 세계에 걸쳐 연결된다.

Chapter 13

해외시장진출

해외시장진출

기업은 국내시장에서의 성장 부진, 과도한 경쟁 및 규제, 국내 성공에 따른 새로운 가능성 등을 이유로 하여 해외시장의 진출을 고려하게 된다. 기업이 해외시장에 진출하는 경우, 통상 ① 해외진출 여부의 결정, ② 진출시장의 선정, ③ 진출방법의 결정 순의 과정을 거쳐 글로벌 경영활동을 시작하게 된다.

해외시장으로의 진출을 시도하는 경우 의사결정의 첫 번째 단계는 해외시장으로의 진출 여부에 대한 결정이다. 기업은 일반적으로 국내시장에서의 경영활동을 통해 축적된 경험을 토대로 해외시장으로의 진출 가능성 여부를 검토하게 된다. 이때 우리나라의 기업들은 국내시장의 협소함을 이유로 해외시장 진출에 관심을 갖게 되는 경우가 많다.

해외시장 진출 여부의 검토단계가 완료되어 해외로 진출하는 것으로 결정되었다면 그 다음으로는 진출국가를 선정하는 일, 즉 어떠한 시장으로 진출할 것인가에 관한 의사결정의 단계가 된다. 해외시장 진출을 최초로 시도하는 기업인 경우에는 어떠한 시장으로 진출할 것인가에 대한 선택이 해외시장 개척의 성패를 가를 수 있을 만큼 중요한 의사결정이 될 수 있으므로 신중하게 결정하여야 한다.

진출시장을 선정하는 경우에는 먼저 예비후보가 될 만한 국가들을 다수로 선택하여 이들 국가에 대해 심층조사를 진행한 후, 분석 및 평가과정을 거쳐 최종적인 진출국가를 선정하도록 한다. 이때에는 여러 요소들을 종합적으로 검토하여 살펴본 후, 개별 국가시장의 매력도(attractiveness)별로 우선순위를 매긴 뒤 이를 평가하여 최종적으로 진출시장을 선택한다.

어떠한 국가로 진출할 것인지에 대한 선정단계가 완료되었다면 이제 진출방법 즉, 어떠한 방법을 통해 그 국가에 진출할 것인가에 관한 의사결정의 단계가 된다. 해외시장진출 방법으로는 크게 수출방식, 계약방식, 해외직접투자 방식으로 구분해 볼 수 있다. 이에 관하여 자세히는 3절(Ⅲ)을 참조하도록 하자.

해외시장진출 방법은 대규모 경영자원이 투입되기 때문에 일단 한번 결정되면 단기간에 변경하기 어렵고, 만일 진출방법을 잘못 선택한 경우에는 해외시장진출 자체가 실패로 종결되거나 이익을 창출할 수 있는 기회를 놓칠 수 있으므로 신중한 접근과 충분한 사전검토가 필요하다.

제2절 ▶ 해외시장 환경분석

해외시장에 진출하고자 하는 경우 기업은 진입하려는 국가의 경제, 문화, 정치 및 법률적 환경을 파악하여 현지에서 시행하는 경영전략에 반영하여야 한다. 그러나 해외시장의 경제적 환경에 관하여는 이미 제6장에서 다룬 바 있기 때문에 본 장에서는 생략하고, 문화적 환경, 정치적 환경과 법률적 환경에 대하여만 다루도록 한다.

1 문화적 환경

글로벌 경영에서의 사회-문화적 환경이란 국가 내지 민족 고유의 문화적 관습이나 가치관을 의미한다. 이것은 기업의 경영활동에 있어 막대한 영향력을 가진다. 글로벌 경쟁체제에서 경영자는 세계시장 전체를 대상으로 기업활동을 수행해야 하며 이때 각국의 문화에 대한 이해는 필수적으로 요구된다.

문화란 동일한 문화권의 사람들이 보편적으로 받아들이는 가치관이나 규범을 일컫는 말이다. 여기서 가치관이란 해당 문화권의 사람들이 바람직하다고 받아들이는 추상적인 사고를 의미하며, 규범은 특정한 상황 하에서 적절한 행동으로 받아들여지는 사회적 지침을 뜻한다.

글로벌 경영은 세계무대를 대상으로 기업활동을 하는 것이기 때문에 문화적 차이에 대한 정보수집 및 분석이 매우 중요하다. 즉, 기업은 현지 문화권의 가치관과 규범에 맞는 적절한 행동을 해야 한다. 또한 문화적인 차이는 기업의 경영성과에만 영향을 미치는 것이 아니라 정치적인 위협이나 전쟁으로 이어질 수 있기 때문에 이에 대한 충분한 이해는 반드시 필요하다.

1) 문화의 구성요소

문화를 구성하는 요소는 아주 다양하며 글로벌 기업의 경영자들이 중요하게 고려해야 할 요소로는 언어, 종교, 사회조직, 교육, 물질문명, 미적감각 등을 들 수 있다.

(1) 언어

언어는 사물을 이해하고 표현하는데 막대한 영향을 주는 요소이다. 따라서 사용하는 언어에 따라 문화권을 구분할 수 있으며 또한 의사소통 수단으로서도 기능하기 때문에 그 중요성이 매우 크다.

언어를 유형별로 구분하면 음성과 글로 표현하는 언어 및 묵시적 언어(silent language) 혹은 몸짓 언어(body language)라고 불리는 비언어적 의사소통을 들 수 있다. 또한 비언어적 의사소통은 언어적 의사소통으로 표현하기 힘든 부분을 대신 표현할 수 있다. 비언어적 표현은 모든 문화권을 통틀어 동일한 의미를 갖는 경우도 있지만 그에 반해 동일한 표현이라도 문화권에 따라 상이하게 받아들여지기도 한다.

(2) 종교

종교는 어느 사회에서나 개인의 인생관과 태도에 막대한 영향을 미치며 대중 의식에도 큰 영향력을 발휘한다. 또한 종교는 한 사회에서 마땅히 갖추어야 할 행동 규범을 형성하는 데 필요한 통찰력을 제공한다.

종교는 과학적으로 증명될 수 없지만 현실과 밀접한 관련을 맺고 있다. 또한 한 사회를 통합하는 공통된 믿음으로 발전하기도 한다. 이렇게 형성된 믿음은 개인의 사고와 태도에도 영향을 미치며 이러한 과정을 거쳐 형성된 가치관은 해당 문화 구성원들의 행동에 큰 영향을 미친다. 따라서 해당 문화권의 관습, 업무, 남녀평등, 인간관계 등을 파악하고 이를 경영활동에 활용하기 위해서는 종교에 대한 이해가 무엇보다 중요하다. 특히 종교적 금기사항에 대한 지식과 정보를 습득하는 것은 매우 중요하다. 이러한 금기사항들은 기업이 마케팅 전략을 수립할 때 필수적으로 고려되어야 하며, 이러한 부분은 기업이 해외시장에서 경영활동을 펼칠 때 어느 정도 현지화한 경영전략을 수립해야 할 필요성을 증가시킨다.

(3) 물질문명

물질문명이란 인간의 필요에 의해 개발된 기술과 물질을 말한다. 또한 한 사회 안에서 소용되는 제품 및 서비스는 생산 및 유통 과정을 거쳐 소비되는데 물질문명은 이러한 과정에서 필요한 기술 자체를 의미하기도 한다. 따라서 물질문명은 사회구성원이 경제활동을 조직하고 수행하는 것과도 밀접한 관련을 맺는다.

물질문명은 각각의 국가가 보유하고 있는 기술력에 따라 차이를 보이게 되며 이것은 글로벌 경영자들이 반드시 숙지해야 하는 특성이다. 국가별로 큰 차이를 보이고 있는 에너지 소비형태가 이에 해당하는 예라 할 수 있다.

(4) 사회조직

사회조직은 한 사회의 구성원들이 어떻게 관계를 맺고 상호작용하는 지에 대한 정보를 제공해 준다. 또한 사회조직은 가족, 연령, 사회적 위치 등 여러 가지 요인에 따라 형성되는데 이 중 가장 기본적이고 근본적인 사회조직은 가족이다. 가족에 대한 인식과 가치관은 각각의 사회에 따라 상당한 차이를 보이는데 이러한 차이는 기업의 경영활동에 있어 상당한 영향을 미친다. 예를 들어 가족단위가 주로 대가족인 사회에서는 각종 제품 및 서비스의 구매의사결정에 다수의 가족구성원의 의견이 반영되며 이때 구매의사결정에 대한 가족구성원의 영향력 또한 국가마다 상이하게 나타난다.

(5) 교육

교육은 현 세대가 향유하고 있는 문화와 전통을 다음 세대에게 전달하는 가장 중요한 수단이다. 교육과 관련해 글로벌 경영자가 반드시 파악해야 할 점은 교육의 수준이다. 예컨대, 문맹률이 높은 나라라면 문자를 활용한 의사전달이 효과를 발휘하지 못하므로 이를 고려한 경영전략을 세우는 것이 매우 중요하다.

(6) 미적감각

각 문화에 따라 미적감각은 상이하게 나타난다. 미적감각이란 해당 문화가 선호하는 색상이나 음악 등을 말하며 기업의 관점에서 미적감각은 제품의 형상을 결정하는 데 큰 영향을 미친다. 특정 문화권의 미적감각은 기업의 예술적 활동을 상징적으로 해석하는 데 있어 매우 중요하게 작용한다. 예를 들어 미국이나 유럽에서는 검정색이 죽음을 의미하지만 일본 등 극동지역에서는 흰색이 죽음을 의미한다. 이처럼 문화권에 따라 수용되는 바가 다르기 때문에 글로벌 경영자는 해당 문화권의 미적감각에 대한 정보 및 그 의미의 차이를 숙지하고 경영전략을 수립해야 한다.

2) 문화적 환경의 측정

(1) Hofstede 모형

글로벌 경영환경에서 문화적 차이를 파악하기 위한 노력은 인류학자들과 국제경영학자들의 주도 하에 이루어져 왔다. 그 중에서도 홉스테드(Hofstede)의 연구는 실제 경영환경에서 각국의 문화적 차이에 대해 실증적으로 연구하였다는 점에서 높게 평가되고 있다.

홉스테드는 IBM의 해외자회사 직원을 대상으로 1966년~1969년, 그리고 1971년~1973년까지 총 두 차례에 걸친 조사를 통해 그들의 태도 및 가치에 대해 연구하였다. 홉스테드는 67개국 117,000명의 직원을 대상으로 조사를 실시, 요인분석 및 이론적 추론을 통해 각국의 경영자와 직원 사이의 주요 차이점을 파악했다.

또한 홉스테드는 각국의 문화를 구분할 수 있는 네 가지 관점, 즉 개인주의 대 집단주의, 대·소 권력간격(power distance), 불확실성에 대한 회피정도, 남성다움 대 여성다움이라는 관점을 제안하였다. 이후 홉스테드는 이 네 가지 관점 외에 장기지향성 대 단기지향성(long-term vs. short term orientation)을 추가했으며 이를 토대로 각국의 문화와 개인의 행동 그리고 조직 모델 등을 제안하였다.

(2) Hall 모형

홀(E. T. Hall) 모형은 비교문화적 분석방법을 통해 문화적 차이를 이해하는

데 유용한 모형으로 평가되고 있다. 홀은 한 사회 내에서 메시지가 전달되고 받아들여지는 방식에 따라 문화를 두 가지로 구분했는데, 이는 고배경 문화와 저배경 문화이다. 여기서 배경(context)이란 특정 생각을 받아들이는 방식을 의미하며, 각국의 문화를 이해하고 평가하는 데 있어 매우 주요한 역할을 하게 된다.

먼저 고배경(high-context) 문화에 속하는 사회는 여러 가지 사회적 환경에 따라 사회구성원이 보다 중요한 역할을 수행하도록 유도하며, 의사소통에 필요한 정보는 물리적 배경 및 개인에 의해 내부화되어 교환된다. 고배경 문화에서는 전달자의 배경, 위상, 기본적인 가치관이 공식적인 메시지보다 더 많은 정보를 담고 있다고 본다. 따라서 고배경 문화에서는 책임과 신뢰가 보다 더 중요한 가치로 작용하며 특정인의 말이 서류보다 더욱 확실한 보증으로 간주된다.

반면 저배경(low-context) 문화에서는 상황보다 명시적으로 작성된 문서나 기록이 더 중요한 역할을 한다. 즉, 구체적인 글과 표현 등을 통해 각종 정보를 전달하며 특히 법률적 서류가 가장 신뢰할 수 있는 정보로 받아들여진다.

홀의 모형은 각국의 문화 차이를 커뮤니케이션의 관점에서 이해하는데 매우 유용한 모형이지만 지나치게 주관적이라는 점이 한계점으로 지적되고 있다. 또한 문화를 고배경 문화와 저배경 문화를 구분하는 데 그 기준이 불분명한 것이 취약점으로 꼽히기도 한다.

2 정치적 환경

글로벌 경영에서의 정치적 환경이란 외국기업의 경영자와 해당 국가 간에 형성되어 있는 정치적, 법적, 제도적인 상황을 의미한다. 정치체제 혹은 제도는 국가별로 상당한 차이를 보이기 때문에 이러한 체제나 제도는 기업의 경영활동에 막대한 영향력을 발휘하게 된다.

1) 정치적 위험

기업이 해외시장에 진출하는 경우, 기업은 국내에서 보다 훨씬 많은 정치적 위험에 직면하게 된다. 정치적 위험(political risk)이란 급변하는 정치적 변화가

기업의 경영활동에 지장을 주는 상태를 말한다. 하지만 정치적 변화가 점진적으로 이루어진다면 기업은 그에 대비할 수 있는 충분한 시간을 확보할 수 있고 이는 정치적 위험으로 간주되지 않는다.

한편 정치적 불안정성(political instability)은 정치적 위험과 비슷한 개념으로, 이것은 해당 국가의 정치적 상황이 불안해 갖가지 변화가 발생하지만 기업의 경영활동에는 영향을 주지 않는 상태를 말한다. 정치적 불안정성은 정치적 위험보다 기업의 경영활동에 영향을 미치는 정도가 낮으나 정치적 위험을 야기하는 징후로는 볼 수 있다.

기업의 경영활동에 영향을 미치는 정치적 위험의 유형으로는 먼저 정부관련요인으로 소유위험, 운영위험, 이전위험, 안전위험이 있는데 이를 살펴보면 다음과 같다.

첫째, 현지 정부가 본사의 소유지분에 일방적으로 제한을 가하는 경우 소유위험으로 간주한다. 이때 현지 정부에 의한 외국기업의 재산 및 소유권에 대한 수용, 몰수, 현지화 등이 이루어지는데 몰수는 보상 없이 기업이 보유한 소유권이 현지 국가에 귀속되는 것을 의미한다. 또한 수용은 현지 정부에 의해 보상은 이루어지나 대부분 외국기업이 만족할 수준에 미치지 못하는 경우를 말한다. 이러한 몰수나 수용이 일어나는 배경으로는 해당 국가의 경제에 막대한 영향을 미치는 산업에 대한 외국기업의 독점을 들 수 있다.

둘째, 운영위험은 현지 정부가 외국기업의 경영활동을 통제하고 제약하는 상황을 의미한다. 운영위험은 외국기업을 통해 보다 큰 경제발전 효과를 누리기 위한 목적으로 행해지는 경우가 많으며, 이때 현지 정부는 기업의 생산, 마케팅, 고용, 소유권 비율 등에 지나치게 간섭함으로써 외국기업이 현지국 경제에 보다 많이 기여하도록 유도한다.

셋째, 외국기업이 경영활동을 통해 획득한 소득을 본국에 송금하지 못하도록 규제하거나 현지화폐를 국제통화로 환전하지 못하게 하는 경우 기업은 이전위험으로 간주한다. 외국기업이 투자 원금, 배당금, 로열티 등을 국외로 송금하지 못하도록 현지정부가 제한을 둠으로써 발생하는 위험이며 외환통제가 주요 수단이 된다.

넷째, 내전이나 테러, 전쟁 등이 발생했을 경우 이는 안전위험으로 간주되며 이로 인해 기업의 재산 및 인명 피해가 발생한다. 특히 정치적 이념이나 종교적 갈등이 원인이 되어 발생하는 테러는 오늘날 외국기업의 경영활동에 있어 심각한 정치적 위험으로 작용한다.

　이외에도 내전의 발발로 인한 현지국 내의 불안한 치안이 원인이 되어 현지 인력이나 재산에 위험이 가해질 수 있으며, 이것은 테러 및 납치의 형태로 나타난다. 또한 폭동, 소요사태가 일어나 노조가 파업을 강행, 기업의 경영활동이 중단되는 경우도 있으며 외환통제, 수출입 제한, 국산 원자재 사용의무 부가 등 기업의 경영활동을 제한하는 각종 규제가 원인이 되어 기업에 막대한 손실을 입히기도 한다.

2) 정치적 위험의 측정

　정치적 위험요인은 다양하고 예측하기 어렵기 때문에 이를 측정하기는 쉽지 않고 측정방법도 여러 가지가 존재한다. 이에 대한 측정 및 평가방법으로는 체크리스트방법, 정성적 방법과 정량적 방법이 있다. 이하에서는 체크리스트 방법, 전문가 의견을 구하는 방법, 델파이 방법, 전문기관 지표를 활용하는 방법에 대하여 살펴본다.

(1) 체크리스트 방법

　정치적 위험을 야기하는 주요 요인들 및 구체적인 변수를 전문가의 주관적 판단에 근거해 목록으로 작성한다. 이후 이 요인들의 특성을 점검하고 각각의 요인에 점수를 부여해 정치적 위험의 정도 및 위험 여부를 판단하게 된다.

(2) 전문가 의견을 구하는 방법

　현지국 사정에 정통한 외부 컨설턴트 및 전문가에게 자문을 구하는 방법이다. 다국적기업의 CEO나 외교관 등 해당 분야의 전문가를 자문위원으로 위촉, 이들의 전문지식 및 경험을 활용해 정치적 위험을 극복한다.

(3) 델파이 방법

　일명 전문가 합의법이라고도 하며 전문가들의 의견을 수렴하고 평가하는 방법이다. 전문가들은 기업의 경영활동에 영향을 미치는 정치적 위험 및 그것을 야기하는 요인들에 점수를 부여하고 독자적으로 의견을 피력한다. 이후 각각의 점수를 종합해 평균점수를 내고 그 결과를 전문가에게 전달해 재평가의 기회를 제공한다. 이러한 과정은 수차례 반복되며 그 결과 안정적인 수치가 도출된다.

(4) 전문기관 지표를 활용하는 방법

전문기관에 의해 발표되는 정치적 위험 또는 국가신용위험 지수를 활용하는 방법이다. 이러한 분야에서 잘 알려진 기관으로는 PRS Group의 ICRG (Internatinal Countury Risk Guide), BERI SA(Business Environment Risk Intelligence), EIU(Economist Intelligence Unit), BMI(Business Monitor International) 등을 들 수 있다.

3) 정치적 위험의 대응 및 관리

기업이 정치적 위험으로부터의 영향을 줄이기 위해 정치적 위험에 대비 및 관리하는 방안을 크게 해외투자 이전과 이후로 나누어 생각해 볼 수 있다. 따라서 이하에서는 기업이 투자를 하기 전에 고려해 볼 수 있는 투자 이전 단계의 관리전략과 투자 이후의 관리전략으로 구분하여 살펴보도록 한다.

(1) 투자 이전 단계의 관리전략

기업이 해외에서 경영활동을 전개함에 있어 발생할 수 있는 정치적 위험을 최소화하기 위해 다음과 같은 방안을 고려해 볼 수 있다.

첫째, 현지인과 주식을 공유함으로써 기업이 부담해야 하는 비용을 경감시키는 것이다. 또한 현지파트너 기업의 정보 및 지식을 최대한 활용, 현지국 정부의 각종 규제에 따른 경제활동의 위축 및 손실을 최소화한다.

둘째, 기업에 대한 현지국의 의존성을 높인다. 제조공정 및 부가가치 창출을 위한 활동들을 세계 각지로 분산시키고 현지국들과 수직적인 관계에서 이를 통합, 제품생산 및 사회활동에 대한 해외자회사들 간의 상호의존성을 강화한다. 즉, 기업에 대한 현지정부의 수용정책 수립에 신중을 기하도록 유도한다.

셋째, 외부기관의 도움을 받아 정치적 위험을 극복한다. 주요 수단으로 보험가입을 들 수 있다. 우리나라의 한국무역보험공사(K-sure)에서 제공하는 수출관련보험, 환율변동보험, 이자율변동보험, 해외투자보험 상품 등에 가입하거나, 그 외 세계은행 자회사 MIGA, 프랑스의 BFCE-Coface, 영국의 ECGD 등이 제공하는 보험에 가입하는 방안을 활용한다.

(2) 투자 이후 단계의 관리전략

투자 이후 단계에서는 다음과 같은 전략을 사용할 수 있다.

첫째, 기업활동과 운영을 현지사정에 맞추어 전개한다. 자회사 경영에 대한 현지국 인력의 적극 참여를 유도하고 자회사의 명칭 및 경영관리 스타일을 현지화해 정치적 위험을 최소화할 수 있다.

둘째, 선량한 기업의 이미지를 구축한다. 국가의 부에 대한 착취에 대한 우려를 경감시키고 긍정적인 이미지를 구축하기 위해서는 현지 정부의 요구에 대한 적극적인 부응이 필요하다. 또한 경제발전은 물론 국민복지에도 기여하는 인상을 주는 것이 중요하며, 지역사회와의 원만한 관계유지를 통해 건설적이고 긍정적인 이미지를 지속시켜야 한다.

셋째, 사업부 포트폴리오 전략의 범세계화를 추진한다. 세계 각국으로의 분산투자는 위험감소의 주요 수단이며, 특히 다국적기업의 경우 개별국가에서의 정치적 위험을 관리하는 것 외에 경영성의 위험에 대비해 포트폴리오 전략을 구축하는 것이 반드시 필요하다.

■3 법률적 환경

법률적 환경은 기업활동을 제한하고 통제할 수 있는 가장 강력한 수단이 된다. 기업의 해외진출이 증가하고 글로벌 경영활동이 더욱 활성화됨에 따라 기업활동에 미치는 법률적 영향력 또한 점차 증대하고 있다. 따라서 기업은 경영활동과 연계된 법률적 환경의 변화를 주시하고 이를 분석하여 법률적 환경의 변화에 따른 피해를 최소화해야 한다.

기업의 경영활동에 영향을 미치는 법률요인은 각 기업의 경영유형에 따라 다르게 나타나는데, 국제화 수준이 높을수록 복잡해지는 양상을 보인다. 이를테면 수출단계에서는 단지 거래와 관련된 사안에서의 문제가 발생하지만, 해외직접투자로 인해 현지에 생산시설을 보유하게 되는 경우에는 과세문제까지 불거지게 된다. 즉, 본국과 현지국의 과세를 담당하는 당사자 간에 조세권 행사와 관련한 갈등이 발생할 수도 있다.

1) 법률체계

기업은 해외에서 경영활동을 추진함에 있어 국제법적 환경 및 각각의 개별국 시장의 법적 환경을 파악하고 이를 고려한 경영활동 전략을 수립하여야 한다. 이때 국제법적 환경은 주로 기업의 글로벌 경영활동에 영향을 미치게 되며, 각각의 개별국 시장의 법적 환경은 개별 국가에서의 기업활동에 영향을 미치게 된다.

국제법은 국가 간의 이해관계나 해외에서의 기업경영활동에 대한 제반 사항을 규정하는 법률로 국가 간의 합의에 의해 제정된다. 이러한 주요 규범으로 WTO 규범, FTA 규범, 국제물품매매계약에 관한 UN협약 등이 있다. 이와 관련하여 자세한 내용은 제6장, 제9장 등에서 다루었으므로 생략한다.

각각의 국가는 자체적으로 구축한 법률체계를 가지고 있으며, 이는 크게 성문법과 보통법으로 구분할 수 있다. 성문법이란 문서로 제정된 법을 말한다. 성문법은 일정한 절차를 걸쳐 성립되고 공포되므로 제정법이라고도 하며, 주로 유럽대륙에서 생성되고 채택되었기 때문에 대륙법이라고도 한다. 대표적으로 한국, 일본, 독일 등의 국가가 성문법을 채택하고 있다.

반면 보통법이란 문서가 아닌 전통과 관행에 근거한 것으로, 보통법 체계에서는 문서로 명시된 규정보다 관례와 관습이 더 중요한 가치를 가지게 되는 관습법이다. 이를 일명 영미법이라고도 한다. 영국, 미국, 캐나다, 호주, 뉴질랜드 등이 주로 보통법을 채택한다.

이러한 법률 체계의 차이는 기업의 경영활동에도 막대한 영향을 준다. 예를 들면 성문법을 채택하고 있는 국가에서는 지식재산권의 권리를 행사할 수 있는 권한이 소유권 등록에 의해서 이루어진다. 즉, 특허청에 가장 먼저 등록한 쪽이 소유권자로서의 권리를 가진다. 반면 미국이나 영국의 경우 사용 여부에 따라 소유권이 결정된다. 현지시장에서 어느 쪽이 상표를 사용했는지의 여부가 소유권자 판단의 기준이 된다.

2) 준거법과 재판관할권

국제사회에서는 기업의 해외 경영활동을 총괄하는 통일된 국제법의 부재로 많은 문제점을 가지고 있다. 또한 관련법을 집행하는 집행기관이 부재하기 때문에 서로 다른 국적을 가진 당사자 간에 분쟁이 발생했을 때 이를 해결할 방법이 요원한 상태이다. 즉, 당사자의 국적이 상이한 경우 거래당사자간에 분쟁이 발생했을 때 적용될 법률, 즉 준거법이 문제가 될 소지가 높기 때문에 이를 대비하여 거래당사자는 계약 전 반드시 협의를 거쳐 준거법 및 재판관할권에 대한 조항을 포함하는 것이 바람직하다. 또한 기업 간 분쟁의 발생시 소송보다는 중재를 통한 해결이 보다 바람직한 해결방법이며, 이에 대한 자세한 사항은 제10장을 참조하길 바란다.

제3절 ▶ 해외시장진출 방법

해외에 진출하는 기업이 활용할 수 있는 전략은 다양하다. 수출을 비롯해 라이센싱, 프랜차이즈, 계약생산 등 여러 방식을 활용해 독특한 대안을 구축할 수 있다. 뿐만 아니라 자본투자의 유무 및 정도에 따라 합작회사 및 자회사까지 폭넓은 설계가 가능하다.

기업의 해외시장 진출은 소유권 및 통제 정도에 따라 구분할 수 있는데, 이하에서는 수출, 계약, 직접투자 및 전략적 제휴를 통해 해외시장에 진출하는 방법을 살펴보기로 한다.

1 수출방식

수출은 글로벌화를 바라는 기업이 선택할 수 있는 가장 용이한 전략 중의 하나로서 가장 오래 전부터 기업들이 선택해 온 전략이다. 기업이 수출을 하는 목적은 여러 가지가 있다. 국내시장의 한계로 인한 유휴생산설비를 활용하기 위하여 외국시장으로의 진출, 또는 단순히 국내시장이 있음에도 불구하고 이윤극대화의 목적을 달성하기 위한 수출, 경쟁사와의 시장점유율(market share) 확보경쟁으로 인한 수출 등 다양한 목적이 있을 수 있다. 이러한 수출의 형태로는 제조기업이 직접 수출을 이행하는 직접수출과 수출대리점이나 수출조합 등을 통한 간접수출이 있다.

1) 직접수출

직접수출은 제조업자가 외국시장에 직접 수출하는 형태로서 외국의 수입업자나 배송업자, 판매대리점을 통하여 직접 소비자에게 판매하는 형태를 취한다. 또한 직접수출은 제조업체 내에 수출업무를 담당하는 부서 및 인원을 두고 해외시장조사와 고객과의 접촉, 수출가격의 책정, 유통경로의 선정과 같은 글로벌 마케팅 기능뿐만 아니라 수출에 필요한 제반 절차 및 서류작성 등의 업무를 스스로 수행해 나가는 것을 말한다. 따라서 직접수출은 수출활동을 직접 수행함으로써 이와 관련된 비용과 위험부담이 뒤따른다. 그러나 해외시장에 직접 개입함으로써 시장정보를 정확하게 파악할 수 있으며 중간상에게 돌아가는 마진을 기업내부로 흡수하여 수익성을 제고시킬 수 있다.

2) 간접수출

간접수출은 수출대리점, 수출조합 등을 통한 대행수출을 의미한다. 제조업체는 생산기능만을 가지고 수출과 관련된 각종 업무는 대행회사가 이행한다. 간접수출은 제조기업의 수출이행 능력이 부족한 경우 전문적인 수출대리점이나 수출조합 등을 이용함으로써 초기의 해외시장 접근에 대한 불안요인을 제거할 수 있는 방법이기는 하지만, 불필요하게 중간상에게 수수료를 지급함으로써 채산성의 악화를 가져올 수 있다. 또한 무엇보다도 시장에 직접 개입하지 아니함으로써 시장정보에 쉽게 접근할 수 없다는 단점이 있다. 따라서 제품가격에 대한 국제시세에 능동적으로 대처할 수 없으며 해외시장진출에 필요한 노하우의 축적을 할 수 없다는 것이 한계점이다.

수출형태를 직접수출과 간접수출로 나누고 있지만 해외시장에 처음 진출하는 기업으로서는 경우에 따라서 두 가지 형태를 동시에 병행하는 전략안을 선택할 수도 있다. 즉, 기업이 상당히 친숙해 있는 시장이나 국가에는 직접수출로 진출하고 불확실성이 높은 시장이나 국가에는 간접수출로 진출함으로써 그 불확실성을 제거할 수 있을 것이다.

⎯2 계약방식

계약에 의한 해외진출방식은 기업이 자신의 무형자산인 기술, 상표, 저작권과 같은 지식재산권, 컴퓨터 소프트웨어와 같은 기술적 노하우, 경영관리 및 마케팅과 같은 경영적 노하우 등 경영자산을 하나의 상품으로 취급하여 현지 기업과 일정한 계약에 의해 글로벌 마케팅 활동을 수행하는 방식이다. 이는 수출방식과 해외 직접투자방식의 중간적 성격을 갖게 되며, 이러한 방식의 형 태로는 라이센싱, 프랜차이즈, 경영관리계약, 계약생산방식, 턴키계약 등이 있다.

1) 라이센싱

라이센싱(licensing)은 국제간 기술이전에 사용되는 가장 대표적인 한 방법으 로서 라이센서(licensor: 기술을 공여하는 기업)가 라이센시(licensee: 기술을 공여받 는 기업)에게 특정기술, 즉 상표·제조공정기술·특허·제품설계기술과 같은 산업소유권을 사용할 수 있는 권리를 제공하고 그 대가로서 로열티(royalty)를 받는 것을 말한다. 이러한 라이센싱은 현지기업의 지분을 소유하지 않는 경우 가 대부분이지만 해외직접투자와 병행하여 효율적으로 사용되기도 한다.

국제라이센싱에 의해 공여되는 기술은 현지에서 상품화가 가능한 것으로서 현지기업이 충분히 소화할 수 있는 것이어야 한다. 즉, 공여되는 기술수준이 너무 높아 현지기업이 흡수할 수 없는 기술은 국제라이센싱 대상 기술로서는 가치가 없다. 특히 기술수입국이 기초기술 수준이 낮기 때문에 국제라이센싱 으로 도입한 기술을 제대로 활용하지 못하는 경우가 생길 수 있다. 또한 국제 라이센싱 대상 기술로 채택되는 기술은 대체로 기술의 수준이 낮거나 기술수 명주기가 짧은 경우에 해당하는 기술이 대상이 될 수 있다.

2) 프랜차이즈

프랜차이즈는 라이센싱의 한 형태로서 가맹본부(franchisor)가 어떤 표준화 된 제품이나 시스템, 경영 서비스 등을 가맹점(franchisee)에게 제공하고 가맹 본부의 이름이나 상표의 사용을 허락하고 상품을 판매하도록 허가해 주는 사 업방식이다. 프랜차이즈의 가장 큰 이점은 해당 프랜차이즈의 매장이 위치한 지역에 상관없이 소비자들은 동일한 품질과 서비스를 갖춘 제품을 구입할 수 있다는 것이다. 프랜차이즈 거래에서 프랜차이즈 매장의 소유권은 일반적으로 각 가맹점의 소유주에게 있지만, 해당 매장에서 사용하는 모든 장비 및 실내

장식 등은 가맹본부에서 일괄적으로 제공한다. 프랜차이즈가 과거에는 피자헛, 도미노피자, 맥도날드, KFC 등 세계적으로 유명한 외식산업을 중심으로 시행되었다. 하지만 요즘에는 유통, 미용, 건강, 교육 서비스 등 그 분야가 매우 다양해지고 있다.

3) 경영관리계약

경영관리계약은 계약에 의해 한 기업(경영회사)이 일정기간 외국의 특정 기업(소유회사)의 경영업무를 대신 맡아 관리해 주고 그 대가를 받는 형태의 시장진입 방식으로 주로 호텔, 레스토랑, 병원 등의 서비스 분야에서 많이 활용된다. 경영회사에게 소유회사의 경영 전반을 관리할 수 있는 자격이 주어지는 반면, 투자·장기 차입·배당·소유권 이전 등 전략적인 대책 마련에 필요한 의사결정권은 소유회사가 전담한다. 이를테면, 호텔사업에 있어 경영회사는 호텔 경영에 관한 모든 방침을 세우고 시행하는 반면 소유회사는 자산관리에 집중한다. 이러한 형태의 계약 관계는 프랜차이즈에 비해 사업주들 간에 강한 유대감을 형성한다. 적은 위험부담으로 해외시장에 참여할 수 있는 기회를 제공하지만, 수입면에서 일정 기간의 수수료에 한정된다는 단점이 있다.

4) 계약생산방식

한 기업이 외국의 다른 기업에게 생산 및 제조기술을 제공하면서 특정 제품의 생산을 주문하여 그 주문생산된 제품을 공급받아 현지시장이나 제3국의 시장에 판매하는 사업방식이다. 라이센싱과 해외직접투자방식의 중간적 성격으로 현재 남북한 간의 위탁가공교역이 한 예이다. 계약생산의 한 방식으로 주문자상표부착방식(OEM)도 있다.

계약생산의 장점은 적은 자본과 경영자원으로 해외시장에 진출할 수 있고, A/S를 포함 마케팅 활동에 대한 통제가 가능하다는 것이다. 단점은 적합한 현지업체 발굴에 애로가 있고, 일정 수준의 생산량 및 품질유지를 위한 기술지원이 필요하며, 계약생산자가 미래의 경쟁자가 될 가능성이 있다.

5) 턴키계약

턴키계약(turn key contract)은 기획, 조사, 설계, 조달, 시공, 유지관리 등 프로젝트 전체를 포괄하는 계약방식이다. 따라서 일괄수주계약 혹은 플랜트 수출이라고도 불린다.

한편 이는 턴키 플러스 계약이라고 하여, 계약사항에 설비시설은 물론 서비스 일체를 포함하기도 한다. 이는 시설물 건설이 완료되는 시점에서 현지 담당자들에게 시설물 관리 및 전반적인 이해에 관한 교육이 필요하기 때문이다. 따라서 발전시설이나 화학시설 같은 경우에는 공사완료 후에 해당 담당자들이 새로운 시설물 운영에 관해 확실히 숙지할 수 있도록 교육훈련 과정을 거치게 된다. 이때 해당 기업은 시설물 건설과 함께 현지 직원들에게 유용한 교육은 물론 경영전반에 걸친 연마와 같은 추가적인 서비스를 제공하게 된다.

최근 한국의 기업들은 이러한 턴키 계약을 통해 국제 플랜트 시장에 적극 진입하고 있는 추세이다. 이들 기업은 그동안 갈고 닦은 설계기술 및 시공에 관한 오랜 경험과 노하우로 향상된 성과를 보이고 있다. 또한 이들 기업이 내세우는 저임금 노동력 등은 세계시장에서 경쟁우위를 점하고 있다.

3 해외직접투자 방식

해외직접투자는 해외에 진출한 기업이 경영에 개입하거나 지배권을 행사하며 해외사업을 직접적으로 시행하기 위해 투자하는 것을 말한다. 해외직접투자는 앞서 살펴본 수출이나 계약방식보다 상대적으로 해외사업에 강력한 통제력을 갖게 되기 때문에 해외진출방법 중 가장 위험도가 높다고 할 수 있다. 해외직접투자에 관한 자세한 내용은 14장에서 다루어지므로 이를 참조하도록 하자.

4 국제 전략적 제휴방식

국제 전략적 제휴(international strategic alliance)방식은 서로 경쟁관계에 놓여 있는 각 국가의 기업들이 실질적이고 세밀한 부분에 관해 일정기간 협력을 도모하는 방식을 말한다. 이러한 전략적 제휴방식은 국제시장에서 더욱 심화되고 있는 치열한 경쟁을 해결하고자 하는 노력의 일환이다. 즉, 경쟁이 점차 치열해지다 보니 기업 스스로 경쟁에서 우위를 선점하기가 더욱 어려워 짐에 따라 각 기업이 상대적인 경쟁력을 결합해 새로운 경쟁 우위를 확보하려는 목표를 두고 전략적인 협력관계를 유지하는 것이다.

국제적인 전략적 제휴방식의 특징은 다음과 같다.

첫째, 기업은 경쟁관계인 동시에 협력 관계를 유지하게 된다. 따라서 기업이 사업을 확장하는 데 있어 경쟁에만 치우칠 것이 아니라, 시장을 형성하기 위해 협력이 반드시 필요하고 또 그 시장을 구분하기 위해서는 경쟁이라는 전략적 분별력이 있어야 한다는 점을 염두해 두어야 한다.

둘째, 기업은 위험과 성과를 모두 공유한다. 전략적 제휴를 맺은 기업은 정책을 수립하는 과정에 개입하고 기여한 만큼, 위험요소는 물론 그에 따른 성과도 분담한다. 즉, 비자본 지분(non equity share)으로서 경영 및 재무에 있어 위험요소를 상당히 줄일 수 있는 게 전략적 제휴방식의 특징이다.

셋째, 협력이란 사전에 협의된 전략적 부분에 한정된다. 즉, 전략적 제휴방식은 제휴를 맺은 상대기업의 업무영역 중에서도 서로 협의한 부분에 대해서만 협력을 하면 되는 것이다. 따라서 각 기업은 제휴를 하더라도 해당 기업의 정체성은 변하지 않는다.

넷째, 협력관계는 한시적으로 운용된다. 제휴를 맺은 각 기업은 한시적인 협력 관계로서 제휴사업에 투입하는 자원 역시 한시적이다. 물론 단기 혹은 장기 계약의 다양한 방식으로 제휴기간을 정하는데, 일단 기업 간의 목표를 모두 달성하면 제휴계약 또한 실효성이 소멸된다.

다섯째, 제휴를 통해 시너지 효과를 창출해야 한다. 일반적으로 전략적 제휴는 자산에 대해 보완이 필요한 기업 간의 협력을 기본으로 한다. 이를 통해 기술의 개발 및 발전, 시장의 개척 및 확대 등 시너지 효과를 창출하여 동반 상승 및 국제 경쟁력을 높여야 한다. 이러한 사실에 비추어 볼 때, 전략적 제휴 방식은 담합이나 카르텔과는 확연한 차이가 있다.

한편, 전략적 제휴는 다음과 같은 다양한 동기를 가지고 체계화 된다. ① R&D 비용 및 위험 요소 절감, ② 규모의 경제 성취, ③ 신기술 확보를 위한 끊임없는 개발, ④ 시장확대 및 새로운 시장개척, ⑤ 보완을 위한 경영자원 공유, ⑥ 현명한 경쟁유도를 위한 방식의 선택 및 조절 등으로 구분할 수 있다. 그리고 대표적인 분류기준에 따른 전략적 제휴의 유형과 특징을 살펴보면 〈표 13-1〉과 같다.

〈표 13-1〉 전략적 제휴의 유형과 특징

구분	목적	특징
기술제휴	기술의 공동개발과 상호교환	· 자사의 부족한 기술에 대해 타기업의 기술, 특허, 노하우를 도입 혹은 공유하여 기술격차 해소 · 기술의 공동개발 추진
조달제휴	범세계적 조달활동으로 비용 절감 및 원활한 부품조달	· 상대기업에 대한 부품조달 제휴 · 동일 물류 네트워크 공유
생산제휴	생산비 절감 및 브랜드의 시장지배력 강화	· 공동생산, 생산위탁 및 수탁, 2차 소싱, OEM 등을 통한 생산비 절감 · 대부분 생산에서 판매까지 지속
마케팅제휴	상대국의 시장접근 및 판매 강화	· 마케팅능력의 활용, 제품의 공동판매 · 공동의 표준규격 설정 · 특정 판매지역이나 제품의 선택을 통한 교차판매
자본제휴	특정 기술 및 제품의 개발과 생산	· 상대기업의 주식취득 등 자본 참여 · 합작기업의 설립

Chapter 14

해외직접투자

Chapter 14 해외직접투자

제 1 절   해외직접투자 개관

1 해외직접투자의 개념과 특징

해외직접투자(foreign direct investment)는 해외간접투자(foreign indirect investment)의 상대적 개념으로 투자기업이 외국의 투자대상기업에 대한 경영참여를 목적으로 자본 뿐만 아니라 무형의 경영자원인 기술, 특허, 상표권, 경영 또는 마케팅 노하우 등 기업의 제반 자원을 패키지 형태로 현지시장에 이전시키는 방식이다.

해외직접투자를 정의하는데 있어서 소유지분이 어느 정도인지는 중요한 분류기준이 된다. 이는 해외직접투자를 하는 궁극적인 목적이 특정 기업의 경영에 참가하기 위한 것이므로 이를 위해서는 일정 비율 이상의 주식보유가 필수적이기 때문이다. 구체적인 규정을 살펴보면 IMF, OECD와 미국 상무성에서는 외국인이 특정 기업지분의 10% 이상을 소유한 경우에 해외직접투자로 간주하도록 기준을 두고 있다. 또한 우리나라에서는 먼저 외국인투자촉진법상 외국인의 투자금액이 1억원 이상이거나 해당기업 주식의 10% 이상을 소유한 경우를 해외직접투자의 기준으로 두고 있으며, 통계목적상 해외직접투자는 해외기업에 대한 주식 보유량이 20% 이상이어야 한다. 주식 보유량이 20% 미만이면 단순한 증권투자로 인식해 간접투자로 여긴다.

해외직접투자는 수출과 더불어 해외시장에 진출하는 방법 중 활용도가 높은 방법이라 할 수 있다. 해외직접투자는 기업의 자산을 모두 해외로 이전해 현지의 국토와 노동력 등을 결속시켜 제품의 생산과 판매에 관한 독점권을 행사한다. 그렇기 때문에 생산요소들이 잘 갖추어진 국내에서 기업이 생산한 제품을 해외에 단순히 판매하는 수출과는 확연히 다르다.

해외직접투자는 크게 세 가지 특징이 있다. 첫째, 해외투자사업에 대한 직접적인 영향력을 발휘해 경영권을 소유하는 것을 목적으로 한다. 이러한 점에서 이자 및 배당금만을 목적으로 하는 단순한 해외간접투자와는 차이가 난다. 둘째, 자본은 물론 유·무형의 경영자산까지 포괄적으로 이전해야 한다. 이를테면 공장시설 및 설비와 같은 유형자산, 효율적인 경영을 위한 관리기법·특허·노하우·브랜드와 같은 무형자산의 이전이 반드시 필요하다. 특히 경영인력과 기술인력을 포함한 인적자원까지 대대적으로 이전해야 한다는 점에 비추어 볼 때 수출이나 라이센싱과는 확연히 구별된다. 셋째, 국내기업이 현지사정을 잘 파악할 수 있어 글로벌 경영을 모색할 수 있다.

■ 2 해외직접투자의 동기

해외직접투자는 자본의 한계수익이 낮은 국가에서 높은 국가로 이동한다는, 즉 국제간 한계수익률의 격차 때문에 발생한다고 보는 것이 일반적인 견해이다. 그러나 개별기업의 입장에서 보면 해외직접투자는 개별 기업의 특정 동기와 목적에 따라 행해지고 있다. 이와 같은 동기나 목적은 투자국 내의 기업환경, 투자기업의 경영전략, 피투자국의 투자환경 등에 따라 변화하며, 이러한 제반 동기와 목적이 복합적으로 작용한 결과로 해외직접투자가 이루어진다. 그러나 궁극적으로는 해외직접투자의 근본적인 동기는 수익성의 확보와 시장의 확대라는 경영적인 동기가 될 것이다. 개별기업의 입장에서 본 해외직접투자의 동기는 전략적 동기, 행동적 동기, 경제적 동기, 재무적 동기로 나누어 볼 수 있다.

1) 전략적 동기

기업이 전략적 목적을 가지고 해외직접투자를 실행하는 경우에 그 목적에 따라 **시장지향형**(Market Seekers), **생산효율지향형**(Production-Efficiency Seekers),

원료지향형(Raw-Material Seekers), 지식지향형(Knowledge Seekers)으로 나누어
진다.[1]

첫째, 시장지향형 동기는 기존의 시장과 판매망을 유지하면서 제3국의 새로
운 수출시장을 개척하기 위하여 현지에 진출하여 현지생산을 하는 것으로, 이
러한 예는 미국의 자동차회사들이 유럽에 진출하여 자동차생산을 하는 것이
나 우리나라 기업들이 중국시장에 진출하기 위하여 현지공장을 설립하는 것
을 들 수 있다.

둘째, 생산지향형 동기는 생산성에 비해 생산요소가격이 상대적으로 저렴한
지역에 진출하고자 하는 것으로, 노동집약적 산업에서 이러한 동기로 투자가
많이 이루어지고 있다. 이와 같은 예로는 과거 70년대에 일본기업들이 우리나
라 수출자유지역에 진출하는 것이나 오늘날 우리나라 기업들이 개도국에 진
출하는 것이 좋은 예가 될 수 있다.

셋째, 원료지향형 동기는 각종 생산원료가 풍부하고 저렴한 지역을 찾아 투
자를 하는 것으로 당해 생산물은 현지 수요에 충당하거나 투자국 또는 제3국
에 재수출되며 원유, 광업, 농업, 임업 등의 자원개발 투자와 관련된다.

넷째, 지식지향형 동기는 외국의 선진기술이나 경영관리기법 등을 습득하기
위한 동기에서 투자를 하는 것으로 유럽계 회사들이 때때로 미국계 회사들을
현상 그대로 인수하는 것은 이러한 동기 때문이다. 우리나라 기업도 최근에
들어와 지식지향형의 해외투자를 늘리고 있다. 삼성반도체나 LG전자와 같은
회사들이 반도체 및 컴퓨터 생산에 필요한 첨단기술 획득을 목적으로 미국의
실리콘밸리에 현지법인을 설립하여 진출하고 있다.

이와 같은 해외직접투자의 전략적 동기는 상호 보완적이며 일반적으로 한
가지 이상의 동기가 결합되어 이루어진다.

2) 행동적 동기

기업의 해외직접투자는 외부환경 또는 조직내부에서 최고경영층의 개인적
인 편견이나 필요에 따라, 또는 기업의 조직구성원이나 그룹에 대한 공약 등
의 이유에서 이루어지기도 한다. 해외직접투자의 행동적 동기를 유발하는 외

---

1) David K. Eiteman and Arther I, Stonehill, *Multinational Business Finance*, 3rd ed., Addison
-Weseley Publising Co., 1982, p. 246.

적 자극요인을 아하로니(Y. Aharoni)는 다음과 같이 들고 있다.

〈표 14-1〉 해외직접투자의 행동적 동기

주요요인	부차적 요인
외국정부, 자사제품의 해외대리점 및 고객 등의 권유	생산요소 및 관련제품의 시장창조
자사제품의 판매시장 상실에 대한 우려	노후화된 기계 등의 생산설비 재이용
선도적 역할 수행효과(Band Wagon Effect) 기대	노하우의 자본화, 연구개발 및 고정비의 분산
국내시장에서의 외국기업과 경쟁 예상	피투자국과 무역관계협정을 맺고 있는 제3국 시장에의 우회진출

3) 경제적 동기

경제적 동기는 국제기업이 이윤을 추구하는 과정을 경제적 관점에서 고려한 것으로서 해외직접투자는 각국의 실물자산, 생산요소, 금융 등 국내시장이 불완전상태에 있기 때문에 이루어진다고 본다. 일반적으로 불완전한 실물자산시장은 정부의 국내시장 보호정책이나 과점기업들의 경쟁때문에 형성된다. 이러한 불완전한 실물자산시장에도 충분한 잠재수요만 있으면 국제기업이 진출하여 해외투자는 이루어지는데, 그 이유는 국제기업이 규모의 경제, 전문적 경영관리기법, 제품 및 생산요소시장에 대한 충분한 지식, 전문적 기술, 충분한 자금공급능력 등과 같은 여러 가지 우위요소를 가지고 있기 때문이다.

4) 재무적 동기

기업의 재무적 위험을 국제적으로 분산시키기 위한 목적으로도 해외직접투자를 실행할 수 있다. 투자자의 입장에서는 가능한 한 위험이 적은 국가에 투자하기를 원하기 때문에 재무적 위험이 높은 국가에서 낮은 국가로 투자국을 변경하고자 하는 심리에 의해 해외직접투자가 일어날 수 있다.

❸ 해외직접투자의 유형

해외직접투자는 분류하는 기준을 무엇으로 하는지에 따라 여러 가지 유형으로 구분할 수 있다. 이하에서는 대표적 유형이라 할 수 있는 소유형태에 따른 분류인 단독투자와 합작투자, 투자방식에 따른 분류인 신설투자와 인수합병에 대해 살펴본다.

1) 단독투자와 합작투자

다국적기업이 해외직접투자를 실행함에 있어 참여하는 자본의 비율을 어느 정도로 할 것인가는 여러 가지 요인에 의해 영향을 받는다. 국제기업의 소유형태에는 완전소유의 단독투자형태와 불완전소유의 합작투자형태가 있다. 현지 파트너와의 의견충돌에 의한 문제를 회피하기 위하여 단독투자를 실행할 수 있으나 이러한 단독투자는 또 현지국의 수용과 같은 투자위험이 높다는 문제가 있을 수 있다. 따라서 단독투자를 하느냐 합작투자를 하느냐 하는 문제는 현지국의 사정과 진출국 여러 기업의 경영전략에 따라 선택해야 한다.

합작투자에도 과반수소유, 소수소유형태로 나누어 볼 수 있다. 투자형태는 투자하는 다국적기업의 진출경영전략과 밀접한 관계를 가지고 있으며 일반적으로 미국계 기업은 완전소유의 단독투자를 선호하며, 일본계 기업은 소수소유의 합작투자형태를 띄고 있다.

(1) 단독투자

해외직접투자를 실행하는 다국적기업이 단독투자를 채택하는 이유는 대개가 해외자회사의 통제목적에 있다. 마케팅 지향전략을 선택하는 다국적기업은 광고에 의한 제품차별화를 해야 하기 때문에 해외자회사의 통제가 무엇보다도 중요하다. 따라서 이러한 경우에는 단독투자를 하게 된다.

성숙단계에 이른 제품을 해외직접투자 대상으로 하는 경우에는 생산의 합리화가 전략으로 선택되게 된다. 이러한 경우에도 본국의 본사를 중심으로 일사불란한 지휘통제 체계가 확립되어 있어야 국제적인 생산거점의 배치나 제조공정의 분업체계 확립에 효과적으로 대처할 수 있기 때문에 단독투자가 더욱 더 효율적이다. 또한 현지의 원재료를 확보하기 위한 직접투자도 단독투자형태를 취하며, 연구개발지향적인 해외직접투자도 현지 파트너에 의한 중요 기술이 유출되는 것을 막기 위해 단독투자를 하게 된다.

(2) 합작투자

(가) 합작투자의 의의

합작투자는 상이한 국가의 2개 또는 그 이상의 기업체들이 영구적인 기반 위에서 특정 기업체에 참여하는 것을 말한다. 단독투자보다 합작투자가 더 요구되는 경우는 현지자회사의 통제목적보다 현지 파트너의 공헌이 더 중요시 되는 경우다. 제품다각화 전략이나 수직적 통합전략을 채택하는 국제기업은 단독투자보다는 현지 파트너가 가지고 있는 경영능력을 활용하기 위하여 합작투자를 선호한다.

단독투자로 해외영업에 관한 100%의 지배권을 보유하면 여러 가지 이점이 있음에도 불구하고 최근에 와서 합작투자가 늘고 있는 실정이다. 합작투자가 증가하는 이유는 현지국의 압력과 같은 외부적 요인이 있을 수도 있고 투자기업이 내부적으로 여러 가지 경영전략 목적상 합작투자를 희망할 수도 있다.

외부적으로 현지정부는 그들의 정치·경제적 목적을 달성하기 위하여 합작투자형태로 외국기업의 투자를 초치할 수 있다. 합작투자의 파트너로서는 현지국의 기업이나 정부기관, 국영기업체가 될 수도 있다. 또한 합작 파트너의 수도 둘 이상이 될 수도 있으나 합작 파트너가 많으면 많을수록 이해관계가 복잡하게 되어 경영의 효율이 저하될 수도 있다.

(나) 합작투자의 동기

다국적기업이 합작투자를 하는 동기는 기업의 환경에 따라 다르지만 다음 다섯 가지의 경우를 들 수 있다. 첫째, 현지정부의 제한 때문에 단독투자방식을 이용할 수 없는 경우, 둘째, 필요로 하는 원료 및 자원을 현지파트너가 생산하고 있어 원료 및 자원의 입수가 현지진출을 위한 전제조건이 되는 경우, 셋째, 다각적인 제품을 취급하는 기업의 경우 현지 마케팅 노력이 요청되는 경우, 넷째, 해외사업 운영에 필요한 자본 및 경영능력 부족을 해결하고자 하는 경우, 다섯째, 해외사업 경험이나 협상력이 부족한 경우 등이다.

(다) 합작투자의 유형

다국적기업에 의한 합작투자의 유형은 자본의 참여여부를 기준으로 자본적 결합형태와 비자본적 결합형태로, 그리고 자본적 결합의 경우에도 소유의 정도에 따라 다수소유, 소수소유의 형태로 나눌 수 있다. 또한 현지 파트너의 대상에 따라 다국적기업과 현지의 민간투자자와의 결합, 다국적기업과 현지정부기관과의 결합, 다국적기업과 현지기업과의 결합 형태로 나눌 수 있다.

자본적 결합은 소유형 합작투자로서 좁은 의미의 합작투자의 개념이라고 할 수 있다. 이러한 합작투자는 자회사의 설립에 따른 자본에 일정비율만큼 참여하여 이익배당권을 가짐과 동시에 손실부담 의무를 진다.

자본적 결합유형 중 다수소유는 합작투자기업의 지분을 50% 이상 가지는 경우로서 일반적으로 95% 이상의 지분을 확보하는 경우에는 완전소유라고도 하며 단독투자와 다름이 없다고 볼 수 있다. 소수소유는 합작투자기업의 지분을 50% 이하로 가지는 경우로서 진출하는 다국적기업의 통제력이 매우 약하게 된다.

이러한 합작투자기업의 소유의 정도를 결정하는 주요한 요인으로서 제품의 성질, 기업의 재무적·관리적 능력, 현지국의 경제·사회·정치적 환경, 최고 경영층의 태도 등을 들 수 있는데 그 내용은 다음과 같다.

첫째, 제품이 기술적으로 복잡성을 가지고 있으면 완전통제 또는 다수통제를 선호한다. 즉, 이 경우에는 완전소유나 다수소유의 형태를 가진 합작투자가 이루어진다. 반대로 단순하고 보편화되어 있는 제품일수록 소수소유 형태를 가진 투자를 선호하게 된다.

둘째, 기업의 재무적·관리적 능력이 다소 떨어지는 중소기업이 해외에 합작투자를 하는 경우 대체로 규모가 큰 다국적 기업을 선호하는 경향이 있다. 즉, 이들은 소수소유 형태의 투자를 하더라도 재무적·관리적 능력이 뛰어난 대규모의 다국적기업과 합작투자를 함으로써 현지시장에 대한 적응이나 경영관리능력의 향상을 도모할 수 있다고 본다. 그러나 대규모 기업은 해외합작투자를 함에 있어서 현지기업의 경영능력 보다는 현지시장 지향적, 그리고 정부나 원자재 공급선과의 관계를 중요시 하기 때문에 다수소유 형태의 투자를 선호한다.

셋째, 현지국의 경제·사회·정치적 환경에 따라 합작투자의 소유정도에 영향을 미치게 되는데 경제가 불안정하고 정치적인 불안요인이 있는 경우에는 일반적으로 소수소유의 합작투자를 선호한다. 또한 민족주의가 강한 나라에 투자하는 경우에도 소수소유의 형태를 취하게 되는데 이는 현지국의 국유화 위험 때문이다.

넷째, 해외합작투자를 행하는 다국적기업의 경영층의 태도에 따라 소유형태에 영향을 미친다. 이러한 경영층의 태도는 객관적인 이유보다는 경영자가 가지고 있는 개인적인 편견에 의하는 수가 많다.

비자본적 결합은 자본에는 직접 참여하지 아니하고 경영관리 기술이나 특허·상표 등을 제공하고 일정액의 기술료를 받기로 하는 결합 형태로서 계약형 합작투자라고도 한다.

(라) 합작투자의 장점과 단점

(a) 경제적 장점

두 개 이상의 기업이 합작투자를 하는 것은 개별기업이 행하는 투자보다 더 많은 경제적 혜택이 있기 때문인데 그러한 혜택을 열거하면 다음과 같다. 첫째, 투자대상국이 특정 산업이나 자산에 대해서 외국인의 매입을 금지하고 있는 경우에 외국기업은 합작투자를 통하여 용이하게 그 자산을 취득하거나 원하는 산업에 투자를 행할 수 있다. 둘째, 현지기업과 합작투자를 통하여 현지기업이 가지고 있는 기존의 유통망이나 거래선을 추가적인 투자 없이 용이하게 이용할 수 있다. 셋째, 높은 기술과 경험을 가진 노동력과 기업체 신설시 필요로 하는 기본적인 인적자원을 현지기업에서 조달할 수 있다. 넷째, 현지 판매 또는 현지 서비스를 필요로 하는 제품을 판매하는 경우에는 현지기업의 판매원을 이용하는 경우가 더욱 더 효율적인 경우가 많다. 다섯째, 많은 개발도상국에서는 외국자본의 유치를 위하여 합작투자에 대해 세제 등에서 많은 혜택을 주고 있다. 여섯째, 대규모의 투자가 필요한 경우 부족자금을 조달할 수 있을 뿐만 아니라 초기투자의 불확실성에 대한 위험의 분산효과도 있다. 일곱째, 두 개 이상의 기업에 의한 합작투자가 이루어지므로 규모가 작은 기업도 합작투자를 통하여 해외직접투자를 행할 수 있다.

(b) 정치적 장점

세계 어느 국가에서도 외국기업에 대해서 차별적인 대우를 하지 않는 경우는 찾아보기 힘들다. 외견상으로 내국민 대우라고 표방하고 있는 경우에도 실질적인 내국민 대우는 기대하기 힘들다. 이러한 경우 현지기업과 합작투자를 행함으로써 외국기업에 대한 현지국의 차별적 대우를 극복할 수 있는 것이 큰 장점이다. 특히 민족주의가 강한 국가에 외국기업이 해외직접투자를 완전소유 형태를 취하는 경우에는 민족감정 때문에 종종 심각한 문제가 초래되기도 한다. 따라서 이러한 경우에는 합작투자를 통하여 진출함으로써 외국기업이라는 인상을 주지 않고 현지에 진출할 수 있는 효과적인 방법이라고 할 수 있다.

(c) 사회적 장점

합작투자가 가지는 사회적 장점은 최근 심각한 문제로 대두된 바 있는 노사문제와 가장 밀접한 관계가 있다. 종업원들은 외국기업이라는 인식때문에 노동의욕이 저하될 수 있을 뿐만 아니라 장기적으로 종업원의 사기문제에도 영향을 미칠 수 있다. 이러한 문제는 기존 현지기업과의 합작투자를 통하여 많은 부분이 해결될 수 있는 문제이다.

(d) 합작투자의 단점

합작투자가 위와 같은 많은 장점을 가지고 있음에도 불구하고 문화적인 차이 등으로 인하여 투자기업과 피투자기업 사이에 많은 갈등요인이 생기고 있는 것이 사실이다. 이러한 갈등요인은 합작투자에 참여하는 기업들 사이에 이해와 목표가 서로 다르기 때문에 생기는 것으로 주로 이익의 처분과 관련한 문제와 의사결정 과정에서 생기는 관리적인 문제가 있다.

이익의 처분과 관련하여 재투자를 통하여 기업의 성장을 도모하자는 주장과 주주의 배당에 더욱 더 많이 배정해야 한다는 주장을 함으로써 이해의 상충이 발생한다. 또한 어느 한 기업이 이익의 기여도나 성장에 대한 기여도가 투자지분보다 월등히 높은 반면에, 다른 한 기업은 제대로 역할을 수행하지 못함에도 불구하고 이익의 배분은 투자지분 비율대로 받는 경우에 갈등이 생길 수 있다.

관리적인 문제로서는 첫째, 투자기업이 세계에 여러 관련기업을 가지고 있는 경우에 투자기업은 세계의 여러 관련 기업들과 경영활동의 조정을 원하는 반면에 현지기업은 자국 내의 이익기회 만을 고려하려고 함으로써 갈등이 생긴다. 둘째, 세금문제로서 투자기업은 본국정부와 현지정부의 조세문제를 동시에 고려해야 하나 현지기업은 현지정부의 조세문제만 고려하려고 하기 때문에 갈등이 생길 수 있다. 그러나 이러한 문제는 투자국과 피투자국 사이에 이중과세방지협정이 체결되어 있는 경우 대부분 해소될 수 있다. 셋째, 서로 다른 국적을 가진 경영자가 경영에 참가하여 의사결정을 내리고자 할 때 각 경영자는 서로 상대방에 대하여 자신의 의사결정 내용을 설명하고 이해시켜야 하는 문제가 있기 때문에 갈등요인으로 작용할 수 있다.

2) 신설투자와 인수합병

해외직접투자는 구체적인 방법으로 투자방식에 따라 신설투자와 인수합병으로 구분할 수 있으며, 특정 기업이 100% 단독투자를 선호하는 경우에도 신설투자와 인수합병 두 가지 방식 중 하나를 선택할 수 있다.

(1) 신설투자

신설투자(greenfield investment)는 해외투자기업이 현지의 토지매입 및 임차를 통해 생산시설을 새롭게 조성하고, 그에 따른 전문관리자 및 직원 등의 인력을 고용해 제품의 생산과 서비스를 제공하는 것을 의미한다. 이때 생산시설을 직접 건설하며 투자범위 내에서 설비의 규모를 자유롭게 결정할 수 있게 된다. 또한 기업이 필요로 하는 인력을 현지에서 여유롭게 선택할 수 있다는 것이 큰 장점으로 여겨지고 있다. 뿐만 아니라 기업의 생산라인 구축이나 생산품목의 선정 그리고 인력고용 측면에서 신설투자는 모든 결정을 원하는 대로 진행할 수 있기 때문에 다국적기업의 기술이전보다 훨씬 순조롭게 이행된다.

다만 신설투자에 대한 결정을 내린 순간부터 정상적으로 생산라인을 가동시키기까지는 적어도 몇 년 동안의 치밀한 준비과정을 거쳐야 한다. 이는 기업이 해외에서 효율적인 경영전략을 펼치기 위해서 생산시설을 비롯해 다양한 제반 여건을 모두 새롭게 조성해야 하기 때문이다. 해외 신설투자를 위해 기업의 본사는 이미 신설투자에 관한 핵심역량을 충분히 구비하고 있어야 하므로 기업은 이러한 자산가치를 더욱 확충하기 위해 전략적 기틀을 마련한 후 현지에 생산시설 등을 조성하는 세부전략을 펼치게 된다.

(2) 인수합병

한 기업의 경영권을 차지하기 위한 목적으로 그 기업의 주식을 비롯한 자산을 매입하는 것을 인수합병이라고 한다. 인수합병의 의의는 인수(aquisition) 과정을 통해 기업의 형태는 그대로 유지하되 경영권을 장악할 수 있으며, 합병(merger)을 통해 특정 기업을 하나로 통합시켜 동류의 기업으로 재탄생시킬 수 있다. 합병의 방식은 흡수합병과 신설합병으로 구분된다. 인수기업이 흡수합병을 진행하며 특정 기업을 완전한 하나의 기업으로 흡수할 수 있고, 신설합병으로 통합된 두 기업의 완전한 소실과정을 거쳐 제3의 기업으로 새롭게 재창조될 수도 있다.

인수를 주도하는 기업은 기존 기업의 형태를 그대로 흡수한다. 그러면서 피인수기업의 생산시설을 비롯해 기술 및 인력, 브랜드 명, 유통망 등과 같은 경영에 필요한 자산을 모두 차지하게 된다. 그러면서 현지시장에 발 빠르게 대처할 수 있는 역량을 두루 갖추게 된다. 특히 비관련 사업분야에 대한 효율적인 진출의 계기를 마련할 수 있다는 것이 인수합병 투자의 가장 큰 장점이다. 반면, 피인수기업은 기존 기업의 형태를 그대로 유지한 채 인수기업의 대대적인 글로벌 시장개척전략에 자연스럽게 참여할 수 있음은 물론 지속적인 수익 창출 또한 가능하다는 이점이 있다. 인수합병은 현재 운영 중인 기업을 인수하는 것이므로 그만큼 신속하면서도 안정적으로 해외시장에 진입할 수 있도록 한다. 따라서 시장진입의 용이성을 염두해 두고 있다면 인수합병 형태의 진입이 매우 효과적이다.

그러나 인수합병에도 단점과 위험성이 존재하는데, 이는 특정 기업을 인수하려는 기업이 많을수록 인수합병에 대한 프리미엄도 그만큼 증가한다는 것이다. 뿐만 아니라 사전에 진행되는 정보탐색·협의·조정 등의 과정을 거치며 상당한 비용이 소요된다는 것이다. 경우에 따라 신설투자에 소요되는 비용보다 상대적으로 높은 비용이 지불되기도 한다. 특히, 피인수기업이 해당 사업분야에서 실패한 경험이 있다면 그 기업을 회생시키는 데 있어 전혀 예기치 않았던 많은 비용이 소요되는 경우가 있다. 따라서 인수합병을 통해 특정 기업을 흡수하기 위해서는 절대적으로 높은 수준의 경영관리 기술을 완벽히 갖추고 있어야 한다.

제2절　해외직접투자 이론

1 독점적 우위이론

독점적 우위이론은 하이머(S. H. Hymer) 등에 의해 주장된 이론으로 해외시장에서 기업활동을 하는 외국기업이 현지기업보다 불리함에도 불구하고 해외직접투자를 하는 이유를 규명하고자 하는 이론이다. 즉, 이 이론의 초점은 기업이 왜 해외투자를 하는가에 있다. 해외에 진출한 기업은 현지시장의 경제상황, 법률 및 관습, 언어, 정치, 현지 정부 및 이해관계자 집단과의 관계 등이 생소한 환경에 처하게 되고 외국기업은 이를 극복하기 위해 지출하지 않아도 되는 비용인 외국비용(liability of foreignness)을 지불하게 된다. 따라서 이러한 외국비용을 상쇄하고도 남을 기업특유의 우위요인, 즉 독점적 우위를 지닌 기업이 해외직접투자를 하게 된다는 것이 독점적 우위이론이다.

여기서 기업이 보유한 독점적 우위요소는 장기간의 투자로 인해 기업내부에 축적된 우수한 지식, 즉 기술, 마케팅 노하우, 경영관리 능력 등을 의미한다. 이러한 우위요소는 특정 기업만이 보유하고 있는 특유의 우위이기 때문에 해외시장에서의 진입장벽을 극복할 수 있게 한다.

독점적 우위는 다음과 같은 특징을 갖는다. 첫째, 독점적 우위는 통상 지식기반 자산(knowledge-based assets)이 된다. 따라서 연구개발(R&D), 광고 및 판매촉진 등이 경쟁력의 핵심인 산업, 특히 전자, 컴퓨터, 자동차, 제약산업 등에서 해외직접투자가 활발하게 이루어진다. 둘째, 독점적 우위는 타 기업이 모방하기 어려운 기업특유의 자산(firm-specific assets)이 된다. 여기서 기업특유의 자산이란 무형적 자산을 의미하는 것으로 주로 전문기술자 등의 인적자산, 특허와 같은 기술자산, 상표나 저작권과 같은 지식재산을 말한다. 셋째, 독점적 우위는 추가적인 개발비 부담 없이 해외에서 사용할 수 있다는 점에서 공공재적 성격을 지닌다. 다시 말하면 특정 기업이 어떠한 기술을 개발할 경우, 처음 개발할 때에는 연구개발비가 많이 소요되지만 일단 개발된 기술에 대해서는 해외법인으로 이전시켜 사용한다고 하더라도 추가비용이 거의 발생하지 않는다. 따라서 자사만의 특수한 기술 및 제품 등을 가진 기업일수록 해외직접투자를 하려는 경향이 강해진다.

이러한 독점적 우위이론은 기업이 해외직접투자를 하는 근본적 조건 혹은 필요조건을 밝히고 있다는 점에서 의의가 있다. 하지만 어떠한 경우에 해외진출방법인 수출방식, 라이센싱 등 계약방식, 해외직접투자 중 해외직접투자가 유리한지에 관한 구체적 해답을 제시하지 못하는 한계가 있다.

② 내부화 이론

내부화 이론은 시장대체론을 응용하여 해외직접투자에 적용한 이론으로 기업이 해외직접투자를 하는 이유뿐만 아니라, 해외투자를 하는 경우에 100% 지분투자방식을 선호하는 이유에 대해 설명하는 이론이다. 내부화 이론의 내부화(internalization)는 시장실패로 인해 시장기능이 원활하게 이루어질 수 없는 경우, 시장에서 이루어지던 거래를 기업내부로 대체하는 것을 의미한다. 이러한 이론은 외부시장 투자에 대한 고비용과 비효율적인 불완전성이 공존할 때 적용된다. 즉, 기업은 현재 보유하고 있는 적은 비용으로도 거래가 가능하다고 판단되면, 외부시장을 겨냥했던 거래방식을 내부로 전환하게 된다는 것이다. 내부화의 개념은 코오스(R. Coase)의 연구에서 부터 시작되어 해외직접투자에는 버클리(P. J. Buckley)와 카슨(M. C. Casson)이 처음 도입하였으며, 이를 러그만(A. Rugman)이 더욱 발전시켜 해외직접투자를 설명하는 일반 이론으로 계승하였다.

내부화 이론은 불안한 시장에서 비롯되는 비효율적인 거래비용을 축소하고 이익을 대폭 증가시키는 데 목적을 두고 있다. 이를 위해 기업은 그 동안 보전하고 있던 외부시장에 대한 독점적 우위를 내려놓고, 효율적인 거래를 지향하며 내부시장을 확보해 거래를 활성화한다. 지분을 100% 보유한 자회사의 탄생으로 이어지는 내부시장의 거래를 통해 해외시장진출이 가능해지면 이것이 해외직접투자가 된다.

기업이 내부화하는 이유는 크게 두 가지로 축약할 수 있다. 첫째, 불안한 인위적 시장에 대한 정부의 규제가 높아 국제무역을 기업의 의도대로 진행하기 어렵기 때문이다. 정부의 무역규제는 국내산업을 보호한다는 명목으로 관세 및 비관세에 관한 정책을 확장하는가 하면, 정치적 혹은 사회적인 특수한 이유에서 생성된다. 둘째, 지식기반을 바탕으로 한 자산을 거래할 때 시장이 효율적인 기능을 못하며 시장이 자연스럽게 불완전한 상태로 전환되기 때문이다. 시장이 이처럼 불완전한 형태로 전환되면, 지식기반 자산을 거래하려는 기업들 사이에서 정보의 불균형이 발생하게 된다. 이렇게 되면 기술·경험·노하우·브랜드와 같은 지식기반 자산의 가치는 현저하게 하락하게 된다. 즉, 지식기반 자산을 매도하려는 기업과 매수하려는 기업 사이에 평가기준이 다르다는 것이다. 그렇다고 해서 매도기업이 높은 자산가치를 인정받기 위해 명확하지도 않은 매수기업에게 자산에 관한 내용을 소상하게 설명할 수도 없다. 지식기반 자산은 일반적으로 외부로 내용이 공개되는 순간 그 생명력을 잃게 될 뿐만 아니라 제3자가 도용한다고 해도 이를 제지할 방법이 없다. 그렇기 때문에 지식기반 자산을 거래함에 있어 시장이 불완전하게 되면 계약체결이 어렵고 또 그만큼 많은 비용이 발생하게 된다. 그래서 비용부담을 우려한 기업들은 시장의 내부화를 그 대안으로 선택한다. 따라서 최근에는 지식기반 자산을 거래할 때 외부시장이 주도하는 라이센싱 방식 대신 기업 내 조직을 이용한 해외직접투자가 증가하고 있다.

이러한 내부화이론은 기업의 해외직접투자에 대한 동기를 나름 명확하게 보여주는 것으로 평가된다. 하지만 기업의 해외직접투자에 대한 동기가 오직 불안한 시장성에 있다고 설명하는 것은 다소 무리가 있다. 또한 시장의 불완전성에 치중한 나머지 해외직접투자 대상국에 대해 충분히 논의하지 못하고 있다는 비판이 있다.

■3 절충이론

절충이론은 더닝(J. H. Dunning)이 주장한 이론으로 앞에서 다룬 독점적 우위론과 내부화 이론을 토대로 하고 여기에 생산입지 이론을 추가하여 보다 포괄적으로 해외직접투자를 설명하는 이론이다. 이 이론에서는 해외직접투자를 결정하는 기업은 기업특유의 우위, 내부화 우위, 그리고 입지특유의 우위라는 세 가지 요소를 종합적으로 고려하여야 한다고 주장한다. 즉, 해외직접투자가 이루어지기 위해서는 해당 기업특유의 우위요소를 지니고 있어야 하고(독점적 우위론), 자사가 보유한 독점적 우위를 외부시장을 통해 거래하는 것보다 자체적으로 활용하는 것이 더욱 유리하며(내부화 이론), 국내보다 외국에서의 입지조건이 더욱 유리하여야 한다(생산입지 이론)는 것이다.

독점적 우위이론과 내부화 이론에서는 해외시장에 진출하는 경우 수많은 국가 중에서 왜 특정 국가 혹은 특정 지역에 진출하기로 결정하는 지에 대해서는 설명하지 못하고 있다. 이에 대하여 더닝은 독점적 우위이론과 내부화 이론에 생산입지 이론을 절충 및 통합하여 기업의 해외투자에 관한 의사결정을 효과적으로 설명하고 있다.

절충이론은 해외직접투자를 기업소유(ownership) 특유의 우위와 입지장소(location) 특유의 우위, 그리고 내부화(internalization) 특유의 우위라는 세 가지 요소로 설명하기 때문에 세 가지 우위의 영어 첫 자를 따서 OLI 모델이라고도 한다. 여기서 입지장소 특유의 우위는 해외직접투자를 특정 지역으로 하는 경우 다른 지역으로 투자하는 것 보다 이점이 되는 것을 의미하며, 특정 지역에서 현지 생산함으로써 각종 무역장벽을 피하게 되거나 운송비 및 기타 생산비용 등을 절감하게 되는 경우도 여기에 포함된다.

절충이론에 따르면 기업들이 수출, 라이센싱, 해외직접투자의 방법을 선택할 때 이미 앞에서 밝힌 세 가지 우위 요소를 먼저 염두해 둔다는 것이다. 즉, 특정 기업이 기업특유의 우위를 점하고 있더라도 해외에서 생산시설을 가동할 만한 입지특유의 우위를 취득하지 못했다면, 결국 그 기업은 국내에서 제품을 생산해 수출할 수밖에 없게 된다. 또한 특정 기업이 기업특유의 우위는 물론 입지특유까지 우위를 점하고 있으나, 내부화를 주도할 요인이 없는 경우에는 외국기업과 기술 라이센스 계약을 체결한 뒤 해외기업을 통해 제품을 대신 생산하는 방법을 택할 여지가 높다. 만일 한 기업이 소유특유·입지특유·내부화 특유 모두 우위를 보유하고 있다면, 해당 기업은 이를 즉시 내부화하여 해외직접투자를 하게 된다.

〈표 14-2〉 **기업의 해외시장 진출방식의 선택과 결정요인**

	우위 요소		
	기업특유의 우위	**내부화의 우위**	**입지특유의 우위**
해외직접투자	○	○	○
수 출	○	○	×
라이센싱(계약)	○	×	×

절충이론은 해외직접투자와 관련있는 주요 변수들 및 경영의사결정 모형을 체계적으로 제시하였다는 점에서 의의가 있으나, 합작투자와 같은 100% 지분방식이 아닌 해외직접투자 형태와 전략적 제휴 등에 의한 해외투자에 관하여 설명하기 어렵다는 한계를 지닌다.

4 기타 해외직접투자 이론

1) 고지마 이론

고지마(Kojima)는 무역이론에서의 비교우위개념을 이용하여 해외직접투자를 설명한다. 이 이론은 특정 산업이 투자국에서는 비교우위가 감소하거나 혹은 비교열위에 있지만, 다른 국가에서는 비교우위가 생겨나기 시작하거나 혹은 이미 비교우위에 있는 경우 이루어지는 산업 내 해외직접투자에 초점을 맞추고 있다.

고지마 이론은 해외직접투자를 크게 미국형과 일본형 두 가지 유형으로 구분하고 있는데, 먼저 미국형 투자는 독과점적 산업의 현지시장 확대를 목적으로 한다. 그러나 대다수의 전문가들은 이러한 투자로 인해 투자국의 후생수준이 낮아질 것이라는 주장을 펼치고 있다. 이러한 미국형 투자는 이미 수출 중인 상품의 교역량을 감소시킴은 물론, 투자기업의 독점적 우위로 인해 현지에 파견된 기업들의 경쟁력이 약화된다는 결과를 산출한다.

한편 미국형 투자와 달리 일본형 투자는, 투자국은 물론 피투자국 모두 경제성장이라는 혜택을 누릴 수 있다고 주장한다. 이러한 일본형 투자가 투자기업은 물론 해외자회사 사이에서 중간재 등의 국제무역을 활성화시키기 때문이다. 따라서 투자국이나 피투자국은 일본형 해외직접투자 유형을 적극 권장해야 하며, 또 이 투자방식을 권장해야 한다는 주장을 펼치고 있다.

이처럼 미국형 투자에 공격적으로 나서는 반면, 일본형 해외직접투자에 대해 옹호하는 등 일방적으로 편가르기를 하는 고지마 이론은 많은 논란을 불러일으킨 바 있다.

2) 독과점대응 이론

독과점대응 이론은 산업구조가 소수의 기업이 과점적으로 존재하는 상황에서 해외직접투자가 경쟁기업간 상호 경쟁과 이에 대한 대응진출을 위해 이루어진다고 설명한다. 예컨대, 특정 지역에 코카콜라가 새롭게 진출하는 경우가 발생하면 경쟁사인 펩시콜라도 동일한 지역에 경쟁적으로 진출하게 된다는 것이다. 따라서 과점적 산업에서는 특정 기업의 해외투자 패턴이 상대방의 전략을 모방하여 이루어지기 때문에 해외투자가 동일한 시점에 집중하는 현상을 보이게 된다.

이는 특정 기업이 새로운 시장개척을 위해 해외진출을 하는데 경쟁기업이 이를 따라 진출하지 않는다면, 추후에 진출하려고 할 때 그 시장은 먼저 진출한 기업에 의해 시장이 선점되어 투자비용이 막대해질 뿐만 아니라 이미 진출한 기업에 비해 경쟁력이 저하될 수 있다. 그러므로 과점적 상황에서의 해외직접투자는 기업 간의 균형유지를 위해 이루어지는 경우가 많다.

그러나 독과점대응 이론은 해외직접투자를 최초로 실행하는 선발기업의 해외투자에 관한 동기를 적절하게 설명하지 못한다는 한계점을 지닌다.

3) 제품수명주기 이론

제품수명주기 이론은 제3장 국제무역이론에서 살펴본 것과 같이, 각 나라의 기술과 소득수준, 그리고 나라별 제품의 도입시기에 바탕을 두고 있다. 이 이론에서는 해외직접투자가 다음의 목적에 의해서 발생한다고 한다. 첫째, 이미 해외시장을 선점한 다국적기업이 외국의 수출시장 방어를 목적으로 직접투자를 진행한다. 즉, 성장기의 다국적기업이 제품수명주기에 기인해 최초로 제품개발을 한 국가에 대한 수출시장을 지속적으로 확보하기 위한 방편으로 이용된다는 것이다. 둘째, 생산비용의 절감 및 제3세계 시장진입을 목적으로 해외에 새로운 생산시설을 조성한다. 이는 성숙기에 접어든 다국적기업이 주로 활용하는 방식으로 신흥시장의 수요증가에 대처하기 위한 방편적인 투자로 인식된다. 이때에는 가격 경쟁력을 확보하기 위해 개발도상국이나 저임금국가로 진출하게 된다.

제품수명주기 이론은 시간이라는 변수를 도입함으로써 동태적인 국제화 과정을 설명하였다는 점에서 의의가 있으나, 이 이론은 기술의 점진적 확산을 가정함으로 다국적기업들이 실제로는 여러 국가에서 동시에 제품을 생산하고 있는 현실을 설명하는데 한계점을 지닌다.

제3절 ▶ 해외직접투자의 효과

해외직접투자는 피투자국(host country)뿐만 아니라 투자국(home country)의 경제적·사회적·정치적 모든 부문에 걸쳐 다음과 같은 영향을 미친다.

1 피투자국에 미치는 효과

해외직접투자가 피투자국(host country)에 미치는 영향은 긍정적인 효과와 부정적인 효과가 동시에 나타나며, 피투자국은 긍정적인 효과를 극대화하고 부정적인 효과를 극소화하려고 하는 과정에서 투자기업과 현지정부간 마찰이 일어날 수 있다. 피투자국에 미치는 영향을 경제적인 효과, 사회적인 효과, 정치적인 효과로 나누어서 살펴보기로 한다.

1) 경제적인 효과

경제적인 면에 미치는 효과는 자본유입 효과 및 고용과 소득의 효과, 신기술이전 효과, 국제수지 효과, 시장구조에 미치는 효과 등을 들 수 있다.

(1) 자본유입 효과

해외직접투자를 통해 피투자국으로의 자본유입이 이루어짐으로써 피투자국 내의 투자수요와 저축액의 차액인 자본부족을 해소할 수 있다. 그러나 해외직접투자를 실행하는 기업이 소요자본의 대부분을 현지에서 조달하려는 정책을 선택하는 경우 자본유입의 효과는 기대할 수 없다.

그러나 이러한 자본유입은 반드시 피투자국에 긍정적인 효과만 있는 것은 아니다. 외국자본이 과다하게 진출하게 되면 국내 자본시장이 외국기업에 지배됨으로써 경제주권의 확보문제에도 영향을 미칠 수 있다. 또한 외국기업은 수익성이 좋은 산업에만 집중적으로 투자하게 됨으로써 수익성이 없는 국가 기간산업의 발전은 낙후되어 전체 경제의 균형적인 발전을 저해할 수도 있으며, 특정 산업 종사자들에게만 소득을 증가시키는 소득분배의 불균형을 심화시킬 수 있는 요인이 있다.

(2) 고용기회의 확대

해외직접투자는 일반적으로 피투자국 내의 고용기회를 확대시키는 효과가 있다고 할 수 있다. 여기에는 직접 고용창출 효과와 전후방 고용창출 효과가 있다. 그러나 해외직접투자가 피투자국, 즉 현지국의 고용기회를 반드시 증대시킨다고 볼 수는 없다. 왜냐하면 해외직접투자로 거대한 외국기업이 현지에 진출하게 되면 그 전후방 효과로서 신규 고용기회가 창출되기는 하지만, 현지 동종업계의 기존산업 경쟁력이 약화되어 한계기업화함으로써 파산하게 되어 실업을 창출할 수도 있으며 기술적으로 노동집약 생산방식에서 자본집약 생산방식으로 전환되면서 고용감소 효과가 발생할 수도 있다.

이러한 고용효과를 결정하는 요인으로서 다음과 같은 것을 들 수 있다. 첫째, 시장접근형 투자는 고용효과가 낮은 반면 해외생산거점형 투자는 고용효과가 높다. 둘째, 현지정부가 수출주도형 사업정책을 펴는 경우에는 일반적으로 노동집약형 투자에 의해 고용효과가 높으나, 수입대체 산업정책을 펴는 경우에는 자본집약형 투자에 의해 고용효과가 낮다. 셋째, 창업형태의 진출은 현지의 고용효과가 높으며 현지기업의 매수합병에 의한 진출은 고용효과가 낮다.

(3) 신기술이전 효과

해외직접투자에서 피투자국이 개발도상국인 경우 특히 중요시 하는 사항이 기술이전 효과이다. 개발도상국들은 산업화 과정에서 필요한 중요한 기술을 자체적으로 개발하는 데는 많은 비용이 들 뿐만 아니라 용이하지도 않다. 일반적으로 해외직접투자를 행하는 국제기업은 본사중심의 중앙집권적인 연구개발 활동을 통하여 높은 기술수준을 유지하고 있으며, 연구개발의 성과는 그때그때 해외자회사에 전수되어 활용되고 있다. 따라서 개발도상국들은 기술개발에 따른 불확실성의 위험을 회피하고 새로운 기술을 시의적절하게 활용하기 위해서 외국기업의 투자를 유치하게 된다. 그러나 이러한 기술이전효과도 장기적으로는 국내기업의 기술개발 노력을 저하시키게 됨으로써 기술종속국이 될 요인을 가지고 있다. 따라서 적절한 수준에서 국내기업의 투자의욕을 상실하지 않도록 하는 정책적인 고려가 요구된다.

(4) 국제수지효과

해외직접투자를 국제수지라는 관점에서 살펴보면 외국으로부터의 자본의 유입과 생산에 필요한 원자재의 수입, 수입대체, 수출소득의 증가, 국내자본의 유보 등으로 피투자국의 국제수지에 직접적인 영향을 미친다. 해외직접투자를 통해 국제수지에 미치는 효과는 여러 가지 요인이 상호 복합적으로 작용하여 긍정적인 면과 부정적인 면으로 나타난다. 즉, 초기의 원자재 수입증가는 국제수지를 악화시키는 요인으로 작용할 것이며, 일정기간 후의 수출의 증가는 국제수지를 개선시키는 요인으로 작용할 수 있다.

투자기업에 의한 자본의 유출과 투자수익을 증가시키는 수출의 증가가 어떻게 일어나는가에 따라 국제수지는 영향을 받게 될 것이다. 특히 피투자국의 국제수지에 장기적으로 영향을 미치는 요인으로서 투자기업의 국제이전가격 조작문제가 있다. 여기서 이전가격이란 투자기업의 내부기업간 국제적인 거래 가격을 말하는데, 기업집단 전체의 이윤극대화를 위하여 특정 국가 자회사의 원재료 및 중간재의 이전가격을 조작함으로써 특정 현지국에 있는 자회사의 자본을 유출시킬 수 있다. 이러한 경우 해당 현지국의 국제수지에 악영향을 미치게 된다.

이하에서는 해외직접투자가 국제수지에 영향을 주는 여러 주요 요인들을 설명하고자 한다.

(가) 현지자회사의 수출성향

해외직접투자에 의한 국제기업이 현지기업보다 높은 수출성향을 나타내고 있으나 일반적으로 현지자회사의 수출성향은 해외직접투자 동기에 의해 크게 좌우된다. 즉, 해외시장 거점형 투자와 무역장벽 회피형 투자에서는 수출성향이 높고, 현지시장 접근형에서는 수출성향이 낮다. 이러한 현지회사의 수출성향은 피투자국의 국제수지에 직·간접적인 영향을 미친다.

(나) 현지자회사의 수입성향

국제기업이 현지에 투자할 경우 공장건설에 소요되는 기계설비 등 대부분의 자본재가 투자국으로부터 수입되기 마련인데 이것을 해외직접투자의 물결효과(tide effect)[2]라고 한다. 이러한 현지자회사의 수입성향은 초기 공장건설시 자본재의 수입에 영향을 받으며 보다 장기적이고 구조적인 요인으로서 현지자회사가 어떠한 부품조달정책을 선택하는가에 따라 결정된다. 이렇듯 현지자회사의 수입성향 또한 피투자국의 국제수지에 영향을 미치게 된다.

(다) 자본조달형태

현지에서 자기자본을 조달하는 경우, 즉 감가상각 적립금이나 사내이익의 유보를 통하여 자기자본을 조달하는 경우 또는 현지금융을 이용하여 자기자본을 조달하는 경우에는 국제수지에 영향을 미치지 아니하나 여러 가지 이유로 해외자금을 조달하는 경우에는 국제수지에 악영향을 미친다. 다국적기업이 해외자금을 이용하는 이유는 현지국의 금리가 국제자본시장의 금리보다 높을 경우 등이 있을 수 있다. 그러나 근래에는 다국적기업이 현지금융을 이용하는

---

2) 물결효과란 다국적 기업의 해외진출과 함께 초기의 투자자본유입에 뒤를 이어 자본재, 중간재, 기술 등이 투자국에서 현지국으로 마치 물결을 치듯이 흘러들어가는 현상을 두고 말한다.

경향이 있다. 이는 현지통화 채무로서 환위험도 회피하고 채무의 변제도 현지국의 인플레에 의해 가벼워질 수 있다는 점을 십분 활용하고 있기 때문이다.

(라) 과실송금

현지에 진출한 다국적기업은 가능한 한 빠른 시간에 투자자본의 회수를 위해서 과실송금에 상당히 민감한 반응을 보인다. 또한 투자한 현지국의 정치적 상황이나 경제적 여건이 불확실한 경우 단시일 내 회수를 목적으로 초기에 과다송금을 계획하기도 한다. 이러한 과실송금도 피투자국의 국제수지에 악영향을 미치는 요인이다.

(마) 로열티송금

또 다른 형태의 현지국 부의 유출경로는 투자국으로의 로열티명목의 송금이다. 모기업과 해외자회사 간의 기술이전에 대한 대가로서 현지국에 상당한 부담을 주는 요인이 된다. 이러한 로열티 송금도 피투자국의 국제수지에 악영향을 미친다.

(5) 시장구조에 미치는 효과

이 외에도 해외직접투자가 현지국의 시장구조에 미치는 영향은 초기의 경쟁도입 효과와 중장기의 시장지배 효과를 들 수 있다. 해외직접투자의 초기에는 기존시장에 공급자가 늘어남으로써 공급자 집중도를 완화시킨다. 이러한 해외경쟁도입 효과는 기존의 현지국 시장구조와 다국적기업의 진출형태에 의해 좌우된다. 즉, 기존의 현지국시장이 높은 진입장벽으로 독과점상태에 있다면 해외경쟁도입 효과는 크다.

중장기적으로는 다국적기업이 현지기업과 공존전략을 구사하느냐 아니면 공격적인 전략을 구사하느냐에 따라 시장지배 효과는 달라진다. 다국적기업이 공격적인 판매전략을 펼친다면 상당한 시장교란 요인으로 작용할 수 있으며 다국적기업에 의한 시장의 지배가 일어날 수 있다.

2) 사회적인 효과

해외직접투자가 현지국 사회에 미치는 영향은 활발한 경제활동으로 인해 정적 사회에서 동적 사회로 전환되는 효과가 있으며, 무엇보다도 지역사회의 개발을 촉진시키는 계기가 될 수 있다. 또한 경제발전에 따라 중간소득계층의 확대로 사회계층구조에 변화를 가져올 수도 있다. 그러나 외국문화의 침투에 따라 전통문화의 파괴 우려와 공해문제의 발생이라는 부정적인 영향도 발생한다.

3) 정치적인 효과

해외직접투자가 피투자국에 미치는 정치적 효과는 긍정적인 면보다 투자국의 현지국 경제정책에의 간섭초래 우려 및 민족주의 문제의 발생 등 부정적인 효과가 더욱 문제로 다가올 수 있다. 특정 국가의 다국적기업에 의한 집중적인 현지투자는 경제력을 이용한 투자국 정부의 정책간섭으로 인하여 경제주권 침해 문제가 생길 수 있다. 경제주권 침해의 문제는 종종 민족주의와의 충돌문제로 이어질 수 있는데 이는 해외직접투자를 행하는 다국적기업이 풀어야 할 중요한 숙제 중의 하나다.

2 투자국에 미치는 효과

해외직접투자가 투자국(home country)에 미치는 효과는 국제수지 효과와 고용효과·기술 및 경쟁력 효과로 나누어 볼 수 있다.

해외직접투자를 전후한 투자국의 국제수지는 초기에 자본의 유출로 인한 부정적인 효과가 있으나, 이후에 따르는 자본재나 중간재의 수출로 인한 긍정적인 효과가 더 크다. 또한 과실송금이나 로열티 등의 송금에 의해 장기적으로는 국제수지에 기여하는 효과가 더 크다. 한편 해외직접투자는 해외자회사에 의한 수출선 전환 및 역수입에 의해 투자국의 고용을 감소시키고 국내투자의 상대적 위축으로 고용기회를 감소시킨다. 그러나 피투자국으로 자본재나 중간재의 수출증가 등은 고용증대로 이어질 수 있다.

해외직접투자가 투자국의 기술 및 경쟁력에 미치는 효과는 먼저 해외직접투자가 현지시장접근형으로 이루어지는 경우 투자국의 우수한 기술이 해외로 유출되어 장기적으로 투자국의 비교우위를 저하시켜 국제경쟁력을 약화시키게 된다. 그러나 선진기술습득형 해외직접투자는 선진국의 고도의 제품생산기술 및 경영관리기술을 습득하여 투자국의 기술수준을 제고시키게 된다.

Chapter 15

글로벌 경영관리

글로벌 경영관리

제1절 글로벌 마케팅 관리

1 글로벌 마케팅의 의의

글로벌 기업으로서 성장을 위한 기업의 경영이념은 국경을 초월한 이념으로서 기업활동의 글로벌화가 필수요소라고 할 수 있는데, 국내에서 발판을 굳힌 기업은 이를 바탕으로 기업활동의 영역을 해외시장으로 넓혀나가게 된다. 이러한 기업의 해외시장 진출은 초기에 주로 수출을 통하여 이루어지게 된다. 따라서 기업의 마케팅 활동도 초기에는 수출 마케팅의 단계에서 시작하여, 점점 기업이 외연적 확대과정을 거치면서 글로벌 마케팅의 단계로 접어들게 된다. 여기서 수출 마케팅은 해외의 특정한 현지시장을 대상으로 하는 것에 비해, 글로벌 마케팅은 그 대상에 있어 세계의 다수시장을 목표로 하며, 경영자원, 상품, 자본, 서비스, 판촉 등의 마케팅 요소를 표준화 전략을 통하여 제공한다. 따라서 글로벌 마케팅은 글로벌 기업(global corporations)의 차원에서 기업의 재화 및 용역이 세계 다수시장의 소비자 및 사용자에게로 이동되는 영업활동의 수행을 말하는 것으로 일국 이상의 국경을 넘어선 기업의 마케팅 활동이라 할 수 있다. 다만 글로벌 마케팅 활동은 국내시장 환경과는 달리 복잡성과 다양성, 위험성이 따르므로 글로벌 마케팅을 위해 지역별 정치·경제·문화·법률적인 환경요인을 분석하고, 글로벌 차원에서의 경영다각화와 시장 다변화, 경영 리스크의 분산 등을 고려하여야 한다.

아래에서는 한 기업의 마케팅 활동이 글로벌 마케팅으로 전개되는 과정을 간략히 살펴보도록 하자.

제1단계, 국내시장 지향단계이다. 이 단계에서는 아직 수출이 행해지지 않는 단계로 기업의 성장동기를 국내시장에서 구하고 있는 경우이다. 그러나 점차 국내시장의 경쟁격화로 인하여 이윤이 감소되고 기업의 잉여생산량의 소화를 위해서는 불가피하게 해외로 눈을 돌리게 된다.

제2단계, 국내 및 해외시장 지향단계이다. 이제 수출을 기점으로 마케팅의 시야를 본격적으로 해외로 돌리기 시작하는 단계로서 수출 마케팅이 새로운 활동으로 등장하는 단계이다. 그러나 아직까지 국내시장의 중요성을 간과할 수 없는 단계로 해외시장을 시험한다.

제3단계, 국제시장 지향단계이다. 이 단계에서는 국내시장도 국제시장의 한 부분에 불과한 것으로 여기고 지속적인 해외 마케팅을 이행하는 단계이다. 수출량이 급속히 증가함에 따라 점차적으로 수출 마케팅의 중심이 현지 마케팅의 개념으로 전환되면서 글로벌 마케팅의 단계로 이행된다.

오늘날 현대 마케팅의 특징은 국내 마케팅에서 글로벌 마케팅으로, 구매자의 필요에서 구매자의 욕구로, 그리고 가격경쟁에서 비가격경쟁으로 전환되고 있다고 할 수 있다. 또한 글로벌 마케팅에서는 Non Zero Sum Game과 같은 새로운 시각과 사고가 최근에 나타나고 있다. 다시 말해, 종래의 마케팅의 관점에서 보면 자사의 판매를 신장시키기 위해서는 경쟁사의 판매량을 희생시켜야 가능한 것으로 보았으나, 이제는 경쟁사에 영향을 주지 않고 자사의 판매만을 증대시키는 이차원적인 마케팅 전략으로의 사고전환이 필요한 시점이다. 이는 경쟁사가 진출하지 않은 영역에 새롭게 진출하는 전략의 구사 등에 의해 가능하다.

■2 글로벌 시장에서의 STP 전략

1) 글로벌 시장의 세분화

국내시장이든 글로벌 시장이든 시장이란 둘 이상의 구매자로 구성되어 있기 때문에 어떠한 방법으로든지 이를 세분화(Segmentation)할 수 있다. 글로벌 시장의 세분화는 국가 간 또는 국가 내의 이질적인 소비자집단의 요구에 적응하려는 마케팅 전략이다. 글로벌 시장은 문화적인 차이로 인하여 소비자들의 현저한 기호차이가 있다. 따라서 이러한 이질적인 소비자집단들의 특성에 맞는 상이한 제품과 서비스를 제공하기 위해서는 시장의 세분화가 필수적이다.

국내시장의 세분화 기준으로는 소득이나 연령, 성, 교육정도, 직업 등과 같은 사회경제적인 변수가 가장 흔하게 사용된다. 그러나 글로벌 시장의 세분화 기준으로는 국경 및 지역적 특성을 중심으로 구분하는 지리적 변수가 가장 많이 사용되고 있다. 따라서 일단 지역별로 시장을 나누고 다음에 사회경제적인 변수를 기준으로 사용할 수 있다.

글로벌 시장의 세분화 기준 주요 변수로는 지리적 변수, 사회경제적 변수, 구매자행동변수, 문화적 변수 등이 있다. 첫째, 지리적 변수에 따른 글로벌 시장의 세분화는 특정 경제지역별, 대륙별, 국가별 세분화를 말한다. 둘째, 사회경제적 변수에 따른 글로벌 시장의 세분화는 연령이나 성별, 가족규모, 소득별 글로벌 시장의 세분화를 말한다. 셋째, 구매자 행동변수에 따른 글로벌 시장의 세분화는 구매자들이 제품에 갖고 있는 지식, 태도, 반응 등의 기준으로 시장을 세분화하는 것을 말한다. 넷째, 문화적 변수에 따른 글로벌 시장의 세분화는 각국 또는 지역의 문화적 특성에 따라 글로벌 시장을 세분화하는 것으로 종교별, 인종별로 시장의 세분화가 가능하다.

이상 글로벌 시장의 세분화를 위해서는 다음과 같은 세 가지 효과적인 시장 세분화 요건의 충족이 필수적이라 할 수 있다. 첫째, 측정가능성을 가지고 있어야 한다. 세분화된 시장의 규모와 구매력이 어느 정도인지 측정 가능해야 세분화와 연계된 마케팅 전략의 수립이 가능하다. 둘째, 접근가능성이 있어야 한다. 세분화된 시장에 물적 유통이 가능해야 한다. 즉, 표적시장이 확정되는 경우 표적시장에 효과적으로 침투할 수 있는 경로가 있어야 한다. 셋째, 실질성(substantiality)이 있어야 한다. 즉, 세분시장이 개척할 만한 가치가 충분히 있는 규모를 가지고 있거나 수익성이 있어야 한다.

2) 목표시장 선정

기업은 보유자원과 능력의 한계로 세계 모든 국가의 시장을 대상으로 마케팅 활동을 수행하기는 어려운 것이 현실이다. 결국 기업은 세계 전체시장 중에서도 특정 세분시장을 마케팅 목표로 한정하여 자원과 노력을 집중 투자하는 것이 바람직하다. 즉, 기업은 분할된 세분시장에서 자사가 주력하고자 하는 세분시장을 정하고, 그 세분시장을 구성하고 있는 고객을 구분하여 정의하는 과정(Targeting)을 거쳐야 한다. 이 과정에서 기업은 타겟 고객의 욕구형태, 사용형태, 심리적 요인, 라이프 스타일, 가치관 등을 토대로 고객을 규명하여야 한다.

한편 이 과정에서 기업은 시장의 규모와 성장률 등 시장매력도와 함께 경쟁기업에 대한 자사의 경쟁력 정도를 고려하여야 한다. 무엇보다도 현지국에서의 첫 번째 목표시장은 시장진입에의 성공가능성을 최우선적으로 분석한 후에 선택하는 것이 필수적이다. 이는 최초 시장진입의 성공여부는 기업이미지를 좌우하고 향후 그 기업의 시장확대에 큰 영향을 미치기 때문이다.

3) 해외제품 포지셔닝

제품 포지셔닝(Positioning)이란 고객의 마음속에 자사제품의 특성을 인지할 수 있도록 하는 활동을 말한다. 이는 궁극적으로 소비자가 자사의 제품에 대한 선호도를 높여서 구매행동에 연결될 수 있도록 하기 위한 일련의 활동에 해당한다. 이러한 일련의 활동의 중심은 무엇보다도 다양한 제품과 경쟁사들 사이에서 자사의 제품이 돋보이도록 하는 차별화가 필수요소라고 할 수 있다. 이는 다양한 마케팅 활동을 통하여 소비자로 하여금 자사제품의 특성과 이미지를 실제와 어느 정도 다르게 인식이 가능하도록 할 수 있다.

해외제품 포지셔닝이 국내제품 포지셔닝과 다른 하나의 특징은 원산지효과 (country of origin effect)라고 할 수 있다. 여기서 원산지효과는 소비자가 특정 국가의 제품에 대해서 가지고 있는 주관적인 편견을 말하는 것으로 우리나라 소비자들이 외국제품에 대해서 가지는 막연한 선호도 같은 것이다. 이러한 원산지효과는 시간의 경과에 따라 변화될 수 있다. 그러나 이러한 인지의 변화는 광고와 같은 판촉활동으로도 어느 정도 변화시킬 수는 있으나 궁극적으로는 소비자들이 실제 사용해 본 후 느낌에 의해 변화되므로 상당한 시일이 걸린다. 또한 일단 유리한 방향이든지 불리한 방향이든지 한번 인지되고 나면 쉽게 변하지 않는다는 속성도 가지고 있다. 따라서 꾸준한 글로벌 기업 이미지 광고와 더불어 무엇보다도 양질의 제품을 소비자에게 공급하는 것이 최선의 방법이다.

◼3 글로벌 마케팅 믹스 전략

마케팅 믹스란 기업이 국내외의 통제 불가능한 환경변화에 대응하기 위하여 기업내부에서 통제할 수 있는 모든 요소들을 유기적으로 혼합·조정·통합하는 활동을 말하는 것으로 기업 내의 통제 가능한 요소로는 주로 제품(Product), 가격(Price), 유통경로(Place), 촉진(Promotion) 등을 들 수 있다. 이를 자세히 살펴보면 아래와 같다.

1) 글로벌 제품전략

제품전략은 마케팅 믹스 요소 중에서 가장 중요한 것으로서 글로벌 시장에서 소비자의 욕구를 충족시킬 수 있는 제품을 공급하는 것이 주목적이라 할 수 있다. 글로벌 시장은 여러 가지 환경요인과 문화적 요인에 의해 소비자의 욕구가 더욱 다양하여 국내 마케팅보다 복잡한 양상을 띠고 있는 것이다.

다국적기업에 의해 채택되는 글로벌 마케팅 전략으로서 제품전략은 제품차별화를 기본으로 하면서 다음 두 가지가 마케팅 전략의 중심과제가 된다. 첫째, 각국 시장에 제품을 새로이 도입하는 경우 제품의 적합성. 둘째, 제품의 전 세계적 표준화 정도를 결정하는 문제이다. 제품의 적합성 문제는 다른 문화적 특성이나 시장환경에 대한 신제품의 적합성 문제를 말한다. 제품이 글로벌 시장에서 표준화·통일화되면 ① 세계적으로 생산라인의 표준화를 통하여 규모의 경제성을 확보할 수 있기 때문에 단위원가의 절감을 가져올 수 있으며, ② 통일된 판매계획의 수립이 가능하며, ③ 본국 모회사로부터 기술적인 지원을 받을 수 있고, ④ 마케팅상 비용절감을 도모할 수 있으며, ⑤ 각국의 자회사간에 생산·판매상의 노하우를 상호 교류할 수 있다는 장점이 있다. 그러나 각국 시장이 가지고 있는 특수성에 제품을 적합시키지 못한다는 단점도 있다. 예를 들면 자연조건의 차이, 사용관습상의 차이, 인프라스트럭처(Infrastructure)[1]에 의한 제약조건 등을 감안한 제품의 적합성을 확보하는데 문제가 있을 수 있다. 이렇듯 제품전략의 서로 상반된 두 중심과제를 감안한 제품 믹스를 어떻게 구성할 것인가를 결정하는 것이 국제제품 믹스전략이다. 여기서 제품 믹스란 한 기업이 생산하여 글로벌 시장에 공급할 제품계열의 수

---

1) 전기, 가스, 수도 등의 간접시설을 말한다.

와 계열 내의 품목수를 결정하는 문제를 말한다.

한편 제품수명주기별로도 마케팅의 제품전략은 달라야 하는데 이를 단계별로 설명하면 다음과 같다.

첫째, 도입기의 신제품단계에서는 소비자들은 신제품에 대하여 아무런 정보도 갖고 있지 못하므로 기업은 선택적 수요보다는 기본적 수요를 자극시켜야 한다. 즉, 제품소개를 위한 대량의 광고가 필요하다.

둘째, 성장기의 제품단계에서는 제품이 어느 정도 표준화되고 경쟁대상자가 나타나고 국내시장에서 경쟁이 점점 심화되게 된다. 따라서 이 단계에서는 판매촉진을 강화하고 경쟁제품과의 차별화를 위해 제품의 디자인·품질 등에 집중한다.

셋째, 성숙기의 제품단계에서는 대량생산과 대량소비가 이루어짐으로써 가격은 점차 떨어지고 판매촉진비의 증가, 이익감소 현상이 나타나기 시작한다. 따라서 이 단계에서는 저렴한 원가로 생산할 수 있는 지역으로 생산거점을 이전시켜 현지생산과 현지판매를 할 수 있는 전략을 수립해야 한다.

넷째, 쇠퇴기의 제품단계에서는 해당제품이 더 이상 장래성이 없는 것으로 판단되는 경우 대체제품으로 빨리 전략을 전환해야 한다.

2) 글로벌 가격전략

소비자의 행동변화에 가장 효율적인 글로벌 제품전략을 수립한 후 고려하여야 할 사항은 그 제품에 적합한 가격전략을 수립하는 것이다. 여기서 가격이란 제품의 효용 및 가치로서 소비자에게 상품의 가치를 금액으로 표시하는 것이다.

다른 마케팅 믹스 요소들은 주로 비용을 유발하는 요인들인 반면, 가격은 마케팅 믹스 요소 중 유일하게 제품판매를 통해 이익이 생기게 하는 요소이다. 글로벌 가격전략의 주요한 목적은 이윤극대화라고 할 수 있지만, 이외에도 기업의 전략목표에 따라 다음과 같은 목적들이 있다.

① **시장침투** : 제품이 가격에 민감한 경우, 규모의 경제가 실현가능한 경우, 실제적 또는 잠재적 경쟁을 회피하고자 할 경우에 낮은 가격을 책정하여 시장침투를 위한 목적을 달성할 수 있다.

② **시장대응** : 주로 제품개발 초기에 사용하는 방법으로 시간의 흐름에 따른 차별가격전략이라고 할 수 있다. 즉, 제품을 초기에는 높은 가격을 책정하

여 초과이윤을 내고, 시간이 흐름에 따라 가격을 점차 인하하여 다양한 소
비자를 흡수하고자 하는 목적이다.

③ **조기 현금회수** : 투입한 자본을 가급적 조속히 회수하기 위한 목적으로 의
도적으로 낮은 가격을 책정한다. 간혹 높은 가격을 책정함으로써 자본을
조기회수할 수도 있다.

④ **적정이익의 추구** : 적정한 목표수익률을 얻고자 하는 목적으로 가격수준을
책정한다.

⑤ **특별한 제품계열의 판매촉진** : 소비자에게 인기가 있는 특정 제품에 대해 낮
은 가격을 책정함으로써 인기제품을 구매하고자 몰려든 소비자들에게 다
른 품목도 같이 구입할 수 있도록 유도하고자 하는 목적이다. 이를 통해 비
인기품목의 매출도 증가하게 되므로 기업 전체의 수익이 증대될 수 있다.

　글로벌 가격을 결정하는 방법으로는 원가기반 가격결정, 경쟁기반 가격결
정, 시장기반 가격결정 등이 있다.

(1) 원가기반 가격결정

　원가기반 가격결정 방법은 원가에 일정한 이익을 가산하여 산정하는 방법
으로 가격책정 방법이 비교적 용이하고, 생산자·판매자·소비자들에게 일반
적으로 가장 공정한 가격으로 인식될 수 있으므로 널리 사용되는 방법이다.
원가기반 가격결정 방법으로는 원가가격결정 방법과 목표수익률 가격결정 방
법이 있는데, 원가가격결정 방법은 제품 개별원가에 일정한 이익을 산정한 것
이며, 목표수익률 가격결정 방법은 기업이 임의로 목표수익률을 정하고 이를
원가에 합하여 가격을 결정하는 것이다.

　이 방법은 가격산정 절차가 간편하다는 장점이 있는 반면 진출대상 시장의
수요 및 경쟁여건 등을 고려하지 못하고, 시장수요의 변화 및 경기변동 등에
따라 적절한 이윤폭을 결정하기 어려우며, 원가가 왜곡되어 측정될 수 있다는
등의 단점이 있다.

(2) 경쟁기반 가격결정

　경쟁기반 가격결정 방법은 경쟁기업의 제품가격을 가격결정의 기준으로 하
여 가격을 책정하는 방법으로 자사의 원가나 시장수요의 요인보다 경쟁기업
의 가격을 의식하여 경쟁기업의 제품가격 수준으로 가격을 결정한다. 경쟁기

반 가격결정 방법으로는 경쟁자 모방가격결정 방법과 경쟁입찰 가격결정 방법이 있는데, 경쟁자 모방가격결정 방법은 국제원유 등과 같이 시장에서 이미 결정되어 있는 가격을 그대로 모방하는 것이며, 경쟁입찰 가격결정 방법은 대규모 해외 건설공사나 플랜트 수출 등과 같이 대규모 계약에 입찰하여 그 계약을 낙찰을 받기 위해 경쟁하는 기업들이 적용하는 가격전략이다.

(3) 시장기반 가격결정

시장기반 가격결정 방법은 원가나 경쟁기업의 가격보다는 실제 구매자 집단인 시장을 기준으로 하여 가격을 책정하는 가격 결정방법이다. 시장기반 가격결정 방법으로는 시장침투 가격결정 방법, 스키밍 가격결정 방법, 제품차별화 가격결정 방법, 조기 현금회수 가격결정 방법으로 구분할 수 있다.

먼저 시장침투 가격결정 방법은 제품의 도입초기에 저가격정책을 취하여 시장점유율의 조기확대를 도모하는 방법을 말하고, 스키밍 가격결정 방법은 경쟁기업이 낮은 가격의 대체품으로 대응하기 전에 조기이윤을 획득할 목적으로 새로운 제품에 높은 진출가격을 책정하는 방법으로 제품 조기수용자가 충분할 경우에 가능하다.

제품차별화 가격결정 방법은 시장에서 소비자들이 인지하는 제품가치의 차별화 정도를 기준으로 하여 가격을 결정하는 방법을 말하고, 조기 현금회수 가격결정 방법은 시장환경이 불투명하거나 자사제품의 경쟁력 약화로 인해 시장에서 조기에 철수할 경우에 회수가격을 설정하는 것으로, 회수가격은 기존의 정상가격보다 매우 낮은 수준에서 결정된다.

시장기반 가격결정 방법을 가격수준과 판매량 측면에서 보면, 시장침투 가격과 조기 현금회수가격은 저가격–많은 판매량, 반면 스키밍 가격과 제품가격 차별화는 고가격–적은 판매량으로서의 속성을 지닌다. 한편 글로벌 마케팅에서 글로벌 가격믹스란 글로벌 기업이 채택하는 가격전략상 최적결합을 말하는 것으로 고품질·고가격 제품과 저품질·저가격 제품의 구성비율을 어느 정도로 할 것인가를 결정하는 문제이다.

3) 글로벌 유통경로전략

유통경로는 제품이 제조자에서 최종구매자에게 이동되어 가는 경로를 말하는 것으로, 글로벌 유통경로는 제조자로부터 생산된 제품이 국제시장의 최종

구매자에게 구매되는 시점 또는 구매 전·후 단계에 개입하는 제조자의 판매 조직, 중개인, 도매상, 소매상 등의 연결단계와 구조를 의미한다.[2]

일반적으로 유통경로는 그 경로에 따라 다음과 같은 기능으로 분류할 수 있다. ① 정보수집 등의 조사기능, ② 잠재적 구매자에 대한 탐색 및 접촉 기능, ③ 소비자에게 제품구매를 설득·촉진시키기 위한 촉진 기능, ④ 제품구매조건을 충족할 수 있도록 하는 협상 기능, ⑤ 소비자의 필요에 따라 제품을 제작하고 제품의 형태를 변경시키는 등을 통해 제품을 적합하게 하는 적합 기능, ⑥ 유통이 가능토록 자금을 조달 및 지원해주는 금융기능, ⑦ 제품의 보관 및 운송과 관련된 물적 유통기능, ⑧ 유통의 이행과정에서 발생하는 위험을 관리하는 위험부담 기능 등이다.

글로벌 유통경로전략도 글로벌 마케팅의 단계에 따라 달리 선택된다. 즉, 수출 마케팅 단계에서는 직접수출경로를 이용할 것인가 간접수출경로를 이용할 것인가를 결정해야 하며, 현지 마케팅 단계에서도 직접 판매할 것인가 현지의 중간유통경로업자를 이용할 것인가를 결정해야 한다. 이용할 수 있는 해외유통경로의 종류로는 수입업자, 특약점, 대리점, 도·소매업자, 제조업자 등이 있다.

글로벌 유통경로전략을 수립함에 있어 글로벌 마케팅 관리자는 자사의 내적인 기업역량 및 외적인 기업환경 등을 고려하여 경제적 상황과 여건, 시장의 크기, 활용 가능한 유통구조 등의 요인에 적합한 유통경로를 선택하여야 한다.

글로벌 유통전략을 세울 경우에는 다음의 여섯 가지 요소를 검토한 후 결정해야 한다.

① **비용** : 경로의 개발에 소요되는 자본의 투자비용과 경로유지에 따르는 계속적인 비용을 검토

② **소요자본** : 독자적인 경로와 판매요원을 확보하는데 드는 비용

③ **통제** : 가격이나 판매량 및 촉진에 관한 통제 여부

④ **시장침투의 범위** : 판매가능한 최적판매량과 적당한 M/S의 확보 여부

⑤ **기업과 시장의 특성** : 선택된 유통경로 시스템이 당해기업과 시장의 특성에 적합한가 여부

⑥ **연속성** : 기업과 현지 중간유통업자와의 장기적인 관계의 유지가능성

---

2) 임성훈, 「표준 국제마케팅 1.0」, 학현사, 2013, p. 344.

다국적기업은 이와 같은 여섯 가지 요소를 종합적으로 검토하여 글로벌 유통경로를 선정한다. 전 세계적으로 다수의 다양한 제품을 생산하고 있는 다국적기업은 최종소비자에게 제품을 판매하기 위해 다수의 유통경로를 국제적으로 선택하고 최적의 유통경로 믹스를 구성하여야 한다.

4) 글로벌 촉진전략

촉진이라 함은 최종소비자, 유통업자 또는 일반 대중에게 자사제품이나 자사에 대한 즉각적인 판매나 긍정적인 이미지를 창출해 내는 모든 활동을 말하고, 글로벌 촉진전략은 판매를 위해 생산한 제품을 해외시장에 존재하는 현재 및 미래의 고객에게 알리고, 구매하도록 설득하며, 구매에 대해 여러 유인을 제공하는 글로벌 마케팅 활동을 말한다.[3] 이러한 촉진의 목적은 현재 또는 잠재적인 고객들에게 기업이 제공하는 제품이나 서비스의 편익과 가치를 알려주고 나아가 고객들로 하여금 자사제품을 구입하도록 설득하는데 있다.

구체적인 글로벌 촉진수단으로는 광고, 인적판매, 판매촉진, PR(Public Relations) 등이 있으며, 이러한 수단들 중 여러 수단을 조합하여 사용하는 것을 글로벌 촉진 믹스라고 한다. 글로벌 촉진수단의 내용을 간단히 살펴보면 이는 아래와 같다.

① **글로벌 광고활동** : 국제적인 잡지나 신문, 업계지와 같은 국제적인 매체를 이용하거나 TV나 라디오 방송 등을 이용할 수 있다. 또한 옥외의 대형 간판이나 공항의 수레, 극장에서의 광고 등을 이용하여 촉진을 할 수 있다.

② **글로벌 인적판매 활동** : 본국 파견판매원이나 현지 채용판매원에 의한 직접 판매촉진 활동으로 소비자와 직접적으로 접촉을 하는 판매원을 매개체로 한다.

③ **글로벌 판매촉진 활동** : 가격할인이나 사은품 증정과 같은 활동을 통하여 단기적으로 제품구매 동기를 유발한다.

④ **글로벌 PR 활동** : 일반대중과 공중관계에서 자사의 선량한 이미지를 부각시킴으로써 이를 해외시장에 알리는 활동을 말한다.

---

3) 임성훈, 전게서, p. 396.

〈표 15-1〉 글로벌 촉진 믹스 유형과 수단

글로벌 광고	글로벌 인적판매	글로벌 판매촉진	글로벌 PR
·TV ·신문 ·라디오 ·잡지 ·옥외광고 ·영화관 ·디렉토리	·판매프리젠테이션 ·글로벌 판매조직관리	·가격할인 ·보상판매 ·보너스 및 경품 ·견본품 및 사은품 ·스폰서십	·연차보고서 ·기업이미지(CI) ·언론기사 ·홍보 ·이벤트 ·간접광고

　글로벌 촉진 믹스는 제품의 유형별, 소비자의 반응단계별, 유통경로별로 다르게 구성할 수 있으며 이를 자세하게 살펴보면 다음과 같다. 첫째, 제품의 유형별로 촉진믹스 전략을 다르게 구성할 수 있다. 예컨대, 제품이 소비재인지 산업재인지에 따라 촉진믹스의 효과가 차이가 나게 된다. 소비재인 경우 광고와 판매촉진이 효과적인 반면 산업재의 경우 인적판매와 판매촉진이 효과적이다. 둘째, 소비자의 반응단계별로 촉진 믹스 전략을 다르게 구성할 수 있다. 예컨대, 브랜드 인지도가 낮은 제품인 경우 제품에 대한 정보를 전달하는 광고나 PR을 집중적으로 활용하고, 반면 브랜드 인지도는 있으나 최종적인 구매결정에서는 경쟁제품에 밀리는 제품인 경우 광고나 PR보다는 인적판매나 판매촉진활동을 강화하는 것이 효과적이다. 셋째, 유통경로별로 촉진믹스 전략을 다르게 구성할 수 있다. 유통경로별 전략은 크게 푸쉬전략(Push)과 풀전략(Pull)으로 구분할 수 있는데, 푸쉬전략은 제조기업이 유통업자에 촉진활동을 집중하여 유통업자를 통해 소비자의 구매행위를 설득하게 하는 전략이다. 반면 풀전략은 제조기업이 최종구매자를 대상으로 광고와 판매촉진을 집중적으로 시행하여 최종구매자의 브랜드 충성도를 높이는 전략이다. 푸시전략은 촉진활동을 하는 대상이 도·소매상인 중간상이므로 인적판매와 판매촉진을 중심으로 하는 촉진믹스 전략을 수립하고, 풀전략은 소비자의 관여도가 높은 제품을 대상으로 최종소비자에게 광고와 판매촉진을 중심으로 하는 촉진믹스 전략을 수립한다. 이처럼 유통시장과 제품의 특성을 적절히 조합하여 유통경로별로 촉진믹스 전략을 수립할 수 있다.

제2절　글로벌 생산관리

1 글로벌 생산관리의 의의

기업이 글로벌 전략을 수행하는 데 있어 국가별 다양한 활동을 위해 최적의 국가를 찾아 생산시설 등을 배치하고 더불어 이들을 어떻게 운영할 것인지의 문제는 매우 중요한 사안이 된다. 기업의 생산관리는 경영의 일환으로서 생산을 계획·조직·통제하는 일련의 과정을 의미한다. 이러한 생산관리는 마케팅·재무·인사 등의 과정과 연관지어 기업경영의 성과를 상승시키는 효과가 있다. 생산관리는 기업경영의 다른 기능적인 부문과 마찬가지로 기업의 전략적 의사결정에 기반을 두고 이루어져야 한다.

글로벌 생산전략은 크게 세 가지로 구분된다. 첫째, 생산요소 지향적 생산전략이다. 이 전략은 해외시장진출 목적을 생산요소의 효율적인 확보에 두고 있다. 동남아·중남미 등지로 생산시설을 이전해 값싼 노동력을 활용해 기업을 운영하고 있는 나라가 이 부류에 속한다. 둘째, 판매시장 지향적 생산전략이다. 이 전략은 기업이 표적시장으로 생산능력을 이전하는 것을 의미하며, 최종적으로 제품의 원활한 판매를 그 목적으로 한다. 그 대표적인 예로 일본의 자동차회사들이 있다. 이들은 미국의 관세 및 수입규제 정책을 피해 미국에 생산시설을 건립해 자동차를 생산하고 있다. 셋째, 독립적 생산전략이다. 이 전략은 특정 국가 및 지역에 독립적인 운영이 가능한 일괄적 생산시설이 조성되는 경우를 의미한다. 이는 한 나라 및 지역에서 경제적인 생산요소는 물론 대규모 판매시장 제공을 예측할 수 있을 때 가능하다. 중국에 진출하는 많은 기업이 이에 해당되는데 이들은 중국의 값싼 노동력뿐만 아니라 많은 인구로 인해 중국에는 상당한 잠재 고객이 있는 소비시장이 형성된다는 것을 주된 이유로 내세운다.

기업이 글로벌 생산을 고려할 때 현지 제품생산에만 관심을 기울여서는 안된다. 기업의 원활한 해외 활동을 위해서는 국내외적으로 원자재, 제조, 연구개발, 판매가 유기적인 조화를 이룰 수 있는 통합 시스템을 우선 구축해야 한다. 즉, 원자재 구입처, 생산시설을 갖출 입지선정, 제품판매를 위한 타깃 설정 등에 대한 체계적인 계획을 먼저 세워야 한다. 그래서 최근에는 글로벌 생산관리를 위한 전략으로 해외생산입지의 선정, 소싱 그리고 로지스틱스 등이 중점 논의 대상이 되고 있다.

■2 글로벌 생산입지의 선정

생산 시스템의 효율성은 생산시설의 입지에 따라 주로 좌우되기 때문에 최초 글로벌 경영을 위한 생산입지의 중요성이 점차 부각되고 있다. 이는 적격한 생산 입지 결정만으로도 해당 지역의 비교우위를 선점해 국제경쟁력을 상승시키는 효과가 크기 때문이다.

이하에서는 전략적인 생산입지 선정을 위하여 고려하여야 할 다섯 가지 요소를 살펴보기로 한다. 그러나 글로벌 기업은 이러한 요소들을 고려함에 있어 해당 기업의 비교우위와 경쟁우위를 살릴 수 있는 여건을 우선 고려해야 한다.

첫째, 유리한 부존 생산요소를 고려해야 한다. 천연원료 구매를 위한 저렴한 비용, 숙련된 노동력 등의 생산요소는 국가의 비교우위 선점을 위한 오랜 요인으로 작용한다.

둘째, 주요 시장과의 인접성을 고려해야 한다. 주요 시장과의 인접성은 비교우위와 경쟁우위를 모두 만족시킬 만한 여건이다. 이는 운송비 감소는 물론 시장의 수요에 대해 신속하게 대응할 수 있는 좋은 여건이 된다.

셋째, 글로벌 경쟁자의 생산시설 위치를 고려해야 한다. 인근에 글로벌 경쟁자의 생산시설이 위치해 있다는 것은 생산입지 선정에 있어 매우 중요한 조건이다. 특정 국가 및 지역에 또 다른 글로벌 경쟁자가 있다는 것은 시너지 효과를 나타내므로, 그와 인접한 곳에 생산입지를 선점하면 상호경쟁 및 모방이 가능하게 된다. 따라서 그 나라 및 지역에 있는 모든 경쟁자의 생산능력 또한 동반 상승효과를 얻을 수 있다.

넷째, 소수의 국가에 집중해야 한다. 이는 생산활동에 있어 규모의 경제효과가 높은 산업에 적용된다. 따라서 많은 국가에 생산입지를 마련하는 것보다 소수의 국가에 전력을 기울여 더욱 높은 효율성을 기대할 수 있다. 반면, 규모의 경제효과가 기대치에 못 미친다면 소수보다는 다수의 국가에 생산시설을 산재시키는 방안을 고려해야 한다. 규모의 경제는 생산입지에 의해 결정된다. 생산규모가 큰 만큼 생산능률 또한 높아지고, 평균생산비용 역시 낮아진다.

다섯째, 생산시설을 각 지역에 분산 배치하는 것을 고려해야 한다. 이로 인해 환율의 변동 및 불안한 정치적 상황으로부터 위험요소를 사전에 차단할 수 있다. 최근에는 전 세계적으로 무역장벽이 낮아짐은 물론 외국기업에 대한 현지 정부의 규제마저 완화되었다. 이로 인해 해외에 진출한 기업의 생산활동에 대한 리스크 또한 대폭 감소되었다. 그러자 많은 기업들이 위험요소를 줄이기 위한 생산시설의 분산배치를 선호하고 있다.

한편, 연구개발센터 역시 전략적 요충지 역할을 할 수 있는 나라를 선택하여 그 입지를 결정해야 한다. 해당 산업에 있어 기술혁신의 성과가 끊임없이 지속되는 나라, 우수한 기술인력이나 저렴한 연구개발 인력이 상존하는 나라, 그리고 까다로운 취향을 드러내는 고객이 많은 나라가 연구개발에 있어서는 중요하게 여겨진다.

❸ 글로벌 소싱 전략

글로벌 소싱이란 해외의 최적지로부터 생산활동에 필요한 원자재 및 부품 등을 구입하여 생산단가를 낮추는 행위를 의미한다. 이는 결국 생산에 필요한 부품 등을 해외 현지에서 싸고 신속하게 조달함으로써 가격 및 품질 등의 경쟁력을 높이기 위한 부품조달의 현지화인 동시에 국제화로 해석할 수 있다. 따라서 글로벌 소싱 네트워크가 잘 갖추어지면 갖추어질수록 성공적인 글로벌 생산관리 시스템을 구축할 수 있게 되는 것이다.

글로벌 소싱은 크게 조달방법과 조달장소로 전략의 유형이 나뉜다. 조달방법에 따른 글로벌 소싱의 유형은 사내 기반을 바탕으로 한 모기업이나 국내 자회사로부터 부품 및 제품을 조달받는 사내 소싱, 계약적 기반을 바탕으로 한 독립적인 외부 공급업체로부터 부품 및 제품을 조달받는 사외 소싱(아웃 소싱), 그리고 사내 소싱과 사외 소싱을 적절히 결합한 형태 등 세 가지로 분류된다. 또한 조달장소에 따른 유형은 부품 및 제품을 국내에서 조달하는 국내 소싱, 부품 및 제품을 해외에서 조달하는 해외 소싱 등 두 가지로 분류된다. 이와 같이 기업의 글로벌 소싱 전략은 4가지 유형으로 구분되는데, 이는 [그림 15-1]과 같다.

[그림 15-1] 글로벌 소싱 전략의 유형

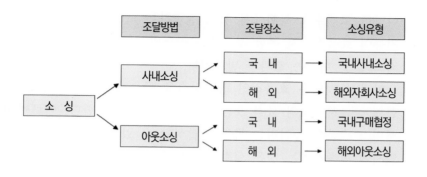

4 글로벌 공급사슬관리

글로벌 공급사슬(global supply chain)이란 한 기업의 제품판매시 자재조달, 제품생산, 유통, 판매라는 일련의 흐름이 발생하는 것을 말하며, 그러한 공급 사슬이 글로벌적 시각에 입각해 지리적이고도 국제적인 범위로의 확대를 의미한다. 이러한 글로벌 공급사슬은 전 세계에 걸쳐 기업의 활동차원에서 원자재를 중간재나 최종재로 변화시켜 고객에게 완제품을 전달하는 일련의 기능을 수행한다.

한편 공급사슬관리란 제품의 자재조달로부터 생산된 제품이 최종소비자에게 전달되기까지의 흐름을 적절히 관리하는 것을 말하며, 이는 공급망 체인의 최적화를 통해 궁극적으로 조달시간의 단축, 재고비용이나 유통비용 삭감, 고객문의에 대한 빠른 대응의 실현을 목표로 한다. 기업은 이러한 목표의 실현을 위해 원자재 공급자로부터 기업 내 변환과정과 유통망을 거쳐 마지막 고객에 이르기까지 공급사슬의 전 과정에 걸쳐 세밀한 관리가 필요하다. 이를 통해 기업은 원자재의 흐름을 효과적이고도 효율적으로 관리할 수 있어 원자재에 대한 불확실성과 위험요소를 사전에 차단할 수 있으며, 재고량과 리드타임, 고객 서비스 수준을 질적으로 향상시키는 것이 가능할 것이다.

공급사슬의 기능은 크게 두 가지로 구분된다. 첫째, 물리적 기능이다. 원자재를 완제품으로 변환하는 과정을 통해 공급사슬의 어느 한 지점에서 다음 지점으로 재화가 이동하는 것을 의미한다. 동 기능이 제 역할을 충실히 해내지 못한다면 생산 및 운송 그리고 재고관리에 따르는 불필요한 비용의 증가로 시장경쟁력을 상실할 수 있다. 둘째, 시장조정 기능이다. 이는 다양한 제품과 다양한 고객수요 사이에서 서로 결합하는 역할을 수행한다. 이러한 시장조정 기능이 효율적이지 못할 경우에는 공급의 수요 초과 내지 공급이 수요에 절대적으로 못 미치는 결과가 발생된다.

따라서 기업은 효율적인 공급사슬을 구축하기 위해 실시간 정보의 활용과 함께 공급사슬상의 물적 흐름을 면밀히 관리해야 한다. 이로써 비용은 낮추고 서비스 수준은 높이려는 목적을 달성할 수 있게 된다. 그러나 이 모든 조건을 일시에 만족시키는 것은 실질적으로 많은 어려움이 따르게 된다. 따라서 글로벌 기업들은 각 기업의 전략적 과제와 현 상황 및 여건에 맞춰 공급사슬을 개발하고 또 관리하여야 공급사슬의 효과적인 설계 및 운영으로 만족할 만한 실적을 올릴 수 있을 것이다.

제3절 ▶ 글로벌 기업의 조직관리

1 글로벌 기업 조직관리의 의의

한 조직의 구조는 원활한 경영활동을 수행하기 위한 중요한 결정요소로 작용한다. 이는 조직구조가 효과적인 기업활동의 수행을 위한 역할구조와 정보전달 체계를 모두 제공하는 틀로 인식되기 때문이다. 따라서 기업의 조직은 그 기업이 선택한 전략에 따라 탄력적으로 변화하여야 할 것이다. 예를 들어, 기업이 해외진출 전략을 채택한 경우 그 전략의 효율적인 실행을 위해서 그에 걸맞는 효율적인 조직이 뒷받침 되어야 한다. 이와 같이 조직을 기업전략의 한 종속변수로 파악할 수 있다고 본다면 기업이 채택하는 글로벌화의 각 단계마다 조직전략도 바뀌어야 할 것이다. 이러한 단계별 조직전략을 살펴보면 이는 아래와 같다.

일반적으로 기업은 먼저 국내시장을 대상으로 신제품을 개발하지만 이것이 성공적으로 생산이 본 궤도에 오르게 되면 다음에는 해외시장으로 눈을 돌려 수출을 시도하게 된다. 그 제품이 해외시장에서 상당한 수요가 있고 그 장래성이 있는 것으로 판단되면 이제 본격적으로 수출전략에 착수한다. 여기에서 기업은 수출방법에 관한 문제에 직면한다. 즉, 수출전문업자를 이용한 간접수출을 할 것인가 아니면, 해외의 고객에게 제품을 직접 판매할 것인가 하는 문제를 검토하게 된다. 이 중에서 어떠한 전략을 채택하는가에 따라서 그에 따른 조직의 구성이 달라져야 한다. 먼저 간접수출의 경우 수출량이 늘어남에 따라 수출업무가 증대된다면 이를 처리할 별도 조직이 필요하게 될 것이다. 한편 직접수출을 하는 경우에는 자사의 해외시장조사나 수출촉진 계획의 설정 등을 본사차원에서 직접 수행하여야 하므로 그에 따른 조직형태가 필요하게 된다. 이와 같이 직접 또는 간접수출을 행하면서도 수출비중이 크지 않은 경우에는 기존의 국내영업부서 내에 수출과 또는 수출부를 초기에 설치하는 것이 가장 일반적인 조직형태이다. 다음 단계로 수출의 비중이 점점 증가하게 되면 독립적인 수출부 또는 사업부를 두게 된다. 이 단계에서 현지판매가 더욱 중요한 비중을 가지게 되는 경우에 이제 현지판매 법인을 설립하는 단계를 거친다.

현지판매 법인으로서 영업활동에 한계를 느끼게 되면 현지생산을 검토하게 되는데 이 단계가 본격적인 해외직접투자를 행하는 단계로서, 이러한 지역이 전 세계적으로 확대되면 글로벌(Global)한 조직구조가 필요하게 된다. 이 단계에서 기업이 글로벌 시장으로 원활하게 진출하여 그 활동 무대를 넓히려면 현지환경에 상응하는 능동적이면서 유연한 규모 및 체계로 개편되어야 할 것이다.

2 글로벌 기업의 조직구조 유형

기업이 세계적인 규모로서 지역다각화 및 제품다각화 전략을 전개하게 되면 수출사업부 정도의 조직으로서는 충분한 기능을 발휘할 수 없다. 이는 글로벌 기업이 국내시장과 해외시장을 구별하지 않고 전 세계를 하나의 시장으로 보고 그들의 영업을 하고 있기 때문이다. 글로벌 조직구조에는 편성방법에 따라 제품별 조직구조, 지역별 조직구조, 직능별 조직구조, 혼합형 조직구조, 그리드형 조직구조로 구분할 수 있는데, 아래에서는 이들 글로벌 조직의 형태에 대해서 살펴보기로 한다.

1) 제품별 조직구조

제품별 조직구조는 전사의 조직형태를 제품그룹별로 사업부를 형성하고 그 사업부의 책임자에게 해당제품에 대한 업무전반에 대한 책임을 부여하는 조직형태이다. 전사적인 전략계획의 설정이나 통제는 본사의 최고경영자에 의해 행해지지만 해당제품에 대한 계획이나 통제는 각 제품사업부의 책임자에 의해 행해진다. 각 제품사업부의 책임자는 그 제품에 관한 업무전체에 대해 전세계시장을 상대로 책임을 갖고 업무를 수행한다. 그러나 마케팅, 제조, 재무, 인사 등의 직능에 대해서 글로벌한 시야를 가지고 있는 본사의 스태프로부터 지원을 받는다.

이러한 제품별 조직구조는 특히 취급 제품계열이 다양하여 이질적인 최종소비자시장에 침투하고자 하는 경우, 고도의 기술을 필요로 하는 제품을 해외에서 생산하는 경우에 유리한 조직형태라고 할 수 있다. 이와 반면에 이러한 조직구조는 각 지역에 있는 제품사업부간 조정이 곤란하며, 각국의 환경이나 마케팅의 특징에 대해서 충분한 지식이나 경험이 부족할 수 있다는 단점이 있다.

2) 지역별 조직구조

지역별 조직구조는 세계를 지리적 지역으로 분할하여 각 지역에 해당하는 업무전반에 걸쳐 책임을 가진 지역책임자를 배치하는 조직형태이다. 이 조직형태에 있어서도 전사적인 전략계획의 설정이나 통제는 본사의 최고책임자에 의해 행해지고 각 지역사업부의 책임자는 본사의 스태프로부터 각 직능분야에 대해서 지원을 받는다. 이러한 조직구조하에서는 본국의 시장도 단순히 세계 여러 시장 중의 하나에 지나지 않는다.

이 조직구조는 제품계열의 수가 적으며 최종 소비시장을 대상으로 하는 제품을 생산하고 있는 경우, 지역이나 국별 시장의 특성이 중요한 의의를 가지고 있는 경우에 유리한 조직이다. 반면에 제품계열이 다양한 경우에는 지역간 조정이 곤란하며, 새로운 제품 아이디어와 생산기술의 지역간 교류가 곤란하며, 제품공급지로부터 세계시장에 최적유통의 확보가 곤란하다는 단점이 있다.

3) 직능별 조직구조

직능별 조직구조는 각 부문을 마케팅, 제조, 재무, 연구개발이라고 하는 기능별로 분할하여 각 직능별 담당책임자에게 세계적인 책임을 할당하는 조직형태이다. 각 직능별 담당책임자는 지역별, 제품별 스태프로부터 지원을 받는다. 이러한 조직구조는 제품이 소수의 규격품에 한정되어 있고 그러한 제품을 중심으로 국내경영을 조직화해 온 기업에게는 적합하다. 그러나 이러한 조직구조는 제품의 노하우나 지역별, 국별 전문적인 지식을 충분히 활용할 수 없다는 단점이 있다.

4) 혼합형 조직구조

혼합형 조직구조는 지역별 구조, 제품별 구조, 직능별 구조를 조합하여 만든 조직형태이다. 이 조직구조는 각 조직구조의 장점을 취하여 만든 것이지만 일반적으로 지역별 구조와 제품별 구조의 조합으로 형성되는 수가 많다. 이 경우에는 일부제품의 계열은 제품별로 관리하고 나머지는 지역별로 관리한다. 본사의 최고경영자를 중심으로 각 라인조직에는 제품별 조직과 지역별 조직을 두며, 각 지역별, 제품별 조직의 책임자는 본사의 각 직능별 스태프로부터 지원을 받는다.

5) 그리드형 조직구조

매트릭스(Matrix)형 조직이라고도 하며, 오늘날 가장 발전된 조직의 형태라고 할 수 있다. 지금까지 살펴본 조직구조에서는 각각의 조직구조가 가지는 단점으로 인하여 글로벌 기업의 조직구조로서 완전한 것은 아니라고 할 수 있다. 제품별 구조에서는 각 제품사업부별 지역간 조정의 곤란, 지역별 구조에서는 동일지역 내 제품간 조정이 곤란한 점 등이 과제로 남아 있었다. 이러한 문제를 해결하기 위하여 그 동안 글로벌 기업에서는 본사에 제품위원회 또는 지역위원회라는 조정위원회를 설치하여 이러한 문제를 해결해 왔다. 그러나 이러한 위원회도 구성원간 이해관계의 대립으로 인하여 충분한 기능을 발휘할 수 없었다. 따라서 일부 글로벌 기업들은 이러한 조정위원회를 폐지하고 새로운 조직구조를 구성하여 문제를 해결해 왔으니, 이 새로운 조직구조가 바로 그리드(Grid)형 조직구조이다.

그리드형 조직구조는 종래의 글로벌 조직구조에서 유지되어 온 책임과 권한의 계통을 새롭게 하는 것으로 제품사업부와 지역사업부가 동등한 입장에서 해외자회사를 통제하는 조직형태이다. 따라서 이 조직구조에서는 제품별 사업부와 지역별 사업부에서 해외자회사에 대해 공동의 책임을 짐과 동시에 해외자회사도 양 사업부와 업적 등에 대해서 동시에 보고하는 의무를 부담한다. 이러한 점에서 글로벌 조직구조에서 유지되어 온 명령일원화의 원칙이 파괴되었다. 이와 같이 책임과 권한의 라인이 교차하고 있다는 점에서 이러한 조직을 그리드형 조직구조라고 한다.

■3 글로벌 기업의 조직구조 통제

글로벌 기업은 다각화된 제품만큼 여러 사업부로 나누어져 있으며, 사업영역별 자회사를 설립해 여러 나라에서 막강한 시스템을 갖추고 있다. 이처럼 다양하게 분류된 조직을 효율적으로 운영하려면 구성단위별로 차별화한 시스템을 적용해 통제하고 관리해야 한다. 그래야만 글로벌 기업이 완전한 기업으로서 효율적인 기업활동을 수행할 수 있게 된다. 여기서 통제(control)란 기업조직의 행동을 규제하는 것을 의미하는데, 조직의 통제는 기업이 경영목표의 완수를 위해 수립한 경영계획이 의도한 대로 실적을 올릴 수 있도록 관리한다.

글로벌 기업의 통제는 목표설정, 성과측정과 점검, 피드백의 세 가지 단계와 과정을 거치게 되는데 그 내용은 다음과 같다.

① **목표설정** : 기업의 입장에서 볼 때 효과적인 성과수준을 설정해야 한다. 그 다음으로 성과실현을 위한 구체적인 하위목표를 세워야 한다. 이러한 모든 준비가 끝났다면 각 부서나 자회사에 통보해 바람직한 성과를 성취할 수 있도록 독려해야 한다. 이때 경영성과를 분명하게 측정하고 평가할 수 있는 기준을 먼저 마련해야 효과적인 통제가 가능할 것이다.

② **성과측정과 점검** : 일정 기간 동안의 경영활동에 관한 실적을 수치로 나타낸다. 이러한 성과측정은 기본적으로 합리적인 기준치를 설정한 후 가능할 것이며, 일정 기간 경영성과의 수치를 측정 혹은 점검한 후 기 설정된 기준치와 비교토록 한다.

③ **피드백** : 경영성과의 오차범위가 허용치를 벗어난 경우에는 반드시 원인을 규명한다. 어딘가에는 반드시 글로벌 경영활동에 관한 최종적인 책임이 있

음을 이 단계에서 밝혀야 할 것이다.

글로벌 기업의 조직구조에 대한 통제에 있어 해외 자회사를 본사의 하부 조직으로 관리하는 통제시스템의 중요성은 점차 높아지고 있다. 이는 해외 자회사의 당면 과제는 현지의 제도적 환경과 본사의 경영시스템을 동시에 적용해야 한다는 난관에 직면해 있기 때문이다. 이러한 글로벌 기업의 통제는 해외 자회사의 특성을 고려해 그에 부응하는 통제방식을 적용하는 게 가장 이상적이다. 그러나 본사의 여러 상황을 고려할 때, 해외 각지에 다양하게 분포한 자회사들의 각 특성과 현지의 제도적 상황을 감안해 차별적인 통제방식을 적용한다는 것은 현실적으로 불가능할 수도 있다.

제4절 글로벌 인적자원관리

1 글로벌 인적자원관리의 의의

다국적기업의 경영에서는 국내기업의 경영에서와 본질적으로 다른 인사관리 문제가 발생하게 된다. 기업의 글로벌화가 진행될수록 인사, 재무, 마케팅 등 기업업무 전반에 걸쳐서 국제적 감각을 가진 인력이 필요하게 되고 이러한 인력을 조달하여 적재적소에 배치하는 것이 중요한 과제가 된다.

무엇보다도 다국적기업의 경영을 책임질 경영자의 확보문제는 다국적기업의 경영성패와 직접적인 관련이 있다는 점에서 매우 강조되고 있다. 현재 자회사를 경영하는 다국적기업의 책임자는 문화적인 배경이 다른 지역에서 근무할 수가 있으며, 이런 경우 2개국 또는 수개 국에 걸쳐 서로 다른 문화 환경 하에서 경영활동을 전개해야 하기 때문에 현지문화와 본국의 문화적 환경을 상호 조정해 가면서 경영활동을 전개해 나가야 하는 어려움을 가지고 있다. 따라서 이러한 역할을 수행할 수 있는 자질을 가진 경영자를 교육하고 양성하는 것이 글로벌 인사정책의 중요한 하나의 과제다.

■2 글로벌 인적자원관리의 유형

글로벌 인적자원관리는 기업의 사업목표 및 경영철학과 관계가 있으며, 이에 따라 다양하게 나타난다. 이는 특히도 기업이 글로벌화되어 가는 단계에 따라 글로벌 인적자원관리 전략을 본국중심주의, 현지중심주의, 세계중심주의 접근방법으로 구분할 수 있다. 통상적으로 글로벌화 단계에 따라 수출기업의 경우에는 본국중심주의 관리방식을 채택하고, 다국적기업의 경우에는 현지중심주의 관리방식을 채택하며, 글로벌 기업의 경우에는 세계중심적 관리방식을 채택하게 된다. 이를 아래에서 보다 자세히 살펴보도록 하자.

1) 본국중심주의 인적자원관리

본국중심주의 인적자원관리 방식은 해외 자회사에도 본사의 인사 정책 및 관행을 동일하게 적용하는 것을 의미한다. 이는 현지사정에 밝은 본사의 관리자를 해외 자회사의 책임자로 보내는 방식을 말하기도 한다.

본국중심주의 인적자원관리 방식의 장점은 크게 세 가지로 나뉜다. 첫째, 글로벌 경영차원에서 기업문화의 일관적인 유지가 가능하다는 것이다. 본사의 가치관이나 기업문화 등에 익숙한 관리자가 해외 자회사의 책임자로 임명되기 때문에 이와 같은 효과가 나타난다. 둘째, 해외 자회사에 대한 통제가 수월하다. 해외 책임자는 이미 본사의 정책 및 관리체계에 현명하게 대처할 수 있는 능력이 있기 때문에 효율적인 통제는 물론, 생산과 서비스에 관해서도 본사 특유의 강점을 해외 자회사에 효율적으로 적용할 수 있다. 셋째, 본사와 해외 자회사 간의 갈등이 축소된다. 이는 현지에서 관리자의 채용이 아닌 본사에서 근무한 경력이 있거나 본사의 정책 및 관리체계에 익숙한 책임자의 채용이므로 현지채용에 비해 보다 본사와 자회사간 갈등의 소지는 줄어드는 효과를 가질 수 있는 것이다.

하지만 본국중심주의 인적자원관리 방식의 단점도 존재한다. 첫째, 문화적 이질감이 심화될 수 있다. 본사의 관리자가 자회사의 책임자로 임명되면 현지의 언어와 문화에 적응하기 어렵기 때문이다. 둘째, 능력 있는 인력의 확보에 어려움이 따른다. 본사의 관리자가 현지 책임자로 임명되면 현지인의 승진기회가 박탈되기 때문에 현지 직원들의 사기는 현저하게 떨어질 수밖에 없다. 이는 우수인력 확보의 난제로 자연스럽게 이동한다. 셋째, 현지 정부 및 소비자들의 저항으로부터 자유롭지 못하다. 자회사의 책임자는 본사중심의 기업문화와 관리방식을 그대로 적용할 수밖에 없다. 그렇기 때문에 현지의 문화 및 소비자들의 욕구에 대해 효율적으로 대처할 시기를 놓칠 가능성이 늘 존재한다.

2) 현지중심주의 인적자원관리

현지중심주의 인적자원관리 방식은 현지에서 채용한 인력을 책임자로 임명하고 또 현지인력을 중심으로 해외 자회사가 운영되는 것을 의미한다. 즉, 현지사정에 밝은 인력을 중심으로 한 인적자원관리 정책이다.

현지중심주의 인적자원관리 방식의 장점은 크게 네 가지로 나뉜다. 첫째, 현지의 여러 환경과 욕구에 효율적으로 대응할 수 있다. 현지인이 중심이 된 자회사의 책임자는 이미 현지의 문화와 언어에 능숙하기 때문에 문화적 동질감이 존재한다. 둘째, 사업기반 구축이 신속하게 진행된다. 현지인 책임자는 자국의 정치계와 경제계 그리고 금융계는 물론 소비자집단과의 이해관계가 얽혀 있기 때문에 유대관계가 깊을 수밖에 없다. 셋째, 책임자 파견에 대한 비용을 절감할 수 있고 책임자의 장기근무가 가능하다. 본사에서 파견된 책임자는 유지비용이 상당한 반면, 장기근무가 어렵다는 난제를 늘 간직하고 있기 때문이다. 넷째, 내셔널리즘이 강한 나라에서는 최고경영층과 중간경영층에 현지인을 활용함으로써 경영의 현지화를 진전시키고 결과적으로 현지시장에서 호의적인 이미지를 얻을 수 있다.

하지만 현지중심적 인적자원관리 방식의 단점도 존재한다. 첫째, 본사의 기업 문화 및 목표에 대한 이해가 부족하기 때문에 업무를 수행하는 방식에도 현격한 차이가 나타난다. 둘째, 현지인 책임자는 자국의 이익을 먼저 고려한다. 현지인 책임자의 사고방식은 자회사 중심으로 흐르기 때문에 자국의 이익을 먼저 생각하기 쉽다. 이로 인해 기업전체의 대대적인 통합과 조정이 난관에 부딪히며 글로벌 경영의 효율성마저 무너질 수 있다. 셋째, 본사와 자회사 간 갈등을 유발할 수 있다. 가치관과 문화적 차이를 극복하지 못해 본사와 자회사 간에 문제가 발생하면 이를 규명할 방법이 없으며, 대안에 대한 평가 및 전략의 수립과 실행과정 등에서 많은 어려움이 예상되기 때문이다. 넷째, 현지인 책임자는 본사에 대한 충성심이 부족할 수 있다. 그렇기 때문에 절대 보안을 지켜야 하는 기술 및 지식을 체득하는 즉시 이직을 하는 사람이 발생한다.

3) 세계중심주의 인적자원관리

세계중심주의 인적자원관리 방식은 오직 유능한 인재채용을 목적으로 한다. 본사와 자회사를 하나의 유기체로 인식하기 때문에 인재의 국적은 논의 대상에서 제외되며, 오로지 인재가 가진 능력만을 평가대상으로 삼는다.

세계중심적 인적자원관리의 장점은 크게 세 가지로 나뉜다. 첫째, 기업의 인적자산 활용도가 매우 높다. 둘째, 다양한 문화권에 분포된 인재를 글로벌 경영자로 양성해 효율적으로 활용할 수 있다. 셋째, 기업은 본국 및 현지 중심주의에서 벗어나 글로벌 통합을 완수할 수 있다. 이는 범세계적 시선으로 선발한 유능한 인재는 지극히 세계적인 가치관이 있을 뿐만 아니라 효과적인 기업운영을 위한 객관적인 사고가 가능하기 때문이다.

하지만 세계중심적 인적자원 관리방식의 단점도 존재한다. 첫째, 인재 발굴 및 양성에 상당한 비용이 소요된다. 전 세계를 대상으로 능력 있는 인재를 발굴하는 데 많은 비용이 필요하며, 이들을 유능한 경영자로 양성함은 물론 글로벌 인재에 적격한 국제적 수준의 급여를 감안해야 한다. 둘째, 인력활용에 있어 많은 제약이 따른다. 세계중심적 인적자원은 자국민도 현지인도 아닌 제3국인인 것이다. 이러한 인재를 현지 자회사의 책임자로 임명한다면, 현지인들의 정서적 저항은 물론 현지 정부의 이민법 및 해외 인력고용에 대한 규제로부터 자유로울 수 없다. 셋째, 자회사의 반발에 부딪힐 수 있다. 현지 자회사 총 책임자로 임명된 글로벌 인재가 현지중심적 경영을 탈피해 모든 권한을 본사에 집중하는 것으로 오해받아 현지 자회사의 반발이 예상되기 때문이다. 넷째, 글로벌 인재는 해외근무를 선호하고, 이직의 가능성 또한 높다. 더구나 본사에 대한 몰입도가 떨어져 본사 전반적인 상황에 대한 이해도 또한 현저히 낮아질 수 있다.

■ 3 글로벌 인적자원의 교육

글로벌 기업에 근무하는 인재가 단일 문화권에서 성장하고 교육을 받아 온 경우라면, 이러한 인재의 성장배경은 글로벌 기업의 특성상 다른 문화와의 커뮤니케이션과 조정·감독을 통한 본사국과의 이질적 요소를 제거할 수 있는 기능이 결여되어 문제가 될 수 있다. 이에 세계적 시야에서 적어도 2개국 이상의 관점에서 사고가 가능한 경영자의 확보가 글로벌 기업의 시급한 과제가 될 수 있으나, 그러한 인재확보가 어려운 상황이라면 이문화 대응훈련 프로그램이나 해외여행 프로그램, 사외경영개발 프로그램을 통한 교육을 통하여 글로벌 기업의 전략에 걸맞는 인적자원의 교육이 필요할 것이다.

이러한 인적자원의 교육은 특히 해외에 파견할 인력의 경우가 더욱 필요하다 할 수 있다. 이는 해외 자회사의 경영자로서 선발된 자가 본사국가 출신이든 또는 제3국 출신이든 현지국 출신이든 간에 이들은 이질적인 문화환경 하에서 경영활동을 수행해야 하는 문제에 직면하게 되기 때문이다. 따라서 이들로 하여금 이질적인 문화에 접촉하여 새로운 해외직무를 수행할 수 있는 능력을 갖출 수 있도록 지적·정서적 소양을 개발시켜 경영자를 글로벌화 시키는 것이 해외파견 전 교육훈련의 주목적인 것이다.

해외파견 전 교육훈련을 실시하는 방법으로서는 현지언어 습득훈련과 현지문화 적응훈련으로 대별해 볼 수 있다. 먼저 현지언어 습득훈련은 가장 기본적인 훈련으로서 교육전문기관이나 현지인의 초빙 또는 현지에 일정기간 파견하여 의사소통에 불편함이 없도록 사전교육을 의미 한다. 다음 현지문화 적응훈련으로 가장 좋은 방법은 현지에 일정기간 파견근무를 통해 현지 문화에의 적응기간을 부여한 후 현지 경영자로 선발하는 방법이 있을 수 있다. 이외에도 출국 전 해당 국가 문화적응 훈련 등을 통해 출국 후 일어날 수 있는 문화차이를 좁히고 현지적응을 빠르게 할 수 있는 적응교육도 생각해 볼 수 있다.

4 해외파견관리자 경력 및 보상관리

해외에 파견하는 글로벌 경영자에 대한 보수정책은 해외파견 경영자에 대한 기업의 대내·외적인 인식의 문제와도 관계가 있다. 즉, 해외파견 경영자가 중요한 본사의 업무로부터 이탈된다는 소외감을 불식시킬 수 있을 만큼 충분한 보수가 책정되어야 할 것이다. 그러나 이러한 경영자의 보수문제는 파견되는 국가나 지역에 따라 다를 수 있으며, 그리고 국내 경영자와도 차이가 있을 수 있다는 점에서 갈등요인으로 작용할 수 있다. 이러한 문제점에 대한 확실한 해결방법을 제시할 수는 없으나 해외에 파견하는 글로벌 경영자에 대한 보수정책은 글로벌 경영능력을 갖춘 경영자를 유치하는데 충분한 수준이어야 하고, 본사 및 해외 자회사가에 불평등한 보수정책이 되어서는 안 되며, 해외 각 지역에서 경쟁기업과 경쟁력을 유지할 수 있는 수준의 보수가 책정되어야 할 것이다.

글로벌 경영자에 대한 보수체계로서는 국내 경영자와 마찬가지로 기본급과 각종 수당체계로 구성할 수 있다. 글로벌 경영자의 임금수준은 현지 실정에 맞추는 것이 바람직하다. 따라서 동일 직무일지라도 지역이나 국가에 따라 수준은 다를 수 있다. 그러나 글로벌 경영자가 국내 본사에서 파견되는 경우에는 국내에서 동일한 직무를 수행할 때와 같은 수준의 기본급을 유지하는 것이 좋다. 그래야 해외파견 경영자가 높은 소속감을 가질 수 있으며 경영자간의 갈등을 해소할 수 있기 때문이다. 물론 파견국가의 임금수준이 월등히 높은 경우에는 수당의 형태로 적절히 보상해주어야 하며 임금수준이 낮은 지역이나 국가에 파견되는 경영자에 대해서도 일정기간 근무 후 본국으로 귀국했을 경우를 감안하여 적절한 보전수당이 지급되어야 할 것이다. 무엇보다도 해외에 파견되는 경영자가 보수상 본국에 있는 경영자보다 불리하다는 인식을 주는 경우에는 현지경영에 몰두할 수 없을 것이다.

제5절 ▶ 글로벌 재무관리

1 글로벌 재무관리의 의의

재무관리의 본질적인 기능은 투자관리, 자금의 조달, 운전자금의 운용으로 집약할 수 있다. 글로벌 재무관리도 이러한 본질적인 기능은 동일하다. 그러나 일반적인 재무관리가 한 국가 내의 자금의 조달, 투자, 운전자금의 운용이라고 한다면 글로벌 재무관리는 국경을 초월하여 국제거래에서 발생하는 현금의 유출입을 대상으로 한다는 점에서 다르다. 또한 글로벌 재무관리에는 재무관리에서 나타나지 않는 고유의 문제로서 환위험의 문제가 있다. 여기에서는 이러한 글로벌 재무관리의 고유영역인 환위험의 문제와 글로벌 자금의 조달에 대해서 살펴보기로 한다.

2 환위험

1) 환위험의 의의

환위험은 예상하지 못한 환율의 변동으로 인하여 기업의 수익에 불리한 영향을 미치는 환차손의 발생가능성을 말하는 것으로 환노출(Exchange Exposure)과는 구별되는 개념이다. 환위험은 사후적 개념으로 환율이 실제로 변동한 후이 변동이 기업의 당기 순이익에 어떠한 영향을 미쳤는가를 사후적으로 측정하는 방법이며, 환노출은 미래에 예상하지 못한 환율변동으로 인하여 기업이 보유하고 있는 외화표시 순자산의 가치 또는 현금 흐름의 순가치가 변동될 수 있는 불확실성을 말한다. 환노출이 환위험과 구별되는 것은 환노출은 환차손과 동시에 환차익의 발생가능성까지도 포함하는 사전적·중립적인 개념이며, 환위험은 일반적으로 환차손의 발생가능성만을 지칭하는 개념이다. 따라서 환노출이 있다고 해서 반드시 환위험이 존재하는 것이 아니고 환노출이 기업에 불리한 방향으로 환율이 변동할 가능성과 결합될 때 비로소 환위험이 존재하는 것이다. 즉, 환노출의 존재는 환위험이 발생할 필요조건이지 충분조건은 아니라고 할 수 있다. 환노출과 환위험과의 관계를 그림으로 나타내면 다음 [그림 15-2]와 같다.

[그림 15-2] **환위험과 환노출과의 관계**

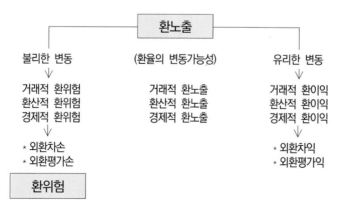

2) 환위험의 측정

이러한 환위험을 분류하는 방법에는 학자에 따라 여러 가지가 있으나 일반적으로 거래적 환위험(Transaction Exchange Risk), 환산적 환위험(Translation Exchange Risk), 경제적 환위험(Economic Exchange Risk)으로 분류한다. 이들의 관계를 그림으로 나타내면 다음 [그림 15-3]과 같다.

[그림 15-3] **환위험의 분류**

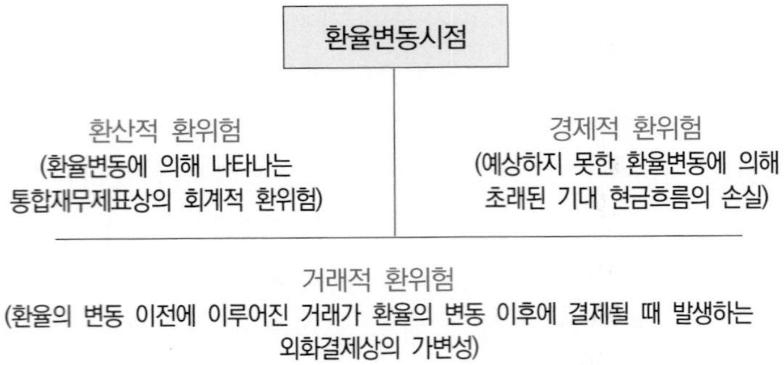

```
                        ┌─────────────┐
                        │  환율변동시점  │
                        └─────────────┘
                               │
         ┌─────────────────────┴─────────────────────┐
      환산적 환위험                               경제적 환위험
  (환율변동에 의해 나타나는                    (예상하지 못한 환율변동에 의해
   통합재무제표상의 회계적 환위험)                 초래된 기대 현금흐름의 손실)

                         거래적 환위험
   (환율의 변동 이전에 이루어진 거래가 환율의 변동 이후에 결제될 때 발생하는
                        외화결제상의 가변성)
```

---

(1) 거래적 환위험

거래적 환위험은 환율의 변동에 의하여 외국통화로 표시된 채권이나 채무가 거래시점의 환율과 상이한 환율에 의하여 결제될 때 발생하는 환위험으로, 상품이나 용역의 수출입, 외화자금의 대차거래 등에 수반하여 거래발생시점과 결제시점 간에 발생하는 환율변동에 의하여 발생되는 환차손을 말한다.

(2) 환산적 환위험

환산적 환위험은 회계적 환위험이라고도 하는데 이는 외화로 표시된 자산·부채와 수익·비용 등의 재무제표 항목을 자국통화 또는 특정의 기준통화로 환산할 때 발생하는 가치변동 중 불리한 변동을 말한다. 해외 자회사의 재무제표의 각 항목을 모회사국 통화로 평가하기 위해서는 일정한 환산환율을 적용하지 않으면 안 된다. 우리나라의 경우 환산적 환위험은 기업 대외거래의 급증, 해외진출의 증가 등으로 심각한 위험 중의 하나로 받아들여지고 있다.

(3) 경제적 환위험

경제적 환위험은 예상하지 못한 환율변동으로 인하여 장래에 기대되는 현금흐름 중 순 현재가치의 불리한 변동가능성을 말한다. 즉 환율변동이 기업의 상품판매량, 판매가격, 제조비용 등에 영향을 초래하여 기업의 장래 현금흐름에 영향을 미치는 장기적인 성격의 환위험이다.

예컨대, 미 달러화에 대하여 원화가 평가절하되는 경우 한국의 수출기업에 있어서는 여타 조건이 일정하다면 외화표시 수출상품가격의 인하를 통하여 수출물량을 증대시킴으로써 수출시장 점유율을 높일 수 있겠으나, 한편으로는 수출제품에 투입되는 수입원자재의 가격상승을 가져와 국내의 인플레이션이나 이로 인한 임금인상 요인으로 작용하여 제조비용의 증가를 가져올 수 있다. 일반적으로 경제적 환위험은 개별기업이 처한 경제적 환경에 따라 상이하게 영향을 받는다.

경제적 환위험을 결정하는 주요한 요인으로는 판매시장의 구성 비율(내수·수출), 원료구입시장의 구성(국내조달·수입), 장단기 부채의 구성(내자·외자) 등을 들 수 있다.

3) 환위험관리

기업의 글로벌화가 진전되면서 기업은 환위험을 어떻게 인식하고 대처할 것인가에 대한 기본전략을 수립하여야 한다. 이러한 기본전략은 환위험관리의 초점을 기업의 환이익을 극대화할 것인가 또는 환차손을 극소화할 것인가에 대한 의사결정이며, 동 전략에 기초하여 기업은 구체적인 전략실행방안을 선택해야 한다.

일반적으로 환차익을 극대화하려는 전략은 투기성이 강하므로 공격적인 전략이라고 하며, 환차손을 극소화하려는 전략은 손실의 방지를 주목적으로 하므로 방어적인 전략이라고 한다. 공격적인 전략을 선택하느냐 혹은 방어적인 전략을 선택하느냐는 기업의 영업활동의 특성, 현금흐름의 불확실성 정도, 기업의 정보수집 능력, 경영자의 위험선호도 등에 따라 좌우된다.

기업은 환위험관리의 기본전략을 설정한 후에 환위험의 성력과 규모에 따라 상이한 환위험관리 기법을 선택하게 되는데, 이러한 기법에는 크게 기업내부적 또는 외부적 환위험 관리기법으로 구분할 수 있다.

(1) 기업내부적 관리기법의 선택

환위험관리의 기업내부적 기법이란 기업내부 활동에 의해 환위험을 최소화하려는 각종의 활동을 말하는 것으로 환위험 자체가 발생하는 것을 방지하기 위한 예방적 조치이며, 일상 업무와 관련하여 기업내부적인 자금관리기능의 일환으로 별도의 외환거래가 없이 환위험을 최소화하려는 것이다.

기업 전체적인 입장에서 수행해야 하는 환위험관리 활동에는 맷칭과 네팅, 리딩과 래깅, 가격정책, 자산·부채관리 등이 있다.

(가) 맷칭과 네팅(Matching & Netting)

맷칭과 네팅은 상호 교환적으로 사용되기는 하지만 다음과 같은 점에서 서로 구분된다. 맷칭은 통화별로 수입과 지출을 일치시켜서 환위험을 회피하는 것을 말하고, 네팅은 동일그룹 기업간에 수입과 지급을 상쇄하여 환위험을 방지하는 것을 말한다.

맷칭은 외화자금의 흐름, 즉 자금의 유입과 지급을 통화별, 만기별로 일치시킴으로써 외화자금 흐름의 불일치에서 발생할 수 있는 환차손의 위험을 원천적으로 제거하는 환위험 관리기법이다. 맷칭 방법에는 통화별로 자금의 수입과 지출을 일치시키는 자연 맷칭과 동일통화 대신에 환율변동의 추세가 유사한 여타통화의 현금수지와 일치시키는 평행 맷칭이 있다. 전자의 경우에는 가장 이상적인 방법으로 환위험의 헷징[4]이 거의 완전하게 이루어질 수 있는 반면에 후자의 경우에는 두 통화의 환율변동이 상이할 경우 완전한 헷징은 불가능하게 된다.

네팅은 다국적기업의 본지점간 또는 지사 상호간에 발생하는 채권·채무의 관계를 개별적으로 결제하지 아니하고 일정기간 경과 후에 이들 채권·채무를 상계한 후 그 차액만을 정기적으로 결제하는 제도이다. 네팅의 가장 단순한 형태는 두 회사간에 일어나는 양자간 네팅이 있는데 이는 쌍방간에 순 채권·채무만을 일정시점에서 상호 결제하는 방법이다. 양자간 네팅은 두 회사간에 채권·채무의 청산에 있어 결제자금 규모를 축소시키는 효과를 가져오는데 결제통화를 선택하고 결제시기를 선택하는데 유의해야 한다. 한편 동일그룹 기업 내에 3개 이상의 자회사가 있을 경우에는 다자간 네팅을 한다. 이

---

4) 헷징(Hedging)은 국제거래에 따르는 환율의 불확실성, 즉 환위험을 제거하기 위하여 행하는 외국환거래 및 각종 수단을 이용하는 것을 말한다.

는 그룹 내에 네팅센터를 설치하고 자회사는 일정시기에 회사간 자금 포지션을 네팅센터에 보고하고 네팅센터는 각 회사간에 채권·채무의 상계금액을 총괄하여 관리하고 자회사에 결과를 통보한다. 다자간 네팅은 기업전체의 입장에서 자금관리 비용의 절감과 기업내부의 결제기능을 강화하게 된다. 즉, 지급건수 및 결제자금의 감축을 통하여 유휴자금의 극소화와 유동성 관리의 효율화, 거래비용의 절감을 동시에 가져올 수 있다.

(나) 리딩과 래깅(Leading & Lagging)

리딩과 래깅은 국제거래를 행하는 기업이 환율변동에 대비하여 외화자금 흐름의 결제시기를 의도적으로 조정함으로써 환위험을 감소시키는 관리기법을 말한다. 수출업자는 장래 자국통화가 여타국 통화에 비하여 평가절하될 것으로 예상되면 수출상품의 선적이나 수출환어음의 결제시기를 가급적 지연시킴으로써 결제시점에서 자국통화표시 수출대금의 수입을 증대시킬 수 있다. 반대로 수입업자는 자국통화가 평가절하되면 수입대금의 결제를 가능한 한 조기에 함으로써 지출을 감소시킬 수 있다.

(다) 가격정책

환위험을 회피하기 위한 가격정책으로는 가격을 조정하는 방법과 거래통화를 적절히 선정하는 방법이 있을 수 있다. 가격정책은 원래 기업의 판매관리와 구매관리 정책의 일환으로서 판매수입의 극대화 또는 구매비용의 극소화를 위한 가격결정 정책이다. 환위험관리를 위한 가격정책은 환율변동폭 만큼 가격을 인상하거나 인하하는 가격조정정책이다. 그러나 이는 다른 기업과의 경쟁의 정도, 고객의 신뢰도, 정부의 가격통제정책 등 변수에 따라 제약을 받는다.

거래통화의 선택은 상품가격의 표시통화를 신축적으로 선택함으로써 환위험을 회피하는 방법으로서 수출을 될 수 있는 한 강세통화로 표시하고 수입은 약세통화로 표시함으로 환위험을 관리하는 가격정책에 해당한다.

(라) 자산·부채관리

대차대조표상에 나타나는 자산과 부채를 조정함으로써 환위험을 효율적으로 관리하고자 하는 방법을 흔히 대차대조표 헷징이라고 한다. 적극적인 자산·부채관리에 있어서는 일정 통화가 장차 강세로 전망될 경우에 강세예상표시 통화의 채무는 가능한 한 조기에 결제 또는 상환을 통하여 가급적 축소시키게 된다. 반면에 특정 통화가 약세로 나타날 것으로 예상되면 약세통화표시자산은 축소시키는 반면에 약세통화표시부채는 증가시켜야 한다. 즉, 약세통화표시의 외상매출금이나 받을 어음 등의 채권을 가급적 빨리 회수하고 약세통화표시의 채무는 가급적 지급을 지연시킴으로써 평가절하에 따른 환차익을 극대화시킬 수 있다. 이러한 적극적인 자산·부채관리에 있어서 주의할 점은 첫째로, 예상환율이 예상과 달리 반대방향으로 나타날 경우 환차손이 발생될 수 있다는 점과 둘째로, 통화별 유동성사정은 물론 이종통화간의 금리격차와 예상환율의 변동폭을 동시에 고려해야 하며 셋째로, 거래 수수료 및 세금을 고려하고 제도적인 측면에서 외환관리상의 규제 및 현지통화의 교환성 등을 종합적으로 검토하여야 한다. 반면에 소극적인 자산·부채관리는 약세통화, 강세통화의 구분 없이 만기별, 통화별 자산·부채나 현금의 수입과 지급규모를 일치시킴으로써, 즉 스퀘어 포지션을 유지함으로써 환위험을 헷징할 수 있다.

다국적기업에 있어서 자회사가 소재한 현지국 통화의 환율변동을 예상한 자산·부채관리 및 리딩과 래깅전략을 요약하면 아래 〈표 15-2〉와 같다.

〈표 15-2〉 다국적기업의 환위험관리전략

조 건	현지통화환율		제약성
	평가절하	평가절상	
1. 현지통화 현금, 유동성증권	축소	증가	· 환율예측의 불확실성 · 금리 · 수수료 · 외환규제 · 현지통화 교환성
2. 현지통화 신용공여	축소	증가	
3. 현지통화 받을 어음 추심	촉구	지연	
4. 현지통화 선물환	매각	매입	
5. 현지차입	증가	축소	
6. 지급어음의 지급	지연	촉구	
7. 배당금 본국 송금	촉구	지연	
8. 강세통화 상품수입	증가	-	
9. 약세통화 상품수입	-	감축	
10. 수출표시통화	외국통화	현지통화	
11. 수입표시통화	현지통화	외국통화	
12. 재고	최대화	최소화	

이외에도 기업내부적 환위험관리기법으로는 마케팅, 생산관리, 기획관리 부문으로 나누어 환위험관리를 생각할 수 있다.

먼저 마케팅 부문에서는 환율이 변동하는 경우에 대비하여 제품가격이나 판매촉진 방법, 판매경로 등에 대한 전략의 수립에 있어 환위험을 최소화하고 이익을 극대화시키는 방법으로 설정해야 한다. 즉, 자국통화가 평가절하될 경우에 가격을 인하하여 시장확보에 주력할 것인지 아니면 그대로 유지하여 이익을 극대화할 것인지 종합적 환경검토를 바탕으로 하여 의사결정을 내려야 할 것이다. 한편 추가 생산여력이 없는 경우에는 가격을 인하할 필요가 없으며, 이와 반면에 여유 생산능력이 있는 경우에는 가동률의 향상을 위하여 가격을 인하하여 물량을 증대시켜야 한다. 이 경우에도 물론 가격탄력성의 유무를 고려해야 할 것이다.

생산부문에서는 환율변동으로 인하여 생산원가가 증가하는 것을 최대한 막기 위하여 각종 수입원자재는 강세 통화국에서 약세 통화국으로 전환하는 노력을 기울여야 한다. 또한 결제통화를 장차 약세가 예상되는 통화로 계약을 유도하는 방안이 필요하다. 기존의 수입원자재가 결제통화의 계속적인 강세로 인하여 원가인상요인이 강하게 작용하는 경우에는 국산화를 시도해야 한다.

기획관리부문에서는 급격한 환율변동이 예상되는 경우 실제상황을 가상한 시나리오를 단계별로 작성하여 각 부문별 영향과 대책을 수립하고, 환위험에 대처하는 가상훈련을 사전에 실시함으로써 기업구성원들의 환위험에 대한 대처 능력을 향상시킴과 동시에 예상치 못한 환율변동이 있을 경우 적절히 대응할 수 있는 능력을 제고한다. 또한 각 책임단위별로 구성된 사내 선물환제도의 실시를 통하여 효과적인 환위험관리를 할 수 있을 것이다.

(2) 기업외부적 관리기법의 선택

기업내부적 관리기법으로 완전히 제거할 수 없는 외환손실을 대외계약을 통하여 환위험을 회피하는 방법을 기업외부적 관리기법이라고 한다. 기업은 사전적으로 외환계약에 의해 헷징을 하게 되는데 환위험의 헷징 기법을 선택하기 위해서는 환노출을 방치했을 경우의 비용과 헷징 비용을 상호 비교 검토해야 한다. 이러한 외부적 관리기법 가운데 대표적인 것으로는 선물환계약, 단기금융시장의 이용, 디스카운팅과 팩토링, 환금융기법의 활용, 금융선물시장을 이용한 기법, 환율변동보험에 의한 관리 등이 있다.

(가) 선물환계약에 의한 환위험관리

환위험의 커버를 위하여 제일 먼저 고안된 외부적 관리기법으로서 이는 쌍방이 미래의 일정 시점에서 거래할 특정외환의 가격을 현재의 시점에서 미리 약정하는 거래로서 이는 거래시점과 결제시점간에 발생하는 환율변동에서 초래되는 환위험을 회피하는 방법이다. 이는 외환의 매매와 대가의 수수가 동시에 이루어지는 현물환거래와는 달리 일정한 일자에 현재 약정한 특정률로 외화를 매매하며, 계약 당시에는 계약이행보증금을 예치하는 것을 제외하고는 실질적인 자금의 이동은 없다.

수출업자는 계약후 일정기간 경과후에 대금을 수취하므로 환율이 하락하는 경우에 손실을 초래하고, 이와 반대로 수입업자의 경우에는 환율이 상승하는 경우에 손실을 초래한다. 그러므로 수출업자는 이러한 위험을 회피하기 위하여 선물환 매도계약, 수입업자는 선물환 매입계약을 체결한다. 선물환 매도계약의 경우 선물환율이 현물환율보다 높게 되면 헷징이익이 발생하고 선물환율과 현물환율이 같게 되면 득실이 없으며, 선물환율이 현물환율보다 낮으면 손실이 발생한다. 선물환 매입계약의 경우는 이와 반대의 결과를 초래할 것이다.

선물환계약에 의한 환위험관리가 환위험의 회피수단으로 다른 방법에 비해 우수한 점을 들어 본다면 다음과 같다. 첫째로 간편성을 들 수 있다. 선물환 계약을 은행에 신청하면 즉시 계약체결이 가능하기 때문이다. 또한 계약금액에 대해서도 기업의 신용도가 충분하다고 판단되어지는 경우 대규모의 자금이라도 즉시 계약할 수 있다. 둘째로 수익성, 즉 저렴한 비용으로 환위험을 커버할 수 있다. 일반적으로 은행에서 체결되는 선물환 수수료는 기타 다른 위험회피 수단의 위험회피비용보다 저렴하다.

이러한 선물환거래는 거래의 상대자, 거래통화의 종류와 성격에 따라 고객간 거래와 은행간 거래, 원화대 외국통화의 거래와 외국통화대 외국통화의 거래, 선물환 아웃트라이트 거래, 스왑 거래 등으로 나눌 수 있다. 이는 다음과 같다.

(a) 고객간 거래와 은행 간 거래

은행이 아닌 일반고객과의 거래를 하는 경우 고객간 거래라고 하고, 은행과 은행이 선물환거래를 할 경우를 은행간 거래라고 한다.

(b) 원화 대 외국통화간 거래와 외국통화 대 외국통화의 거래

외국통화에 대한 선물환 매매계약을 체결하면서 지급과 수취통화를 원화로 약정하는 경우를 원화 대 외국통화간 거래라고 하고 지급과 수취통화를 외국 통화로 하는 경우에는 외국통화간 선물환거래라고 한다.

(c) 선물환 아우트라이트 거래(Forward Outright Transaction)

현물환과 선물환의 교차거래가 아니고 선물환만이 매도되거나 매입되는 경우를 선물환 아우트라이트 거래라고 한다. 예컨대 한 기업이 금일 상품의 수출계약을 체결하고 은행에 90일의 선물환 매도계약을 한 경우와 같이 선물환 계약만이 발생하는 거래를 말한다.

(d) 스왑 거래(Swap Transaction)

스왑 거래란 반드시 현물환과 선물환이 교차되어 거래되는 경우를 말한다. 스왑 거래에서는 현물환 계약과 선물환 계약은 반대방향으로 움직인다. 현물 거래와 선물거래를 종합하면 매입과 매출이 균형을 이루기 때문에 포지션 위험은 없다. 이와 같은 예는 현물로 매출한 통화를 장래의 환율의 움직임을 고려하여 선물환 매도계약을 체결해 두는 경우이다.

이러한 스왑 거래는 은행의 포지션 조작에 있어서 고객과의 선물환계약을 커버하기 위한 방법으로 많이 이용된다. 고객과의 선물환계약을 종합하여 부족 포지션이나 잉여 포지션에 대해 은행간 스왑 거래를 통해서 스퀘어 포지션을 유지하는데 이용된다.

(나) 단기금융시장을 이용한 환위험관리

단기금융시장을 이용한 헷징은 선물환거래와 함께 가장 널리 사용되는 환위험관리 외부기법으로 외화자금의 대차가 일어나는 거래이다. 예컨대 연불수출업자가 선물환거래를 이용하는 대신에 단기금융시장에서 연불수출대전 상당의 외화를 미리 차입하여 이를 현물환시장에서 매각, 자국통화로 전환한 후 이를 국내시장에서 예치하거나 채권투자를 통하여 운용하고, 만기에는 수출대전으로 차입자금을 상환함으로써 수출계약체결에서 수출대전 입금시까지의 환율변동에 의해 초래되는 환위험을 회피할 수 있다. 단기금융시장을 이용한 헷징은 선물환 시장보다 상대적으로 더 장기적인 환위험관리가 가능하다.

(다) 디스카운팅과 팩토링에 의한 환위험관리

디스카운팅(Discounting)과 팩토링(Factoring)은 수출거래에 따라 받을 어음의 경우에 사용할 수 있다. 수출어음이 기한부환어음에 의해 결제될 경우 수출업자는 금융시장을 통해 할인을 받음으로써 결제일 이전에 대금을 회수할 수 있다. 한편 수출어음이 기한부 환어음에 의하지 아니하고 외상계정에 의해 결제되는 경우에는 팩토링을 이용할 수 있다. 이는 외상채권을 팩토링업자에게 양도하고 미리 결제를 받아 환위험을 회피하는 환위험 관리수단이라고 할 수 있다.

(라) 환금융기법을 활용한 환위험관리

환금융기법이란 글로벌 기업이 주로 해외 자회사의 자금조달에 따르는 거래적 환위험 또는 환산적 환위험을 사전에 방지하기 위하여 행하는 여러 가지 금융거래를 말한다. 이러한 기법들에는 패러럴 론, 커런시 스왑, 크레디트 스왑 등이 있으며 그 내용은 다음과 같다.

(a) 패러럴 론(Parallel Loan)

패러럴 론이란 다국적기업이 해외 자회사에서 자금을 조달할 때 발생하는 거래적 환위험을 커버하기 위하여 행하는 금융거래를 말하는 것으로, 전형적인 패러럴 론은 두 글로벌 기업이 각기 상대회사의 자회사에게 자국통화로 동시에 대출을 행하고 일정기간이 지난 다음에 차입된 통화로 상환하는 계약이다. 이 기법은 은행차입이나 외환시장을 우회하는 자금조달 방법으로 환위험을 회피할 수 있다. 기본적인 패러럴 론의 구조는 다음과 같다.

[그림 15-4] **패러럴 론의 기본구조**

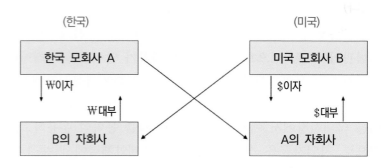

A국과 B국에 모회사를 두고 있는 글로벌 기업 A와 B가 각기 상대국에 있는 자회사에게 자금을 조달할 필요가 있을 경우 이들 두 기업은 외환시장을 통하지 않고 두 글로벌 기업이 각각 상대회사의 자회사에게 자국통화로 대출을 행

하는 경우이다. 이때 대출금액은 대출당시의 현물환율로 계산하여 동액이 되도록 한다.

패러럴 론은 대체로 5년 내지 15년의 만기가 지난 다음에 각기 대출자에게 상환되는데 양국 통화간 이자율에 큰 차이가 있는 경우에는 이자가 높은 나라의 차입자는 그 만큼 이자를 지급한다. 이와 같은 패러럴 론의 장점은 상대통화로 대출과 상환이 이루어지므로 공히 환위험이 발생하지 않으며 또 해외투자에 대한 정부의 규제 등을 받지 않아도 되며, 두 대출은 서로 상쇄될 수 있으므로 지급채무 불이행의 신용위험이 없다는 것이다.

(b) 커런시 스왑(Currency Swap)

이 방법은 두 다국적기업이 통화를 교환한 후 일정기간이 지난 다음 반대방향으로 다시 통화를 교환하기로 하는 계약을 말한다. 패러럴 론과 마찬가지로 양국 통화간 이자율이 다르면 그 차액만큼 이자가 지급되기도 한다. 커런시 스왑은 최소의 환위험으로 외화 차입을 할 수 있는 방법이다. 전형적인 거래 원리는 다음과 같다.

원화자금의 여유가 있는 한국의 A사는 미국에 있는 자회사용 달러가 필요하고, 반대로 달러자금의 여유가 있는 미국의 B사는 한국의 자회사용 원화가 필요하다고 하자. 이 경우에 두 모회사는 현물환율로 원화와 달러화를 교환한 후 각기 상대방의 자회사에게 자회사국의 표시통화로 기업간 대출을 행한다. 그리고 만기에 가서 각 자회사는 모회사에게 차입금을 상환하고 두 모회사는 이 상환금을 다시 교환한다. 이와 같이 두 모회사는 자회사의 자금조달의 필요를 충족시키면서 환위험을 회피할 수 있다.

[그림 15-5] **커런시 스왑의 거래원리**

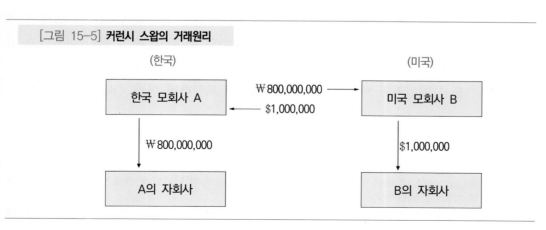

(c) 크레디트 스왑(Credit Swap)

크레디트 스왑이란 글로벌 기업과 은행 사이에서 행해지는 일종의 커런시 스왑을 말한다. 예를 들어, 한국의 글로벌 기업이 미국에 있는 자회사에게 자금을 조달해 줄 필요가 있다고 하면 한국의 모회사는 일정한 금액을 미국은행의 한국지점에 예금하고, 그 대신 미국의 은행은 일정한 환율로 계산된 자금을 미국에 있는 한국의 자회사에게 대출한다. 만기가 지난 다음에 한국기업의 자회사는 미국은행에 달러로 상환하고 한국의 모회사는 미국은행의 한국지점에 원리금을 인출한다. 이와 같이 한국의 글로벌 기업은 환위험을 부담하지 않고 해외의 자회사에게 필요한 자금을 조달할 수 있다.

(마) 금융선물시장의 활용에 의한 환위험관리

금융선물거래는 70년대 들어와서 거래되기 시작해서 지금은 금융혁명이라고 할 정도로 활성화되고 있는 금융기법 중의 하나이다. 환위험관리를 위한 기법으로는 통화선물거래와 통화옵션거래 등이 있다.

통화선물거래는 선물환과 마찬가지로 일정통화를 미리 매도하거나 매입하는 거래를 말하는 것으로, 선물거래소에서 거래가 이루어지며 거래상품도 통화별로 정형화되어 있고 만기도 몇 가지로 정해져 있다. 우리나라는 아직 금융선물시장이 없기 때문에 일부 금융기관과 기업들이 해외시장을 이용하고 있다.

통화옵션은 일정기간 내에 일정량의 통화를 일정가격으로 사거나 팔 수 있는 계약상의 권리를 뜻하는 것으로 환율변동이 불확실한 외환시장에서 외환거래에 수반되는 환위험을 방어하거나 또는 재정거래를 통하여 추가이익을 실현할 수 있는 기법이다. 통화 옵션 거래에서는 환위험의 회피를 위해 강세 예상통화의 콜옵션[5] 매입과 약세 예상통화의 풋옵션[6] 매입 등이 이용되고 있다. 옵션 거래에서 옵션을 행사할 권리는 옵션 매입자에게만 있다.

옵션 매입자와 매도자의 권리와 의무를 요약하면 아래 〈표 15-3〉과 같다.

---

5) 콜옵션(call option)은 콜옵션 매입자가 콜옵션 매도자로부터 옵션 만기일 이전에 언제든지 옵션기준물을 옵션행사가격에 매입할 수 있는 권리를 가지는 계약
6) 풋옵션(put option)은 풋옵션 매입자가 풋옵션 매도자로부터 풋옵션 만기일 이전에 옵션물을 옵션 행사가격에 매도할 수 있는 권리가 주어지는 계약.

〈표 15-3〉 콜 옵션과 풋 옵션

구분	콜옵션	풋옵션
옵션 매입자	만기일 또는 이전에 특정 외화를 특정 가격에 매입할 권리를 가짐	만기일 또는 이전에 특정 외화를 특정 가격에 매도할 권리를 가짐
옵션 매도자	만기일 또는 이전에 특정 외화를 특정 가격에 매도할 권리를 가짐	만기일 또는 이전에 특정 외화를 특정 가격에 매입할 의무를 가짐

(바) 환변동보험에 의한 환위험관리

1년 이내의 환위험에 대해서는 선물환거래에 의해서 커버될 수 있으나 1년 이상의 경우에는 환율예측이 실제로 정확할 수 없으므로 오히려 손실이 발생할 가능성도 있다. 국제통화의 개혁에 따라 환율이 일정 수준을 중심으로 일정한 변동폭 내에서 변동하는 체재를 벗어나 변동폭이나 수준에 제한 없이 변동할 수 있게 되자 1972년 이후 세계 각국에서는 1년 이상의 중장기 수출에 관련된 수출보험제도의 일환으로 환변동보험제도를 채택하여 실시하고 있다. 우리나라도 무역보험공사에서 환변동보험을 제공하고 있다.

❸ 글로벌 자금조달

글로벌 기업은 자금조달 원천으로서 감가상각비 충당금과 같은 각종 충당금이나 적립금과 같은 내부자금을 이용할 수도 있고 외부자금을 이용할 수도 있다. 일단 글로벌 기업이 자금을 외부시장에서 조달하기로 결정한 경우에도 글로벌 금융시장의 선택문제와 자금의 조달방법의 문제가 남는다.

먼저 글로벌 금융시장의 선택문제는 달러 조달의 경우, 달러를 미국의 역내시장에서 조달할 것인가 아니면 역외시장에서 조달할 것인가의 문제에 해당한다. 미국의 역내시장에서 조달하는 경우를 현지금융이라고 하고, 이와 반면에 역외시장에서 조달하는 경우를 유로달러[7]시장의 이용이라고 한다.

자금의 조달방법은 채권발행이나 주식의 발행을 통한 직접조달방법과 외국은행으로부터 차입하는 간접조달방법이 있을 수 있다. 이러한 글로벌 기업의 자금조달방법의 한 결정기준으로서 고정자산에 관한 장기성 투자에는 자기자

---

7) 유로달러란 미국 이외의 국가에서 영업을 하는 은행에 예입된 달러란 말이다.

본과 외부자본 중에서도 장기차입금으로 조달하고, 운전자본에 대해서는 현지국에서 차입한다. 그리고 건설자금과 창업자금은 자기자본이나 모회사의 자금을 대부하여 조달하는 것이 안정성을 확보할 수 있는 방법이다. 글로벌 기업은 일반적으로 자금이용의 효율을 고수준으로 유지하고 있다. 이것은 국내기업이 할 수 없는 것으로 자금조달상 우위요소를 가지고 있기 때문이다. 그 우위요소는 첫째, 세계 전지역으로부터 자금을 조달할 수 있다는 것이다. 즉, 글로벌 기업은 세계의 다수국가에서 동시에 자본을 조달할 수 있다. 둘째, 다국적기업은 신용상태가 다른 형태의 기업에 비해 상대적으로 높다는 것이다.

찾아보기

저자 약력

□ 오원석

성균관대학교 통계학과 졸업
American Graduate School of International Management 졸업
성균관대학교 대학원 수료(경제학 박사)
University of Washington Law School에서 연구(Visiting Scholar)
동아대학교 무역학과 교수
성균관대학교 무역대학원장
성균관대학교 무역연구소장
(사)한국무역상무학회 회장
성균관대학교 경영연구소장
성균관대학교 경영학부장, 경영대학원장, 경영전문대학원장
성균관대학교 경영대학교 W-AMP원장
한국무역보험학회 회장
한국교통대학교 석좌교수

현, 대한상사중재원 중재인
　　성균관대학교 명예교수

[저 서]

* 무역관습론(동성사)
* 무역상무론(공저, 법문사)
* 국제운송론(박영사)
* 해상보험론(삼영사)
* 신용장론(공저, 삼영사)
* 무역계약론(삼영사)
* 무역학원론(공저, 삼영사)
* 최신무역관습(삼영사)
* UN통일매매법(역서, 삼영사)
* 국제운송·보험론(공저, 법문사)
* 인터넷 무역론(공저, 법문사)
* 무역영어(공저, 삼영사)
* 무역계약과 결제(삼영사)
* 국제비즈니스영어(공저, 삼영사)
* 국제물품매매법(박영사)
* 무역상무의 이해(문영사)
* 무역상무(공저, 삼영사)
* 국제상사계약원칙(2004)(공역, 삼영사)
* 무역영어 : 글로벌시대의 주요 국제비즈니스계약 포함(공저, 삼영사)
* 국제물품매매법의 이해(공저, 삼영사)
* 국제운송물류(공저, 탑북스)
* 무역보험(공저, 삼영사)

□ 박광서

충남대학교 법과대학 법학과 졸업
성균관대학교 무역대학원 석사과정 졸업(경영학석사)
美, Arthur D. Little School of Management 졸업(MBA)
성균관대학교 대학원 박사과정 졸업(경영학박사)
한국무역협회 근무(1991~2006)
건국대학교 조교수(2006), 부교수(2010)

현, 건국대학교 국제무역학과 교수(2015~현재)
　　(사) 한국무역상무학회 회장(2019~현재)
　　국제무역사 출제/선정/감수위원
　　한국무역협회 무역아카데미 객원교수
　　산업통상자원부 규제개혁위원회 위원
　　한국무역보험공사 이의신청협의회 위원장

[저 서]
- 무역상무(공저, 삼영사)
- 무역법규(탑북스)
- 무역결제(삼영사)
- 서비스무역(삼영사)
- 무역보험(공저, 삼영사)

□ 이병문

성균관대학교 무역학과 졸업
London School of Economics and Political Science, Dep. of Law (LLM)
University of Warwick, School of Law (PhD)
University of Texas, Austin, Law School에서 연구(Visiting Scholar)
Pennsylvania State University, State College, Law School에서 연구(Visiting Scholar)
숭실대학교 경제통상대학 학장
숭실대학교 국제처장

현, 숭실대학교 글로벌통상학과 교수

[저 서]
- On and Off Line 무역실무(공저, 두남)
- 무역영어 : 글로벌시대의 주요 국제비즈니스계약 포함(공저, 삼영사)

저자와의
협의하에
인지생략

글로벌무역학개론 [제4판]

2011년 3월 15일 1판 1쇄 발행
2015년 2월 20일 2판 1쇄 발행
2021년 2월 10일 3판 1쇄 발행
2024년 7월 28일 4판 1쇄 인쇄
2024년 8월 8일 4판 1쇄 발행

저 자 오원석 · 박광서 · 이병문
발행인 고   성   익

05027
발행처 서울특별시 광진구 아차산로 335 삼영빌딩
도서출판 三英社
등 록 1972년 4월 27일 제2013-21호
전 화 737-1052 · 734-8979 FAX 739-2386

ⓒ 2024. 오원석 외   정가 30,000원
ISBN 978-89-445-0579-9-93320